HUGO CHÁVEZ
SIN UNIFORME

ALBERTO BARRERA TYSZKA
CRISTINA MARCANO

HUGO CHÁVEZ
SIN UNIFORME

Prólogo de Moisés Naím

Edición a cargo de Cynthia Rodríguez

DEBATE

Hugo Chávez sin uniforme

Segunda edición, 2007
Primera edición para EE.UU., 2007

D. R. © 2004, 2006, Cristina Marcano y Alberto Barrera Tyszka
D. R. © 2007, Moisés Naím por el prólogo

Fotografía de portada: Latin Stock de México / Corbis

Derechos exclusivos de edición en español reservados
para todo el mundo:

D. R. © 2007, Random House Mondadori, S. A. de C. V.
    Av. Homero No. 544, Col. Chapultepec Morales,
    Del. Miguel Hidalgo, C. P. 11570, México, D. F.

www.randomhousemondadori.com.mx

Comentarios sobre la edición y contenido de este libro a:
literaria@randomhousemondadori.com.mx

Random House Mondadori México
        ISBN: 978-970-780-735-8
        ISBN: 970-780-735-0
Random House Inc.
        ISBN: 978-0-307-39168-1

Impreso en México / *Printed in Mexico*

Distributed by Random House, Inc.

Índice general

Prólogo

Janetta Morton vive a una hora de la Casa Blanca, aunque jamás ha estado allí. Esta mujer desempleada, madre de dos niñas, comparte una pequeña casa con su hermana en una de las comunidades más pobres de Washington, D. C. Janetta no sabe muy bien quién es Hugo Chávez, pero para ella el presidente de Venezuela es un héroe. «Ojalá George W. Bush fuera como él», afirma. Janetta Morton es uno de los cientos de miles de ciudadanos norteamericanos pobres que se benefician de descuentos de combustible para calefacción del hogar ofrecidos por Citgo, una compañía petrolera basada en Oklahoma y propiedad del gobierno de Venezuela. También le entregaron un folleto impreso en papel brillante que explica que el programa no es más que un acto de solidaridad humana de un presidente que se preocupa por todos los pobres del mundo, no sólo por los de su pais, Venezuela. «No se trata de hacer política», se afirma en el folleto.

El presidente Chávez también tiene admiradores en Sudáfrica. En Soweto, un barrio pobre de Johannesburgo, los activistas políticos siguen con entusiasmo a Chávez y su revolución bolivariana, y algunos de ellos fueron invitados a Venezuela donde, además de ver por sí mismos las experiencias de la revolución, pudieron conocer en persona al presidente. Ellos también afirman que desearían tener en su país un líder como Hugo Chávez. En El Líbano algunos seguidores de Hezbollah han bautizado a sus hijos como «Hugo».

Andrés Oppenheimer, columnista del *Miami Herald,* viajó a India en enero de 2007 para entrevistar a líderes de negocios, políticos y otros personajes relevantes acerca de la profunda transformación que está experimentando ese país. En uno de sus encuentros le esperaba una sorpresa. En su reportaje desde Nueva Delhi, Oppenheimer escribe:

Dio la casualidad de que estaba en la India dando una plática en la Universidad Jawaharlal Nehru el día en que el presidente venezolano, Hugo Chávez, anunció la nacionalización de varias industrias.

Pensé que la noticia me ayudaría a convencer a la audiencia de que Chávez estaba destruyendo la economía, pero me equivoqué en grande. Lejos de aplaudir cuando criticaba a Chávez, los profesores y estudiantes de la Escuela de Estudios Internacionales, de donde salen muchos funcionarios de la cancillería india, me miraron con una mezcla de curiosidad antropológica e incredulidad. Era obvio que, para muchos de ellos, Chávez es un héroe. [...]

—¿Cuántos de ustedes piensan que Chávez está haciendo las cosas bien? —le pregunté a mi audiencia. Todos los estudiantes de estudios latinoamericanos levantaron la mano, o asintieron con la cabeza.

—¿En qué se basan para creer eso? —pregunté. Un estudiante que está haciendo su tesis doctoral sobre Venezuela me dijo que Chávez había puesto fin a una élite económica y política corrupta, y que ha centrado la atención del gobierno en los pobres.

Janetta Morton, los activistas políticos de Soweto, los padres de El Líbano y los estudiantes universitarios de la India son sólo cuatro ejemplos de un raro fenómeno: el de un líder político latinoamericano de fama mundial.

Es un fenómeno raro porque Hugo Chávez es el único político de América Latina que ha conseguido transformarse en un ícono global al nivel que sólo alcanzaron el Che Guevara y Fidel Castro en la mitad del siglo pasado.

¿Cómo ha podido ocurrir algo así? ¿Cómo un chico de origen humilde, nacido y criado en Sabaneta, un pequeño pueblo perdido en Los Llanos de un país poco conocido en el resto del mundo —y sólo por su petróleo o por sus reinas de belleza— llega a convertirse en alguien tan conocido como el presidente de los Estados Unidos? ¿Qué tiene Hugo Chávez que no tengan otros líderes de Latinoamérica o de cualquier otra región pobre del mundo?

Las respuestas a estas preguntas proporcionan pistas interesantes, no sólo acerca de Chávez el hombre, sino acerca de tendencias importantes de la política y la economía del mundo en estos primeros años del siglo XXI.

La historia personal de Hugo Chávez es la primera fuente de pistas sobre su sorprendente forma de actuar y de ahí la importancia de esta biografía escrita por Cristina Marcano y Alberto Barrera Tyszka, dos respetados periodistas venezolanos, que han cuidadosamente investigado la vida de Chávez al llegar éste a cerca de sus cincuenta años. Marcano y Barrera evitan las generalizaciones y conclusiones fáciles sobre la naturaleza y las motivaciones de este hombre. Intentan evitar afirmaciones basadas en especulaciones psicológicas sin fundamento o ofrecer opiniones políticas sobre un hombre cuyo carisma personal y cuyas polarizantes actuaciones han hecho muy difícil que la mayoría de los comentaristas políticos mantengan la objetividad y el equilibrio cuando escriben acerca de él. Pero el cuidadoso rastreo como reporteros y sus entrevistas con personajes clave en la vida de Chávez proporcionan a los dos autores de este libro interesantes elementos para esclarecer la figura de tan desconcertante, contradictorio y, hasta ahora, exitoso líder.

Las historias personales, como sabemos, son siempre muy marcadas por los lugares y los momentos históricos en los cuales ocurren. En un mundo cada vez más conectado e interdependiente, también están marcadas por lo que ocurre en otras partes. Y a veces, esas «otras partes» pueden quedar muy lejos. Afganistán e Irak, por ejemplo, quedan muy lejos de Venezuela y, sin embargo, la actuación y las posibilidades de Hugo Chávez han estado muy influidas por los acontecimientos que tuvieron lugar en estos países situados en las antípodas de Venezuela, o por los sucesos ocurridos en Manhattan el 11 de septiembre de 2001. Por diferentes razones que no tienen que ver con él, Chávez se convirtió en uno de los principales beneficiarios de los ataques terroristas de 2001. No es que él tuviera algo que ver con los ataques, pero como consecuencia del 11 de septiembre se duplicó el precio del petróleo, lo cual provocó un tsunami de petrodólares que llenaron los cofres del gobierno de Venezuela.

Además, el 11 de septiembre también hizo que la superpotencia estadounidense se concentrara casi exclusivamente en el terrorismo islámico y en declarar guerras en lugares lejanos. Los dirigentes en Estados Unidos dejaron de prestar atención a su tradicional patio trasero geopolítico, América Latina. Y Chávez explotó con destreza esta distracción. A ello hay que sumar el hecho de que las decisiones, la retórica y el comportamiento del presidente Bush provocaran en todo el mundo una reacción de antiamericanismo que propulsó este sentimiento —siempre presente en muchos países— a niveles sin precedentes. El presidente de Venezuela estaba listo, de hecho muy deseoso, de aprovechar el momento y convertirse en el crítico más extremo y estridente del presidente de los Estados Unidos.

Chávez no sólo estaba bien posicionado financiera y políticamente para aprovechar este sentimiento global; también estaba personalmente dotado de la audacia necesaria para seguir sus instintos y correr grandes riesgos. No sólo comprendió más temprano que otros que el emperador estaba desnudo y que retar al «imperio» Americano y a su líder tan impopular internacionalmente era una apuesta ganadora. También estaba dispuesto a hacer esa apuesta y confirmar que, a pesar del poder de la superpotencia, era poco lo que ésta le podía hacer. Chávez sabía, además, que podía permitirse tan arriesgada jugada gracias al dinero del petróleo, que hacía que Venezuela fuese menos dependiente de los inversionistas extranjeros, los créditos o la ayuda financiera de los Estados Unidos. El presidente Chávez calculó que enemistarse retóricamente con el presidente estadounidense no resultaría tan arriesgado como parecía y que, más bien, le proporcionaría grandes beneficios políticos, tanto en Venezuela como en el extranjero. Ni siquiera Osama bin Laden o Saddam Hussein llegaron a decir frente a las cámaras lo que el presidente de Venezuela ha dicho de George W. Bush: «borracho», «pendejo», «cobarde», «delincuente», «asesino», «burro», «narcotraficante», y «genocida criminal de guerra» son sólo algunos de los epítetos que el presidente Chávez emplea con frecuencia para definir a su colega estadounidense. La mayoría del mundo esboza una sonrisa y, en privado (aunque cada vez más menos privadamente), comparte los sentimientos negativos sobre uno de los presidentes más despreciados en la reciente historia de los Estados Unidos. En todo el mundo y de Moscú a Malawi, los histriónicos pronunciamientos anti-Bush de Hugo Chávez, aparecen con frecuencia en los noticieros nocturnos.

Pero Hugo Chávez no sólo ha sido audaz en el extranjero; también ha actuado con gran atrevimiento en su propia casa. Allí también se dio cuenta de que había otro emperador sin traje: la poderosa élite tradicional venezolana. Y, de nuevo, actuó con osadía siguiendo sus instintos. Se jugó todo o nada a la posibilidad de que los partidos políticos, los poderosos dueños de medios de comunicación, los ejecutivos de la compañía petrolera estatal, los grandes empresarios y los oligarcas del sindicalismo que habían llevado las riendas de Venezuela durante medio siglo, eran débiles y vulnerables. Los atacó frontalmente y les ganó.

Se dio cuenta de que la estructura de poder del país estaba madura para ser capturada y conquistada. Además, descubrió que esa toma del poder podría basarse en votos, no en balas, y que en el siglo XXI, en un país como Venezuela, la democracia podría emplearse para adquirir poderes enormes que nunca tendrían los presidentes democráticamente elegidos en otras partes del mundo. Y ése es el modelo que Chávez ha exportado con cierto éxito a Bolivia y a Ecuador: la victoria electoral seguida rápidamente de una asamblea constituyente que altera el balance de poderes concentrándolos en el presidente.

Según algunos, los poderes casi dictatoriales adoptados por Hugo Chávez están al servicio de una buena causa. Necesita el poder para enfrentar las injusticias forjadas durante siglos de abuso contra los pobres y los excluidos. Para otros, su comportamiento no es muy distinto del de cualquier otro líder autoritario en una región donde han abundado en demasía.

Así las cosas: ¿Es Hugo Chávez un demócrata comprometido en ayudar a los pobres o tan sólo otro populista irresponsable y sólo ávido de poder? De nuevo, en las respuestas a estas preguntas se encuentran pistas interesantes sobre algunas de las grandes tendencias en América Latina y en otras partes del mundo. Pero, por supuesto, las respuestas no sólo dependen de las circunstancias políticas y económicas. También dependen de Chávez, el hombre.

Como muestran claramente en este reportaje periodístico Marcano y Barrera Tyszka, Hugo Chávez ha atesorado grandes ambiciones desde que era muy joven. «Un día seré el presidente de este país», le dijo a un incrédulo amigo durante un viaje por carretera cuando eran ambos veinteañeros. «Le dije que estaba borracho», recuerda el amigo. Este libro también documenta cómo desde temprana edad la adopción de crudas ideas comunistas, el conspirar contra «el sistema» y convertirse en «alguien importante en este país», fueron algunas de las motivaciones permanentes del comportamiento de Hugo Chávez. Es obvio que tales ideas siguen firmes en su mente. De hecho, se han agrandado. Está claro, por ejemplo, que el hombre de mediana edad en que se ha convertido ahora el presidente no está satisfecho con ser alguien importante en

Venezuela. Ese sueño ya lo está viviendo. Ahora desea convertirse en «alguien importante en el mundo», y ese sueño también se le está convirtiendo en realidad.

El acceso sin restricciones a los ingresos petroleros de Venezuela y la posibilidad de gastarlos a su discreción en cualquier parte del mundo, han ayudado sin ninguna duda a que el presidente Chávez se convierta en una figura de influencia internacional. Pero su influencia no sólo se debe al dinero. Su historia y su muy personal estilo, irreverente, popular y sin temor al ridículo, encaja muy bien con un ambiente político donde el éxito depende cada vez más de la eficacia del líder en el uso de la televisión. Pero ni es sólo el dinero ni es solo su personalidad. Para sorpresa de muchos de sus críticos, Chávez también ha sido hábil en aprovechar el poder de las ideas. Su mensaje político toca fibras sensibles no sólo para el electorado venezolano pues también ha resultado muy atractivo en otros países, lo cual contribuye a su popularidad internacional. Chávez ha convertido las denuncias contra la corrupción, la desigualdad política y la exclusión social en *leit motivs* constantes de su retórica. Detectó muy temprano que esos temas perennes sobre los que había muchas quejas pero poca actuación habían adquirido una renovada importancia política en los años noventa. Y con gran éxito los convirtió en los pilares fundamentales de su mensaje político. Claro que la influencia internacional de Chávez depende mucho del petróleo. Pero no es cierto que se deba *sólo* al petróleo.

Chávez percibió muy pronto que los líderes políticos de otros países que adoptaban sus mensajes políticos también lograban aumentar su popularidad. En muchos países la lucha contra la desigualdad se hizo mas importante que promover la prosperidad, y la lucha contra la corrupción llegó a ser mucho más importante que mejorar la eficiencia económica.

Los mensajes que ayudaron a Hamas a lograr la victoria electoral en Palestina o a Mahmoud Ahmadinejad en Irán, por ejemplo, comparten un parecido impresionante con los mensajes que Chávez ha venido repitiendo con insistencia desde hace una década. Las mismas ideas están impulsando la popularidad de innumerables políticos en Europa Central y del Este, en partes de Asia y en toda América Latina. Sin duda difieren en cuanto al contexto y los matices; por ejemplo, la religión tiene mucho más peso en el Oriente Medio que en América Latina. Pero a pesar de sus diferencias, lo que estos políticos exitosos y populistas tienen en común es la habilidad para convencer al electorado de que ellos son mejores que sus rivales a la hora de escuchar a los pobres, de luchar contra la corrupción, de corregir las desigualdades milenarias o de proporcionar subsidios alimenticios y servicios sociales, especialmente salud y educación. Estas promesas muy locales y concretas atraen al electorado mucho más que otras batallas políticas internacionales en las que estos líderes también participan. El presidente Ahmadinejad de Irán fue elegido porque se vendió al electorado como el honesto y competente alcalde de Teherán, no porque los votantes iraníes estuvieran buscando a un presidente que eliminara a Israel del mapa o construyera una bomba nuclear. A los votantes les preocupa más conseguir un trabajo o un subsidio en efectivo, o echar del cargo a políticos corruptos, que la amenaza real o imaginaria atribuida al endiablado presidente de la superpotencia americana.

Es fácil ignorar estas similitudes y sus consecuencias si los éxitos obtenidos por Hugo Chávez en Venezuela o internacionalmente se explican de manera simple como el resultado inevitable —y quizás fugaz— de las acciones de un líder populista histriónico con mucho dinero del petróleo y la capacidad de gastarlo como se le antoje. Para los críticos, lo que ha ocurrido en Venezuela es algo tan obvio como predecible: la popularidad de Chávez es el resultado de un pueblo hambriento «comprado» con el dinero del petróleo y seducido por los cantos de sirena de un populista que hace promesas atractivas pero irresponsables. Sin duda, gran parte de ello es cierto. Chávez ganó en las últimas elecciones de diciembre de 2006 con un margen que en parte fue debido a que no tuvo ningún reparo en meter mano libremente en el tesoro público o utilizar activos del Estado (auditorios, aviones, autobuses, equipos) para apoyar su campaña. Fueron innumerables las violaciones de las leyes electorales, toleradas por un árbitro electoral cómplice (el Consejo Nacional Electoral) integrado por miembros que jamás habrían conseguido estar allí sin la aprobación personal de Chávez. Algunas violaciones fueron incluso televisadas, como cuando el director general de Petróleos de Venezuela S. A. (Pdvsa), la corporación estatal propietaria del petróleo, fue captado en video anunciando a los trabajadores de la empresa que aquellos que no apoyaran al «máximo líder» ni a la «revolución» se arriesgaban a perder su empleo. Al día siguiente el presidente Chávez reiteró la amenaza añadiendo que esperaba que el director de la compañía repitiera esta amenaza, no una, sino mil veces al día.

Un sondeo de opinión pública de Associated Press realizado antes de las elecciones mostró que al 57 % de los venezolanos les preocupaba ser víctimas de represalias si no votaban por Chávez. Poco después de ser elegido, Chávez nombró vicepresidente de su gobierno al anterior jefe del Consejo Nacional Electoral con la explicación de que su nuevo gabinete necesitaba reflejar la orientación más radical que estaba tomando su revolución en el nuevo periodo presidencial. Este nombramiento, y el celo revolucionario mostrado por el nuevo vicepresidente, confirmaron la extendida sospecha de que el árbitro electoral de los muy reñidos referendos en Venezuela no era exactamente un paradigma de imparcialidad. Tras nombrar a su nuevo gabinete, el reelegido presidente Chávez anunció cambios drásticos a la constitución que incluyen la posibilidad de su futura reelección a perpetuidad, forzó a la complaciente Asamblea Nacional a concederle el poder para decretar leyes sin ser debatidas por los asambleístas y declaró la nacionalización del petróleo, las telecomunicaciones y la electricidad.

Pero, de nuevo, sería un error concluir que la victoria de Chávez en 2006 fue solamente el fruto de trampas y del abuso de poder. Es probable que hubiera ganado sin recurrir a trampas, aunque seguramente por un margen mucho más estrecho. ¿Y por qué no iba a ganar? Gracias a los ingresos derivados del petróleo y a una deuda pública igualmente creciente, Venezuela, con una población de sólo 26 millones, ha recibido ingresos estimados en unos 175 billones de dólares. Y el presidente Chávez no ha mostrado reparos a la hora de gastar el fruto de esta bonanza, especialmente en programas sociales dedicados a los pobres. Pero esto no es ninguna novedad en Venezuela y tampoco resulta una buena explicación para la popularidad de Chávez. Sus predecesores hicieron lo mismo pero jamás obtuvieron el éxito político de Chávez.

De hecho, una época de prosperidad debida al petróleo que llena las arcas del Estado y permite aumentar el gasto en programas sociales para aliviar la pobreza no es algo sin precedentes en Venezuela ni en otros países productores de petróleo. Según el profesor Francisco Rodríguez, de la Wesleyan University, la última vez que esto ocurrió en Venezuela fue entre 1996 y 1998, justo antes de que Chávez llegara al poder, cuando debido a la fuerte alza del precio del petróleo y al consecuente aumento del gasto público social la pobreza descendió del 64.3 % al 43.9 %. El profesor Rodríguez, en un artículo publicado en la versión digital de la revista *Foreign Policy,* concluye que «Hay poca o ninguna evidencia de que Chávez esté finalmente compartiendo la riqueza petrolera de Venezuela con los pobres. La mayoría de las estadísticas no muestran mejoras significativas ni en el nivel de bienestar ni en la porción de recursos destinados a los ciudadanos más necesitados». Este sorprendente hallazgo no sólo contradice la propaganda de Chávez sino también las afirmaciones de los críticos que sostienen que simplemente ha comprado su popularidad con el dinero del petróleo. Si la popularidad y el apoyo político fuese tan fácil de comprar con petróleo, ¿por qué les duró tan poco a los predecesores de Chávez? Porque quienes en el pasado adoptaron prácticas populistas que no tienen nada que envidiarle a las de Chávez hoy en día son auténticos parias políticos. Por qué los efectos políticos de sus masivos programas de gasto social fueron tan exiguos y fugaces. En contraste con estos antiguos gobernantes populistas de Venezuela y otros países, una de las principales sorpresas políticas de Chávez es el nivel de adhesión popular del cual sigue disfrutando a pesar de que, después de tantos años en el poder, los graves problemas sociales persisten y algunos de ellos, como la criminalidad, han empeorado. Obviamente, detrás de la popularidad de Chávez hay algo más que el gasto público de su gobierno.

Para empezar, es importante reconocer que Hugo Chávez es uno de los políticos más astutos en el poder actualmente en América Latina. No hay duda de que a largo plazo sus políticas económicas acabarán dañando al país y su comportamiento autoritario ha coartado las libertades políticas básicas de las cuales el país ha disfrutado por décadas. El daño infligido por el culto a la personalidad al cual Chávez se ha hecho adicto, la devastación institucional y la militarización de la vida política venezolana, el saqueo de los dineros públicos y la violenta conflictividad social que tan eficazmente ha nutrido, son dolencias de las cuales Venezuela tardará años en recuperarse. Pero a la mayoría de venezolanos pobres no les importan estas consideraciones. Para ellos, Hugo Chávez es el líder que les ofrece lo que ninguno antes les dio: la sensación de que se preocupa profunda y personalmente por cada uno de ellos. Un amplio número de venezolanos votó por Chávez, no porque fuera el mal menor, sino porque para ellos es su líder, el que les habla directamente de sus necesidades y sus anhelos. En barrios de toda Venezuela es fácil escuchar frases como «Le importa la gente como yo», «Me representa», «Aunque mi situación no ha mejorado, al menos sé que lo está intentando» o «Él sí se preocupa por mi».

Además, como ya se mencionó, Chávez abona su popularidad con su inteligente explotación de los tres temas que mueven el comportamiento político de la mayoría de venezolanos: la necesidad de luchar contra la corrupción, la desigualdad económica y la injusticia social.

Nada de esto es nuevo en América Latina ni en Venezuela. De hecho, estos tres temas han sido el eje de muchas campañas electorales, revoluciones y movimientos políticos. Pero durante los años noventa el nivel de tolerancia histórica que los latinoamericanos mostraban respecto a las graves desigualdades económicas y el saqueo del dinero público por parte de las élites comenzó a bajar gracias a la mejor información y mayor conciencia facilitada por la globalización política y económica. La impaciencia y frustración de la gente se vio también avivada por la decepción ante las reformas orientadas a la apertura de los mercados. Estas reformas, conocidas como el «consenso de Washington» o las políticas económicas «neoliberales», enfatizan la liberalización del comercio y las inversiones extranjeras, la privatización de empresas públicas, la desregulación, liberalización de precios, de tasas de interés, de acceso a divisas extranjeras etc. La promesa de la época fue que estas reformas económicas, aunque dolorosas al principio, serían la condición necesaria para obtener mayor prosperidad para todos en el futuro. Pero en lugar de mayor prosperidad, los ciudadanos de América Latina obtuvieron una década más de bancarrotas financieras, altas cuotas de desempleo, crecimiento económico mediocre y, gracias a unos medios de comunicación más libres y ubicuos, una ventana diaria que les mostraba cómo vivían los ricos y cómo robaban los políticos. La corrupción generalizada, persistente y cruelmente dañina para los pobres se convirtió en una obsesión en todas partes. Y la guerra contra la corrupción se vio corrompida a su vez por políticos que la explotaban como el instrumento mas poderoso para hundir a sus rivales. En tal propósito se vieron acompañados por dueños de medios de comunicación y periodistas que encontraron en la guerra contra la corrupción una fuente inagotable de beneficios y de poder. Convertirse en un adalid contra la corrupción era, y sigue siendo a menudo, un arma mucho más efectiva para ganar dinero e influencia política que dedicarse a combatir de verdad, las condiciones que hacen que la corrupción social sea endémica. En toda América Latina muchos columnistas políticos que se especializan en denunciar casos de corrupción terminan siendo muy ricos. Y no gracias al ejercicio del periodismo.

Chávez llegó al poder en 1998 con una campaña basada en la anticorrupción y la posición antiestáblishment. Lejos de acabar con la corrupción, lo que consiguió fue acabar con un viejo orden corrupto para instaurar uno nuevo en su lugar: la llamada Boliburguesía, una abreviatura de «Burguesía Bolivariana». Ésta se formó a partir de una vasta corte de familiares amigos y socios del régimen chavista conocidos por sus opulentos estilos de vida, gastos desmesurados, casas lujosas, aviones privados y megayates. Durante el «reinado» de Chávez, Venezuela se ha vuelto a convertir de nuevo en uno de los mercados más atractivos del mundo para los vendedores de jets privados, helicópteros y carros del mayor lujo (sólo en 2006 se vendieron en Venezuela 80 Rolls Royce nuevos). Sorprendentemente esto apenas ha alejado a los fieles seguidores de Chávez. Los pobres que lo apoyan no creen que a «su» presidente le importen la riqueza ni el poder, pues lo único que le importa son ellos. Chávez es más un predicador que un político y sus métodos fundamentales para afrontar la corrupción y los males de la exclusión social y las desigualdades económicas se basan en su celo casi religioso y en su discurso moralístico. La denuncia anticorrupción —sobre todo la del pasado— es su obsesión. Él mismo se ve como un Jean Valjean que lucha contra el malvado Javert en una versión actual de *Los Miserables*. Los programas sociales que no deja de promocionar como uno de sus logros se llaman, apropiadamente, «misiones». Las numerosas misiones ostentan nombres pintorescos derivados de la historia y el folclor venezolano y ofrecen de todo, desde alimentos subvencionados hasta becas para quienes se inscriben en las incipientes universidades bolivarianas. Como buen populista, Chávez evita tener que canalizar su actividad política a través de partidos políticos e instituciones intermedias (sindicatos, gremios, asociaciones de ciudadanos, organizaciones no gubernamentales, etc.) y más bien trata de llevar su mensaje directamente «al pueblo» a través de su programa televisivo semanal titulado *Aló, Presidente* y sus muy frecuentes y muy largos discursos transmitidos de manera obligatoria por todos los medios. Por esto está buscando la creación de un «partido único» que lo apoye, y su necesidad de gobernar sin la Asamblea Nacional. También son conocidas sus denuncias contra el poder judicial y los jueces que lo apoyan pero que no responden ciegamente a las órdenes que emanan del «líder de la revolución» (con creciente frecuencia Hugo Chavez habla de sí mismo en tercera persona).

El presidente venezolano también ha sido un incipiente y entusiasta promotor de las llamadas ONGGO que son ONG (organizaciones no gubernamentales) controladas y financiadas por el gobierno; muchas veces secretamente. Se trata de una nueva y poderosa herramienta política que el presidente venezolano ha desplegado con gran destreza y éxito tanto en Venezuela como en otros países donde está tratando de construir una base de apoyo para su programa político. Con esta iniciativa ha vuelto a adelantarse al aprovechar dos tendencias globales de los noventa: el descrédito de los partidos políticos y la popularidad de conceptos como «sociedad civil» y «organizaciones no gubernamentales». En todo el hemisferio, las ONG que se alinean con el programa político de Chávez o que apoyan explícitamente su figura y la Revolución Bolivariana acaban siendo beneficiarios directos o indirectos de su astuta generosidad. Los zapatistas en México, los piqueteros en Argentina, los Sem Terra en Brasil, los cocaleros en Bolivia, grupos indígenas de Ecuador Perú y Guatemala y una multitud de otros «movimientos sociales» que no guardan una relación formal con partidos políticos han recibido el apoyo entusiasta del Presidente. Hasta en Estados Unidos, los «Círculos Bolivarianos» creados a imagen y semejanza de los que funcionan en los barrios de Venezuela están creciendo en los campus universitarios y en barrios urbanos. Varias ONG, iglesias y sucursales del YMCA en Estados Unidos reciben generosas subvenciones para que sus miembros viajen a Venezuela y asistan a breves cursos «experienciales» que ofrece la nueva Universidad Bolivariana para que los estadounidenses tengan la oportunidad de conocer en persona los progresos de la revolución. En muchos países grupos políticos de orientación izquierdista que hasta hace poco no contaban con mayores recursos súbitamente exhiben «signos de riqueza» no fácilmente explicables (automóviles, sistemas de comunicación, imprentas, periódicos, reuniones bien surtidas con comida y bebida gratuita, afiches, viajes internacionales para sus líderes, etc.). Todo esto gracias a la generosidad de «donantes y compañeros de afuera».

Mientras tanto, en la Asamblea Nacional de Venezuela controlada por Chávez se pasan leyes según las cuales los funcionarios y miembros de las organizaciones no gubernamentales no afectas al gobierno y que reciban fondos de cualquier organización extranjera tendrán que enfrentarse a cargos criminales y largas sentencias de cárcel.

Aunque algunas de estas prácticas resultan insultantes para una gran parte de la sociedad venezolana, la mayoría que ha otorgado un cheque en blanco político a Hugo Chávez las aplaude. Mediante una gran variedad de medios, desde sus programas de televisión hasta las misiones, pasando por una maquinaria propagandística de primera clase, con acceso al mejor talento internacional que el dinero puede comprar, Chávez le pone cara y nombre a la anonimidad de la pobreza. Hace de la desgracia y la desigualdad una virtud al tiempo que demoniza la riqueza y el tratar de obtenerla. El efecto final es la percepción de muchos de que Chávez ha llevado por fin la «dignidad» a los pobres y excluidos que constituyen la mayoría de los venezolanos. En esto reside una clave importante para entender la popularidad de Chávez. Por supuesto que también ayuda el hecho de que el alto precio del petróleo le haya permitido mantener un rápido crecimiento de todos sus programas sociales. Igualmente ayuda que todos los venezolanos aprendan en la escuela que su país es muy rico y que, por lo tanto, la única explicación para tanta pobreza no son las malas políticas sino la bajeza moral y la corrupción de las clases política y empresarial. «Pongamos a un hombre honesto en el poder y la riqueza del país beneficiará casi sin esfuerzo a todos», es una creencia generalizada que Chávez brillantemente explota. Naturalmente la ineptitud y el menguado liderazgo de la tradicional clase política que aún dirige la oposición en Venezuela, y el hecho que Estados Unidos sea tan impopular y se comporte de manera distraída y torpe también le han facilitado las cosas a Chávez. El «líder de la revolución» no sólo ha sido afortunado en que le ha tocado un periodo muy especial y ya muy largo de altos precios del petróleo, sino que también ha tenido una inmensa suerte en tener los muy torpes enemigos que le han enfrentado en Venezuela y en el extranjero. ¡Con enemigos así es mas fácil ganar! Pero ninguno de estos rasgos, ni en Venezuela ni afuera, pueden por sí solos explicar el éxito político de Chávez. Para ello uno debe estudiar al hombre mismo y su casi increíble trayectoria vital, una historia que en las páginas siguientes cuentan muy bien.

MOISÉS NAÍM
Director
Foreign Policy

Como tendencia general de todos los hombres, destaco un perpetuo e impaciente deseo de poder y de más poder, que solamente cesa con la muerte. Y esto no se debe al mayor placer que se espera sino al hecho de que el poder no puede garantizarse sino buscando aún más poder.

THOMAS HOBBES

Nota preliminar

Siempre es un poco temerario intentar una aproximación biográfica a un personaje que todavía vive y que participa activamente, de manera protagónica, en la historia actual. Sobre todo si no se pretende entonar un himno o redactar un juicio, dictar una sentencia laudatoria o condenatoria; si no se busca, con premeditación y alevosía, convertir al personaje en una simple víctima de nuestras propias intenciones.

En la otra esquina está el espejismo de la objetividad. Sabemos gracias a Lichtenberg, desde finales de 1700, que «toda imparcialidad es artificial». Sería ingenuo intentar engañar al lector pregonando que los responsables de este libro no tenemos opiniones, que gozamos de una académica indiferencia ante el personaje que convoca estas páginas.

Sobre estas dos aguas se mueve la biografía de Hugo Chávez. Es un proyecto que nació con la intención de sumar complejidad a un proceso que parece empeñado en simplificarse. La polarización que ha generado el presidente de Venezuela, tanto dentro como fuera del país, parece marcar la propia percepción que se tiene sobre él. Luce imposible observarlo sin tener que someterse al contagio que lo idolatra o que lo sataniza.

Para enfrentar esta realidad, decidimos tratar de construir una historia de vida, en clave periodística, a partir de testimonios, de la opinión de alguna gente que lo ha acompañado y que ha estado junto a él a lo largo de su existencia. Gente que todavía se encuentra cerca de él y gente que se ha distanciado, que ahora es su adversario. El trabajo también nos llevó, por diferentes vías, a abundantes materiales escritos, así como a los propios diarios personales y a alguna parte de su correspondencia juvenil. Más que una narración lineal, en este libro respira una dinámica coral. Se trata de una construcción colectiva de esa experiencia que es Hugo Chávez Frías.

Finalmente, queremos dejar constancia de nuestro agradecimiento a todos aquellos entrevistados que aceptaron colaborar y nos ofrecieron su tiempo y confianza. A la periodista Fabiola Zerpa, quien trabajó como asistente de este proyecto y cuyo aporte nos resultó imprescindible. A Gloria Majella Bastidas y a Ricardo Cayuela, siempre asertivos y puntuales en su lectura y en sus comentarios.

CRISTINA MARCANO
ALBERTO BARRERA TYSZKA
Caracas, 3 de septiembre de 2004

PARTE UNO

1. Llegó la revolución

La noche del 6 de diciembre de 1998 una multitud comienza a congregarse frente al teatro Teresa Carreño, cerca del centro de Caracas. Hay ambiente de fiesta. Hace pocos momentos, el Consejo Nacional Electoral ha presentado el primer boletín oficial con los resultados de la jornada de ese día. Habiendo computado 64 % de los votos, las tendencias ya no pueden revertirse. Hugo Chávez cuenta con 56 % del electorado mientras Henrique Salas Römer, el otro candidato de peso que aglutina a todos los partidos políticos tradicionales, sólo alcanza 39 %. Venezuela ya tiene un nuevo presidente. Es un hombre que, apenas seis años atrás, también intentó llegar al poder, pero a través de un golpe de Estado. Lo que no obtuvo con una rebelión militar en 1992, lo obtiene ahora por la vía democrática. No se trata, pues, de un político de carrera. Tampoco tiene experiencia en el ejercicio de cargos públicos. Apenas suma 44 años, todo un récord en el promedio de edades con respecto a los anteriores presidentes. Invoca la resurrección del libertador Simón Bolívar, promete acabar con la corrupción y democratizar el petróleo, promueve el sueño de un país sin pobres. Saca de las sombras uno de los más antiguos fantasmas de Latinoamérica: la revolución.

Aunque a primera vista no lo parezca, este 6 de diciembre de 1998 también se cumple por fin una obsesión que, desde hace muchísimo tiempo, ha ido madurando en el interior del recién electo presidente de Venezuela. Fue en 1982 o en 1983, según lo recuerda su amigo de la adolescencia Federico Ruiz. Un 31 de diciembre. Hugo Chávez le propuso que viajaran, en un mismo día, ida por vuelta, desde la ciudad de Maracay a la ciudad de Barinas, a 525 kilómetros de Caracas, para saludar a sus madres y abrazar a sus familias con motivo del Año Nuevo. Cinco horas de ida, cinco horas de regreso, por lo menos. «Íbamos [dice Ruiz] los dos solos, en un Dodge Dart que él tenía, tomándonos una botella de ron.» En medio de la larguísima plática, todavía rememora de forma nítida este momento: «él me dijo: "¿sabes una cosa? Yo algún día voy a ser presidente de la República". Yo le dije: "¡Coño! ¡Me nombras a mí ministro de no sé qué cosa… y empezamos a echar broma!"». Para no dejar bajo sospecha ningún matiz, para que no se crea que fue un instante aburrido de la plática o un simple rapto de ligereza etílica, aclara: «Hugo me lo dijo muy serio».

Por supuesto que hablaba en serio. No era, además, la primera vez que esa idea rondaba a su amigo. Siendo cadete, a los 19 años de edad, le tocó desfilar en un acto cuando Carlos Andrés Pérez acababa de asumir, por primera vez, la presidencia de la República (1974-1979). Suele la historia tejer secretas correspondencias. De seguro, Pérez cruzó cerca del joven Chávez, sin reparar en él, sin mirarlo. Jamás imaginó que un soldado que todavía no salía de la Academia Militar podría años más tarde, durante su segundo gobierno, conspirar en su contra, intentar derrocarlo violentamente. Tampoco pensó que ese soldado podría llegar a ser presidente de Venezuela. El joven Hugo, sin embargo, vivió esa misma escena de otra manera. El 13 de marzo de 1974, escribió en su diario: «Después de esperar bastante tiempo llegó el nuevo presidente. Cuando le veo, quisiera que algún día me tocara llevar la responsabilidad de toda una patria, la patria del Gran Bolívar».[1]

Veinticuatro años después por fin lo ha logrado. Probablemente en el país muy pocos conozcan ese viejo sueño de Hugo Chávez, ese afán que lo acompaña desde hace tanto. De hecho, él mismo no ha publicitado demasiado ese anhelo. En 1999, por ejemplo, en una entrevista con Mempo Giardinelli y Carlos Monsiváis, cuando estos imprescindibles escritores latinoamericanos le preguntaron: «¿Alguna vez se imaginó que estaría aquí, en la presidencia y en el poder?», Chávez contestó rápidamente: «No, jamás. Jamás».[2] Quizás, este 6 de diciembre, sólo él festeja íntimamente este logro personal. Venezuela celebra otra cosa: la victoria de la antipolítica. El país celebra haber llevado a un *outsider* al poder, castigando así a los partidos tradicionales. Una gran parte de la clase media, harta de la ineficacia de la gerencia pública y de la corrupción, ha visto en el ex militar golpista una forma de venganza. Los medios de comunicación, dedicados a fustigar cualquier práctica política, están satisfechos. También los pobres se sienten identificados con este mensaje de revancha, con este hombre que habla de la deuda histórica que tiene el Estado con todos los excluidos. Es el relanzamiento de un viejo producto con un nuevo empaque: la Gran Venezuela, el reino de la riqueza líquida, rápida; el paraíso del que todos los venezolanos se sienten expulsados; la fantasía del éxito instantáneo.

El candidato del Polo Patriótico gana las elecciones con una mayoría histórica. El resultado final le da 56.44 % del favor del electorado. Pero, ¿quién es en realidad Hugo Chávez?, ¿de dónde viene?, ¿a dónde va?, ¿cómo junta sus propios sueños con los sueños del país?... De momento, esta noche, en Caracas, después de ser reconocido por todos los partidos y por las instituciones como el nuevo presidente electo de Venezuela, dice: «Queridos amigos, sencillamente hoy ocurrió lo que tenía que ocurrir. Como dijo Jesús: "Todo está consumado". Se ha consumado lo que tenía que consumarse». Y, bajo la sombra larga de la madrugada caraqueña, comienza entonces a cantar el himno nacional.

★★★

Es posible que a más de alguno le cueste creer que aquel adolescente delgadísimo que jugaba en la calle sea el nuevo presidente constitucional de la República. Hace 30 años, nadie hubiera imaginado un giro tan sorprendente en su futuro. ¿Huguito? Sí, Huguito, el hijo del maestro. Después de la victoria en las elecciones, el regreso a su tierra no podía ser de otra manera: triunfal. Barinas también es una fiesta. No sólo se trata de un orgullo natural, de una normal efusión regionalista; además se celebra la irrupción de lo inesperado. Seis años atrás, apenas, cuando ese mismo hombre aparecía en la televisión como el responsable de un intento de golpe, la única sensación que flotaba sobre la familia y la gente cercana era una confusa mezcla de sorpresa y de vergüenza. Tampoco entonces nadie pensó que Hugo Chávez estaba estrenando una meteórica carrera política. Una amiga de sus años de secundaria lo expresa de esta manera: «Es algo muy difícil de asimilar. Hay que ver lo que significa no haber sido concejal, no haber sido diputado, no haber sido dirigente, no haber sido un carajo en la política... y terminar de pronto siendo presidente».

Sin duda. Ése no parecía el destino reservado para Huguito. En esos años, quizá más de alguno creyó que nacer en Sabaneta de Barinas era ya un mal comienzo, una gran desventaja. Sin embargo, esa condición puede ser el inicio perfecto de un mito. La ruta del hombre humilde que finaliza consagrado por el poder encaja emotivamente en una visión melodramática de la historia. También algunos de los presidentes anteriores editaron el sueño de un hombre sencillo, uno común y corriente, que termina en la cúspide. Ninguno de los otros mandatarios de la etapa democrática del país nació en Caracas. Todos, al igual que él, llegaron desde la provincia. Algunos, la mayoría, provenían también de familias humildes. Hugo Chávez, sin embargo, es el primero que viene desde Barinas, desde lo más profundo de la llanura venezolana, el primero que convierte sus circunstancias geográficas en un acontecimiento simbólico.

Suelen los regionalismos ofrecer algunas trampas. Parecen fáciles las recetas que definen rasgos culturales a partir de algunas características geográficas. Los ejemplos siempre se repiten: la gente de la costa es abierta, franca, espontánea. En contraposición, gracias al frío y al silencio vertical de las montañas, los andinos son retraídos, estrictos, callados. No es sencillo escapar de este tipo de clasificaciones. El estereotipo dice que el llanero es reservado, desconfiado, pero que una vez que toma confianza deja ver un carácter leal, muy hablador y fabulador. Se presupone que esa llanura donde se desdibujan los horizontes, ese suelo plano, sin final, produce esa rara combinación de silencios y de largos corridos musicales, llenos de gritos estirados, de contrapunteos; un territorio que también es un clima interior, una forma de ser donde conviven por igual el ganado y los fantasmas, los caballos y los aparecidos.

Manuel Díaz, conocido como Venenito, quien dio clases de química durante 30 años en el liceo Daniel Florencio O'Leary de Barinas y fue profesor de Chávez, asegura que a los llaneros «cuesta mucho entenderlos. Son muy recelosos. Están pensando qué les pedirá uno. Pero una vez que lo conocen a uno, son sinceros[…]. Dan la amistad cuando ven que es recíproca». Además añade otro dato: «El machismo los marca. El hombre es el que hace todo». Un dicho común, con el que la gente del llano gusta autodefinirse, afirma que «los llaneros son del tamaño del compromiso que se les presente». Obviamente, la frase no necesita ningún lugar específico. Cualquier regionalismo puede cobijarse debajo de ella.

Hugo Chávez, a diferencia de otros, ha sido el presidente que más ha recreado la región de donde proviene. Es parte de su dinámica comunicacional. Sus palabras, por lo general, están aderezadas con anécdotas personales, con referencias culturales que involucran al llano y a los llaneros, con canciones, con la música típica de la región. Con relativa frecuencia trae a colación algún recuerdo de su infancia. Incluso, cuando habla de su retiro, en el año 2021, siempre invoca una vuelta a sus orígenes, al sueño de pasar sus últimos días a la orilla de algún río, en un punto perdido de los llanos.

Efrén Jiménez era vecino, puerta con puerta, de los Chávez y compañero de juegos durante los primeros años de vida de Hugo Rafael: «Sabaneta [dice] era cuatro calles. Creo que había en ese entonces como mil y tantas personas. Todos nos conocíamos, todos formábamos una sola familia». No había luz eléctrica directa. Pero contaban con una planta que surtía al pueblo de electricidad entre las 6:30 de la tarde y las 10:30 de la noche, todos los días. Los niños sólo tenían un local de enseñanza, el grupo escolar Julián Pino, donde el padre de los Chávez, Hugo de los Reyes, era maestro. Otro amigo de esos días lo recuerda como un buen educador, «severo, riguroso, disciplinado, pero no arbitrario».

★★★

Hugo Rafael Chávez Frías nació en Sabaneta de Barinas el 28 de julio de 1954. Es el segundo de seis hermanos. Todos varones. Su madre, Elena, reconoce que, durante ese tiempo, «mi trabajo era puro tener familia. No podía hacer nada más». Vivían en una casa de palma. Ahí nacieron todos sus muchachos. «Con una comadrona. Como una cochina, que antes no había clínica, no había médico, ni nada. Eso era pura partera. Y en todos, el dolor es igual. En todos.»

La situación de la familia era precaria. Los recursos escaseaban a la misma velocidad que aumentaban los hijos. Quizá por eso, también, aparece en esta historia la figura de Rosa Inés Chávez, la madre del maestro, la abuela paterna. Debido a la situación familiar es ella quien se encarga de la crianza del pequeño Hugo. Ya siendo presidente, el mismo Chávez reconocerá la importancia trascendental de esta mujer en su vida. Con su nombre bautizó a la hija que tuvo con su segunda esposa Marisabel Rodríguez. Quienes la conocieron de cerca, aseguran que

Rosa Inés le dio una influencia que no hubiera encontrado en la casa de sus padres.

Elena Frías de Chávez tenía 18 años cuando dio a luz a su primogénito, Adán. «Era muy jovencita», dice. Al año y tres meses estaba de nuevo alumbrando. Nació Hugo. Y al año y tres meses nuevamente otro parto. La madre de su marido, entonces, se ofreció a ayudar. Todos estuvieron de acuerdo. Así, Adán y Hugo, los dos hijos mayores del matrimonio, se mudaron a casa de la abuela. En lo económico, probablemente, esto no representaba una gran mejoría. Pero así, al menos, se iban repartiendo las cargas. La abuela cocinaba unos dulces de lechosa (papaya) llamados «arañitas» y el pequeño Hugo salía a venderlos. En su diario, el 12 de junio de 1974, Chávez recuerda: «Por aquí, en los alrededores, abunda la "escoba de monte", y al sólo verla vino a mi memoria la imagen lejana e imborrable de mi vida infantil, recogiendo con Adán y mi abuela, en los potreros de Sabaneta, manojos de esa planta para barrer nuestra humilde casa de piso de tierra».[3] La figura de la abuela será, para el hoy presidente, su referencia afectiva constante. De manera recurrente menciona el amor que siempre le tuvo. Según se sabe, era una mujer callada pero con muy buen humor. Su muerte, en 1982, fue un duro golpe para los dos hermanos que se criaron con ella.

Con el tiempo, cuando la madre decide recuperar a sus hijos, ya es muy tarde. «Después que yo ya quería recoger a mis hijos entonces mi marido me dijo "Elena, si le quita esos muchachitos, a mi mamá le va a pegar un infarto. Si mi mamá se muere es culpa suya". Entonces yo me quedaba callada porque si se moría, me la iban a achacar a mí… al tiempo volvía yo con la cosa: Hugo, yo quiero traerme a mis hijos. Ya, por fin, nos vinimos pues cerca de ella porque ya no hubo mundo ni remedio para que yo le pudiera quitar los hijos.» El verbo *quitar* puede resultar duro, pero también muy exacto. Así pasó. Así se conjugaron esos años. Ya los dos niños no volvieron a dormir en la casa del maestro Hugo y Elena. Incluso podían pasar buena parte del día donde sus padres, pero siempre regresaban a dormir con la abuela. Ésa era *su* casa. «Hasta que Hugo se fue a la Academia y Adán se fue para la universidad», remarca doña Elena.

Esta separación temprana de la madre, y la influencia de la abuela Rosa Inés, ha dado paso a más de una versión y de alguna especulación sobre la formación de la personalidad y del carácter de Hugo Chávez.

Hay quienes establecen una relación entre estas condiciones de su infancia y el tono inflamable de su discurso político. Son aquellos que dicen que su forma parte de un profundo resentimiento cuyo origen primario podría estar en estas experiencias de su infancia. Esto estaría apoyado, además, por la versión que sostiene que existe un soterrado rechazo del líder hacia su madre.

Herma Marksman, profesora de historia que fue amante de Chávez durante nueve años, dice: «Yo sentía que él quería más a su papá que a su mamá. Pienso que a él le hizo muchísima falta el calor de su mamá en los primeros años. Es mi percepción personal». Luego recuerda una acalorada discusión que tuvieron, cuando eran pareja, que terminó con el siguiente diálogo: «¿Y tú no amas a tu mamá?, le pregunté. Y él me contestó: "No. Yo la respeto"». Asegura, además, que no fue ésa la única vez que hablaron sobre el tema. «En dos oportunidades [continúa] él me reafirmó esta distancia con su madre. Al extremo de que, durante un tiempo, si se encontraban los dos en una calle, se esquivaban para no saludarse. Eso él me lo contó.» Según Marksman, Chávez pasó por lo menos dos años sin hablarle a su madre.

En una entrevista concedida a la revista *Primicia,* en 1999, una confesión de doña Elena le da de nuevo cuerda a las suspicacias que se han tejido sobre el tema: «Yo no quería tener hijos […]. No sé, no me gustaba, no me parecía bonito, pero como Dios me dijo: eso es lo que tú vas a hacer… Me casé y al mes salí embarazada».[4] También admite que era «muy fuñía» (estricta) y que, para que sus hijos entraran en cintura, acostumbraba pegarles, una práctica nada anormal en la Venezuela de esos años.

Más allá de cualquier elucubración que se teja sobre la verdadera relación entre Chávez y su madre, sí es contundente la cercanía que siempre tuvo con su abuela Rosa Inés, a quien consideraba como su auténtica mamá. Cuando ingresa a la Academia Militar, en 1971, la primera carta que envía es para ella. Le escribirá con mucha frecuencia. En esa correspondencia abundan las expresiones que confirman esta relación: «Querida mamá», «mamita», le dice constantemente. Sus palabras reflejan un hondo cariño, un lazo sentimental muy profundo. Al final de una de esas misivas, fechada el 31 de agosto de 1971, reconoce: «Por último, te digo que siempre me he sentido orgulloso de que me hayas criado y yo poder llamarte mamá. Bendíceme, tu hijo que te quiere».

Esta copiosa devoción contrasta un poco, al menos en el plano epistolar, con la que mantiene con su verdadera madre, con su progenitora.

La correspondencia con Elena de Chávez es también cariñosa, poblada de afecto, pero mucho más esporádica, menos constante. Es evidente que el joven Hugo siente que su relación filial, maternal, está tendida hacia el lado de su abuela. Así lo reitera en una carta cuando está por salir de la Academia: «He vivido veinte años, dieciséis de los cuales los pasé contigo, y aprendí muchas cosas de ti, a ser humilde pero muy orgulloso, y lo más importante, que heredé de ti ese espíritu de sacrificio que a lo mejor me lleve muy lejos, o quizá, si soy desafortunado, corte mis ilusiones».

Frente a quienes ven en esta circunstancia de la infancia un evento perturbador, formador de una personalidad conflictiva, se contraponen otros testimonios, como el de un amigo de esos años que asegura que Hugo siempre fue un niño feliz, que ese tipo de relaciones familiares, donde abuelos o tíos criaban a nietos o a sobrinos, podían ser bastante comunes en la Venezuela rural de aquellos tiempos. En general, también el mismo Chávez suele recordar su infancia con bastante felicidad. Su memoria nunca registra que su niñez haya sido un infierno del cual debía urgentemente escapar. El 17 de octubre del año 2004, en su programa de radio dominical, volvió a recordar que su niñez había sido «pobre pero muy feliz». A menudo también rememora con alegría que, desde muy pequeño, tenía dos grandes sueños, dos grandes entusiasmos: la pintura y el béisbol. Doña Elena también recuerda las facilidades que su hijo mostraba, la destreza que tenía: «Le gustaba mucho dibujar. Él todo lo pintaba. Él se sentaba aquí y veía ese perrito y de una vez lo pintaba. Él le hacía dibujos a los hermanos, a los amigos… cualquiera que llegaba decía: "Huguito, hazme un dibujito". Y él de una vez se lo hacía. Y lo hacía facilito».

Su otra gran pasión era la pelota, el juego de pelota, como se le llama coloquialmente al béisbol en Venezuela. Se trata de un sueño bastante común en el país. Casi todos los niños, en algún momento, desean ser peloteros. En aquellos años, un pitcher del país, con un futuro prometedor en las ligas de Estados Unidos, llevaba también el apellido Chávez. Se llamaba Isaías y era, debido a su velocidad y maestría a la hora de lanzar la pelota, conocido como Isaías Látigo Chávez. Huguito de inmediato estableció una relación de admiración con este profesional. No sólo era su ídolo, también era un modelo, un sueño posible. Desde esos años, cuando jugaba en la calle o en los baldíos de su pueblo, más de una vez anheló ser una estrella del béisbol, una celebridad capaz de convocar muchos aplausos en un estadio.

Tampoco alguna gente de Sabaneta, que estuvo cerca de la familia en aquellos años, parece avalar la idea de que Hugo Chávez padeció una infancia desgraciada que torció su personalidad y lo convirtió en un ser resentido, agresivo y revanchista, como señalan sus adversarios. Apartando las especulaciones que puedan darse a partir de la intimidad familiar, sólo parece existir una anécdota que pudiera dialogar con esta imagen de una niñez humillada. La cuenta su tía Joaquina Frías: «El primer día que Hugo fue al colegio no lo dejaron entrar. Llevaba unas alpargatitas viejas, las únicas que tenía. La abuela Rosa Inés lloraba y lloraba porque no tenía para comprarle zapatos. Daba dolor ver a aquella mujer, tan fuerte ante la vida, penar de aquel modo. No sé cómo hizo para comprar otras alpargatas y así el chamo pudo volver al colegio».[5] La escena, sin embargo, no parece demasiado como para definir, de por sí, toda una personalidad. En todo caso, destaca, como siempre, la importancia de la abuela en la vida del niño: es Rosa Inés quien lo acompaña en su primer día de clases, es la abuela quien aparece enfrentando las más mínimas contrariedades cotidianas.

Edmundo Chirinos es un psiquiatra reconocido en el país. Ligado a la izquierda, ha sido rector de la Universidad Central de Venezuela y también candidato a la presidencia. Después del golpe de Estado de 1992, comenzó a relacionarse con Hugo Chávez: «Cuando él estaba preso, no conocía mucha gente en el mundo civil. Él llamó a algunas personas que tenían cierto prestigio o eran conocidas por la gente. Así es como conoció a su actual vicepresidente, José Vicente Rangel, también a su mentor Luis Miquilena, y a muchos otros que hoy están en su gobierno. A mí me llamó porque yo había sido candidato presidencial y tenía experiencia política; segundo, él tenía problemas familiares y requirió mis servicios como consejero psiquiátrico. No estaba perturbado; sólo tenía problemas comunes que cualquiera podría tener con su esposa y sus hijos. Así fue como me convertí en su amigo y consejero».[6] Aunque Chirinos, a la hora de describir a Hugo Chávez, no destaca particularmente la relación con su abuela como lazo materno, sí subraya algunos rasgos distintivos en su personalidad que sin duda deben encontrar alguna conexión con toda su experiencia de vida, incluida su infancia: «Chávez siente genuino desprecio por la gente oligarca, en el sentido no solamente de la posesión del dinero sino de la afectación a través de gestos, del lenguaje… de modo que en eso hay en él una evidente bipolaridad de acercamiento al humilde y de rechazo a los todopoderosos».

Es fácil prever que, a medida que pase el tiempo, cada vez será más difícil ponderar verazmente el recorrido personal de Hugo Chávez. Su historia ya tiene una versión oficial, un discurso que se reconstruye y se recuenta desde el poder. Cualquier anécdota de su infancia, cualquier evento lejano, ahora se valora de una forma distinta; se magnifica o se disminuye, se reinventa o se obvia. Es casi parte del proceso natural con que el poder organiza una nueva memoria. Cuando a doña Elena le preguntaron si alguna vez supo de las intenciones de su hijo Hugo de ser presidente, ella contestó: «Nosotros no habíamos planificado nada, nada en absoluto. Mire, esto nos ha llegado por obra y gracia del Espíritu Santo. Más nada».

★★★

Pero, sin duda, algo más que el Espíritu Santo sacude al país este 6 de diciembre. No es azaroso que un hombre salido de las filas del ejército esté al mando del país. Tampoco es una novedad. Todo lo contrario: entre 1830 y 1958 el país estuvo gobernado por civiles únicamente durante nueve años. Con el derrocamiento de la dictadura del general Marcos Pérez Jiménez, en 1958, comienza el periodo democrático más largo en la historia de Venezuela. Es la etapa en la que los principales partidos que participaron en la lucha contra el régimen militar se alían y, excluyendo al Partido Comunista, construyen un acuerdo de gobernabilidad, conocido después como «El Pacto de Punto Fijo». El partido Acción Democrática (AD), de estirpe socialdemócrata, y el partido Comité de Organización Política Electoral Independiente (Copei), ligado a la democracia cristiana, terminaron capitalizando y protagonizando la actividad pública en el país. Durante cuatro décadas, ambos partidos se turnaron en el poder. Los adecos —como se conoce a los socialdemócratas— gobernaron durante cinco periodos; los copeyanos —como popularmente se llama a los miembros del partido socialcristiano— estuvieron en tres oportunidades al frente del Estado.[7] Para 1998, este modelo confronta ya una crisis extrema. Tanto que lo que le ofrece Hugo Chávez al país es, justamente, acabar con «cuarenta años de democracia corrupta». Ése es el gran tema de su campaña: arrasar con el pasado.

El editorial del periódico *El Nacional* de la mañana del 7 de diciembre de 1998, subraya bien todo este sentimiento mayoritario: «Los resultados electorales de este domingo advierten claramente a la sociedad venezolana no sólo sobre las grandes esperanzas de cambio que se gestan en su seno, sino también sobre los impresionantes niveles de frustración que las mayorías han desarrollado contra el viejo liderazgo político. Ha quedado totalmente claro que el país entero ha decidido sobre una opción diferente a aquella que la clase dirigente tradicional trataba de imponer».[8] Era evidente que en la votación del día anterior había funcionado el voto castigo, que la democracia —entendida tal y como la entendían las élites del país— ya no era una promesa confiable. En 1998, todos los venezolanos, incluso aquellos que no votaron por Hugo Chávez, deseaban un cambio.

Esta evaluación del pasado inmediato, sin embargo, puede también ser injusta. En todo caso, puede estar influida por la manera como los venezolanos se han relacionado con su propia realidad, con la cultura de un país que nunca ha sabido negociar de manera saludable con su riqueza petrolera. No puede haber duda sobre la forma en que, tan rápidamente, en apenas 40 años, el proyecto civil y democrático del país se pervirtió, se corrompió y dejó al desnudo una crisis trepidante en todos los espacios y las instituciones de la sociedad: la economía, la representatividad política, la impartición de justicia… Pero, de igual manera, es necesario reconocer que, al menos en sus inicios, la experiencia democrática frenó parcialmente la tradición, y la tentación, militarista de la historia venezolana y, también, modernizó al país. La reforma educativa, la reforma agraria, el proceso de descentralización, la nacionalización del petróleo, la promoción de becas y estudios especializados en el exterior… Ninguna visión del país puede renunciar a la complejidad que representa este periodo. Incluso en términos económicos, el juicio que pueda hacerse necesita siempre precisiones.

En el año 1997, un grupo de académicos e investigadores decidieron emprender un análisis serio y exhaustivo del problema de la pobreza en Venezuela. Después de años, en 2004, al publicar los resultados de este trabajo, advierten lo siguiente:

«A mediados del siglo XX ya existe arraigada la convicción de que Venezuela es rica, por el petróleo, por ese don natural que no depende de la productividad ni de la condición emprendedora de los venezolanos. La actividad política se va a centrar en la lucha por la distribución de una riqueza, más que en la producción de una riqueza sostenible y sostenida por la iniciativa empresarial y la productividad de la mayoría de los venezolanos. Aunque poco a poco con la democracia (a partir de 1958) se amplía la distribución del ingreso petrolero (que representaba hasta 90 por ciento de las exportaciones y 60 por ciento del presupuesto nacional), esta distorsión en la mentalidad y en la dinámica económica se vuelve duradera. Los políticos se apoyan en las promesas —y también algunas acciones exitosas en la generalización de los servicios públicos— de distribuir la riqueza que está en manos del Estado.

»El país, de manera cada vez más generalizada, tiene la experiencia-ilusión de que se puede pasar a un consumo moderno (por medio de la importación con dólares petroleros), sin necesidad de desarrollar su producción diversificada con la correspondiente moderna cultura productiva. En cierto modo esto fue posible para 10 por ciento de la población en una Venezuela de menos de cinco millones de habitantes, pero es imposible que en la Venezuela actual de 25 millones, 11 millones de trabajadores tengan trabajo digno y sostenido, apegado a la dinámica petrolera y a la cultura rentista. Luego de sesenta años seguidos de crecimiento (1918 a 1978) del Producto Interno Bruto superior a 6 por ciento anual, y de ascenso social, el país entró en descenso hace 25 años y empezó a crecer la pobreza de manera sostenida y alarmante.»[9]

Hugo Chávez nació en ese país con menos de cinco millones de habitantes. Vivió y disfrutó de las ventajas de ese primer impulso democratizador y modernizador de los gobiernos que vinieron después de la dictadura de Pérez Jiménez. Pero también fue testigo de la decadencia. Él está en medio, es un vínculo entre estos dos países donde, junto a la búsqueda por construir una sociedad más justa, más madura, con instituciones y empresas sólidas, también persiste el gran espejismo nacional, una utopía donde el Estado es un benefactor providencial, todas las formas son prescindibles, el esfuerzo es una distracción y el destino no es un futuro por construir sino un cielo que ya existe, un tesoro ya ganado, que sólo hay que saber repartir.

El clima de ruptura con todo lo que existía fue aprovechado muy bien por quienes trabajaron por su candidatura en la jornada electoral: «El país tenía expectativas hacia Chávez [sostiene Juan Barreto, periodista muy cercano al presidente] porque era quien se había enfrentado de manera frontal a las formas simbólicas del poder político: el gobierno central y Carlos Andrés Pérez, quien para ese momento encarnaba la imagen de la corrupción».[10] Aunque los encargados de diseñar su campaña aseguraban que el candidato no se dejaba asesorar, que «hacía su propia imagen él mismo», es evidente que sí debieron rectificar y cambiar, a mitad del camino, algunas cosas. Chávez, a veces, resultaba muy agresivo en sus discursos. Tenía también cierta propensión a usar una terminología guerrera, fúnebre; con demasiada frecuencia acudía a la palabra *muerte*. Todo eso reforzaba una asociación entre su candidatura y el miedo. A esto habría que añadirle el hecho de que, entre los muchos grupos que lo apoyaban, aglutinados todos en una alianza denominada Polo Patriótico, estaban el Partido Comunista y otras organizaciones de izquierda, cuyos discursos seguían siendo radicales. Muy pronto, quienes manejaban la campaña entendieron que el debate, en el fondo, no sólo tenía que ver con la feroz crítica al pasado, con la ruptura con los partidos tradicionales y sus prácticas viciadas. Nadie gana una elección si no produce esperanzas.

Se sabe que Rafael Céspedes, dominicano, asesor del —dos veces— presidente Leonel Fernández, jugó también un papel fundamental en el trabajo sobre la imagen de Chávez. Una de las estrategias principales fue incorporar a Marisabel Rodríguez, la segunda esposa del candidato, a la campaña. Ella formó parte de todo un plan destinado a tranquilizar a la población, a «suavizar» la imagen del candidato. Marisabel es una mujer preparada, pero además es hermosa, simpática, espontánea. También su belleza luce conveniente, posee algo de ese estereotipo, de ese ideal aspiracional que tanto manejan las agencias publicitarias: es blanca, tiene los ojos azules. Había participado en un concurso, promocionado por la firma Revlon, para encontrar el rostro más bonito de Venezuela. Junto al soldado impredecible y agresivo, de pronto apareció una *barbie* que, encima, hablaba de manera coherente.

Durante todo el año 1998, Chávez y su equipo jamás se detuvieron. Su campaña siempre fue ascendente. Las cifras son de una obviedad grosera: en el mes de enero las encuestas tan sólo le atribuían 9 % y en octubre, dos meses antes de las elecciones, las mismas encuestas decían que 48 % del electorado estaba a su favor. En el camino, sin embargo, no todo resulta tan exitoso. En el mes de junio, Bandera Roja, uno de sus aliados de la izquierda en el país, se desvincula de su candidatura y lo acusa de mantener un doble discurso: «Ante el pueblo se muestra como un vengador que va a aplicar la política de caída y mesa limpia, que va a poner el país patas arriba, pero cuando está entre los poderosos se muestra tal cual es y confiesa sus verdaderas intenciones, que son las de realizar sólo cambios de fachada».[11] También en ese mismo mes, Teodoro Petkoff, líder de la izquierda crítica venezolana, fundador del partido Movimiento al Socialismo (MAS)[12] y reconocido dirigente en el ámbito internacional, lo llamó populista y comparó su demagogia con la de Carlos Andrés Pérez. Chávez no se inmutó.

El 24 de julio, fecha en que se celebra el natalicio de Simón Bolívar, al inscribir su candidatura presidencial ante el Consejo Nacional Electoral, sentenció: «Que todo el mundo se entere de que en Venezuela ya está en marcha una verdadera revolución social. Nada ni nadie podrá evitar el triunfo de la revolución democrática».[13] Los partidos que conformaban el Polo Patriótico, y apoyaban su candidatura, eran el Movimiento Quinta República (MVR), organización fundada por Chávez, el Movimiento al Socialismo (MAS), Patria para Todos (PPT), Partido Comunista de Venezuela (PCV) y el Movimiento Electoral del Pueblo (MEP). No se trataba de una maquinaria organizativa de gran envergadura. Todo lo contrario: eran partidos de izquierda bastante pequeños, unidos a partir de la figura personal del candidato. Con un peculiar talento comunicativo, Chávez consiguió capitalizar las ansias colectivas de un cambio. Generó a su alrededor la idea de que su elección, en sí misma, ya era una fractura de la historia, una transformación. El mismo Jimmy Carter, observador de la jornada electoral, el 6 de diciembre de 1998, afirma que ha presenciado «una revolución democrática y pacífica».

El general retirado Alberto Müller Rojas, jefe de campaña de Chávez, propone una versión menos heroica de esta jornada: «La campaña se ganó relativamente fácil. Se ganó más por la gran cantidad de errores políticos que cometieron sus adversarios que por la calidad de nuestra campaña electoral, que fue relativamente desordenada porque no podía ser de otra manera. Las elecciones se ganan más por omisión de la oposición que por acción del chavismo. De eso estoy yo absolutamente convencido». Ciertamente, cualquiera que evalúe la actuación de los

contrincantes de Chávez tendrá que constatar un buen bulto de descon-
certantes equivocaciones. Parecían no entender que el país estaba cambiando. Nunca supieron leer la realidad de lo que ocurría. Desde el primer
momento, cuando muchos apoyaron la candidatura de Irene Sáez, una
ex miss universo sin mayores densidades; hasta el final, cuando ya la mayoría de los partidos y de las organizaciones, sintiéndose desesperados
ante el inminente triunfo de Chávez, se unieron demasiado tarde, días
antes del domingo de elecciones, para apoyar a Henrique Salas Römer,
el candidato que —según las encuestas— tendría alguna oportunidad de
ganarle a Chávez. Era evidente la ausencia de una oferta política coherente para los votantes. Ni siquiera en términos de demagogia electoral
existía una propuesta más o menos sustentada. El único objetivo era
evitar el triunfo del Polo Patriótico. Acertadamente, la prensa reseñaba
el movimiento con el único mensaje que parecían promover: «frente
anti-Chávez».

Según apunta Nedo Paniz, otro de los colaboradores cercanos de
ese tiempo, tampoco se trató de una campaña basada en la pura impro-
visación. Costó muchísimo dinero y Chávez siempre siguió una misma
estrategia, no dio oportunidad para que existieran otros espacios que no
fueran la crítica desencarnada y persistente a quienes gobernaron el país
hasta ese momento. Se negó a debatir públicamente, a través de los medios, con su principal rival en la contienda. Se mantuvo distante pero
feroz, y así logró que los partidos políticos tradicionales, y la clase política en general, fueran los grandes derrotados en las elecciones de 1998.

El resto del país celebraba. Hacía demasiados años que tantos venezolanos no se juntaban alrededor de un solo motivo. Al momento de
asumir la presidencia, Hugo Chávez tiene 80 % de aceptación y de apoyo. El mismo Müller confirma que Gustavo Cisneros, el hombre más
rico del país, también los apoyó con dinero en efectivo y espacios gra-
tuitos en su canal de televisión Venevisión. Esta confidencia es parte
también de la misteriosa y ambigua relación que se ha tejido siempre
entre el líder político y el empresario. Cisneros, desde siempre, ha sido
el símbolo de la derecha más reaccionaria del país y el enemigo emble-
mático de la izquierda venezolana. En un programa de radio, en mayo
de 2004, Chávez bramó en su contra diciendo: «Ya llegará el día, ojalá
no muy lejano, que tengamos nosotros un cuerpo de jueces y fiscales
que no le tengan miedo a nada y que actúen como manda la Consti-

tución y lleven a prisión a capos como este Gustavo Cisneros». Sin embargo, poco tiempo después, bajo el auspicio de Jimmy Carter, se reunió en privado con el empresario, a quien, entre otras cosas, sus partidarios acusan de estar relacionado con el narcotráfico y de ser uno de los cerebros del golpe de Estado de abril de 2002. Al parecer, las relaciones entre ambos siempre han sido así. Müller relata una cena entre el entonces candidato y el empresario, rodeados ambos de sus colaboradores de aquel entonces, quienes fungían como intermediarios porque ninguno de los dos se dirigió directamente la palabra. «El compromiso de Chávez con Cisneros era que le iba a dar el monopolio de la televisión educativa en Venezuela», asegura Müller Rojas. Si fue así, nunca cumplió su promesa.

No es ése, tampoco, el único cabo suelto que, con respecto a apoyos y alianzas, quedó al aire en el camino hacia la victoria electoral. En el año 2002, el diario español *El Mundo* denuncia que el Banco Bilbao Vizcaya (BBV) aportó 1.52 millones de dólares para el financiamiento de la campaña electoral de Hugo Chávez. La relación económica involucraba a Luis Miquilena, encargado de finanzas del Polo Patriótico. Miquilena es un viejo dirigente de la izquierda venezolana, mentor de Chávez y su primer ministro de Relaciones Interiores. Tanto él como su socio, el empresario Tobías Carrero, fueron señalados como probables responsables del delito de haber aceptado dinero de una institución extranjera para llevar adelante una campaña política. Esta denuncia, además, encuentra un dato que amarra más suspicacias: el 11 de enero de 1999, en su primer viaje a España ya como presidente electo, Chávez se reúne con Emilio Ybarra, presidente del BBV y luego con Emilio Botín y su hija Ana Patricia Botín, del Banco Santander. Al principio, el nuevo gobierno negó todo, pero después ya fue irremediable: un informe del Banco de España revela, según el diario *El País,* que el BBV —actualmente fusionado y conocido como Banco Bilbao Vizcaya Argentaria— desvió fondos por «algo más de 1.5 millones de dólares mediante dos pagos a la campaña de Chávez con la intención de protegerse en caso de una posible nacionalización bancaria en este país latinoamericano». Fue entonces el 6 de abril de 2002, cuando el general Müller reconoce las donaciones del BBV a la campaña, y comunica, además, que la mayoría de los bancos internacionales que operan en Venezuela también dieron dinero.

Unos días más tarde, sin embargo, el 25 de abril, Hugo Chávez dice al canal Telecinco de España: «no he recibido ni un dólar de esta gente, de este banco... ¿cómo se llama?... Bilbao Vizcaya». Se asegura que también recibieron un financiamiento de 1.8 millones de dólares del Banco Santander. En España, el 20 de junio, el ex copresidente del grupo financiero español, Emilio Ybarra, reconoce ante el juez Garzón haber financiado en 1998 la campaña de Chávez. Müller ha señalado que «los recursos los manejaba de manera secreta Luis Miquilena. Nadie —ni los partidos que integrábamos el Polo Patriótico, ni el aparato que yo tenía en el comando de campaña— sabía de cuánto se disponía, en qué se gastaba, ni cuánto se gastaba en cada cosa». En esa sombra se ahogó la justicia venezolana. La denuncia por financiamiento ilegal contra Hugo Chávez, introducida ante la Fiscalía General de la República, no prosperó.

Nada de esto, sin embargo, está presente la noche del 6 de diciembre de 1998. La euforia del país no está para detalles. A los venezolanos parece no importarles demasiado cómo se llegó hasta este momento. En la concentración frente al teatro Teresa Carreño ya Hugo Chávez se dispone a hablar. Todos los medios de comunicación siguen su imagen, todo el país está pendiente de sus palabras. William Izarra, un militar retirado, protagonista secreto de muchas conspiraciones dentro de las Fuerzas Armadas, observa la escena como si todavía le costara creer lo que ocurre. Al pasar junto a él, Hugo Chávez se detiene y lo abraza. En medio de la emoción, le susurra al oído: «lo logramos, hermano, después de tantos años ahora es que empieza la revolución».[14]

2. ¿Comunista yo?

«Yo, Hugo Chávez, no soy marxista pero no soy antimarxista. Ni soy comunista pero no soy anticomunista.»[1] El flamante presidente esquiva con nebulosas contradicciones los intentos de sus adversarios políticos y los analistas por etiquetarlo. La ambigüedad, a la hora de definir hacia dónde apunta su péndulo político, es una constante desde el mismo momento en que logra salir del anonimato. Durante su larga batalla por la presidencia, el ex comandante Chávez se ancla a la frase «no soy de izquierda ni de derecha», y cualquier intento por llevarlo a definirse en el espectro ideológico, usando los raseros del siglo XX, es vano. Amante de la historia vernácula, él prefiere ubicarse dos siglos atrás: «soy bolivariano», dice. Es decir, seguidor de las ideas de Simón Bolívar, el libertador de media América Latina (Venezuela, Colombia —que entonces incluía Panamá—, Perú, Ecuador y Bolivia). Pero sigue cabalgando aún sobre el mismo enigma: bolivariano… ¿de izquierda o de derecha? Públicamente, lo más lejos que llega en esto de las autodefiniciones ideológicas es a declararse atraído por la Tercera Vía, ya cuando está a las puertas de Miraflores y simpatiza con el premier británico Tony Blair.

¿Acaso era sincero y nunca se vio a sí mismo como un hombre de izquierda? ¿Incluso cuando muchos hombres de izquierda y de derecha creyeran ver en él a uno? «Para mí es un hombre de izquierda, por supuesto, lo que pasa es que está cogiendo por esa izquierda fracasada», asegura hoy uno de los hombres que mejor lo conoce, su antiguo mentor Luis Miquilena, un anciano ex comunista considerado el artífice del Hugo Chávez candidato. Aunque la vaguedad del ex golpista pudiera atribuirse a una estrategia electoral dado que sus contrincantes lo acusaban de ser un comunista embozado que arrasaría con la propiedad

46

privada de los venezolanos, cuesta pensar que jamás se hubiera atrevido a revelar sus inclinaciones. ¿Comunista yo? Siempre lo niega. Pero su retórica navega en el idioma de una izquierda poco compleja, bastante básica y rudimentaria. ¿Por qué no habría de admitirlo en un mundo donde los gobiernos de izquierda son moneda corriente? Precisamente él, que huye de los eufemismos y se precia de llamar al pan, pan y al vino, vino.

En todo caso, el presidente tiene un pasado y maneja un discurso que no hace difícil adivinar hacia dónde podrían ir los tiros. «Que me digan radical, revolucionario. Ése soy yo, creo que hay que serlo», desafiaba ya a principios de 1995, cuando su popularidad era exigua y accedió a iniciar una serie de conversaciones con el historiador venezolano Agustín Blanco Muñoz, que culminaría tres años más tarde con el libro confesional *Habla el comandante.*[2] Un hombre que se proclamaba líder de un «movimiento antiexplotador, antiimperialista», y que recetaba lo obvio: «para que un movimiento sea revolucionario tiene que ser transformador, tiene que golpear a los poderosos», ¿podía ser de derecha?… La pregunta es: ¿de dónde le viene a Hugo Chávez la vena revolucionaria?, ¿cuándo le llega el afán de subvertir?, ¿en qué momento se siente atraído por el poder?

Era casi un niño de 12 o 13 años —José Esteban Ruiz Guevara no lo recuerda exactamente— cuando vio por primera vez a aquel muchacho en su casa de Barinas. Estaría comenzando el primer año de bachillerato. Era entonces un adolescente delgado, delgadísimo, de pies largos, patón, a quien sus hijos Vladimir —por Lenin— y Federico —por Engels— habían conocido jugando béisbol y apodaron Tribilín. Hugo acaba de llegar de Sabaneta —donde sólo hay educación primaria— con su abuela Rosa Inés y su hermano mayor, Adán. Su padre, el maestro Chávez, empeñado en que los muchachos estudien, ha logrado conseguir una pequeña casa para ellos en la ciudad de Barinas, la capital, donde hay un liceo grande. «Entonces empecé mi aventura de niño campesino, de "venao", como nos decían en la ciudad», le contó Chávez a Blanco Muñoz.

Comunista, de los de antes, Ruiz Guevara —que reclama como certificado de origen haberse dejado la barba «primero que Fidel»— fue uno de los tantos presos políticos de la dictadura del general Marcos Pérez Jiménez (1952-1958), «en una cárcel del diablo». La libertad fue para él un paréntesis. Un año después de la caída de la dictadura, su nombre apareció en la lista negra del gobierno del socialdemócrata Rómulo Betancourt (1959-1964). Entonces se fue un tiempo a la guerrilla, «siempre he sido un militante del Partido Comunista».

En aquella Barinas rural de finales de los sesenta se produce el encuentro entre el rebelde historiador, cercano a los 40, y aquel chico delgadísimo de 13 años que había llegado a su casa de la mano de sus hijos: Vladimir —apodado Popeye y cuatro años mayor— y Federico —a quien le dicen Cocoliso y es de su misma edad— quienes también estudian en el liceo Daniel Florencio O'Leary, el único en todo el estado donde se imparte educación secundaria. Quizás ahora mueva más de una sonrisa irónica imaginar la escena: esos tres muchachos, con tres sobrenombres provenientes de la cultura de masas norteamericana —Tribilín, Popeye y Cocoliso— se tumban sobre la alfombra de la biblioteca de la familia Ruiz para escuchar cada tarde a un apasionado comunista. Desde el piso, la figura de Ruiz luce imponente con aquella barba, de donde brotan con vehemencia tantas cosas que ellos ignoran.

«Miren, jóvenes, léanse ese libro allá.» Y ellos lo siguen con la mirada hasta *El contrato social* de Jean Jacques Rousseau y *El príncipe* de Maquiavelo. «Con Maquiavelo hice una observación. Les dije: me buscan la edición comentada por Napoleón, que es la interesante. Del resto, les sugería literatura más o menos similar, sobre todos los procesos políticos.» También los introduce al pensamiento político venezolano del siglo XVIII «de tal manera que se fueran compenetrando con el problema sociopolítico nuestro». Tal vez intimidado por la erudición política de Ruiz Guevara, su corrosivo sentido del humor y su temple; o sencillamente porque entonces era así, Hugo asiste atento y casi mudo a aquella aula informal. «Era más bien corto en lenguaje en ese tiempo y hablaba poco. De tal manera, que ellos lo que hacían era oírme y de golpe decían: uhm ujumm…»

La casa de los padres de Chávez —quienes no tardan en instalarse también en Barinas con los cuatro hermanos menores de Hugo— queda atravesando la avenida Carabobo, justo enfrente de la de los Ruiz y a pocos metros de la casa de la abuela Rosa Chávez. Son de las primeras familias en poblar la urbanización «Juan Antonio Rodríguez Domínguez», una colmena de modestas casas de arquitectura de interés social que han sido sembradas por el Banco Obrero. Están en una explanada a las afueras de aquel pueblo grande, de 60 mil habitantes, que para ellos es una gran ciudad. Justo allí, entre la casa de los Ruiz y la de los Chávez, estaba el ombligo del vecindario.

«Había una pequeña placita donde los jóvenes íbamos a tocar cuatro y a estudiar. Se estudiaba mucho en los postes de luz pública. En esa placita estaba la casa de un historiador, José Esteban Ruiz Guevara. En su casa había muchos libros. Era un hombre muy progresista, había sido torturado en la dictadura[…]. Estuvimos muy influenciados por José Esteban, que tenía una biblioteca muy grande: *El capital* de Marx, las obras de Lenin, *Platero y Yo*[3][…]», recrea nostálgico siendo canciller en 2004 Jesús Pérez, a quien sus amigos de entonces apodaron Chungo. Vladimir, Federico y Jesús eran entonces los más íntimos amigos de Hugo. El cuarteto, que es un núcleo que atrae a otros muchachos del vecindario, se reúne todos los fines de semana en aquella plaza de nombre esquivo. Allí durante los cinco años que dura el bachillerato va madurando el Hugo social, que se encarga de organizar las partidas de béisbol, un deporte al que se aficionó desde pequeño por su padre. Se siente un buen lanzador zurdo y sueña con llegar a ser un gran pelotero como su ídolo, el jugador de grandes ligas Isaías Látigo Chávez.

En aquella plaza, a veces, comentan las noticias de la prensa. Tocan el cuatro y cantan, casi siempre música llanera. Hugo se fascina entonces con el sonido de su propia voz. Dan las primeras serenatas. Planean fiestas y hacen «vacas», colectas para comprar las bebidas. Se organizan para ir a pescar al río. A Hugo y a su padre les gusta mucho pescar. Y sobre todas las cosas, allí desarrollan uno de los rasgos que hermanan —con contadas excepciones— a los llaneros: hablan, hablan mucho. Horas seguidas. De todo. De deportes, de cine, de política y de muchachas.

Algunos domingos van al cine Derby a ver películas vaqueras como *Una biblia, una col y una masacre* o aquellas de Kung Fu. O a alguna de las salas del cine El Llano, más popular. O al Tropical, el de mayor *rating,* donde había que pelearse para entrar a ver las películas censura D, como la argentina de bajo presupuesto *El gordo de la cama*. El Derby es el mejor, porque al Derby van las chicas. Allí pueden llegar a tomar de la mano a alguna si corren con suerte, mientras ven una película edulcorada. Van preparados, en el bolsillo llevan *chiclets* o menta para el aliento y algunas monedas por si toca invitar un helado.

«Era una sociedad conservadora [recuerda, riéndose, Jesús Pérez].

A las muchachas no las dejaban salir. Las fiestas se hacían con minitecas. Había una que se llamaba *Sangre, sudor y lágrimas,* con luces, música de los Bee Gees… Nos gustaba mucho ese romanticismo norteamericano. Vimos en el Derby *Lo que el viento se llevó, Las fresas de la amargura, Viaje hasta el delirio.»* En esas salidas, Chávez es el patito feo al lado de los Ruiz Tirado. Aunque es simpático y amable, no es precisamente el muchacho por el que se pelean las chicas. «Él tuvo una o dos novias conocidas, muy feas todas, por cierto. Él era un tipo feísimo también», recuerda su compañero de liceo, y diputado (2000-2005) desertor del oficialismo, Rafael Simón Jiménez, que llegó a ser vicepresidente de la Asamblea Nacional en los primeros años del gobierno de Chávez. Vladimir Ruiz, en cambio, es apuesto y lleva una llamativa melena. En una ocasión, se queda con una muchacha en la que se había fijado antes Hugo. Viven entonces los dos amigos unas semanas de ranchera, sin hablarse por culpa de esa mujer.

★★★

En los días de semana, Hugo y Adán —que viven con su abuela a unos cuantos metros de la plaza— recorren a pie la carretera hacia el liceo O'Leary. Caminan junto a los hijos mayores de Ruiz Guevara y su esposa, Carmen Tirado: Vladimir, Federico y Tania. En el O'Leary, Hugo se relaciona con otros muchachos de Barinas, como Rafael Simón, para entonces un joven corpulento y revoltoso que organiza los grupos de la Juventud Comunista, en los que nunca muestra el menor interés Hugo. Sin embargo, «participaba en algunas actividades. Como él lo dijo una vez en una frase: "cuando Rafael Simón decía que había que tirar piedras, había que tirar piedras"». Lo dice el propio Jiménez.

Pero tirar piedras no es lo suyo. En ese momento no parece interesarle más acción que la del campo de béisbol. Un domingo de marzo de 1969, teniendo él 14 años, un boletín informativo interrumpe la música llanera que transmite Radio Barinas. «Mi abuela Rosa estaba preparándome el desayuno, y encendió el radio para oír música. Y de repente: "última hora". Y salió la noticia y fue como si por un momento me hubiera llegado la muerte. Se había desplomado un avión, poco después de despegar del aeródromo de Maracaibo, y no había sobrevivientes. Entre ellos iba el Látigo Chávez. Terrible. No fui a clases ni lunes ni martes. Me desplomé. Hasta me inventé una oración que rezaba todas las noches, en la que juraba que sería como él: un pitcher de las Grandes Ligas. A partir de ahí, el sueño de ser pintor fue desplazado totalmente por el de ser pelotero.»[4] Ya entonces el joven exhibe un dramatismo inusitado y sacraliza al ídolo fallecido de tal manera que, todavía cinco años después, anota en su diario el aniversario de su muerte.

En el liceo Hugo Chávez es uno más, pero posee una característica especial: es un muchacho que lee todo lo que le cae en sus manos, especialmente, lo que le pone en las manos Ruiz Guevara, su primer faro político. «Otra cosa que insinué yo bastante fue que leyeran a Carlos Marx, marxismo, pues. Al fin y al cabo, les dije, no es una ciencia política, es una ciencia económica, pero hay que hablar de las dos cosas. No se puede hacer política sin economía. Ahí no hay pataleo [alternativa]. De tal manera, les dije, métanse entre ceja y ceja el marxismo. Eso sí, [los libros] son un poco pesados.»

Ruiz también lo pasea por la historia venezolana. «Hice mucho hincapié en dos personajes: Napoleón Sebastián Arteaga, un barinés que fue uno de los ideólogos de la revolución federal (1840-1850), y, necesariamente, Ezequiel Zamora», máximo líder del federalismo venezolano y uno de los íconos más recurrentes del presidente Chávez. Por supuesto, su espontáneo maestro no puede dejar de ilustrarlo y atraerlo a la «religión» del Dios particular de los venezolanos, Simón Bolívar. «La biblioteca de mi papá [señala Federico Ruiz] siempre fue una fuente nutriente para Hugo Chávez de todo el pensamiento bolivariano. [...] Hugo siempre tuvo —mucho antes de irse para la Academia, a lo mejor lo estaba fraguando— una combinación de béisbol con preocupaciones políticas, donde él ya mostraba su interés por Bolívar. Él encuentra en nuestra casa, y particularmente en papá, las fuentes más importantes. Ellos pasaban horas conversando. Yo era marxista, comunista, y no entendía. Me parecía que era una pérdida de tiempo ponerse a hablar de Bolívar.»

El joven Hugo se apega a la biblioteca y a la casa de los Ruiz, centro magnético y referencia intelectual de su adolescencia. Es un ávido lector, que devora —según la memoria de Federico— desde novelas vaqueras hasta *Los conceptos elementales del materialismo histórico*.[5] «Yo prácticamente me crié junto a los hijos de él [Ruiz Guevara], los Ruiz Tirado», ha comentado después Chávez, quien reconoce particularmente en el mayor de ellos «un poco el orientador político que yo tuve».[6] El aludido, Vladimir, un hombre extrañamente afable y parco a la vez, recuerda que al encontrarse, de muchachos, se produjo entre ellos «una especie de empatía política».

Pero, a pesar de sintonizar con Vladimir —quien a los 13 años, según su madre, ya se había leído *El capital*— y a la amena prédica del historiador barinés, rojo hasta los tuétanos, Chávez no habría llegado a interesarse en militar en el Partido Comunista o en la vida política misma. Tiene sus preocupaciones sociales, algunos elementos de una educación informal más crítica, ciertas lecturas; pero nada más. No está comprometido con un proyecto revolucionario. Cuando decide ir al Ejército no tiene en mente infiltrarse. «Él no entró al Ejército catequizado, el Partido Comunista no influyó nada en eso. Indudablemente, ya llevaba una formación política, no hay duda, y llevaba metido en la cabeza la función constructiva del Ejército Rojo», asegura Ruiz Guevara. No hubo pues un instante iniciático, pero el viejo comunista cree que, de alguna manera, el joven habría quedado inoculado por «ese contacto que tuvo con nosotros, conmigo y con mis hijos, durante el tiempo que duró el bachillerato».

El camino hacia los cuarteles habría sido otro. Ya de presidente, Hugo Chávez ha dado dos versiones de sus inclinaciones académicas. En un documental sobre su vida, transmitido por el canal estatal en agosto de 2004, aseguró que cuando su padre le preguntó qué pensaba estudiar al culminar la secundaria, respondió: «me gusta Ingeniería». Por la misma época, también señaló en una entrevista: «le dije a mi papá que quería estudiar lo mismo que mi hermano: Física y Matemática».[7] En todo caso, su padre le propone gestionar un cupo en la Universidad de Mérida, donde da clases un tío. «Yo, por dentro, me dije: "¿Mérida?, ¡si en Mérida no juegan béisbol!, allá lo que juegan es fútbol. No, Dios mío, yo para Mérida no voy". ¿Saben lo que hice? Nunca se me olvida. Un día llegó al liceo un oficial de la Escuela Militar a dar una conferencia. Nos llevaron a todos obligados. Yo no quería.» Sabe que el Ejército cuenta con buenos entrenadores y mientras oye al oficial hablar, le llega la idea. «Ya está: ésta es la mía. Me voy para la Escuela Militar a Caracas, y conozco Caracas, luego me retiro de la Escuela Militar y me quedo.»[8] Se queda, proyecta, a tiempo completo en el béisbol, un mundo que atrae a centenares de muchachos venezolanos y en el que la meta es las Grandes Ligas de los Estados Unidos y sus contratos millonarios. Para Hugo Chávez la vida militar no es un ideal. No, al menos, en estos momentos. Es un atajo. Algo más cercano a la picaresca criolla que a cualquier utopía política.

El propio Chávez se referirá muy posteriormente, en 1998, a la «justicia social, equidad, libertad, democracia, revolución democrática» como «las banderas que yo oí cuando era muchacho, en bachillerato, allá en Barinas cuando nació el MAS (Movimiento al Socialismo). Casi en el mismo año en que yo entraba al ejército, en 1971».[9] Las oye. Todavía no las pronuncia.

Cuando se marcha a la Academia Militar, luego de terminar la secundaria, Hugo está lejos de ser un agente comunista, como han llegado a sugerir algunos. Corre ya la segunda mitad de 1971 y tiene 17 años recién cumplidos. Jamás ha pisado la capital, ni ha visto el mar. Es un joven rural, que sigue soñando con ser pelotero profesional y ha tomado la única vía posible hacia el béisbol. La única porque es un humilde muchacho de provincia que, como tantos otros, también ve en la Fuerza Armada la manera de hacerse una vida. Ésa es la versión de una vecina muy cercana. «A la Academia se fueron tres de nuestro grupo, entre ellos Hugo, por la misma razón: la simple razón de ser pela bolas [pobres]. Y, en las familias numerosas, ése era un modo de resolver al muchacho.» Ya se sabe: ninguna vocación es pura. En ese viaje de Barinas a Caracas, Hugo Chávez lleva demasiadas cosas mezcladas en su valija.

Pero, de entrada, ser buen deportista le ha permitido entrar a la Academia aun con una materia del último año de secundaria reprobada: química. El profesor Manuel Díaz, apodado Venenito y frecuentemente recordado por Chávez en sus programas semanales por haberlo reprobado, asegura que «a la química no le mostró interés, no le despertó mucho ánimo porque lo suyo era el deporte. Además era tímido. No se le veía, no se le había despertado ese ímpetu que tiene ahora. Se sentaba al final de la clase, al fondo del salón. Era uno más del grupo».

Como estudiante no es un prodigio. Tampoco un vago. En el liceo O'Leary fue simplemente uno más del montón. Regular. Nada en particular lo distinguía del resto de los muchachos de Barinas. Nada en ese momento sirve para presagiar su destino. Es un joven alegre, educado y con cierta seguridad en sí mismo. Es, además, a los ojos de su amigo Federico, organizador y de carácter fuerte. Va dotado con una suerte de brújula intelectual que le acerca a unos autores, a unos héroes, y le hace desechar otros. La teoría política, confía Ruiz Guevara, «no se asimila de un día para otro. Necesariamente, es todo un proceso de evolución hasta que se llega a cierta madurez, y en esa madurez se lleva a la práctica. No se puede creer que existe una varita mágica, que en lo que le pusieron el primer uniforme y las botas, se convirtió en lo que es». Cierto: no hubo varita mágica. Pero, de seguro, sí se mezclaron varios elementos. No sólo los sueños de ser una estrella del béisbol. Algo más traía ya el joven Hugo consigo. Basta con saber cuál fue la lectura que lo acompañó en esos primeros momentos de su nueva vida: *El diario del Che Guevara*. Con un ejemplar de ese libro bajo el brazo ingresó a la Academia Militar.

★★★

Es domingo 8 de agosto de 1971. En el grupo de casi 80 muchachos, que se alinean firmes y ansiosos en el patio de la Academia Militar, hay uno muy flaco vestido con un pantalón de dril gris y una camisa de caqui blanco. Es el aspirante a cadete Hugo Rafael Chávez Frías. «De él lo que recuerdo son dos cosas en esos primeros seis meses: se distinguía en el béisbol, y por lo dicharachero y lo mamador de gallo [bromista]», señala su entonces compañero, el general Alcides Rondón, quien se destacaría como el segundo mejor alumno del curso 1971-1975. A esta promoción le toca estrenar un nuevo programa académico que los hará licenciados en Ciencias y Artes Militares, los primeros en la historia de las Fuerzas Armadas, algo que los marca y les granjea cierto resentimiento entre sus antecesores, quienes despectivamente los llamarán «los doctores». Hasta entonces la Academia formaba bachilleres militares. Con ellos se inicia la profesionalización de las Fuerzas Armadas impulsada por el primer gobierno del presidente demócrata cristiano, Rafael Caldera (1969-1974). A diferencia de otras instituciones militares en América Latina, el Ejército venezolano ha tenido siempre un fuerte componente popular. La gran mayoría de su filas están compuestas por muchachos humildes como Hugo Chávez, que tienen la oportunidad de ascender a los grados más altos y manejar considerables cuotas de poder.

La de Hugo Chávez es la primera generación de oficiales que recibirá el título de licenciado y que estudia teoría política desde el primer año. «Estudiábamos Ciencias Políticas y yo empecé a motivarme con el estudio de la teoría militar. Mao me gustó mucho y entonces me puse a estudiar un poco más a este autor. [...] Me pasaba leyendo todo libro que me llegara a las manos sobre ese tema. [...] Recuerdo el libro: *El Ejército como agente de cambio social* de Claude Heller. Leí también mucho sobre estrategia militar, historia de la guerra de Clausewitz, también Bolívar, los escritos de [José Antonio] Páez, Napoleón, Aníbal»,[10] recuerda Chávez. A otros les toca de entrada, como a Rondón, hacer una exposición sobre el *Manifiesto comunista*. Toda una novedad. Tanto que un superior que no está al corriente de los cambios en el programa, lo lleva al comando pidiendo que lo expulsen por comunista.

Aunque el nuevo programa, bautizado como Plan Andrés Bello, es considerado por los alumnos como muy exigente, Hugo no parece tener mayores problemas para adaptarse. Se relaciona bien con el resto del grupo y hace amigos con facilidad. En su primera salida de la Academia, ya como cadete, su compañero Rafael Martínez Morales, también aficionado al béisbol y un año mayor que él, se ofrece a servirle de guía en la capital venezolana, para entonces una ciudad de 2 millones 700 mil habitantes,[11] que lo intimida y en la que nunca llegará a sentirse a sus anchas. Pronto hace amigos en el vecindario donde vive Rafael, el barrio «23 de enero», una zona popular llena de grandes edificios de interés social, emblema de lo que la democracia le ofrecía a los sectores más pobres de la ciudad, y comienza a fijarse en las caraqueñas.

En la Academia, Chávez se vuelve un estudiante competitivo y, en ocasiones, se muestra rebelde. Le gusta imponer su criterio, recuerda Rondón, quien asegura que sus compañeros notan en él «mucha vocación social». Por entonces, pareciera una sensibilidad apolítica. Rondón no llega a escucharle cuando discuten, por ejemplo, sobre la guerrilla en Centroamérica, ningún criterio de izquierda. «Vehemencia en sus puntos de vista, en sus discusiones, sí.»

Durante las vacaciones, Hugo regresa a casa de su abuela Rosa, que le ponía velas a los santos para que se saliera de la Academia. «A ella no le gustaba para nada que yo fuera militar.»[12] Visita la casa de sus padres y sus hermanos menores: Narciso, Argenis, Aníbal y Adelis. Al mayor, Adán, que se ha ido a estudiar a Mérida, lo ve ocasionalmente. Y sigue frecuentando a los Ruiz. «Cuando él llegaba de vacaciones lo primero que hacía era venirse para acá», recuerda Carmen Tirado, ex esposa de José Esteban Ruiz Guevara. «Allá llegaba y me abrazaba, porque toda la vida él ha sido así. Abrazaba a mi mamá y le decía: dame guarapito [café] del que tú sabes hacer, porque es que el que tú haces es el que a mí me gusta… y así era con todos en la casa. Muy cariñoso. Un hombre de buenos sentimientos. Toda la vida fue así.»

Por aquellos años, Carmen trabaja como maestra y se ha blindado contra la política. «Mi marido no trató jamás de convencerme. Le pedía que me dejara tranquila porque tenía amigos de todos los partidos políticos y tenía que trabajar porque, si no, mis hijos se hubieran muerto de hambre y no hubieran estudiado. José Esteban quería mucho a Hugo. Él le daba clases marxistas. En mi casa de Barinas fue donde las recibió, y también con Vladimir, que estudiaba Historia y estaba bien adelantado.» Ya no se tumban sobre la alfombra pero siguen encerrándose en la biblioteca, donde hay tres máquinas de escribir. Una para cada uno: el patriarca Ruiz Guevara, Vladimir y Hugo. Carmen recuerda que cuando ella llegaba de la escuela, iba a llevarles café y les decía: «¿ustedes no se cansan de hablar de comunismo?, ¡Dios mío, señor, estoy hasta aquí de comunismo!, no quiero saber nada más de comunismo porque yo sufrí mucho por eso», refiriéndose a los años de prisión de José Esteban. Vladimir entonces empujaba suavemente la puerta: «Tú te vas para allá fuera, mamá». Así, asegura ahora doña Carmen, pasan días enteros.

En cambio, a casa de sus padres es otro cadete el que llega de vacaciones. El joven que se relaciona con su propia familia es realmente muy distinto. A Hugo, asegura su madre Elena, «no le gustaba la política». Ni le gustaba hablar «de esas cosas» con su padre, Hugo de los Reyes, que era militante del partido demócrata cristiano Copei y llegó a ser director de Educación del estado Barinas durante la presidencia de Luis Herrera Campins (1979-1984). «Él decía que uno tenía que ser neutral, no amarrarse con nadie. Él nunca intervino en las cosas de su papá ni de su mamá… Poco le gustaba la política, pero no se metía. No le discutía nada a su papá, lo dejaba tranquilo.» Lo cierto es que doña Elena no puede creer que su hijo sí hablara de política con los Ruiz, ni que éstos hayan tenido en él alguna influencia. «No, lo de él nació porque el poder de Dios bendito se lo mandó. Mi hijo no heredó ni aprendió nada de nadie. Eso lo fue cocinando él, como se dice, por mano de Dios.»

Su madre ve entonces en Hugo un muchacho común y corriente

que, de vez en cuando, hace una travesura como robarle una gallina para hacer un hervido a orillas del río con sus amigos. Un muchacho que busca la aprobación de todos y que, a veces, reacciona con desmesura al rechazo, como lo refleja una anécdota de su amigo Vladimir. «En una oportunidad estábamos tomándonos unos tragos y había una muchacha, muy bonita ella, pero no nos hacía caso. Entonces andábamos en un *jeep* muy viejo que tenía el papá de Hugo. Estaba Iván Mendoza, otro amigo, con nosotros. En un matorral había un burro muerto. No recuerdo a quién se le ocurrió, pero agarramos la cabeza, con una hediontina (hedor), ¡imagínense!, y se la pusimos a esa muchacha en la puerta de su casa como a las cuatro de la mañana. Se despertó toda la cuadra y, después, pasamos tres días lavando el carro.»

3. Mi primer conflicto existencial

El cambio del mundo rural de Barinas a Caracas es abrupto. En la capital, Hugo Chávez ya no tiene tiempo para irse de copas y madrugar con sus amigos. Ahora madruga en la Academia al toque de diana para iniciar la jornada de entrenamiento del soldado. Allí irá buscando definiciones que lo llevarán a acercarse aún más a los Ruiz y a vincularse, una vez graduado, con militares inconformes y prominentes figuras civiles de la izquierda venezolana, algunas de las cuales —las más radicales— sostienen nexos clandestinos con los gobiernos de Libia, Irak, Corea del Norte y Argelia. Pero los dos primeros años de estudio transcurren sin mayor novedad. «Pasé trabajo allí pero nunca lo sentí como una carga»,[1] ha señalado. Escribe con frecuencia a su abuela Rosa y siempre le manda saludos a Tribilín, un gato homónimo, que ella le había regalado. El joven cadete de Barinas se esfuerza en destacarse y ocupar los primeros lugares del grupo. Algunos incidentes propios de la dinámica militar van templando su carácter y revelando rasgos que se acendrarán con el paso del tiempo.

Una noche, cuando está en segundo año, le toca hacer de centinela después de un día de extenuantes ejercicios. Debe entregar el turno a la una de la madrugada a un compañero de tercer año. «Mi cadete, mi cadete, levántese que tiene que hacer turno.» El aludido responde entre sueños: «despiértame en cinco minutos». Hugo va y viene cada tanto. Siempre se encuentra con la misma respuesta. Pasada media hora, el relevo no despierta. Ya exasperado, Hugo le grita: «¡mire, lo que usted está haciendo es una inmoralidad!», y sacude el paral de la carpa, que se desploma sobre los dos soldados que duermen adentro. El traspaso de guardia se convierte entonces en un *match* de boxeo que madruga a todo el campamento. «A mí me pareció muy positivo que un muchacho, en un mundo donde todos se entregan, defendiera sus razones. No es fácil allí. La rebeldía se acaba frente al superior normalmente», reflexiona el oficial que entonces dormía junto al relevo renuente. Es Francisco Arias Cárdenas, quien ni remotamente imaginaba que diez años después comenzaría a conspirar con ese muchacho y otros oficiales, para derrocar a quienquiera que estuviera en el gobierno cuando llegaran a tener mando de tropa.

Haciéndole siempre caso a su pasión personal, Chávez combina sus estudios de Estrategia Militar y Teoría Política con Historia de Venezuela. Memoriza las largas proclamas del Libertador Simón Bolívar, aquellas que le acercara su primer mentor, José Esteban Ruiz Guevara, quien también lo enamoró de Zamora, un personaje histórico de referencia para la izquierda venezolana, cuyo lema era «Tierras y Hombres libres, Horror a la oligarquía». Con bastante rapidez le va tomando el gusto a los cuarteles. «Cuando me vestí, por primera vez, de azul, ya me sentía soldado»,[2] dice. El béisbol va pasando de meta a simple afición. Según su registro personal, ya desde el primer año en la Academia, cuando se consiguió «uniformado, [con] un fusil, un polígono, el orden cerrado, las marchas, los trotes mañaneros, el estudio de la ciencia militar, de las ciencias generales… En fin, me gustó chico. El patio. Bolívar al fondo […]. Me sentí como pez en el agua. Como si hubiera descubierto la esencia o parte de la esencia de la vida, mi vocación verdadera».[3] El mismo entusiasmo se refleja en una de las cartas que le escribe a su abuela contándole su vida militar casi como una aventura: «Vieja, si me hubieras visto disparando como un loco en las maniobras. Primero pasamos canchas de tiro instintivo, acción inmediata, ataque diurno, infiltración, etcétera. Luego hicimos una marcha a pie de 120 kilómetros, para hacer un simulacro de una guerra al final. Nos atacaba el enemigo de madrugada, nos mojábamos si no armábamos las carpas de montaña, pasábamos por pueblitos donde las muchachas nos miraban con admiración y los niños echaban a llorar de miedo[…]».[4]

A finales de 1971, cuando pasa de mero aspirante a cadete, le dan dos días de permiso. Sale entonces con su uniforme azul, guantes blancos, y se va caminando solo hasta el viejo Cementerio General del Sur, en Caracas. «Había leído que allí estaba enterrado el Látigo Chávez. Iba porque tenía por dentro un nudo, como una deuda que se vino formando del juramento aquel, de la oración aquella [...]. La estaba olvidando, y ahora que quería ser soldado [...] me sentía mal por eso.» Ubica el lugar donde están los restos de su antiguo ídolo. Reza y pide perdón. «Me puse a hablar con la tumba, con el espíritu que rodeaba todo aquello, conmigo mismo. Era como si le dijera: perdón, Isaías, ya no voy a seguir ese camino. Ahora soy soldado. Cuando salí del cementerio, estaba liberado.»[5] No es común que alguien, y menos a esa edad, ya se tome su propia vida con tal solemnidad. ¿Qué hay detrás de la sacralización de un pelotero al que jamás conoció, por qué el soldado Chávez le rinde cuentas a un ídolo muerto como si estuviera ante los restos de su propio padre? Más allá de las posibles interpretaciones psicoanalíticas de semejante episodio, quizá detrás de eventos como éste pueda respirar una manera de mirar la historia como un diálogo de secretos designios, de eventos más o menos heroicos, de juramentos que parecen expresar la certeza de creerse señalado por un destino de grandeza.

Aunque Hugo Chávez sigue jugando béisbol con frecuencia, ahora se trata de un *hobby* y no de una vocación. También continúa pintando ocasionalmente y canta cada vez que tiene oportunidad. Un corrido llanero que comienza «Furia se llamó el caballo[...]», se convierte en su *leitmotiv* particular. Sus compañeros, que lo consideran el mejor lanzador del equipo, lo bautizan «el zurdo Furia». Aun con todo esto, sin embargo, ya el cambio estaba decretado. Al menos así lo ha organizado la memoria del Hugo Chávez presidente. «No sólo me sentía un soldado, sino que en la Academia afloraron en mí las motivaciones políticas. No podría señalar un momento específico. Fue un proceso que comenzó a sustituir todo lo que hasta ese momento habían sido mis sueños y mi rutina: el béisbol, la pintura, las muchachas.»[6]

A juzgar, también por su propia versión posterior,[7] es en la Academia cuando comienza a sentirse atraído por regímenes militares de izquierda en América Latina. Son los años en los que Estados Unidos —embarcado en la guerra de Vietnam— va perdiendo su tradicional hegemonía económica en la región ante la ola de nacionalizaciones y reformas, pero insiste en mover los hilos de la política en los países latinoamericanos, apoyando regímenes de derecha y saboteando los de izquierda. En Venezuela, el gobierno del demócrata cristiano Rafael Caldera (1969-1974) proclama la tesis de la «justicia social internacional», adhiriéndose a quienes claman por un nuevo orden internacional de menos desigualdad entre el Norte y el Sur, y la del pluralismo ideológico. Su sucesor, el socialdemócrata Carlos Andrés Pérez, nacionalizará en 1975 la industria siderúrgica y la gigantesca industria petrolera —Venezuela es entonces el tercer productor mundial de crudo— hasta ese momento en manos de empresas norteamericanas, británicas y holandesas.

Entre 1971 y 1973, llega al Ejército venezolano un grupo de cadetes panameños, entre ellos un hijo del general Omar Torrijos, quien había ascendido al poder —siendo teniente coronel— tras un golpe de Estado, encabezando un gobierno nacionalista (1968-1978) que logra acabar con el dominio de la élite económica sobre la vida política del país.[8] «Oír a aquellos muchachos hablar del general Torrijos y de la Revolución panameña, de la recuperación del canal [...] fue un impacto tremendo»,[9] ha dicho Chávez. También el derrocamiento del presidente chileno Salvador Allende, el 17 de septiembre de 1973, lo mueve, «como yo ya tenía simpatías por esas corrientes de izquierda, ese golpe me conmocionó».[10]

Pero el modelo que más lo influye habría sido el de la revolución nacionalista del general peruano Juan Velasco Alvarado (1968-1975). En 1974, Chávez viaja con nueve compañeros a Lima para participar en la celebración de los 150 años de la Batalla de Ayacucho, con la que se selló la independencia de Perú. «Tenía 21 años, estaba en el último año de la Academia y ya andaba con una clara motivación política. Para mí fue una experiencia emocionante vivir como muchacho militar la revolución nacional peruana. Conocí personalmente a Juan Velasco Alvarado. Una noche nos recibió en el Palacio [...]. El manifiesto revolucionario, los discursos de aquel hombre, el Plan Inca, me los leí durante años.»[11] Velasco, que unos ocho meses después sería derrocado por un golpe derechista, les regala esa noche un libro azul de bolsillo, *La Revolución Nacional Peruana*, que se convierte para Chávez en título de cabecera y suerte de fetiche. Desde entonces lo lleva en los maletines que usa hasta ser arrestado por la asonada militar de 1992, cuando lo extravía. Es a semejanza de ese libro que 25 años después ordenará imprimir millones de ejemplares de su *Constitución bolivariana* de 1999. No será el único libro fetiche en su vida.

«Torrijos, me hice torrijista; Velasco, me hice velasquista. Y con Pinochet, me hice antipinochetista.» Lo dice, en el año 2002, a casi tres décadas de distancia, en una amena conversación con su admiradora, la

61

periodista chilena Marta Harnecker. Quizá no deba sorprender que, en el juego de referencias, deje afuera a Salvador Allende: no se hace allendista. Esto es parte, tal vez, del perfil personal que ya va construyendo, de una formación donde el orden militar siempre prevalece sobre la experiencia civil.

★★★

El Hugo Chávez que se prenda de Torrijos y Velasco va siendo ya un hombre. El diario, que lleva de marzo a septiembre de 1974, antes del encuentro con el líder peruano, descubre a un joven de 20 años sin complejos ni problemas de autoestima. Está en tercer año y le toca dirigir a unos compañeros en una prueba de orientación a campo traviesa. Se siente exitoso. «Yo, y al decirlo le caigo a patadas a la modestia, creo que hasta ahora lo he hecho bastante bien. He notado en el comportamiento de los muchachos que tienen una gran confianza en mí.» Es minucioso al apuntar sus calificaciones —su promedio es de 89 puntos sobre 100— y en las descripciones de los juegos de béisbol.

Prende un cigarrillo —un vicio que no abandonará más— y de inmediato piensa en mujeres. Pinta «el bello rostro de Isabel», queda impactado con la actriz italiana Claudia Cardinale al ver *Érase una vez en el oeste*, y vive atormentado con una mujer barinesa, cuyo nombre se guarda —«Soñé con ELLA, de tal manera que no quería volver a la realidad»— porque quizá se trata de una mujer casada. Asiste a misa en la Academia. Goza «un puyero» [mucho] en el cine Arauca viendo *La fiesta inolvidable*. Sale al mismo tiempo con Nury y con Maruja. Recuerda amorosamente a su abuela, Mamá Inés, y al resto de su familia. Se muestra fascinado con un uniforme nuevo, que describe al detalle, y registra su primer salto en paracaídas. Todo lo anota en su diario. «Hubo un compañero que vaciló en saltar y el teniente tuvo que empujarlo. Me juré por mi madre santa que saltaría. Salté. Sentí miedo cuando caí en el vacío.»

Su ortografía es cuidada. En esto llegará a convertirse en un hombre obsesivo. Aunque parezca extraño, en ese entonces su estilo es un poco antiguo, recatado. En contraste con el Chávez de hoy —propenso a decir groserías en sus mensajes públicos— en su propio diario no escribe cojones o bolas, como se acostumbra a llamar en Venezuela a los testículos, sino «redonditas». Es también todo lo cursi que se puede ser en un diario personal. Se revela firme, obcecado, competitivo. Cuando sabe que han clasificado dos compañeros, jura por su madre «mañana clasificaré». También se muestra sensible y asoma su preocupación ante la pobreza: «Pasamos por la casa donde tomé café anoche. Salió la señora, ahora con dos niños y nos sacaron la mano para despedirse. Vi a los pequeños con inmensa tristeza, con su abdomen voluminoso, de seguro lleno de lombrices de tanto comer tierra, descalzos, desnudos. Con un cuadro así, siento cómo hierve la sangre en mis venas, y me convenzo de la necesidad de hacer algo, lo que sea, por esa gente».

Curiosamente, en su diario, Hugo Chávez escribe sobre cómo escribe. Cuando está de entrenamiento, lo hace con el cuaderno apoyado sobre sus rodillas, alumbrado por lámparas de gasolina o con su linterna de mano. Se retrata a sí mismo en el acto de escribir su diario. Anota que durante un ejercicio de ataques le toca interpretar el papel del Che Guevara. Es casi un acto teatral. «Teníamos un campamento guerrillero en el cual cantábamos canciones de protesta y emboscábamos a los nuevos. Gocé un puyero, pero estoy ronco de tanto gritar.» Al día siguiente, el sábado 14 de septiembre de 1974, reflexiona con cierto resentimiento: «qué estarán haciendo los jóvenes de mi edad en otras partes, aquellos que viven libres de tantos sacrificios como éste [una prueba militar]. De seguro estarán bonchando en una discoteca». Y vuelve de pronto a su nuevo sueño, al designio que comienza a pintar para su vida en esos años: «Si ellos supieran lo que estamos haciendo, dirían que estamos locos. Pero yo no estoy loco. Sé muy bien lo que busco y lo que hago, y por qué me sacrifico. Recuerdo en estos momentos un pensamiento del Che: "El presente es de lucha. El futuro nos pertenece"».

En la última página del cuaderno, dos días después, prueba una ametralladora nueva. «En verdad que es sabroso dispararla. El traqueteo de las ráfagas lo emociona a uno, y no dan ganas de sacar el dedo del disparador.» Sólo en una ocasión, Chávez menciona a los Ruiz, al anotar la posibilidad de ver a Vladimir en la ciudad de Barquisimeto. Pareciera que cuando está de licencia no escribe o, al menos, no lo hace en este cuaderno. Pero lo cierto es que cada vez que tiene oportunidad de volver a Barinas, Hugo se sumerge en casa de sus amigos comunistas. «Ya teníamos las discusiones en otro nivel político, tanto por él como por nosotros. Ya nosotros, Vladimir y yo, militábamos en la Causa R —Vladimir

en Barquisimeto, yo en Guayana— y comenzábamos a hablar y hablar
[…]. Mientras soportaba cosas en la Academia, Chávez fue un gran observador de este proceso», asegura su amigo Federico.

Efectivamente, sus amigos Vladimir y Federico participan en 1971
en la concepción del partido izquierdista Causa R —por Radical—
vinculado a las luchas sindicales. Era, en principio, un núcleo tan reducido que Federico recuerda el viejo chiste que decía que «la Causa se
fundó dentro de un Volkswagen». El motor del partido es Alfredo Maneiro, un filósofo y ex guerrillero comunista, con el que Chávez se encontrará más adelante.

En 1975, la primera promoción de «doctores» en Ciencias y Artes
Militares se gradúa con una ceremonia oficial en la Academia. Nuevamente el destino establece secretas correspondencias: le toca al presidente Carlos Andrés Pérez hacerle entrega del sable al subteniente Hugo Chávez. En ese pequeño instante, en ese diminuto cruce de miradas
tal vez con un intercambio de una breve sonrisa, ninguno de los dos
imagina que sus vidas volverán a cruzarse. Para el presidente sólo se trata de un cadete más. Chávez está entre los primeros, ocupando el octavo
lugar de un grupo de 75 alumnos. Ha obtenido el título de Licenciado
en Ciencias y Artes Militares. Rama: Ingeniería. Mención: terrestre. Se
ha especializado en Comunicación y pertenece al servicio de transmisiones. En el libro de la Promoción Simón Bolívar —que presenta un
breve perfil de cada uno con caricaturas, muchas de ellas dibujadas por
Chávez— sus compañeros destacan su «camaradería», sus habilidades
como lanzador, y las «pintorescas, ilustrativas y no menos jocosas letras
de sus joropos, corridos y pasajes, con los que se empeñó en dar a conocer y sentir lo que es su terruño llanero, cosa que lograba a toda costa».

★★★

La fortuna está de su lado. Al mes, es enviado a Los Llanos, a su terruño. Asignado, como jefe de custodia del pelotón de comunicaciones, en
uno de los trece batallones que había fundado el Ejército para la lucha
antiguerrillera, a comienzos de los sesenta, década conocida en Venezuela como «los años violentos». Ya para entonces en el estado Barinas,
y en casi todo el país, no hay mayor rastro de la guerrilla pues la mayoría
de los subversivos se habían acogido a la política de pacificación, depo-

niendo las armas. Su trabajo es pues bastante rutinario. Atraído por los micrófonos y por el sonido de su voz, conduce un programa de radio y escribe una columna semanal en el diario *El Espacio*, a la que llama —en un abigarrado estilo castrense— «Proyección Patriótico Cultural Cedeño 12». Por entonces se plantea otra meta, su gran meta: el poder. A los 21 años, Hugo Chávez ya no se conforma con ser simplemente un militar. Y comienza a coquetear con la idea de un golpe de Estado, según cuenta su paisano Rafael Simón Jiménez. «Cada vez que me veía, en cualquier calle de Barinas, se bajaba del carro a saludar: ¿Qué hubo, mi hermano? Yo le preguntaba: ¿y tú cómo estás? Y me respondía: "Contento, pana [amigo], porque ya viene el 2000". Y me decía: "Antes del 2000, soy general y echo una vaina en este país.»

Amante de la historia, tal vez piense que el pasado de Venezuela favorece estas aventuras. En el siglo XIX, el país sufrió «166 enfrentamientos armados con propósitos políticos, de los cuales 39 fueron revoluciones de cierta importancia, cuyo fin era derrocar el gobierno».[12] En el XX, hasta entonces se podían contar cinco golpes de Estado exitosos y unos ocho fallidos.

Pero no es 1975 sino 1977 el año decisivo, cuando comienza a moverse para conspirar en serio. Lo han trasladado, como oficial de comunicaciones, a un Centro de Operaciones Tácticas (COT) en San Mateo, en el estado Anzoátegui, al oriente del país. «Es la primera vez que estoy en una operación de guerrillas», anota en un cuaderno[13] el 22 de octubre, y reflexiona «aquí estoy, cumpliendo con un papel insignificante, si se quiere, que podría ser inmensamente más grande y productivo». Allí, según le indica en 1995 a Blanco Muñoz,[14] sostiene un enfrentamiento con un coronel retirado de la Dirección de Inteligencia Militar (DIM) por oponerse a que golpeen con bates a tres presuntos guerrilleros.

Su diario personal registra de manera puntual cómo la intención política ha madurado en él, cómo se asume ya como alguien predestinado, con una misión en la historia. El día 25 de octubre, escribe y convoca al Che —«Vietnam. Uno y dos Vietnam en América Latina»— y a Bolívar: «Vengan. Regresen. Aquí. Puede ser». Y más adelante se incorpora él mismo a esta saga: «Esta guerra es de años […]. Tengo que hacerlo. Aunque me cueste la vida. No importa. Para eso nací. ¿Hasta cuándo podré estar así? Me siento impotente. Improductivo. Debo prepararme. Para actuar». Dos días después escribe: «Es estoico mi pueblo.

Pasivo. ¿Quién agitará la llama? Se puede hacer un gran fuego. La leña está mojada. No hay condiciones. No hay condiciones. No hay condiciones. ¡Maldita sea! ¿Cuándo las habrá? ¿Por qué no crearlas? No hay condiciones. Subjetivas sí. Objetivas no. Tremenda excusa. Allí nos encontramos».

No hay condiciones porque en Venezuela se vive un ambiente de estabilidad política —se han sucedido cuatro elecciones democráticas— y de bonanza económica. El país navega en la abundancia petrolera, es fuerte la moneda local, los dólares son baratos y una sólida clase media disfruta del bienestar. Existe cierta movilidad social y las capas más bajas de la población ven el futuro con esperanza. Transcurre el primer gobierno del presidente Pérez, con sus políticas consideradas populistas y una administración en la que —especialmente en sus últimos meses— la corrupción no parece fácil de ocultar, de acuerdo con los registros de la prensa. En la llamada «Venezuela saudita», con sus nuevos ricos que hacen sus compras en Miami, no hay oportunidad para un golpista.

Las líneas del diario de Hugo Chávez lucen cargadas de impaciencia e irritación. Allí se expresa su nacionalismo y su antipatía hacia Estados Unidos. Su equipo de béisbol favorito, Los Navegantes del Magallanes, ha perdido un partido. Entonces se confiesa: «Perdí aquel fanatismo. Este béisbol no es nuestro. Es, también, de los norteamericanos. Por allí, oigo un joropo. Es nuestra música. También está pisoteada por la música extranjera»; se lamenta «carecemos de identidad» y cuestiona el consumismo de la sociedad venezolana, considerando que la única salvación está en «aferrarnos» a aquel pasado heroico. Hugo Chávez apenas tiene 23 años. Se ha casado con su paisana barinesa Nancy Colmenares. Según una amiga de él, ella estaba embarazada y esperaba el nacimiento de su primera hija. Nada de esto, sin embargo, tiene, en sus anotaciones personales, el mismo resplandor que la política.

Las páginas de su diario tampoco dan cuenta de una emboscada guerrillera,[15] que supuestamente abonará sus contradicciones. Se encuentra en la ciudad de Barcelona, capital del oriental estado Anzoátegui, «buscando raciones de combate», cuando llegan unos soldados heridos y él contribuye a cargar a uno de ellos, que luego morirá en el hospital. Cae esa noche en su «primer conflicto existencial», según le confiesa en 1999 a Gabriel García Márquez: «¿Para qué estoy yo aquí? Por un lado campesinos vestidos de militares torturaban a campesinos guerrilleros, y por el otro lado campesinos guerrilleros mataban a campesinos vestidos de verde. A estas alturas, cuando la guerra había terminado, ya no tenía sentido disparar un tiro contra nadie».[16]

Poco después, forma su primer núcleo conspirativo con tres soldados llaneros. «Decidimos ponerle un nombre: Ejército de Liberación del Pueblo de Venezuela. Lo llamamos ecolimapapavictor, que son las siglas en alfabeto fonético.»[17] Por esos días lo trasladan a Maturín, también en oriente, donde se consigue con su amigo y compañero de promoción Jesús Urdaneta Hernández y le propone sumarse a su iniciativa. Urdaneta —según Chávez— le promete hablar con otros compañeros, Jesús Miguel Ortiz Contreras y Felipe Acosta Carlez, quienes unos años después participarán en la formación del Ejército Bolivariano Revolucionario (EBR). «Ésos fueron los primeros pasos que dimos»,[18] ha dicho Chávez.

Pero ya un mes antes de su «primer conflicto existencial», las cartas estaban echadas. Independientemente de aquel detonante del que habla su versión oficial —las torturas a los campesinos y la emboscada guerrillera— el subteniente Hugo Chávez ya estaba decidido a conspirar. El 18 de septiembre de 1977, su amigo Federico Ruiz facilita una reunión con Alfredo Maneiro, secretario general de la Causa R, y Pablo Medina, dirigente del mismo partido. Se encuentran, clandestinamente, en el apartamento que tiene rentado Chávez, en Maracay, frente a una base militar. Y mientras cocinan unos espaguetis con queso blanco y plátano frito, comienzan a cocinar también una alianza. «Alfredo quiso sembrar en Hugo la idea de que para aquel momento la tarea era avanzar en la organización y desarrollar un movimiento revolucionario al revés de como era la tradición: en lugar de arriba hacia abajo, de abajo hacia arriba. […] En esa reunión, Maneiro le dijo a Hugo: yo te cambio en este momento el fusil por un multígrafo. Él no dijo nada», recuerda Federico. Su hermano Vladimir enfatiza que lo que quiso dejarle claro el líder político con lo del multígrafo era «la necesidad de reproducir las ideas».

Pablo Medina recuerda que la reunión con aquel «tipo flaco, con el corte y la estampa militar fue muy corta, entre otras cosas, porque Chávez habló muy poco. El que habló fue prácticamente Alfredo, quien le hizo recomendaciones acerca de que debía sobrevivir en las Fuerzas Armadas, que no cometiera errores y, sobre todo, que evitara la desesperación porque iba a venir un periodo muy largo de estabilidad política, ya que en Venezuela el sistema bipartidista estaba consolidado». Del encuentro, el propio Chávez ha dicho: «recuerdo clarito cuando Maneiro me dijo: "hemos conseguido la cuarta pata de la mesa". Él hablaba de la clase obrera —la pata en Guayana—, de los sectores populares, los intelectuales y clase media, y la Fuerza Armada, que era la cuarta pata. Y agregó: "Sólo le voy a pedir algo a usted: tiene que comprometerse conmigo en que cualquier cosa que aquí vayamos a hacer no es para ahora, es para mediano plazo, para una década"».[19]

Federico sale convencido de que «la entrevista sirvió para que los dos quedaran impactados: Hugo, por la experiencia y la sabiduría con que hablaba Alfredo y ese pensamiento tan intenso, porque él era filósofo. Y, por otra parte, a Alfredo lo impactó mucho la cosa temeraria de Hugo». Cuando ya se están despidiendo, Maneiro toma por el hombro a Federico y le dice en voz baja: ¿será que nosotros vamos a poder hacer algo con este subteniente, vale? «Yo le dije: "por lo pronto, ya hicimos unos espaguetis".»

4. El hombre que conspiraba

Hasta donde se sabe, Hugo Chávez comienza a llevar una doble vida a partir de los 23 años. Frente a sus superiores en el Ejército, simula obediencia y disciplina. Ante su familia finge siempre ser «neutral», como diría su madre, y se muestra completamente ajeno a la política. Pero, clandestinamente, es otro. Se vincula con gente de izquierda, debate sobre el futuro político del país con sus amigos Ruiz, conspira y afina el olfato para comenzar a captar adeptos en los cuarteles. Lo ayuda su intuición, su elocuencia, su apasionamiento y cierto histrionismo innato, del que da muestras cada vez que le acercan un micrófono en los actos culturales de las Fuerzas Armadas. Actúa y va midiendo sus pasos. Nadie, dentro de la institución, sospecha en qué anda.

De naturaleza insomne, y encima adicto al café, Hugo Chávez pasa madrugadas enteras pensando en cómo agitar la llama de un movimiento popular. También en su esposa Nancy. A veces piensa en ambas cosas a la vez. Enciende un cigarrillo y escribe en su diario, en octubre de 1977, una estrofa de bolero «Mi negra está bien lejos. Si pudiera estar con ella, sentir su calor, ser feliz con ella. En verdad, la amo. Me es difícil vivir sin ella. Mami, todo va a salir bien. Espérame», e inmediatamente raya un verso que suena a canción de protesta, «Puede ser que algún día te traiga conmigo. Y aprendas conmigo. Y triunfes conmigo. O mueras conmigo. Esta guerra es de años».

La temeridad que apreció en él Alfredo Maneiro se expresa en pequeños gestos de desafío. En 1978, asciende a teniente y es trasladado del oriente del país a la ciudad de Maracay, en la zona central, a 105 kilómetros de Caracas. Sigue visitando Barinas cada vez que puede. Es año electoral y, estando allí, un rapto de irreverencia lo lleva a colaborar fugazmente con la campaña proselitista del Movimiento al Socialismo,[1] en la que se encuentra afanado su amigo del liceo Rafael Simón Jiménez. «Una noche estábamos nosotros pegando propaganda del MAS, era la segunda candidatura de José Vicente Rangel [vicepresidente, 2002-2007] [...] él pasó en un Volkswagen con otro capitán amigo nuestro, Víctor Pérez Bastidas, uno de los que más influyó en él para que se fuera a la escuela militar. Y se bajaron los dos a ayudarnos a pegar la propaganda, estando vestidos de militares.» Una falta que, de haber sido conocida por sus superiores, le hubiera costado una severa sanción o incluso su expulsión del Ejército.

El teniente de Sabaneta no era el único decidido a conspirar. En cuestión de meses, entraría en contacto con otros oficiales que andaban por entonces en las mismas, como Francisco Arias Cárdenas y, luego, el mayor de la Fuerza Aérea William Izarra. Este último había desarrollado, mientras realizaba una maestría en Harvard, «una tesis revolucionaria para las Fuerzas Armadas». A su regreso a Venezuela, en 1979, Izarra organiza una célula conspirativa con cuatro oficiales del ejército —R-83, por Revolución 1983—, con la idea de trabajar para «la implantación de un sistema socialista serio».[2] De acuerdo con su propia versión, «la toma del poder se haría por la vía violenta. Se iría al golpe de Estado y se impondría una junta militar de gobierno. Se declararía el estado de emergencia nacional, se suspenderían las garantías y se procedería a suprimir todos los poderes públicos».[3]

En los años sesenta, cuando La Habana todavía se afanaba en exportar su revolución a América Latina al tiempo que fustigaba el imperialismo norteamericano, el mayor Izarra había quedado marcado por la muerte del cubano Antonio Briones Montoto, ex jefe de la seguridad personal de Fidel Castro. Briones había sido capturado en 1967 durante el fallido desembarco de guerrilleros venezolanos que venían de ser entrenados en Cuba. Apenas al arribar, los subversivos fueron atrapados por las autoridades locales en una playa venezolana.[4] Izarra cuenta en su libro *En busca de la revolución* que, horas después de haberlo interrogado él mismo y sentir empatía por el prisionero, casi no pudo reconocer el rostro del cubano, destrozado como estaba por una bala de fusil. Y asegura que entonces se manejaron dos versiones del suceso: intento de fuga o ejecución. Él optó por creer lo segundo.

No era la primera vez que Castro ayudaba a los guerrilleros locales. Ya a fines de 1961, Caracas había roto relaciones diplomáticas con La Habana en reacción a su abierto respaldo a grupos de ultraizquierda[5] y, en 1963, la intercepción de un cargamento de armas enviado por Fidel a los rebeldes venezolanos fue la chispa que detonó la imposición de severas sanciones diplomáticas y económicas a Cuba por parte de la Organización de Estados Americanos (OEA) y su definitivo aislamiento.[6] Ante la radicalización de la revolución cubana y su injerencia en el país, los gobiernos de Betancourt —que en 1962 enfrentó dos intentos de golpe de tinte ultraizquierdista[7]— y su sucesor, el también socialdemócrata Raúl Leoni (1964-1969), originalmente progresistas al punto de que los militantes de su partido Acción Democrática fueron denominados *adecos* por la asociación AD y comunistas, fueron girando hacia posiciones más centristas. El respaldo cubano a la guerrilla local se mantuvo durante casi una década. No fue sino hasta agosto de 1969 que Castro decidió retirar a los comandantes de la Sierra Maestra, entre ellos Arnaldo Ochoa, que habían estado en Venezuela desde julio de 1966. En esos años, Chávez transita por su temprana adolescencia.

«Yo tenía 13 años y oía por radio que el Che estaba en Bolivia y lo tenían rodeado. Era un niño y pregunté: "¿por qué Fidel no manda unos helicópteros a rescatarlo? […] Fidel tiene que salvarlo" […] Era infantil pero demostraba una identificación absoluta con ellos, un punto de vista marcado por las simpatías que percibía en Barinas hacia ambos líderes»,[8] asegura en 2004 el presidente venezolano, quien reconoce una influencia de las pugnas de aquellos tiempos. «Yo creo que la lucha de los sesenta dejó una fragmentación tal y un veneno que hasta nosotros fuimos impregnados de ese producto.»[9]

Los golpistas militares de izquierda que, aliados con la guerrilla, protagonizaron las asonadas de 1962 —conocidas como El Carupanazo y El Porteñazo por las localidades donde tuvieron su epicentro[10]— y los rebeldes marxistas convulsionaron durante un buen tiempo al país, pero fueron derrotados. A finales de los setenta eran tan sólo el recuerdo de «los años violentos», apenas una referencia del pasado que unos pocos se empeñaban en mantener viva, entre ellos, el irreductible líder guerrillero Douglas Bravo, quien creó la Fuerza Armada de Liberación Nacional (FALN) tras ser expulsado, en 1966, del Partido Comunista de Venezuela (PCV) por desviarse de la línea soviética. «Cuando a nosotros nos expulsan del Partido Comunista es porque estamos reivindicando los elementos teóricos de Simón Bolívar, de Simón Rodríguez, de Zamora y de otros pensadores nuestros, cuyos postulados chocaban con los de la ortodoxia del pensamiento soviético»,[11] ha señalado el ex subversivo que se negó a acogerse a la política de pacificación del presidente Rafael Caldera (1969-1974).

Siguiendo la línea de acercamiento a las Fuerzas Armadas, trazada por el Partido Comunista en 1957, Bravo comienza a proporcionarle a William Izarra nombres de oficiales para acercarlos a la conspiración y lo vincula a sectores políticos nacionales e internacionales. La base de apoyo internacional a la guerrilla venezolana provenía principalmente de Cuba y Argelia. También, aunque en menor medida y esporádicamente, de Libia, Vietnam, Corea del Norte e Irak, según testimonios de reconocidos ex líderes guerrilleros. Entre 1980 y 1985, Izarra viajará clandestinamente a La Habana, Bagdag y Trípoli, cuyos gobiernos admira y de los que dice: «sus experiencias podían nutrirnos como enseñanzas que se aplicarían tanto en la búsqueda del poder, como luego en el desarrollo del gobierno».[12] En Trípoli, el oficial de la Fuerza Aérea se entrevista con Muammar Gadhafi, a quien verá posteriormente en varias ocasiones. Además, asegura haber hecho contactos en México con funcionarios de la embajada cubana en 1980; en Londres y en Barbados.[13]

Hacia 1980 el grupo de Izarra —que después de 1983 pasa a llamarse Alianza Revolucionaria de Militares Activos (ARMA)— entra en contacto con el entonces teniente conspirador Francisco Arias, quien realizaba un trabajo de captación dentro de la Escuela Militar, donde era instructor. «Incluso me plantearon en algunas ocasiones un viaje a Libia relacionado con algunos militares latinoamericanos que íbamos a ver la experiencia de Gadhafi. Eran actividades políticas clandestinas, sí. Se tomaba uno treinta días de vacaciones. Salía por España o hacía algún toque en Europa y se llegaba a unos talleres de formación política, pero sobre todo a conocer la experiencia libia. En esa ocasión me plantearon ir con alguien de la armada… [el viaje] nunca se dio», asegura Arias, quien se habrá de convertir junto a Hugo Chávez en uno de los principales cabecillas del intento de golpe de 1992. Así los oficiales conspiradores van relacionando, en muchas ocasiones a través de Douglas Bravo y su gente, y tejiendo lentamente una red. Uno de sus textos de referencia es *El libro verde* de Gadhafi.

William Izarra y Hugo Chávez se conocen en 1981, pero no ha trascendido si el actual presidente recibió, por aquellos años, las mismas propuestas de formación externa que Arias, quien pronto se vinculará a Chávez. Arias recuerda que lo hizo a través de uno de los hombres de Douglas Bravo,[14] que le dijo: «Tú andas solo por allí tratando de organizar conciencia dentro de los cadetes, y hay otros que también andan solos, ¿por qué no juntarnos, por qué no sumar esfuerzos en la misma dirección?» Para entonces el ilegal Partido de la Revolución Venezolana (PRV), fundado por Bravo tras la disolución de la Fuerza Armada de Liberación Nacional, ya tenía tiempo funcionando como correa de transmisión entre oficiales contestatarios. «Coincidimos en que había que crear una organización que impulsara el proceso de cambios estructurales en las Fuerzas Armadas y en el país, y es entonces cuando decidimos integrarnos en el Ejército Bolivariano Revolucionario (EBR)»,[15] señala Arias. Bravo y Chávez todavía no se conocían personalmente, pero el eterno guerrillero, una influencia clave para el movimiento militar, pronto entraría en contacto con el inquieto oficial llanero.

Hugo Chávez ha reconocido que su hermano mayor, Adán, profesor de Física, fue uno de los que más influyó en sus actitudes políticas, «[…] tiene una gran responsabilidad en mi formación. Mi hermano estaba en Mérida y era militante del Movimiento de Izquierda Revolucionaria (MIR).[16] Yo no lo sabía, sólo me llamaba la atención que él y sus amigos iban todos de pelo largo, algunos con barba. Aparentemente, yo desentonaba con mi cabello cortico, mi uniforme. Me sentía muy bien en ese grupo».[17] Más adelante, el oficial se enteraría de las actividades de su hermano, quien en realidad estaba vinculado al Partido de la Revolución Venezolana. Douglas Bravo ha señalado que «Chávez se incorpora en 1982 a los oficiales rebeldes que ya venían trabajando en las FAN (Fuerzas Armadas Nacionales)».[18] Lo hace a través de Adán, quien le había comunicado al partido que tenía un hermano en el Ejército. Entonces, por medio de un profesor de la Universidad de Los Andes, militante también del grupo proscrito, se organiza el encuentro Chávez-Bravo, «nos reunimos sobre la base de estructurar un movimiento cívico-militar que se preparara a largo plazo para una insurgencia revolucionaria»,[19] ha señalado el ex guerrillero.

De Bravo tomará Chávez lo que, posteriormente, presenta como la nuez de la ideología que anima al movimiento bolivariano: el «árbol de las tres raíces», basado en el pensamiento y la praxis de Bolívar, su mentor Simón Rodríguez y el federalista Ezequiel Zamora. Hugo Chávez —José María o Che María, como se autodenomina para sus citas clandestinas con Douglas— mantendrá durante varios años frecuentes reuniones con el legendario rebelde. Y hará suyas sus ideas. Es cierto, ha reconocido Arias, «que los conceptos esenciales de referencia histórica que nosotros adoptamos venían del Partido de la Revolución Venezolana. Eso es innegable».[20] El movimiento militar que se sublevará una década después, tuvo como inspirador a Douglas Bravo, según asegura también el analista y estudioso del chavismo, Alberto Garrido.

★★★

Los últimos meses del gobierno de Carlos Andrés Pérez (1974-1979) transcurren en medio de escándalos de corrupción, que allanan el camino para el triunfo de la oposición. En las elecciones presidenciales de diciembre de 1978, los venezolanos confían la presidencia al demócrata cristiano Luis Herrera Campins, quien durante la transmisión de mando asegura que recibe «un país hipotecado» por la deuda externa. Después de la bonanza petrolera que disfrutó el país durante la administración Pérez —la «Venezuela Saudita»— llega la hora de las vacas flacas. El desplome de los precios del crudo alcanza un punto crítico: las exportaciones petroleras venezolanas caen de 19 mil 300 millones de dólares en 1981 a 13 mil 500 millones de dólares en 1983. Paralelamente, se registra una aguda fuga de divisas. Las arcas del país se van vaciando y la deuda externa sobrepasa los 30 mil millones de dólares.

El año 1983 no sólo será un parteaguas para los militares que conspiran, sino para todos los venezolanos. Al borde de la insolvencia, el gobierno se ve obligado a devaluar la moneda por primera vez en décadas y establece restricciones a la venta de dólares al público. Ese día —18 de febrero de 1983— queda registrado en la historia venezolana como «el viernes negro». La de Herrera Campins es una administración de crisis económica perenne, salpicada de casos de corrupción, que acabará con el retorno de los socialdemócratas al poder. Corren los tiempos sombríos en los que Venezuela se suma a la gran recesión latinoamericana, conocida como «la década perdida».

Hugo Chávez entra también en crisis. Por esa época está a punto de torcer el rumbo de su historia y ahorrarle su aventura militar al país.

Piensa retirarse del Ejército. En un viaje a Barinas se lo dice a su viejo amigo José Esteban Ruiz Guevara. «Yo le dije: no, quédate. Tú dices que es una mierda. ¡Quédate y quítale toda esa mierda al Ejército!» El entonces capitán Hugo Chávez, atendiendo a los consejos de su primer mentor, se queda y empieza a trabajar con los más jóvenes, desde adentro, desde las aulas de la Academia Militar, donde se desempeña como oficial de planta e instructor de Historia Militar de Venezuela entre 1981 y 1984. «Allí aprovecha la oportunidad para captar seguidores entre el cuerpo de alfereces y cadetes, quienes más tarde serían los ejecutores de sus planes. Se sabe de algunas quejas presentadas por los representantes del estudiantado ante el director del Instituto por haber oído de sus hijos ideas golpistas y de tendencias relacionadas con estos menesteres»,[21] señala el general Iván Darío Jiménez. Es estando en la Academia, ese año, cuando el oficial de Barinas forma la logia que se transformará luego en el movimiento bolivariano.

El de 1983 no es otro 17 de diciembre más. Al menos no para los cuatro oficiales que se reúnen a la una de la tarde en el cuartel La Placera de Maracay a recordar la muerte de Simón Bolívar. Al azar, el día anterior se había asignado un orador. Le toca hablar a Hugo Chávez. La audiencia es de unos mil hombres. Arranca citando al cubano José Martí: «Así está Bolívar en el cielo de América, vigilante y ceñudo […] porque lo que él no hizo sin hacer está hasta hoy». Habla durante una media hora sobre la vida del Libertador. Y se pregunta, les pregunta: ¿cómo vería Bolívar, si viviera, la forma como se está conduciendo el país?, ¿nos reclamaría que no hayamos alcanzado aún su sueño? Palabras más, palabras menos, que hacen que un mayor le diga: «Chávez, usted parece un político». Después, el jefe del regimiento decide, en memoria de Bolívar, regalarles a todos una tarde libre.

Chávez se aparta con Jesús Urdaneta, Felipe Acosta —amigos de promoción— y Raúl Baduel, graduado un año después. Acosta sugiere una carrera. Los cuatro, llaneros todos, se lanzan a correr sin detenerse hasta lo que queda del «Samán de Güere», un árbol célebre porque Bolívar solía descansar bajo su sombra. «Tomamos unas hojitas, una cosa muy simbólica, muy ritualista como somos nosotros los soldados. Promovidos por el presidente parafraseamos el juramento del Monte Sacro y manifestamos que no íbamos a ser cómplices por omisión o comisión de todo ese estado de cosas que veíamos en el país»,[22] asegura la memoria de Baduel, comandante del Ejército nombrado ministro de Defensa en 2006, y uno de los más estrechos aliados de Chávez.

«Juro por el Dios de mis padres [repiten en coro], juro por mi patria, juro por mi honor, que no daré tranquilidad a mi alma ni descanso a mi brazo hasta no ver rotas las cadenas que nos oprimen y oprimen al pueblo por voluntad de los poderosos.» Han cambiado —guiados por la voz solemne de Chávez— el predicado «poder español», con que cerró Simón Bolívar su compromiso en 1805, por «los poderosos».

No resulta fácil precisar el año exacto de la formación de la logia militar, a la que bautizan Ejército Bolivariano Revolucionario (EBR) y le calzan un apéndice, EBR-200, por haberse producido en el marco del bicentenario del nacimiento de Bolívar (julio de 1783). Ello indica que fue en 1983, pero Chávez y Baduel sostienen actualmente que fue en 1982. Urdaneta primero dice 1983 y luego, duda, «tal vez 1982». El cuarto, Acosta, moriría en 1989 sin tener oportunidad siquiera de hablar públicamente de aquel rito iniciático. Pero el propio Chávez, en una carta fechada el primero de noviembre de 1992, señala: «[…] les tengo una propuesta, que ya para mí es una decisión: reorganicemos el Ejército Bolivariano Revolucionario 200; aquel que nació el 17 de diciembre de 1983 […]».[23] Y en una entrevista, publicada por el semanario *Quinto Día,* refiere, recordando el juramento: «ése fue el año del viernes negro».[24]

El ritual de 1983 en el «Samán de Güere» da cuenta de un rasgo peculiar en Chávez: su esfuerzo por hacer coincidir los hitos de su propia vida con fechas y eventos históricos. El bizarro acto marca un punto de partida. Hasta entonces, el oficial había agitado a título personal. Ahora tiene equipo. Como él mismo lo ha dicho, «más que una logia, era una célula». Y ésta se va reproduciendo. En unos tres años, los conspiradores llegan a hacer cinco «congresos nacionales del movimiento», según Chávez. El primero con una audiencia que difícilmente roza quince personas. El segundo, dentro del propio comando central en Maracay. Ya entonces, Hugo Chávez aprovechaba su posición como instructor en la Academia Militar para despertar conciencia —o agitar— a los cadetes. Lo ha contado él mismo: «En mi cuaderno puedo demostrar cómo funcionábamos en las aulas de la Academia Militar, en horas normales de clase, en los patios y en el trote».[25]

También en 1983, intenta reactivar el contacto con la Causa R, que había pasado un año reponiéndose de la muerte de su máximo líder, Alfredo Maneiro, quien falleció a los 47 años de un infarto. Esta vez se reúne en un apartamento de Caracas con Pablo Medina y otros miembros del partido. Pero «fue una cosa más bien rápida, sin mayor trascendencia, informativa. Con él solo. Siempre las reuniones eran con él solo. Él, por supuesto, tendría otros contactos», asegura Medina. Aunque la Causa R y el Partido de la Revolución Venezolana, de Douglas Bravo, no sostienen relación, coinciden en pensar que el sistema bipartidista está sellado y no les será posible acceder al poder. «Se propuso un esquema insurreccional que contaba, por supuesto, con que había que desarrollar dentro de ese esquema una labor dentro de las Fuerzas Armadas para crear un sistema político diferente», recuerda Medina. Pero Chávez y la gente de la Causa R no volverán a reunirse hasta 1985.

A Pedro Carreño le tocó ser alumno de Hugo Chávez. Y se convirtió en uno de los discípulos comprometidos de la promoción de 1985. «Allí estaban juramentados no menos de treinta alféreces, que nos graduamos ese año y fuimos diseminados por todas las unidades militares del país. Antes de graduarnos, asumimos cada uno el compromiso de dejar al menos dos cadetes contactados para que no muriese el movimiento. Allí empezó a multiplicarse […] sabíamos que los enemigos de Venezuela eran el hambre, la corrupción, la miseria, el desempleo y la entrega del inmenso caudal de riqueza de la nación. En la escuela militar se hablaba de esto, porque el tema de la seguridad y la defensa es preponderante. La ceremonia de juramento se hacía en el día. Si era en la noche, como se hizo costumbre en los tiempos del capitán Chávez, se realizaba en el patio de armas de la Academia. Allí existe un monumento que se llama "El busto del cadete" y, al lado, tiene una llama votiva que representa la luz que los ilumina. También hay un roble que representa la fortaleza y, un samán, que representa la perdurabilidad en el tiempo. Allí fuimos juramentados por el propio Chávez», recordó Carreño, diputado oficialista nombrado ministro de Interior y Justicia en enero de 2007.

Cuando el general Carlos Julio Peñaloza llega como director a la Academia Militar, en julio de 1984, se va enterando por denuncias de algunos padres de cadetes de que «ése era el centro de la conspiración». Lo informa a sus superiores, y los oficiales sospechosos son sacados de la Academia Militar de Venezuela. A Chávez lo mandan lejos de Caracas, a la población de Elorza, en el estado Apure, fronterizo con Colombia. El traslado no desalienta al capitán. El conspirador más activo, según

Douglas Bravo, «fue Hugo Chávez, tanto en el aspecto teórico como en el práctico. Un hombre incansable, que se movía al Táchira, a Guayana, a Falcón, al Zulia, a organizar oficiales».[26]

Unos meses antes había asumido la presidencia el socialdemócrata Jaime Lusinchi (1984-1989), cuyo gobierno pasará a la historia como uno de los más corruptos. Es una administración caracterizada por la impunidad para los delincuentes de cuello blanco y la notoria influencia política de Blanca Ibáñez, secretaria privada y amante de Lusinchi, que cobra mayor visibilidad que la propia Primera Dama, Gladys Castillo. El tufo de la gestión anima a los conspiradores en los cuarteles. En una ocasión, Ibáñez se exhibe en un acto público ataviada con un uniforme militar que le ha regalado un general adulante y se convierte —además de en un irritante para los uniformados— en el símbolo de la decadencia del país y de las cúpulas de las Fuerzas Armadas.

Alrededor de 1984, Bravo no recuerda con precisión, convergen los representantes de grupos conspiradores de las tres fuerzas —Ejército, Aviación, Marina— en la ciudad de Maracay. Está Hugo Chávez, por el Ejército Bolivariano Revolucionario; William Izarra, por la Alianza Revolucionaria de Militares Activos; y un oficial, cuyo nombre se desconoce, por el grupo de la Armada. También está presente el coronel (retirado) Hugo Trejo, que había dirigido el movimiento del primero de enero de 1958, cuando se derrocó la dictadura del general Marcos Pérez Jiménez. Es un año de mucha actividad. Hugo Chávez tiene una meta —el asalto al poder— y no se da tregua entablando contactos y organizando reuniones.

El tercer «congreso» del Ejército Bolivariano Revolucionario, en San Cristóbal, ciudad fronteriza con Colombia, resulta clave para definir el rumbo de acción y perfilar liderazgos dentro del movimiento. Corre el mes de marzo de 1986. Francisco Arias, recién ascendido a mayor, se mueve desde Bogotá, donde realiza estudios en la Universidad Javeriana. El capitán Hugo Chávez —en una maniobra imprudente que le sirve para demostrar su osadía— se desplaza con una columna de tanques desde Elorza. Por lo menos 300 kilómetros, según los cálculos de Arias: «Llevó los tanques hasta Vega de Asa, como a unos veinte kilómetros de San Cristóbal, pero ya era como una pequeña demostración de muchachos que comenzamos a tener cierto poder... ya tenemos fuerza, ya tenemos mando, ya podemos movilizar tropa [...] Hugo puso como excusa que iba a una campaña de entrenamiento, pero los jefes tenían que ser torpes para permitir que se vinieran a entrenar a otra guarnición». El episodio ilustra la completa desaprensión de los superiores de Chávez y la falta de seguimiento de sus actividades, a pesar de las denuncias de Peñaloza.

Están en un quinto piso. En las ventanas del pequeño apartamento hay cuerdas listas para escapar y mucho nerviosismo. Se teme que de un momento a otro puedan irrumpir por la puerta los agentes de la Dirección de los Servicios de Inteligencia y Prevención, (Disip). Ya están todos. En total, nueve personas: seis militares y tres civiles. Hugo Chávez inicia la reunión. Según Arias, propone «buscar un punto de ruptura a través de la generación de una anarquía en el interior del mundo militar». Quiere prender la llama. Plantea actuar como una guerrilla dentro de las Fuerzas Armadas. «Chávez proponía que realizáramos acciones violentas, como volar torres de electricidad», cuenta Francisco Arias, quien se le opone. «Ahí tuvimos nuestra primera discusión. Yo le dije: "¿Ahora, cuando vamos tomando fuerza, cuando vamos creciendo, consolidando espacios?… Nosotros no podemos pensar en estar volando torres de electricidad, en sacar armamento. Tenemos que fortalecernos y crecer, politizar a la gente dentro del mundo militar para que vea críticamente su función y, cuando tengamos fuerza, en pocos años, vamos a poder emerger con un plan político".»

Chávez, impaciente y animado por la movilización de los tanques, discute con Arias: «lo que pasa es que tú llegas hasta un momento en la revolución, pero tienes un socialcristiano adentro», le dijo haciendo referencia a su relación con los jesuitas. La reunión se prolonga por horas. Y la balanza termina inclinándose hacia la propuesta de Arias: armarse de paciencia, crecer y fortalecerse. Secretamente, sin acciones efectistas. Lo que se aprueba no es otra cosa que tomar el camino de una conspiración clásica. Con dos cabezas: Chávez y Arias como Che María y Gabriel, respectivamente. Esa madrugada, hacen un círculo y se toman de las manos para juramentar a Arias. Los nueve retroceden al siglo XIX. A la frase de Bolívar, le suman el lema del rebelde Ezequiel Zamora: «Elección popular, tierras y hombres libres. Horror a la oligarquía». Entre los civiles comprometidos con la causa, hay un tío de Chávez: Narciso Chávez Suárez; un militante del Partido de la Revolución Venezolana (PRV) y una única mujer, a la que le dan el seudónimo de Anabela. Se trata de

Herma Marksman, la más entusiasta de las activistas y, desde hace dos años, amante de Chávez.

★★★

La profesora Marksman había llegado a Caracas en 1984 para hacer un posgrado en Historia y se estaba quedando con una amiga en Prado de María, un vecindario del sur de Caracas. El departamento de Elizabeth Sánchez, su amiga, es punto de encuentro de dos conspiradores: Hugo Chávez y Douglas Bravo. Un primo de Elizabeth, profesor de la Universidad de Los Andes había sido quien cuadró la primera reunión entre ambos. Los hombres se ven allí con frecuencia. Herma no lo sabe, pero percibe algo misterioso. Cada vez que va un tal Martín, su amiga le pide que no salga del cuarto. No quiere que reconozca a Bravo. Hugo va de civil. Pasados cinco meses ya ella está segura de que andan en algo, aunque su amiga es una urna. Al final, se enterará de todo por boca de Chávez que decide revelarle el mismo día dos cosas: «Mira, Herma, tú me gustas más de la cuenta y te voy a confesar, primero, que estoy casado pero mi relación es una relación traumática porque es alguien que no termina de entenderme, manejo horas con ella al lado y no tengo de qué hablar […] Pero eso no es nada. Yo tengo una doble vida: en el día soy un oficial de carrera que cumple con su trabajo, pero en la noche estoy trabajando para lograr las transformaciones que necesita este país», recuerda Marksman.

Aquella noche de septiembre de 1984, cuando ella cumple 32 años, él le propone una doble aventura: «lo único que quiero es que tú me ayudes en esta lucha y me acompañes hasta el último de mis días. Quiero que lo pienses, lo madures y sobre la marcha decidimos». Herma no lo piensa, ni lo madura. En ese mismo momento no sólo decide unirse como mujer a Hugo Chávez, entonces de 30 años, también se suma a su movimiento conspirativo como un miembro más. Trabajará incansablemente por el movimiento y será conocida entre los compañeros del Ejército Bolivariano Revolucionario bajo el seudónimo de Comandante Pedro Luis, entre otros. Herma hizo el juramento sola con Hugo y después, «con toda la solemnidad del caso», en la reunión de San Cristóbal, donde se selló la alianza con Francisco Arias. «Fue Pancho quien me puso Pedro Luis.» Aquella reunión le da un nuevo impulso al Ejército

Bolivariano, durante mucho tiempo Chávez había procurado atraer a Arias, un hombre clave por su ascendiente sobre un grupo importante de oficiales.

Según la ex amante de Chávez, «Hugo fue la cabeza, el que trabajó sin descanso en función de su proyecto todos los días del año. Yo lo viví de cerca: él era quien fijaba las reuniones, el que definía la agenda, contactábamos a la gente... esos años trabajó sin parar». De la familia Chávez, sólo Adán participa en algunas reuniones conspirativas. Los demás, asegura Marksman, no estaban al tanto. Por aquella época, Bravo —curtido en la clandestinidad durante años— actúa como asesor de Chávez, dándole ciertas orientaciones, de acuerdo con el testimonio de Herma. Una de ellas es que tenga mayor cautela. «Douglas le había dicho que ya había demasiada gente comprometida y enterada de la conspiración, le aconsejó que cerrara el círculo.» Cuando se toma la decisión, en algún momento de 1986, es tarde: a un teniente que había participado en una reunión «se le va la lengua». Y, aunque anteriormente hubo sospechas en la Academia, se trata de la primera delación. «O es un hombre con mucha suerte o en verdad Maisanta lo protege», dice Marksman, refiriéndose al bisabuelo de Chávez, una figura controvertida de las revueltas rurales de principios del siglo XX, a quien el presidente —atendiendo a una de sus pulsiones que podrían inscribirlo en la tradición latinoamericana del realismo mágico— sacraliza y convoca como uno de los dioses de su Olimpo personal.

«Un muchacho que Hugo había tratado de captar se enteró de la delación en la comandancia del Ejército porque vio el reporte y los alertó a tiempo.» Puestos sobre aviso todos los miembros del Ejército Boliviariano Revolucionario, ella tuvo que salir de carrera con una caja de documentos que quemó de madrugada en una playa de Macuto, a media hora de Caracas. Hugo no actúa siempre con discreción y cautela. Por lo general disimula, pero de vez en cuando comete alguna imprudencia como poner a sus subalternos a cantar el himno federalista de Zamora, cuyo coro es «oligarcas temblad, viva la libertad», y dar encendidos discursos en cada plaza, según recuerda Herma, quien considera que los organismos de seguridad de entonces dejaban mucho que desear. «Yo no sé cómo no lo descubrieron.»

★★★

Para finales de los ochenta, los dos líderes indiscutibles del Ejército Bolivariano Revolucionario son Hugo Chávez y Francisco Arias. William Izarra se había retirado de las Fuerzas Armadas, donde se le hizo difícil ascender porque estaba marcado como un oficial de tendencia comunista e incluso se le llegó a abrir un Consejo de Investigación por presunta conspiración marxista-leninista. De manera, pues, que las logias Alianza Revolucionaria de Militares Activos y el Ejército Bolivariano Revolucionario llegaron a relacionarse pero no a concretar una unión. Chávez y Arias eran quienes tomaban las decisiones dentro del Ejército Bolivariano y planificaban a largo plazo el día D. Entre 1986 y 1987, partiendo de lo que denominan la «tesis del chinchorro» (hamaca) deciden esperar a que el próximo gobierno, el que asumirá en febrero de 1989, llegue a la mitad de su periodo para derrocarlo. Según Chávez, a dicha tesis se llega a través de «métodos científicos de investigación de operaciones», pero en realidad se trata de encuestas realizadas «entre la gente del movimiento y gente amiga».[27] La tesis supone que todo gobierno tiene mayores índices de popularidad en sus extremos, en su comienzo y en su final, y que en la mitad de sus periodos están decaídos y no poseen capacidad de respuesta. Ése es el movimiento que retrata visualmente la curva de una hamaca. Mucho más pertinente, sin embargo, suena la segunda razón para apostar por ese largo plazo: el hecho de que ya ellos, como oficiales, tendrían mando de tropa. Ése sería el momento ideal para actuar. Entre 1991 y 1992.

Ya para entonces la gente de la Causa R venía reuniéndose con Chávez desde 1985, cuando decidieron arrimarle el hombro en serio a la conspiración. «El contacto fue Herma, ahí la conocí a ella y a su hermana. Fuimos reactivando entonces las reuniones con Hugo. En los primeros contactos establecimos seudónimos y yo lo bauticé como Luz, porque en ese momento veníamos de una derrota política, estábamos aislados y, esa reunión, la primera, en una oficina de Chacaíto [en Caracas] fue como una luz en el túnel. Y le puse Luz», recuerda Pablo Medina. A partir de entonces, la relación es estrecha y frecuente. «Ya él había logrado crear una corriente importante de oficiales en el Ejército hasta el punto de que estaba pensando efectuar una asamblea y tenía una lista de cien oficiales. Yo le dije que estaba loco: "primero, los van a detectar y después, los van a hacer presos". Él escuchaba esas recomendaciones de sentido común, de prudencia.» Medina, hoy en la oposición, asegura que en las reuniones que sostenía con ellos, Chávez «hablaba poco. Era un tipo jovial, muy agradable, simpático, bien intencionado. Hablaba poco en términos políticos, en términos de lo que había que hacer [...]. Él lo que pedía era los documentos que nosotros hacíamos [...]. Él es eso: una esponja, una versión masculina de La Trepadora de Rómulo Gallegos. Chupa aquí, chupa allá y va trepando. No tiene un pensamiento propio».

En 1987, Hugo Chávez, ya con el grado de mayor, es transferido a Caracas. Y va a parar justo al Palacio de Miraflores, como ayudante del general Arnoldo Rodríguez Ochoa, quien está al frente de la Secretaría del Consejo Nacional de Seguridad y Defensa (Seconasede). Nuevamente las coincidencias de la historia insisten en escribir otro relato. Está allí, en el centro del poder, cuando Carlos Andrés Pérez obtiene un segundo mandato en las elecciones de diciembre de 1988, con 52.9 % de los votos. Vuelve CAP, como lo llaman los venezolanos por sus iniciales. Pero la Venezuela saudita de su primer gobierno es ahora un país en apuros económicos. Y, a escasas tres semanas de haber asumido la presidencia con bombos y platillos en un acto que la prensa bautizó «la coronación», el mandatario lanza un paquete de ajustes que hará estallar masivos desórdenes sociales. El 27 de febrero de 1989, el aumento en los pasajes del transporte público origina algunos brotes de disturbios en la ciudad de Guarenas, a media hora de Caracas. Súbitamente la protesta se contagia a los sectores populares, que se vuelcan masivamente a las calles a atacar los comercios. Es como un incendio que se extiende rápidamente y arrasa todo a su paso. En cuestión de horas, la capital es una ciudad devastada por los saqueos. La gente pobre se desborda como una marabunta tomando lo que necesita y lo que no: comida, electrodomésticos, muebles, discos, piñatas, y hasta cajas registradoras. La situación es extrema y Pérez decide emplear al Ejército para controlar los disturbios, e impone un toque de queda al día siguiente, cuando ya los muertos se cuentan por centenas. Felipe Acosta, uno de los cuatro oficiales fundadores del Ejército Bolivariano Revolucionario, es una de las víctimas.

Hugo Chávez tiene la suerte de no tener que empuñar su fusil aquellos días oscuros. La tarde anterior había salido de Caracas con un diagnóstico de lechina (varicela) y ha señalado que estaba en su casa de

Maracay con su esposa Nancy. Herma Marksman, sin embargo, contradice esta versión y asegura que ese día ambos se encontraban juntos, en la capital del país. Lo cierto es que, sea donde sea que estuviese, Chávez queda convencido de que «El Caracazo», como se le conoce, «sensibilizó a muchos militares, especialmente a los más jóvenes que fueron los que vivieron el terror de cerca» y que sirvió para «acelerar mucho los acontecimientos», porque después se le acercaron oficiales de la guardia presidencial, gente de confianza de Pérez, para unirse a la conspiración. Y, de alguna manera, el estallido popular le hace sentir que el terreno va siendo propicio para actuar. La leña ya no está mojada. Por fin, sí hay condiciones, habría podido escribir en su diario.

Aunque no estaba siendo seguido tan de cerca —y después quedaría claro que ni la inteligencia militar ni la civil se afanaban demasiado en desmontar conspiraciones, ni el Ejecutivo le prestaba mayor atención—, desde hacía un par de años se hablaba dentro de las Fuerzas Armadas de «los comacates» por comandantes, mayores, capitanes y tenientes. Se sabía que había inconformidad entre la oficialidad media y llegaron a circular algunos panfletos contra la corrupción firmados así: Comacates. «En ese momento no estaba muy claro quiénes los liderizaban», asegura el general Alcides Rondón, compañero de Chávez en la Academia Militar, quien trabajaba por esos años en la Dirección de Inteligencia Militar (DIM).

Un extraño episodio, a finales de 1988, los pondrá en alerta: «La noche de los tanques», cuando una columna de blindados sale del Fuerte Tiuna y se dirige al Ministerio del Interior, donde se encuentra Simón Alberto Consalvi, encargado de la presidencia durante un viaje de Jaime Lusinchi. Consalvi se encuentra en su despacho a las siete de la noche cuando le avisan que la cuadra está rodeada por diez tanques y que las puertas del edificio han sido tomadas por piquetes de soldados. Al preguntar de qué se trata, le dicen que tienen la orden de cuidarlo. «Yo llamé al ministro de la Defensa, Ítalo del Valle Alliegro, para avisarle y me dijo: "ministro, usted siempre con su humor negro, por primera vez en muchas semanas aquí estoy [en su casa] empijamado viendo televisión."» Consalvi lo convence de que es en serio y le pide que le ordene a los oficiales «que se retiren y me dejen salir». Así sucede y cuando el presidente encargado se reúne después con el alto mando, los militares no tienen respuestas. «No se investigaba nada […] aquella República era el paraíso terrenal de los conspiradores. No hubo ninguna investigación seria. Ni seria ni no seria. Hasta donde entiendo, Hugo Chávez no andaba en esa aventura. Nunca lo oí. Quizá, le sirvió como ejemplo de que se podía conspirar sin mayores consecuencias.» Chávez, por su parte, asegura —y Marksman lo refrenda— que, aunque entonces fue interrogado por el caso, en realidad no tuvo nada que ver. A partir de entonces, se comienza a vigilar más de cerca a los conspiradores.

Para diciembre de 1989 ya las sospechas de algunos generales son certeras y apuntan a los verdaderos cabecillas del Movimiento Bolivariano Revolucionario, como se había decidido rebautizar al Ejército Bolivariano Revolucionario por la incorporación de civiles. El 6 de diciembre, día de las elecciones regionales van a Miraflores por Hugo Chávez y lo llevan detenido al Ministerio de la Defensa en Fuerte Tiuna. Allí se encuentra con sus cómplices, los mayores Jesús Urdaneta, Jesús M. Ortiz, Yoel Acosta, entre otros. La acusación: un complot para asesinar al presidente Pérez y a todo el alto mando militar en la cena de Navidad. «Éramos cerca de quince mayores los detenidos ese día», ha señalado Chávez. Estaban casi todos los jefes conspiradores, «a excepción de Arias Cárdenas, que estaba trabajando en Inteligencia y él fue siempre muy hábil en simulacro. Nosotros no, quizá éramos más hablados».[28] Los interrogan durante varias horas. Chávez ha asegurado que la acusación era falsa y que no tenían ninguna prueba. «Éramos demasiados y además éramos, no los mejores, sino los primeros de las promociones, entonces no pudieron hacernos nada.»[29]

Se nombra un Consejo de Investigación pero no se imputan cargos por falta de pruebas. Los sabuesos —el general Carlos Julio Peñaloza, comandante del Ejército, y Manuel Heinz Azpúrua, jefe de la Dirección de los Servicios de Inteligencia y Prevención (Disip)— lograrían al menos que los oficiales fueran trasladados a sitios remotos y distantes entre sí. De acuerdo con la versión de Chávez, el entonces ministro de la Defensa, general Fernando Ochoa Antich, la misma noche en que estaba siendo interrogado, lo invita a cenar. Pasan juntos unas tres horas en las que el general lo tranquiliza y le dice que sabe que es inocente. «Ochoa me despidió allí y me dijo: "cuenta conmigo, yo le dije a Peñaloza que te mandara bajo mi comando". Y en verdad me mandaron a la Brigada de Cazadores allá en Maturín, que dependía de Ochoa, quien comandaba todas esas brigadas de Oriente.»

★★★

Hugo Chávez se encuentra en Maturín cuando comienza a hacer el curso de Estado Mayor a distancia y enfrenta ciertas dificultades. «El comandante Chávez fue reprobado en la asignatura de Inteligencia Militar, una materia técnica. Repitió el examen y obtuvo una calificación casi aprobatoria. Y si no fue retirado del curso fue para evitar que esto se tomara como represalia por las sospechas que recaían en él por conspirador»,[30] comentó en una ocasión el ministro Ochoa. Precisamente, Chávez ha denunciado que se pretendía reprobarlo para frustrar su carrera. «Trataron de botarme del curso de Estado Mayor, escondiéndome exámenes para que raspara [reprobara] las materias […] Aprobé a duras penas, casi de último.»[31] Por esos años, Chávez también se inscribe en un posgrado de Ciencias Políticas en la Universidad Simón Bolívar y, con el intempestivo traslado debe abandonar las aulas de Caracas y pasa a una sección de la institución académica en Maturín. Uno de sus profesores, Federico Welsch, lo recuerda como «un estudiante más, uno de los que estaba en el cuartil superior, con un buen promedio en los cursos que llevaba. Un estudiante de bajo perfil, sin muchas pretensiones de dominar debates. Nada de eso […] se le dificultó la asistencia a clases porque estaba acantonado en Maturín y, sin embargo, logró culminar la escolaridad […] era un estudiante laborioso, tranquilo». O simulaba serlo. Él mismo ha reconocido que cursaba el posgrado «con mucha dificultad porque era disfrazar las lecturas, los trabajos, a través de materias, simular que estábamos haciendo trabajos para mejorar la institución armada».[32]

Hugo Chávez tiene varios flancos abiertos. Estudia dos cursos simultáneamente: el de Estado Mayor y el posgrado en la Universidad Simón Bolívar. Su intermediaria en las actividades académicas y conspirativas es Herma Marksman. Le pasa trabajos a máquina y pone a punto reuniones avisando a los participantes. Es también correa de transmisión entre los cabecillas. En la universidad, Chávez —de acuerdo con las propuestas de trabajo de grado que envió con Herma— «pensaba trabajar su tesis sobre transiciones políticas, inspirado en la transición de España, de un régimen autoritario a uno democrático», señala el profesor Federico Welsch, a quien el mayor del Ejército había seleccionado como tutor. Su promedio es de aproximadamente 4.5 sobre un máximo de cinco. Sin embargo, el alumno Hugo Chávez no obtendrá el título.

Los estudios no lo apartan de la conspiración. Desde la Dirección de Inteligencia Militar, Alcides Rondón está al tanto de las actividades clandestinas de su ex compañero. Aunque asegura no haber participado en el complot ni haber estado de acuerdo con un golpe, decide ponerlos sobre aviso. El general señala que por la época en que estaban haciendo el curso de Estado Mayor, en una ocasión él y su esposa se presentaron «en un sitio donde ellos estaban reunidos, no hablé con Chávez, hablé con otro. [...] Llegué a ese sitio y le dije: "chamo, si yo estoy aquí y sé que ustedes están aquí sentados hablando —era en la Escuela de Blindado— ustedes tienen que tener en cuenta que el Estado lo sabe, el gobierno lo sabe"».

A mediados de 1991, el Movimiento Bolivariano Revolucionario comienza a descontar los días para el golpe de Estado, una etapa en la que Chávez se irá distanciando de los civiles, en particular de los del Partido de la Revolución Venezolana. El oficial había sostenido una relación intensa, de años, con Douglas Bravo, desconocida para la mayoría de los oficiales conspiradores, que no querían vínculos con la izquierda radical. De hecho, una de las exigencias de Francisco Arias para unirse al movimiento, en 1986, fue dejarlos fuera, según Herma Marksman. «Douglas iba a mi casa, pero yo lo mantenía en secreto por petición de Hugo. Jamás se lo dije a ninguno de los oficiales, era como un secreto entre Hugo y yo. Él me decía: "esto no puede salir de aquí". [...] Cuando yo me mudo para mi apartamento en El Paraíso, él [Douglas] llegaba todo disfrazado... Hugo tenía mucho cuidado con que el resto de la oficialidad se enterara.»

Chávez se aparta del ex guerrillero unos meses antes de la insurrección. Bravo ha señalado que éste desconfiaba de los civiles, y que lo que iba a ser en principio un movimiento cívico-militar, terminaría siendo únicamente militar. Así lo sintieron también sus paisanos de Barinas Francisco Orta y su hijo, Óscar Orta, también del Partido de la Revolución Venezolana, quienes habían participado activamente en el Movimiento Bolivariano Revolucionario. Según Óscar, cuando se acercaba el momento decisivo, «ya nos sentíamos desplazados del movimiento. Se tumbaban las reuniones, no le participaban a uno [...]». Se sabe que los líderes de la conspiración sí continuaron sus reuniones con los dirigentes de Causa R. Por lo menos hasta un par de días antes de la insurrección, cuando los dejan colgados.

En 1991, a Hugo Chávez le toca ascender ya a comandante. «Fuimos recibiendo comandos militares y se activó el Plan Ezequiel Zamora [para el golpe], con misiones militares y políticas, el proyecto de la constituyente y proyectos económicos, pensando siempre a quiénes íbamos a llamar para gobernar, etcétera.» El momento es propicio según la «tesis del chinchorro». Hay, además, otra temperatura en alza: Hugo Chávez está muy enojado. Después de concluir el curso de Estado Mayor, le han asignado un cargo administrativo de segunda, en una proveeduría de la ciudad oriental de Cumaná. Chávez recibió la noticia —recordaría después— «como una bofetada». Pero no sería una bofetada prolongada. Su proverbial buena suerte hará que la rueda del destino, una vez más, gire a su favor. Dos semanas después, hacia agosto de 1991, otro comandante que había recibido un batallón de paracaidistas en Maracay pide la baja, y el ministro Ochoa, de acuerdo con la versión de Chávez, decide que le sea asignado a él, pese a que —por su especialidad: Blindados— lo que le hubiera correspondido comandar era un batallón de tanques. El cargo le llega a pesar de que en junio, al ser designado ministro, Ochoa había recibido un informe detallado —nombres, lugares, fechas— de las actividades conspirativas de Chávez. Según Iván Darío Jiménez, entonces jefe del Comando Unificado de las Fuerzas Armadas, al mayor que elaboró el informe «no se le tomó en cuenta. En contraposición, se le ordenó hacer un examen psiquiátrico».[33]

Ya las cartas están echadas. Hugo Chávez es comandante. Y, en cuestión de meses, a partir del 28 de agosto, estará al frente de un batallón clave. El músculo golpista se tensa, los preparativos se aceleran. El primer evento que pudo haber disparado el plan fue el golpe de Estado en Haití, a finales de septiembre de 1991. Venezuela, favorable al retorno del derrocado presidente Jean Betrand Aristide, evaluaba la posibilidad de enviar tropas a la isla integrando un posible operativo internacional. Como parte de los preparativos hay movilizaciones internas y a Hugo Chávez le ordenan trasladarse a Maracay. Allí él y los suyos esperan por unas instrucciones que no piensan cumplir. «Decidimos al mismo tiempo que el día que nos dieran la orden sobre Haití, ese mismo día nos alzábamos aquí.»[34] Pero la operación golpista —improvisada y sin definiciones sobre el futuro gobierno— fue desactivada. Nunca llegó la orden para la intervención en Haití y así se frustra el precipitado primer plan.

No es sino hacia finales de año cuando los líderes golpistas se ocupan del día después, de la Venezuela que vendría tras el golpe. En noviembre, le encargan a un intelectual que militó en la Juventud Comunista y fue uno de los fundadores del Partido de la Revolución Venezolana, que ponga sobre papel el marco jurídico y la estructura organizativa del régimen con el que pensaban sustituir a la administración de Carlos Andrés Pérez. Se trata de Kléber Ramírez Rojas, un ingeniero civil, que estaba ya de retiro en una pequeña finca de Los Andes cuando Francisco Arias lo atrae al movimiento a mediados de 1990.

Un año más tarde, ya siendo activista del Movimiento Bolivariano Revolucionario, Ramírez publica el libro *La IV República*, en el que planteaba su tesis de transformación de la estructura económica del Estado bajo las guías estratégicas de producción de alimentos, ciencia y tecnología. Kléber estuvo en Vietnam, Nicaragua e Irak, donde era comisario político de un grupo del Partido de la Revolución Venezolana que estaba allá, de acuerdo con el testimonio del ex líder guerrillero Francisco Prada.[35] Se trata de «un revolucionario de cuerpo y alma», según lo define posteriormente su amigo Alí Rodríguez, ex guerrillero de los sesenta que fue presidente de Petróleos de Venezuela y canciller, antes de que Chávez lo nombrara embajador en Cuba en 2006. Es basándose en las tesis de Kléber Ramírez que Chávez denominará posteriormente a su partido Movimiento V República y se referirá a la etapa que inaugura con su gobierno como la V República.

Diciembre será un mes febril de intentos frustrados. Un grupo de capitanes impacientes amenaza con alzarse por su cuenta, con el respaldo del partido de izquierda Bandera Roja, si los comandantes no se deciden pronto. Ello lleva a fijar fechas y planes que, a última hora, se desactivan. Primero pensaron que podrían aprovechar el desfile del día de la Fuerza Aérea, el 10 de diciembre, para detener a CAP; después lo postergaron para el 16 y, por último, para Navidad. La situación es de extrema tensión. «Yo tuve que amenazar a varios capitanes con amarrarlos a un árbol si intentaban algo y, por supuesto, tuve que venir a Caracas a meterme en Miraflores y hablar con los batallones, y a decirle a nuestros oficiales que si no llegaba por escrito alguna orden firmada por mí, con una contraseña, no había movimiento», ha recordado Chávez. «Ese diciembre fue negro para nosotros. Teníamos el enemigo detrás y problemas internos graves que amenazaron con una ruptura. Se produjeron rumores por todas partes. Y se decía que los altos oficiales nos habíamos rajado, que habíamos hecho un pacto con el ministro de la Defensa [...].»[36]

Además se había peleado con su amigo y pieza clave para el alzamiento, el comandante Jesús Urdaneta, quien participaba poco en los encuentros conspirativos —«porque esas reuniones por horas y horas, y por tantos años me fastidiaban»— y les había dicho que cuando llegara el momento opinaría sobre la operación. «Cuando estábamos discutiendo el plan de campaña, en noviembre de 1991, tuvo un grave problema conmigo porque los dos vendríamos a Caracas, donde había catorce objetivos. Él me había asignado doce y él se quedaba sólo con dos. Me molesté y le dije que no estaba de acuerdo: si son doce, son seis para ti y seis para mí. Él se molesta muchísimo y me dice:"¿cómo es posible que tú me vengas a decir a estas alturas del juego que no estás de acuerdo?" Yo le dije:"el hecho de que no haya participado en la elaboración del plan, no me resta la posibilidad de decirte que no estoy de acuerdo con algo que está mal distribuido. Además, eso es una loquera y yo no voy contigo. ¡No te apoyo en esa vaina! ¡No voy!, y me fui bravo".»

Los planes siguen. El 31 de diciembre hay reuniones en Caracas y Maracay. El primero de enero, Hugo Chávez se reúne en Barquisimeto con Francisco Arias y Kléber Ramírez para afinar detalles. Y vuelve a Maracay para hacer las paces con Urdaneta. «Llega por la espalda y me dice:"compañero, caramba, usted tenía razón —porque cuando Chávez tiene que ser humilde lo es—; mi plan estaba mal diseñado, lo redimensioné. Me voy con *el* Chivito [Yoel Acosta] para Caracas. Distribuí mejor las cargas. Tú, que conoces bien Maracay, quédate aquí"», recuerda Urdaneta. «Él me conocía bien, sabía que por las buenas conseguía más cosas. Después, le pregunté a Acosta si iba para Caracas y me dijo que sí. Averigüé si Chávez estaba tratando de ser caribe [pasarse de listo] con él, como había tratado de hacer conmigo, y me respondió que no me preocupara, que todo estaba cuadrado.»

Por esos días, Venezuela no es un país tranquilo. Tampoco Carlos Andrés Pérez luce como un presidente sereno. Para noviembre, su nivel de aprobación se ubica en 35 %.[37] El año cierra con 31 % de inflación. E inicia con aumento en los pasajes del transporte público y las tarifas telefónicas, protestas por falta de agua, huelga de médicos y maestros y disturbios en la Universidad Central de Venezuela. El diario *The New York Times* asegura que el gobierno venezolano no castiga la corrupción. La dirigencia sindical pide 50 % de aumento en el salario mínimo, pero el único aumento que se anuncia es de 33 % para los militares. El tema que predomina y enciende un debate es la presunción de que el presidente Pérez ha favorecido a Colombia al decretar que los hijos de colombianos indocumentados nacidos en el país sean registrados como venezolanos, y declarar que Bogotá tiene derechos en el Golfo de Venezuela, agitando los fuegos del diferendo limítrofe que sostienen ambos países.

Enero se consume y no hay tiempo que perder. Chávez sabe que para el 15 de febrero tienen pensado trasladarlo lejos, a la población occidental de El Guayabo, en la zona fronteriza con Colombia. «Por esta razón, hablé con Arias y Urdaneta y les expuse que si no nos alzábamos en esos quince días siguientes, no podríamos hacerlo […] Pérez estaba afuera. El jueves anterior a la semana del 4 de febrero nos vimos por última vez todos en Caracas, y me dejaron la responsabilidad de decidir la fecha. Esa decisión iba a depender del día que llegara Pérez. Estuvimos en alerta desde el jueves 30.»[38] Esa semana se reúne también, tal vez para darse fuerzas, con el coronel retirado Hugo Trejo. «Él fue como un tutor para mí, siempre nos reuníamos en su casa de Macuto, y conversábamos sobre su proyecto nacionalista. […] Uno de los consejos que no se me olvida alude al licor. En una reunión con oficiales me dijo: "el oficial que tome mucho y se rasque [emborrache] es peligroso, y el que no tome también es peligroso".» Y después agregó: «con los políticos no se confíe, siempre creen que los militares somos brutos y no pensamos».[39]

Hugo Chávez piensa más que nunca. Siente que le va a estallar la cabeza. Y fuma interminablemente. Está vibrando. Visualiza su momento. Apenas duerme imaginándose con su uniforme de campaña, su boina roja de paracaidista ladeada, comandando el golpe de Estado. Y entrando después, triunfante, a Miraflores. ¡Qué palabra más bonita! Miraflores. El domingo 2 de febrero, cerca de medianoche recibe una llamada desde Palacio. Un contacto le informa, en clave, la fecha y hora de la llegada al país del presidente Carlos Andrés Pérez, quien se encontraba en Europa. El comandante mira su reloj. Comienza entonces la cuenta regresiva.

5. Golpe de suerte

En realidad, pudo haberle tocado a cualquiera. Pero, sin sospecharlo siquiera, los votantes lo habían decidido en diciembre de 1988 cuando eligieron a Carlos Andrés Pérez como presidente. Como si un soterrado hilo cosiera a estos dos personajes, nuevamente, Chávez y Pérez van a encontrarse. Han pasado diecisiete años desde que el Gocho, como también se conocía al mandatario por su origen andino, entregara el sable a aquel oficial con estampa de Tribilín. Pérez regresa de Suiza, donde ha participado en el Foro Económico de Davos. Tiene 69 años y viene, como se dice en Venezuela, reventado de cansancio. Dos días sin dormir y más de doce horas de vuelo. Mientras el avión se desplaza por la pista del aeropuerto internacional Simón Bolívar de Maiquetía, a media hora de Caracas, sólo piensa en llegar a La Casona y desplomar su *jet lag* sobre la almohada.

Son las 10:10 de la noche. Lunes 3 de febrero de 1992. Pérez pisa tierra y, en medio de su somnolencia, le sorprende ver al general Fernando Ochoa esperándolo. «Yo siempre le decía al ministro del Interior, Virgilio Ávila Vivas, que estuviera presente. Era la única persona que yo veía cuando regresaba de un viaje para que me informara. Me extrañó cuando vi al ministro de Defensa. Y le pregunté: "¿qué vino usted a hacer aquí?". Me respondió: "es que yo estaba en Maracaibo y me enteré que usted llegaba, y me quedé esperándolo". Pero, en el momento, no me dijeron nada. Después, cuando me monté en el carro, me señaló: "presidente Pérez, por aquí se dijo que no lo iban a dejar aterrizar". Pero como un rumor, ¿no? Eso fue todo lo que me dijeron.»

Considerado un viejo zorro del mundo político venezolano, donde da sus primeros pasos siendo un adolescente de 14 años, Pérez se muestra contrariado. No alarmado. Y le ordena a Ochoa: «A mí no me gustan los rumores que tengan que ver con las Fuerzas Armadas. Mañana a las ocho de la mañana lo espero con los jefes militares en Miraflores para que abramos una investigación». La reunión no se hará, ni se habrán de atajar los rumores. Al llegar a La Casona, el presidente despide a las patrullas con los escoltas, arrastra sus pasos hacia su cuarto, se calza la pijama y se deja caer sobre la cama. Finalmente, parece que su día se acaba.

A esa hora, en Maracay, Hugo Chávez está más despierto que nunca. Y fuma como no ha fumado nunca. Con el cabo de un cigarrillo enciende el próximo. Le toca activar la «Operación Zamora». Él mismo lo ha decidido ese lunes en la madrugada. La hora H es las 24 horas. La noche, su gran noche, apenas comienza. Ha dado ya la orden para que unos 460 efectivos,[1] del batallón de paracaidistas que comanda, aborden una docena de autobuses alquilados que los conducirán al estado llanero Cojedes, donde tienen previsto un entrenamiento. Al menos, eso creen los conductores y los 440 alistados. El propio Chávez lo confirma posteriormente: «De ellos, sólo un grupo muy pequeño de oficiales sabíamos lo que íbamos a hacer esa noche, las tropas no sabían nada».[2] Los soldados no tienen la menor idea de que son conducidos a una sublevación, de que sus superiores pretenden que ellos se jueguen la vida por un proyecto político que ignoran por completo. Salen pues, conspiradores y acarreados, de la base aérea Libertador aproximadamente a las 11 de la noche. Han rodado apenas unos minutos cuando el comandante Chávez, que va en un vehículo delante de los autobuses, sorprende al conductor al ordenarle que se desvíe hacia Caracas. El chofer le reclama, en el tono altanero de los venezolanos, que ése no es el destino acordado y Chávez, firme y sin pestañear, le dice que hay disturbios en la capital y que se trata de una orden. Deben ir para allá.

Su coartada no resulta improbable. En los tres primeros años de gobierno se han registrado 120 marchas y 46 huelgas en todo el país, según un balance del diario *El Universal*. Y hace apenas tres días que la policía ha amenazado con intervenir en la Universidad Central de Venezuela (UCV) ante los sostenidos disturbios estudiantiles. El presidente Pérez navega aguas encrespadas: 81 % de la población le ha perdido la confianza y, aunque todavía la mitad de los venezolanos dice sentir respeto hacia su figura, 57 % desea un nuevo gobierno. Para entonces, hay ruido de sables. La mitad de la población rechazaría un golpe, pero un significativo tercio lo apoyaría. Había pues cierto conjuro. La posibilidad de un golpe de Estado fue incluso sondeada por la firma Mercanálisis en un estudio, divulgado el 27 de enero. ¿Usted diría que los militares se prestarían o no para un golpe?: 31 % acertaba, 59 % se equivocaba con un No rotundo, y 10 % dijo no saber. En esta última franja estaba, probablemente, el propio Carlos Andrés Pérez (CAP).

Arrullado por el familiar sonido de las ranas y los grillos que pueblan los jardines tropicales de Caracas, el presidente ronca en su habitación de La Casona. Faltarán unos diez minutos apenas para que el calendario de su despertador marque 4 de febrero. De pronto, despierta sobresaltado por el teléfono. Atiende malhumorado. Entre bostezos, escucha la palabra golpe. Y salta. Del otro lado de la línea está la voz de alerta, tardía, del ministro Ochoa. «¡Hay un alzamiento en la guarnición del Zulia!» El presidente se viste tan de prisa que se pone el traje encima del pijama. Y, como no es hombre de huidas, sale corriendo para Miraflores. Va sin escoltas. En el camino se cruza con vehículos militares manejados por golpistas, que no sospechan que en ese auto, que se desplaza a toda velocidad por la autopista, va el mandatario. Son las 12:05 de la madrugada cuando traspasa la verja del palacio. Pisándole los talones, llega el jefe de su guardia presidencial, el vicealmirante Iván Carratú. En Miraflores los esperan el ministro Ávila Vivas y algunos edecanes. Minutos después, mientras recibe los primeros reportes, se inicia el asedio. A Pérez no le tiembla el pulso para aferrar una ametralladora, pero sus manos están heladas.

Mientras tanto, Hugo Chávez está a punto de llegar a su destino: el Museo Histórico Militar en La Planicie —a menos de dos kilómetros de Miraflores, a menos de dos kilómetros del presidente— donde según su propia versión se instala alrededor de las 12:30 para comandar la insurrección en Caracas. Desde ese montículo se divisa perfectamente el palacio. A esa hora, los golpistas ya han tomado posiciones en Maracaibo, capital del petrolero estado Zulia y segunda ciudad del país; en Valencia, la tercera; y en Maracay, ciudad clave por sus instalaciones militares. El comandante Chávez no sabe que CAP está en Miraflores. De acuerdo con las previsiones, a esa hora, el principal objetivo humano habría sido arrestado en el aeropuerto de Maiquetía, o debía estar siendo capturado en La Casona. Según el propio Chávez, «el plan de operaciones Ezequiel

Zamora fue concebido con base en varios principios de la guerra. Uno de ellos, la sorpresa […]. La sorpresa, la maniobra, la movilidad y la concentración de fuerzas sobre puntos neurálgicos. Ése era el plan estratégico».[3] Pero la sorpresa resulta, a veces, bidireccional. Chávez y los cinco hombres con los que ha bajado del auto, son recibidos «con una ráfaga de ametralladoras que por poco nos barre», según su propio relato. El líder de la intentona apela entonces a su histrionismo y despliega toda su labia. Asegura a los militares que custodian el lugar que viene a reforzarlos porque le han advertido de una posible explosión social. Su *performance* es, según él, convincente.

En La Casona se desarrolla, en tanto, un encarnizado combate entre golpistas desinformados —el presidente ya no está allí— y agentes de la Dirección de los Servicios de Inteligencia y Prevención. La primera dama, Blanca Rodríguez de Pérez, se suma junto a una de sus hijas a las fuerzas que resisten el embate.[4] También hay intercambio de disparos en la base aérea «Generalísimo Francisco de Miranda», más conocida como el aeropuerto La Carlota. La instalación, ubicada en el este de la capital, ha sido tomada por el comandante Yoel Acosta Chirinos. El traqueteo de las armas se instala en los tímpanos. Los caraqueños que viven en los alrededores van entendiendo que no se trata de una incursión más de la vigorosa delincuencia común. Chávez ha delegado en dos capitanes el ataque frontal a Miraflores. Uno de ellos trepa torpemente con un tanque Dragón por las escaleras de palacio y juega a derribar la puerta principal con aquel armatoste. La televisión lo capta. La imagen es un poco absurda. ¿No habrá otra manera de abrir, de entrar, de tomar el palacio? Los sublevados cuentan con doce tanques. Adentro, Pérez sabe que debe salir lo más pronto posible. ¿Pero, adónde? Y se dice: «yo debo hablar por televisión para dominar esto». Comienza a evaluar entonces con sus colaboradores cuál de los tres canales comerciales será más seguro y terminan decidiéndose por Venevisión, propiedad del magnate Gustavo Cisneros.

★★★

Ya comienzan a caer los primeros muertos y heridos entre los sublevados y los hombres leales a la institucionalidad. El mandatario logra escapar por la puerta del estacionamiento atravesando pasillos subterráneos. Carratú guía a Pérez y lo sube a un Ford LTD gris, con placas particulares. Según el jefe de la guardia presidencial, le costó convencer al presidente de abandonar Miraflores, «él no quería salir, por eso reconozco su valentía». En el vehículo, que conduce un sargento de la Guardia Nacional, van en la parte delantera Ávila y Carratú; en los asientos traseros, un cabo, el jefe de la escolta civil y CAP, en la ventanilla derecha. A toda velocidad, el chofer sale por la alcabala 3, en el costado este del palacio, y maneja a contramano por una de las vías principales del centro, la avenida Baralt, para tomar rumbo norte. El auto con los seis hombres bordea las faldas del cerro El Ávila y, faltando minutos para la una de la madrugada, llegan sin aliento a la televisora, en el vecindario Las Palmas.

A las 12:50 am. Chávez ya se ha comunicado con su compañera, Herma Marksman. «Apenas me dijo: "estoy por aquí cerca", y trancó.» Y ha recibido, diez minutos después, una llamada de Acosta, quien le dice que tiene La Carlota controlada. En el museo de La Planicie hay un televisor encendido. Chávez, quien todavía no destapa su juego, espera verse a sí mismo en pantalla haciendo un llamado a los venezolanos para que se unan a la sublevación. Es parte del plan. Una docena de efectivos tenía la misión de tomar un canal y transmitir su proclama grabada en video VHS. Efectivamente, sus hombres han tomado la televisora, pero no saben cómo transferir el video a formato U Matic, un procedimiento simple que desconocen. Y se conforman con la explicación del personal técnico de la planta: no se puede. De pronto —es tal vez lo que menos espera— en lugar de su propio rostro aparece un Carlos Andrés Pérez despeinado y desencajado, anunciando al país que hay una asonada, que unos «facinerosos» pretenden acabar con la democracia, y que la acción está destinada al fracaso.

Todas las miradas se clavan entonces en el comandante. «Sí, éste es un golpe de Estado y ustedes están rodeados», Chávez reacciona, alzando la voz reciamente para intimidar a los oficiales destacados en el museo. «Entreguen las armas» —les dijo, según recordará después[5]— «porque si no, comenzará la matazón entre nosotros mismos». En ese justo momento, según su relato, llegan refuerzos golpistas, y así él logra apoderarse del puesto casi a las dos de la mañana. Sin embargo, a esa hora, ya la acción sobre Miraflores es un descalabro. El presidente Pérez está a salvo y los golpistas se ven superados por las fuerzas que los repelen. Una rara sensación de fracaso flota sobre la noche.

Cuando aquel presidente trémulo apareció en pantalla, a la 1:15 de la madrugada, el comandante Francisco Arias ya había controlado la guarnición militar de Maracaibo y tenía bajo arresto al gobernador del estado Zulia; los comandantes Jesús Urdaneta y Jesús M. Ortiz daban la batalla en el eje industrial Maracay-Valencia. Y en Caracas, el comandante Acosta había tomado La Carlota, habiendo hecho preso al jefe de la Fuerza Aérea.[6] Salvo Arias, los cabecillas pertenecen a la misma promoción de Chávez y, en consecuencia, se llaman entre sí «compadres». Poco antes de las 3:00 am., Chávez logra hablar por teléfono con Ortiz y éste le dice: «Compadre, ¿y los medios de comunicación?» Él le contesta: «yo también los estoy esperando». Entonces, según la versión del propio Chávez, «comenzó a desmoronarse el plan de operaciones, incomunicados, rodeados, la gente de Miraflores no concretó, pero hizo algo que yo considero heroico».[7] Se refiere a la desesperada maniobra de los tanques, protagonizada por dos capitanes que luego llegarán a ser gobernadores durante el gobierno de Chávez.[8] En la capital —sobre todo en el centro del poder, Miraflores— el plan Zamora no había salido como lo esperaba.

Para entonces, todo el país está de pie siguiendo los acontecimientos. Todo el país magnetizado al televisor, presenciando un desfile de líderes políticos trasnochados, que dicen apoyar la democracia. La asonada ya es noticia afuera. George Bush, el primero, llama a Pérez. En otra mueca irónica de la historia, Fidel Castro redacta un cálido telegrama de solidaridad con su colega venezolano, «embargado por una profunda preocupación». Entre quienes se desvelan se encuentra la madre de Chávez, doña Elena, a más de 500 kilómetros de distancia. Una vecina barinesa, Cecilia, la ha llamado para avisarle del golpe de Estado. «Cuando esa mujer me dijo eso, esto [se lleva las manos al corazón] como que se me engurruñó. ¡Ay, no, Cecilia, mi hijo, Dios mío!» La última vez que lo había visto había sido en la Navidad pasada. Su marido, Hugo de los Reyes, está durmiendo en La Chavera, la pequeña finca que tienen en las afueras de Barinas. Desesperada, doña Elena —que no tiene idea de las inclinaciones golpistas de Hugo— despierta a su hijo Narciso, el único que está en casa, y juntos llaman a Adán. Aunque está al tanto del complot, su hijo mayor intenta tranquilizarla: «Hugo, de repente, no está». ¿Y por qué no ha llamado? «Estará dormido.»

Pero ella se perturba más porque no pueden localizar a su nuera

Nancy y a sus nietos. No hay fuerza que pueda despegarla del televisor. El presidente Pérez hace entonces una segunda aparición. «Dijo que era el batallón de los boinas rojas… Eso fue desesperante. ¿Te das cuenta que sí está Hugo Rafael?», les señala a sus hijos. Ya no pueden consolarla. Ella, que es de llanto fácil, se ha convertido en un océano de lágrimas. «Eso fue terrible, yo decía: ¿ay, me lo matarán?, ¿estará mi hijo muerto?, ¿herido? ¡Qué desespero tan grande!»

En ese momento, alrededor de las cuatro de la madrugada, su hijo se siente perdido. El asalto a Miraflores ha sido completamente sofocado. Los conductores de los tanques caminan, entre heridos y cadáveres, rumbo a la cárcel. Nadie sabe todavía quién es el líder de la insurrección. En ese momento, el comandante Hugo Chávez se siente, según él mismo lo ha dicho, como «un tigre enjaulado, no sabía cómo enfrentar esto, cómo dirigir». Las comunicaciones no funcionaban, «utilizaron los equipos de guerra electrónica contra nosotros, barriendo la frecuencia de los radios»,[9] no se instaló la infantería que esperaba, ni la reserva, ni los cañones de artillería, jamás llegó a haber control interno en palacio. Una delación, dice, habría alterado el curso del golpe. Un capitán[10] que era miembro del Movimiento Bolivariano Revolucionario había alertado a sus superiores sobre el complot, aunque a juzgar por los reportes militares, no brindó mayores pistas. «La información, obtenida inicialmente hacia las 13:00 horas del día lunes 3 de febrero, fue incompleta y vaga: al ser evaluada por los servicios de inteligencia del Ejército y de la Dirección de Inteligencia Militar se circunscribió a presuntas acciones que se llevarían a cabo en el Aeropuerto Internacional de Maiquetía para detener al presidente de la República.»[11]

El comandante Acosta asegura que tenían comprometidos para el golpe «cerca de 27 comandantes en el plan operacional, y de toda esa cantidad, sólo salimos cinco. El rumor de que un capitán había traicionado al movimiento como que le rompió el corazón a mucha gente». El objetivo central del plan Zamora, de acuerdo con la versión de Chávez, es la captura de Carlos Andrés Pérez. Un grupo comando lo detendría a su llegada a Maiquetía para llevarlo al Museo Militar. Si eso fallaba, tenían previsto arrestarlo en uno de los túneles de la autopista hacia Caracas. Y si aquello tampoco era posible, esperaban tener éxito al tercer intento en La Casona. «Hubo varias tentativas para capturarlo, pero Pérez era una guabina [pez, escurridizo]»,[12] según palabras del actual mandatario. ¿El objetivo?: «Ésta era la concepción, crear el vacío de poder y nosotros mismos llenarlo».[13] Irónicamente, la misma tesis del vacío de poder será esgrimida por quienes intentarán derrocar al propio Chávez diez años más tarde.

El fracaso en atrapar al escurridizo mandatario desmoralizó al comandante. No fue todo. Además, «falló la sorpresa, se cayó la movilidad, se cayó el poder de fuego, se cayó todo».[14] Va siendo hora de rendirse, pero la verdadera actuación de Chávez está lejos de haber concluido. En realidad, ni siquiera ha comenzado.

★★★

Amanece el 4 de febrero. Y Venezuela es un país de veinte millones de ojerosos. El presidente Pérez, acaso el de ojeras más profundas, está nuevamente en su despacho en Miraflores, desde donde transmite un tercer mensaje televisivo para asegurar que la sublevación es cosa del pasado. No es cierto. La base aérea de La Carlota no ha podido ser recuperada. Tampoco las guarniciones de Maracaibo, Maracay y Valencia. A su lado, se encuentra el ministro Ávila y el general Ochoa, quien ya se ha comunicado telefónicamente con Chávez para persuadirlo de que deponga las armas. También le había hecho llegar el mensaje con dos emisarios en las primeras horas de la madrugada: el general Ramón Santeliz y Fernán Altuve, un ingeniero civil experto en armamento que se desempeña como comisionado especial del ministro de la Defensa y ha sido profesor en la Academia Militar. Ochoa no busca negociar con Arias. Sabe que el jefe de la revuelta militar es el comandante Hugo Chávez. «Él llega a la conclusión de que el líder era él. ¿Por qué? Yo no sé… todos ellos eran del Ejército», comenta el vicealmirante Elías Daniels, para ese entonces inspector general de las Fuerzas Armadas, quien habla por primera vez —después de doce años— sobre los sucesos de 1992.

Pérez había evaluado la posibilidad de bombardear el Museo al amanecer. «Yo se lo desaconsejé porque en los alrededores de La Planicie vivía mucha gente. Entonces decidió que dos aviones F16 lo sobrevolaran», asegura Iván Carratú, quien esa madrugada no se despega un segundo del presidente. Pasadas las siete de la mañana, Ochoa vuelve a enviar a los emisarios. El ex presidente recuerda hoy, aún indignado, que el día del golpe se llevó al ministro de Defensa para dirigir desde Miraflores las operaciones, «y, en un momento dado, me dice Ochoa: "mire, valdría la pena hablar con Chávez para que diga que se rinde y evitarnos más problemas". Le dije: "sí, ¿pero quién va a hablar con Chávez?" Y me contestó: "aquí hay un general Santeliz, que es amigo de él. A él lo podemos mandar". Entonces yo cometí el error de organizar que fuera Santeliz a rendir a Chávez. Ahí ellos dos se pusieron de acuerdo».

Santeliz vuelve a La Planicie con Altuve. Han de haberse frotado las manos. El general ha vivido toda su trayectoria militar en un eterno complot. Ya había conspirado contra el primer gobierno de Pérez, en los setenta, como miembro de la logia Alianza Revolucionaria de Militares Activos, dirigida por William Izarra, y se había acercado por aquellos años a Francisco Arias. A Hugo Chávez le conocía de sobra los pasos. Altuve es, según dirá después Chávez, «otro viejo conspirador».[15] Ambos llegan al Museo Histórico Militar cuando todavía no son las ocho de la mañana. «Ahora sí estoy pensando en serio la rendición», les dijo Chávez. Pidió que le garantizaran su vida y la de sus soldados. Y no quiso entregar en ese momento su fusil porque estaba convencido de que habían dado orden de matarlo. Su amigo no sólo le concede lo que pide y se compromete a llevarlo protegido hasta la base militar Fuerte Tiuna, sino que también le otorga un misterioso paréntesis: el rendido y sus «custodios» salen solos en el carro del general, manejado por Altuve. Y demoran casi dos horas en llegar cuando el trayecto no toma más de quince minutos. ¿Qué hicieron en ese tiempo? Hay quienes especulan que se habrían dedicado a destruir documentos y evidencias comprometedoras. En todo caso, Chávez —quien en todo momento ha negado que Santeliz estuviera comprometido en la conjura— recuerda que «Santeliz y Altuve se portaron muy bien».[16]

El episodio nunca ha sido satisfactoriamente aclarado por Chávez, ni por Santeliz. El reporte del segundo hombre de las Fuerzas Armadas, para entonces el vicealmirante Elías Daniels, asegura que el líder rebelde permaneció en el museo «hasta las 7:45 am. del 4 de febrero, cuando optó por rendirse».[17] Chávez arriba a Fuerte Tiuna a las 9:30 am. La versión del general Iván Jiménez, entonces jefe del Estado Mayor Conjunto, alarga un poco más el paréntesis. En su libro *Los golpes de Estado desde Castro hasta Caldera*, publicado cuatro años después de los sucesos, Jiménez reproduce una conversación que sostuvo por teléfono con Chávez a las 7:00 am., Jiménez le da un ultimátum: «O usted se rinde o el museo será atacado [por la aviación]». Chávez contesta: «Está bien, mi general, me entrego».

«A mí me llevan a la oficina de Ochoa, quinto piso del Ministerio de la Defensa, yo entrego mi fusil, entrego la pistola, mis granadas de mano, mi radio y me senté en un sofá, pedí café.» También pidió cigarrillos. «Y comencé a volver en mí. La rendición es peor que la muerte. Yo cuando rendí mis hombres dije: "hubiera preferido la muerte", es decir, me derrumbé, y yo iba derrumbado.»[18] Así recordaba aquel momento Chávez cuando le faltaban ocho meses para ganar las elecciones presidenciales de 1998. El vicealmirante Daniels, quien recibe al derrotado porque el ministro Ochoa estaba en Miraflores, lo recuerda como un hombre controlado, que actuaba militarmente. «Entró a la oficina y, de una forma muy respetuosa pero firme, saludó y se dirigió a mí, más o menos con estas palabras: "mi almirante, el comandante Hugo Rafael Chávez Frías viene a rendir armas". Él estaba consciente del vaporón en que se había metido. Le pregunté de dónde era, le pregunté por su familia y le dije: "¿usted quiere hablar con su mamá?" Y me dijo: "sí, se lo agradezco".»

«Mamá, es Hugo.» Del otro lado de la línea responde un llanto. «Ay, gracias a Dios que estás vivo, hijo, pero qué tienes… ¿estás herido? "No vieja, tranquila, que ya todo pasó", me decía él. Le eché la bendición y me dijo: "Yo no tengo nada, vieja, tranquilízate, porque ya todo está bien, ya todo pasó". Bueno, ahí mismo trancó porque él ya se había entregado. Yo me acosté a llorar, desesperada. Como a los diez minutos salió por televisión. ¡Y eso fue horrible!»

Mientras madre e hijo hablan, Daniels se pregunta cómo es posible una rebelión militar «en pleno siglo XX, eso estaba fuera de contexto». Y al colgar el teléfono le pregunta al comandante por qué se alzó. «Entonces me contestó que era por la mala situación en el Ejército, habló de botas, equipos militares, cosas de ésas… vivienda, vestuario, equipamiento […] su discurso no tenía nada que ver con lo civil.» Cuando Chávez se entrega, sus compañeros mantienen sus posiciones en el aeropuerto La Carlota, en Maracaibo, en Valencia y Maracay. Ya el alto mando va sabiendo quiénes son, cuántos son. «Hay cinco tenientes coroneles como cabezas visibles del movimiento, seguidos de 14 mayores, 54 capitanes, 67 subtenientes, 65 suboficiales, 101 sargentos de tropa y 2 056 soldados alistados.»[19] En total, 2 367 uniformados,[20] pertenecientes a diez batallones, alrededor de un 10 % del total de batallones de las Fuerzas Armadas.

Los venezolanos están ávidos de información. Pronto podrán ponerle rostro al alzamiento. Muy pronto habrá un imprevisible giro en la historia: Hugo Chávez convertirá un mal golpe en el mejor *spot* publicitario de la década.

★★★

El Ministerio de Defensa es una efervescencia. Generales del alto mando se encuentran en Fuerte Tiuna, analizando cómo neutralizar los reductos rebeldes en Caracas, Maracaibo, Valencia y Maracay. Creen que los golpistas ya no pueden causar más daño, pero temen que puedan generarse más enfrentamientos. Están determinados a sofocar completamente todo rastro de rebelión para mediodía, pretenden evitar que se produzca «un efecto de desgobernabilidad, que se perdiera el control en desórdenes públicos», señala Daniels. Y creen encontrar la solución: que Chávez inste a sus compañeros, por televisión, a rendirse. El vicealmirante se dispone a llamar a Ochoa para solicitar autorización.

El ministro de Defensa lo consulta con el presidente. «Pérez me insistió en que lo grabara, pero cuando yo volví al teléfono a hablar con Daniels, éste me planteó la situación de tal manera que no había tiempo por la gravedad de un enfrentamiento. Yo tomé entonces la decisión de presentarlo sin grabarlo [editarlo] y, sin duda, fue un grave error», reconoce Ochoa, ponderando el suceso a la distancia, en el año 2000. El mandatario, precursor de Chávez en la hiperconciencia del poder de los medios, confirma que le advirtió al ministro, «desde ahora les digo: no permitan que hable por televisión en directo. Le pueden grabar en un salón y editarle una versión. El problema es que —como todavía quedaban unas guarniciones alzadas— queríamos salir ligeros de ese problema». Según Carratú, CAP también habría ordenado «desarmarlo y presentarlo esposado».

Daniels recibe luz verde y manda llamar a los periodistas de las televisoras para que graben el mensaje. «No había tiempo para instalar microondas, eso no fue en vivo», aclara. Chávez tiene claro el simbolismo de los ropajes. «Yo andaba sin la boina, sin las forniduras, y la primera imagen que me llegó fue la del general Noriega cuando lo presentaron los norteamericanos después de la invasión, en franela, todo doblado. Y yo les dije: "me buscan mi boina y yo me lavo la cara". Escribe lo que vas a decir, me decía el vicealmirante Daniel Hernández. "No, yo no voy a escribir nada. Le doy mi palabra que voy a llamar a rendición".»[21]

Se preparan las cámaras, se encienden las luces. El comandante Hugo Chávez aparece erguido, con su traje de paracaidista y su boina roja, flanqueado por el general Jiménez y el vicealmirante Daniel. Tiene un tic nervioso en un músculo facial que, de cuando en cuando, le tira un poco una mejilla hacia un lado. Es consecuencia de las hemorragias nasales que sufre desde que se dio un golpe en la nariz con una acera, cuando era niño en Sabaneta. Mira de frente y luce altivo. Toma aire y suelta de corrido 169 palabras en poco más de un minuto:

«Primero que nada quiero dar buenos días a todo el pueblo de Venezuela, y este mensaje bolivariano va dirigido a los valientes soldados que se encuentran en el Regimiento de Paracaidistas de Aragua y en la Brigada Blindada de Valencia. Compañeros: lamentablemente, *por ahora*, los objetivos que nos planteamos no fueron logrados en la ciudad capital. Es decir, nosotros, acá en Caracas, no logramos controlar el poder. Ustedes lo hicieron muy bien por allá, pero ya es tiempo de reflexionar y vendrán nuevas situaciones y el país tiene que enrumbarse definitivamente hacia un destino mejor. Así que oigan mi palabra. Oigan al comandante Chávez, quien les lanza este mensaje para que, por favor, reflexionen y depongan las armas porque ya, en verdad, los objetivos que nos hemos trazado a nivel nacional es imposible que los logremos. Compañeros: Oigan este mensaje solidario. Les agradezco su lealtad, les agradezco su valentía, su desprendimiento, y yo, ante el país y ante ustedes, *asumo la responsabilidad* de este movimiento militar bolivariano. Muchas gracias.»

Los equipos de TV salen disparados a sus canales. El video es transmitido, sin edición, a las 10:30 am. Los espectadores estiran los párpados. Hay que oír al comandante Chávez. Lo que aflora, de entrada, es el manejo comunicacional del detenido. Sin perder la altivez, tampoco olvida su talante de animador de espectáculo: ¿a quién se le ocurre, después de una noche sin dormir, con una derrota militar a cuestas, y en el trance de conminar a sus compañeros a rendirse, comenzar con un saludo de «buenos días a todo el pueblo de Venezuela»? Después, dos fragmentos más de su pequeña declaración flotan espesamente en el aire: «asumo la responsabilidad», y «por ahora». El primero es una rareza en un país donde no parece haber un solo político que asuma responsabilidades. El segundo, casi una amenaza, es deslizado como una promesa o un final de película de suspenso. Es un continuará… Las televisoras repiten el mensaje una y otra vez, sin saber que se convertirá en una auténtica y eficaz promoción del comandante Chávez.

Después de hablar, «yo estaba muy desmoronado y me sentía muy derrotado. Es decir, yo pensaba que había puesto la torta del siglo. Además de que me rendí, que no funcionó el plan, llamar a rendición al resto. Santeliz se sentó a mi lado derecho y me dio una palmada: "¡qué bueno, carajito, lo que dijiste!". Yo todavía le respondo: "¿cómo que qué bueno, si llamé a la rendición?". Dijiste: "por ahora". Yo no me di cuenta. Eso salió solo».[22] La rebelión, el asalto al poder, que había soñado y planeado durante quince años, es un estruendoso fracaso. Pero él se convierte en protagonista. Luego entenderá que, gracias al azar de esa aparición en televisión, toda esta historia cambiará. Ese golpe de suerte, en definitiva, salva el fracaso del golpe de Estado. Hugo Chávez acaba de traspasar para siempre la barrera del anonimato.

Sus padres han quedado atónitos. Doña Elena ni supo lo que decía de los nervios. «Como a los quince días salió una cosita en un periódico con la carita de él. Entonces, yo me siento a leer y le digo a uno de mis hijos: "mijo, y ¿cuándo dijo Hugo esto tan bonito?" Y él me dijo: "ay, vieja, eso fue lo que él dijo cuando se entregó por televisión".»

El resto de los comandantes no puede creerlo. Se enfurecen. ¿Pero qué le pasó a Hugo? Poco después del mensaje, cae La Carlota, tras once horas bajo control de los golpistas. El jefe de la Fuerza Aérea, general Eutimio Fuguet, es liberado y dice: «Siempre hubo respeto a mi jerarquía y a mi persona […]. "Mi general, sólo queremos un gobierno diferente. No queremos destruir nada", le habían dicho los rebeldes. A las 12:45 pm., Arias se rinde en Maracaibo y entrega la gobernación, que cuatro años más tarde alcanzará por la vía de los votos. El último en rendir las armas es Jesús Urdaneta, determinado a combatir hasta el final… En el fondo, en realidad, todos sus compañeros habían cumplido con éxito sus respectivas misiones. El único que fracasa es Hugo Chávez. Paradójicamente, esta derrota lo hace salir en televisión y, a la postre, lo hará famoso.

El saldo de medio día de rebelión es de unos 30 muertos,[23] 14 de ellos militares, y decenas de heridos. Siempre ha permanecido, como una sombra, el hecho de que la mayoría de los soldados que participaron en el golpe fueron utilizados, los llevaron a pelear bajo engaño. En 1998, Chávez, refiriéndose sólo a las bajas militares, como si en aquella jornada no hubiera habido más víctimas, dice: «El 4F hubo catorce muertos. Menos muertos que cualquier fin de semana en Caracas, menos muertos que los niños que se mueren de hambre en Venezuela en un mes. De manera que yo cargo mi violencia, los demás que respondan por su propia violencia. Yo nunca la he evadido [...]. ¿Tienes las manos manchadas de sangre?, me dijo alguien. Sí, las manos y todo yo soy sangre, de aquí hasta allá abajo [...]».[24]

★★★

Ya oscurece y el presidente Pérez vuelve a dirigirse a la nación. Asegura, por cuarta vez, que todo está controlado. Ahora sí es cierto. Hay más de 300 oficiales detenidos y la tropa acarreada ha sido regresada a los cuarteles. En Fuerte Tiuna, Chávez se reúne con Ochoa por primera vez en el día. Son las seis de la tarde. Y el ministro de la Defensa lo invita a cenar. Sí, lo invita a cenar. Comen *fast food* y conversan solos. El ministro le presta el teléfono y Chávez, por primera vez desde su rendición, habla con su compañera. «Herma, recuerda que tienes que cuidarte mucho. Yo voy a enfrentar esto, y quédate tranquila porque estoy fuera de peligro. Cuando pueda, te volveré a llamar.» Del encuentro Chávez-Ochoa nada trasciende. El comandante llega ya de noche, con el estómago lleno, a la Dirección de Inteligencia Militar de la mano de su amigo y acompañante oficial de la jornada, el general Santeliz.

Es allí donde verá por primera vez a sus compañeros, con la insignia que los distingue del resto: un brazalete con una cinta tricolor, anudado sobre el uniforme, en el brazo. Y comienza a sentir en la nuca el peso de sus miradas. «Mucha gente dice que fui un cobarde. No, yo no soy cobarde. En toda operación militar, tú tienes derecho a replegarte [...]. Cuando yo aparezco en los medios, ya Arias estaba rendido en el Zulia»,[25] ha asegurado siempre Chávez, contradiciendo todos los reportes militares y periodísticos, además de las versiones del resto de los comandantes que afirman que, antes de que Chávez saliera en la televisión, ningún otro comandante se había rendido.

En los calabozos de la Dirección de Inteligencia Militar, los líderes golpistas pasan diecisiete días incomunicados. El comandante Urdaneta, el más renuente a rendirse, está enojado con todos. «Cuando nos sacaban a cada uno, no nos podíamos ver, pero pasando por las ventanitas uno le podía decir al compañero cualquier cosa muy rápidamente. La primera vez que me sacaron, pasé por al lado de Chávez y le digo: "oye vale, qué rápido te entregaste, ¡qué maravilla!", en tono irónico. Recuerdo que tenía los chicharrones [los cabellos] todos alborotados, así grandísimos, y me impresionó porque nunca lo había visto así. Llega él y me dice: "Bueno, compadre es que me sentí solo". Le dije: "¿Ah, te sentiste solo? Pero es que yo también andaba solo. Andaba con mi batallón y mis oficiales, no tenía a diez tenientes coroneles al lado mío. Tú también andabas con tu batallón y tus oficiales. ¿Qué querías tú?". Y me responde: "bueno, me sentí solo".» Lo mismo le dijo a Arias. «Ya en la cárcel, un día caminando Hugo y yo tomados de los hombros, le dije: "cónchale, Hugo, ¿qué te pasó, por qué no lanzaste ni siquiera un cañonazo?". Y me contestó: "coño, me quedé solo, sin comunicaciones… me hiciste mucha falta".»

Al día siguiente también hay reproches, aunque de otro tenor, en provincia. Las miradas se clavan en la nuca de José Esteban Ruiz Guevara, el primer mentor político de Chávez. «Su padre y su madre salieron por todo Barinas a decir que el culpable era el barbudo ése: yo. Decían que le hice perder su carrera militar tan brillante.» Su ex esposa, Carmen, lo recrea así: «Cuando el golpe, José Esteban llega y me dice: "¿tú sabes lo que me dijo el papá de Chávez?, que yo era un… porque le había metido su hijo a comunista y por eso había caído preso, y que él había perdido su carrera militar". Le echó las miles de maldiciones. Ahí en la esquina». Ruiz Guevara se lo tomó con bastante tranquilidad. Siempre ha dicho que su casa es un «nido de conspiradores». ¿Qué podía entonces esperarse de un hombre que pasó su adolescencia en la biblioteca de su casa? Jamás, sin embargo, fue a visitar a Chávez a prisión. Siempre ha creído que el 4 de febrero fue un error catastrófico. Ése fue el mensaje que le envió con una hija. «Le mandé a decir que no lo iba a ver porque yo no le perdonaba esa vaina, que después de haber llegado a Miraflores y tener el poder en las manos, irse pa'l carajo. Ha debido entrar aunque lo mataran.» Sólo que el poder no se alcanza estando muerto.

6. Un oficial modelo

Todo el país ha visto a un oficial salir en televisión, ha escuchado su breve mensaje. Ya la asonada tiene rostro. Pero ¿qué se sabe del comandante Hugo Chávez? El primero en dar algunas luces es Carlos Julio Peñaloza, ex jefe del Ejército. El general conoce bien al personaje que ha capitalizado el *rating* del 4 de febrero. «El hombre es carismático, el hombre es aplomado, no me queda duda de que es un hombre, como decimos nosotros los venezolanos, echao p'alante», asegura la misma noche del golpe, en un programa de opinión de Venevisión. El general le ha seguido los pasos. Como director de la Academia Militar de Venezuela a mediados de los ochenta, Peñaloza había sido su jefe. «Cuando llegué a la Academia me conseguí un grupo muy calificado de oficiales, entre ellos había un capitán muy destacado, un hombre con grandes condiciones de liderazgo, y que era el capitán Hugo Chávez Frías, un oficial que se ganaba el aprecio de los superiores, se ganaba el cariño de los subalternos, un oficial modelo.»[1]

A Peñaloza no le extrañó verlo en televisión. Sabía que tenía años conspirando y que era el líder del movimiento, como lo había advertido al gobierno de Pérez, cuando entregó la Comandancia del Ejército siete meses antes de la asonada. «¿Te acuerdas que cuando yo me retiré, en el último discurso yo dije que había un grupo de fundamentalistas, fanáticos, que decían que el honor de la República solamente se podía lavar con sangre?», le comenta a su entrevistador Edgardo de Castro. En aquel discurso,[2] Peñaloza había advertido: «un grupo de militares y civiles están convencidos de que la democracia actual está carcomida por la corrupción y consideran que la única forma de corregir esta situación es a través de una acción de fuerza que, a sangre y fuego, purgue a los corruptos y reivindique a la nación. Este grupo considera que el honor de la patria sólo puede renacer regenerándolo con la sangre de los que lo han mancillado y que, para lograr ese objetivo, es indispensable barrer con la democracia y establecer un régimen autoritario».

Los venezolanos se preguntaban justamente, ¿qué pensaba hacer Hugo Chávez si llegaba al poder, cómo lo ejercería, qué medidas tomaría, qué tipo de gobierno hubiera instaurado? En definitiva, ¿cuál habría sido el destino de Venezuela si la insurrección hubiera tenido éxito? Un panfleto que circuló en los cuarteles por aquellos días, firmado por «los comacates» (comandantes, mayores, capitanes y tenientes), aseguraba que los corruptos serían llevados al estadio universitario de Caracas y, luego de un juicio sumario, serían fusilados. Otro documento, atribuido al Movimiento Bolivariano Revolucionario, decía: «la patria se limpia con sangre». En la primera entrevista que concede el ya famoso Hugo Chávez al diario *El Globo*, el 29 de febrero desde prisión, arroja alguna luz sobre sus planes. El objetivo político, dice, era «en forma conceptual, la toma del poder y, en forma concreta, la captura del presidente de la República para enjuiciarlo frente a la población».Y le concede autenticidad al documento del Movimiento Bolivariano: «Esa cita es de Thomas Jefferson. Dice:"el árbol de la libertad debe regarse de cuando en cuando con sangre de patriotas y tiranos". Con esa cita, queríamos decirnos a nosotros y al mundo, cuando decidimos dar este paso, que estábamos conscientes de que al salir con miles de hombres armados habría derramamiento de sangre. Era una cuota de sacrificio porque ninguna revolución en el mundo se ha hecho de manera distinta».[3] Es la primera vez que el comandante menciona, públicamente, la palabra revolución.

Pero, además de señalar que tenían la intención de nombrar una junta cívico-militar, dictar medidas económicas «anti paquete», y de asegurar que su lucha «es contra la corrupción y contra este gobierno», Chávez evade precisar cómo pensaban conducir el país. De hecho, no se tiene un panorama claro al respecto hasta seis años después, cuando Kléber Ramírez, uno de los intelectuales que participó en la conspiración activamente, revela en su *Historia Documental del 4 de febrero* la esencia del nuevo gobierno. De entrada se nombraría un Consejo General Nacional (CGN), como órgano supremo integrado por militares y civiles, del cual surgiría el presidente, «sólo sujeto a las decisiones y directrices» del mismo Consejo y que duraría «el tiempo necesario para garantizar el enrumbamiento del país [...] para que una constituyente democrática electa legalice, con una nueva Constitución, la profundización de la democracia».[4]

El acta constitutiva del Consejo General Nacional proponía una «Alianza nacional por y para el rescate de la dignidad venezolana» como manera de hacer frente a la crisis, y contemplaba comenzar por «el castigo ejemplar decidido por tribunales Ad Hoc para los responsables, a todos los niveles, que condujeron al país a esta degradación general».[5] Y, curiosamente, sin haber podido aún pulsar la reacción popular, el segundo comunicado señalaba «podemos anunciarle a la nación que el nuevo régimen cuenta con el respaldo decidido y entusiasta de la mayoría de los compatriotas». El Consejo tenía previsto docena y media de decretos. En el primero, se abrogaría las funciones del Poder Legislativo, cesando toda actividad del Congreso Nacional. Los decretos que siguen dibujan la naturaleza del nuevo gobierno. Se proscribirían todos los parlamentos de los gobiernos regionales, el Poder Judicial —todos los magistrados serían nombrados por el propio Consejo— y el máximo órgano electoral. Nada del anterior sistema quedaría en pie. Las instituciones democráticas serían completamente desmanteladas y sustituidas por un poder único, que lo regiría todo. En materia económica, se congelarían los precios de bienes y servicios, además de prohibir «la libre transferencia de capitales en cualquier tipo de moneda» y suspender el proceso de privatización.

«En una primera inspección nos encontramos con una realidad sorprendente: todo el sistema político previsto para gobernar después del triunfo del golpe del 4 de febrero es definido por sus autores como democrático»,[6] asegura el filósofo y politólogo Alberto Arvelo Ramos, quien después de analizar los decretos, concluyó: «son muchos los venezolanos, la totalidad de los que no estén de acuerdo con el régimen, que quedarían excluidos de imponerse aquel proyecto». Entre otros, cualquiera que hubiera sido empleado público en las administraciones pasadas. Pero lo que le resulta más revelador al analista, que participó en la lucha de los sesenta del bando de los comunistas, es la intención del Consejo General Nacional de instaurar un «Comité de Salud Pública», que en modo alguno tiene que ver con la política sanitaria. El séptimo decreto lo define como «la personificación de la conciencia pública nacional».[7]

Según Arvelo este comité, creado a semejanza de su homónimo francés durante los años de «El Terror» tras la Revolución francesa, apuntaba a doblegar a la oposición en el más puro estilo leninista. «La idea que se desprende es que los militares golpistas tenían la intención de ocupar la sociedad civil.»[8]

No es sino hasta 1998, a propósito del fallecimiento de Kléber Ramírez, a los 61 años, cuando Hugo Chávez, quien como se ha visto se mantenía con maestría en el terreno de la ambigüedad ideológica, admite la existencia de los decretos, considerándolos documentos históricos que el pueblo debe leer. Asegura entonces que «muchos de ellos ni siquiera iban a ser aplicados»,[9] aunque no precisa, ni ha precisado, cuáles. Se sabe, por Ramírez, que la redacción de los decretos le fue encomendada en una reunión presidida por Chávez hacia mediados de noviembre de 1991 y que «el texto final fue remitido a los comandantes Chávez y Arias para su respectiva revisión y aprobación».[10] Francisco Arias, quien acercó a Kléber al Movimiento Bolivariano Revolucionario y señala que sus decretos «fueron una referencia», ha brindado algunos detalles. Según él, se decretaría el cese de los partidos políticos, la instalación de tribunales para realizar juicios rápidos a los corruptos, el pase a retiro «de un buen número de generales» y la convocatoria a una constituyente cuando consideraran que estaban dadas las condiciones. El Consejo General Nacional estaría presidido por cinco civiles y cuatro militares retirados, entre quienes supuestamente no estaría ninguno de los jefes del golpe. Entre los candidatos civiles, de acuerdo con Arias, se habían paseado por la posibilidad de convocar al periodista y ex candidato presidencial por el Movimiento al Socialismo, José Vicente Rangel; al político demócrata cristiano Abdón Vivas Terán; y al dirigente de Causa R, Andrés Velásquez, entre otros que no menciona. También, y tal vez, para no contrariar la máxima de que no hay golpe sin Iglesia, se ha hablado de la posible presencia de un religioso, monseñor Mario Moronta.

Hugo Chávez, Francisco Arias, Kléber Ramírez y Pablo Medina se encuentran a mediodía del primero de enero de 1992 en la población de Quíbor, estado Lara, para hablar sobre la vida después del golpe. «Yo no conocía a Kléber, había oído hablar de él pero no lo conocía. Allí estuvimos conversando y discutiendo. De triunfar el movimiento, lo que se había visto era que Hugo Chávez iba a ser comandante del batallón Caracas y Arias iba a ser jefe de la Casa Militar», asegura Pablo Medina, quien coincide con Arias en que el Consejo de Gobierno iba a estar integrado por cinco civiles y cuatro militares retirados. «Ése era el esquema. Yo le decía a ellos: ésta es una rebelión que en el mundo nadie la va a apoyar, ni siquiera Fidel Castro, como en efecto sucedió.» Es pensando en la aceptación internacional que se propusieron entonces diseñar una junta «que tuviera connotación internacional, que las diferentes corrientes y factores vieran este hecho [el golpe] por lo menos con prudencia, que le dieran el beneficio de la duda». La idea era convocar a reconocidos políticos socialdemócratas y demócrata-cristianos del país «un poco con la intención de que vieran que no se trataba de una dictadura sino de una junta cívico-militar».

Aunque Medina se niega a revelar los nombres de los «candidatos» civiles porque «ni ellos mismos lo sabían», se ha manejado que entre los convocados estaría también el ex ministro socialdemócrata Luis Raúl Matos Azócar. Kléber sería el secretario del Consejo General Nacional. En materia de decretos, Medina señala la referencia de los elaborados por Ramírez, aunque asegura «yo nunca los vi […] no era un trabajo abierto y había muchas dificultades para encontrarnos […] no se puede decir que había documentos oficiales». Al menos, él no los conocía. En relación con el 4F sigue habiendo lagunas, piezas que no encajan. La primera, resulta difícil concebir que los cabecillas del movimiento se conformaran con quedarse en un segundo plano, con delegar el poder después de haberlo perseguido durante tantos años. ¿Arias en Casa Militar?, ¿Hugo Chávez, de segundón, en uno de tantos batallones?…

Más allá de los vacíos que existen alrededor de la verdadera proyección del 4F, lo cierto es que, como apunta Arvelo Ramos, «el Chávez de hoy jamás ha dejado de identificarse con el proyecto de la insurrección de 1992».[11] De hecho, el mandatario siempre ha rescatado la fecha como una conmemoración importante, celebrando cada aniversario del golpe como un triunfo, como el inicio de una nueva era. Lo ha llegado incluso a considerar oficialmente «Día de la Dignidad Nacional».

★★★

Aun a más de una década de distancia, hay episodios del intento de golpe del 4 de febrero (4F) que permanecen en la sombra. Uno de ellos es por qué, a último momento, se deja fuera al grupo de civiles con los que se venía conspirando, para darle un tinte cívico a una insurrección que terminó siendo únicamente militar. En la ciudad de Valencia, un pequeño grupo de estudiantes causó algunos desórdenes, que fueron rápidamente controlados por la policía. Pero en Caracas y Maracaibo no habría habido un alma en la calle dispuesta a jugársela por el golpe. «Yo tenía un camión lleno de fusiles para ser repartidos a los civiles [...] había gente que sabía la contraseña para pedir armas —"Páez-Patria"— pero no se presentaron. La culpa no es sólo nuestra, sino que había gente que sabía y no llegó, siendo avisada con tiempo.»[12] Ésa es la versión que ha narrado Hugo Chávez, años después, al historiador Blanco Muñoz y también a la periodista Harnecker.[13]

Pero hay testimonios que indican lo contrario. La noche del 3 de febrero un grupo de cuatro civiles lo espera en vano en un peaje de la autopista Maracay-Caracas. Según Pablo Medina, el que no llega nunca es Chávez. «Una semana antes, en Maracay, él se había comprometido con nosotros a entregarnos armas para la rebelión.» Sin motivo aparente, el comandante hace que los autobuses se desvíen de la autopista y tomen la carretera vieja, separándose incluso del convoy de su compañero Yoel Acosta, en contra de lo previsto. «El lunes a las seis de la tarde, me llega la contraseña: Caridad viene en camino, que era el segundo nombre que yo le había puesto a Hugo.» Medina comenzó a organizar a su gente y envió a cuatro compañeros al peaje, entre ellos, a Alí Rodríguez, ex guerrillero que llegará a ser ministro de Energía y canciller en el gobierno de Chávez. Los hombres se cansaron de esperar. «Yo tenía el teléfono del Museo Militar, que él mismo me había dado. Y comienzo a llamar y llamar, y nada.» Entonces, Medina le pidió a unos militantes del 23 de Enero, barrio cercano al Museo Militar donde estaba atrincherado Chávez, que fueran allá. «La gente nuestra hace contacto con la gente de él y no los recibe. Entonces yo dije: "este carajo no quiere ningún contacto". Y me desentendí de eso. No podía hacer nada.»

El mismo Chávez abona la polémica. En la primera entrevista que concede en prisión, publicada a tres semanas del intento de golpe por el diario *El Globo,* señala que «el origen del movimiento es eminentemente militar, aunque la intención era conformar una junta cívico-militar con las mejores voluntades del país. En la acción militar propiamente dicha [...] no había participación civil». Pero en aquel momento no se sabe si entonces lo dice porque es cierto o si lo hace para proteger a los civiles involucrados. Hugo Chávez ha referido su idea de la incorporación de los civiles a su proyecto político en los siguientes términos: «En varias ocasiones hacíamos pruebas, les solicitábamos a sectores civiles convocar a manifestaciones en localidades del interior y chequeábamos el poder de convocatoria, de movilización. La idea más estratégica y de fondo fue un planteamiento que hice yo, en ocasión de un viaje a Panamá, donde vi en acción dos Batallones de la Dignidad [...] Esa idea fue la de formar batallones, incluso hasta cuadros organizativos de escuadra, manuales de instrucción para batallones de combate en localidades. [...] Teníamos que considerar que esos grupos civiles pequeños deberían actuar como motores de un movimiento de masas».[14] Pero, a último momento, decidió dejarlos fuera del asalto al poder.

Según Douglas Bravo, cuando faltan pocos meses para la insurrección los militares se apartan de los miembros del Partido de la Revolución Venezolana. Su última reunión con Chávez es en octubre de 1991, tres meses antes de la asonada. Bravo sostenía entonces la tesis de que lo ideal era que una acción civil de envergadura, como una huelga, presidiera la acción militar. «Esto para que la sociedad civil tuviera una participación activa en el movimiento revolucionario. Eso era precisamente lo que no quería Chávez. Para nada, absolutamente para nada. Chávez no quiere la participación de la sociedad civil actuando como fuerza concreta. Que la sociedad civil lo aplauda, pero no que participe, que es otra cosa [...] Chávez se aleja definitivamente de nosotros en 1991, todavía sostenía relaciones con gente que formó parte del Partido de la Revolución Venezolana, como Kléber Ramírez. Y uno de sus planteamientos era que no supiéramos absolutamente nada [...] En primer lugar, porque a su lado nadie opinaba. Él no admite una disidencia ni una opinión distinta.»[15] Días antes del 4F, según Bravo, un grupo de ex guerrilleros, entre los que se encontraba Kléber, se reunió con Chávez y cuando se le inquirió por las acciones que debían emprender el día D, el comandante habría dicho: «después que lleguemos al poder los vamos a llamar». Una postura de la que el ex líder rebelde asegura: «no es una posición transitoria, táctica. Es una concepción política de la vida».[16] Herma Marksman, señala que en el fondo Hugo Chávez «no tenía confianza en los civiles», lo que explicaría que el día del golpe los dejara colgados.

Otro episodio que no ha quedado claro, tal vez el que causó más controversia y mayores diferencias entre los cabecillas del golpe, es por qué el comandante Chávez no se movió del Museo Militar para reforzar a quienes combatían en Miraflores. Una incógnita que nunca ha sido convincentemente despejada por el líder del 4F, quien ha asomado que el bloqueo de las comunicaciones por radio fue uno de los factores que frustró su capacidad de movilización. Sin embargo, su ausencia en el lugar concreto de combate fue, y todavía es, una sorpresa cargada de misterio. El capitán Ronald Blanco, uno de los encargados del ataque, llamó a Herma Marksman desde palacio, cerca de la una de la madrugada del 4 de febrero. Le pidió que llamara a su madre y le avisara que estaba herido, pero no de gravedad. «Tengo unas esquirlas, pero ya me recuperé.» Ronald le preguntó por Pablo Medina, extrañado de que no hubiera llegado con su gente. Y le dijo: «"¿qué sabes tú de mi comandante Chávez? Él también sabía que tenía que estar aquí, y aquí estamos nosotros solos cayéndonos a plomo. Antonio Rojas [el otro capitán que comanda la acción] está herido y mi comandante no llega". Hoy me pregunto qué hacía Hugo allá en La Planicie. Yo no sé, él tenía que haber llegado a Miraflores; porque si no, Ronald no me hubiera dicho eso. En la planificación estaba». Lo dice Marksman, quien le entregó a Chávez, en el hotel Maracay, el Plan de Acción definitivo con los detalles de la toma de Caracas, que le había hecho llegar el comandante Arias desde Maracaibo el 29 de enero.

Se manejan al menos tres versiones distintas para explicar este hecho. Una, que Chávez esperaba que llevaran al presidente Pérez al Museo Histórico Militar para entonces desplazarse hacia Miraflores con el triunfo asegurado. Otra, que estaba advertido de un complot de los capitanes para deshacerse de él durante los enfrentamientos y no quiso asomarse por el lugar para no arriesgar su vida. Esta segunda versión sostiene que Ronald Blanco y Antonio Rojas —que en diciembre habrían presionado para adelantar el golpe y fueron disuadidos por los comandantes— asesinarían a Chávez y a Arias el día de la insurrección porque creían que habían pactado con los generales. La última especulación, favorita de los enemigos de Chávez, apunta a que éste no se movió simplemente por miedo. Probablemente, jamás se sepa cuál versión se corresponde más con lo que verdaderamente ocurrió, qué fue lo que impidió que Hugo Chávez estuviera en Miraflores aquella madrugada. Hoy en día, por lo pronto, el lugar de Ronald Blanco es ser gobernador del estado Táchira, en la frontera con Colombia, y aliado incondicional del gobierno. El de Antonio Rojas, haber sido elegido como gobernador de Bolívar en las filas del oficialismo y haber desertado de ellas en 2003.

El rol del ministro de la Defensa, el general Fernando Ochoa, en la asonada es otro de los misterios del 4F. Hoy en día, el ex presidente Carlos Andrés Pérez se muestra convencido de que su colaborador, a quien mantuvo en el cargo después del golpe y luego nombró canciller, también conspiraba. «Lo que ocurrió es lo siguiente: en Venezuela había una situación muy mala en el Ejército. Había demasiados generales y almirantes, y no había posiciones para todos ellos. Eso creaba un estado de indisciplina general en las Fuerzas Armadas. Y eran muy ambiciosos. Ochoa dirigió un grupo. Cada general tenía un grupo y estaba tratando de ver cómo armaba algo para tomar el poder.» Ciertamente, por aquella época, los servicios de inteligencia militar llegaron a monitorear a un grupo de generales, denominados Los Notables, al que habría pertenecido Ochoa y que, básicamente, cuestionaba la corrupción dentro de las Fuerzas Armadas, promoviendo una postura crítica entre sus subalternos.

Unos días antes de la intentona, el ministro de la Defensa habría procurado una alianza con el Movimiento Bolivariano Revolucionario. Al menos, eso es lo que asegura José Esteban Ruiz Guevara, el comunista barinés que fue el primer mentor político de Chávez. Y refiere el episodio que da origen a su certeza. Había salido hacia Maracay con su amigo, también comunista y barinés, Francisco Orta. Conducía el vehículo el hijo de este último, Óscar Orta. «A la llegada de San Joaquín, una urbanizacioncita de mala muerte donde vivía Hugo, hay una especie de callejón, y en el momento en que vamos llegando como a las cuatro de la madrugada cruzó un carro y alguien encendió un cigarrillo. Había una luz adentro y yo logré reconocer al ministro Ochoa Antich. Y le dije yo a Francisco: "Mira, chico, ahí está el ministro".» Llegaron a casa de Hugo y éste les contó: «ahorita se acaba de ir el ministro. Ahora propone un golpe palaciego. Con él [Ochoa] en la presidencia, Hugo en Defensa, creo que José Vicente Rangel… "¿Y tú que le dijiste?", le pregunté. "¡No, lo mandé pa'l carajo!"». Su versión es refrendada por Óscar Orta, quien también asegura que aquella madrugada vio al ministro Ochoa saliendo de casa de Chávez.

Según Alcides Rondón, compañero de promoción de Chávez y actual viceministro de Gestión Comunicacional, el general Ochoa estaba al tanto de todos los preparativos del golpe. Aunque él lo niegue. Aunque siempre lo haya negado. Rondón, quien trabajó en la Dirección de Inteligencia Militar, se muestra completamente seguro. «La noche en que Ochoa Antich recibe el Ministerio de la Defensa, el general Carlos Julio Peñaloza me agarra a mí para que acompañe a un oficial que iba a echar el cuento de todas las reuniones que tenían [los golpistas] y de todos los planes. Ese oficial llevó la lista de las unidades que se iban a alzar y se las entregó. Y la reunión con Ochoa Antich fue en su apartamento de la urbanización esa que está frente al Tamanaco [Las Mercedes]. A mí que me cuente cualquier otra cosa, pero yo sé cuál es la verdad.»

Chávez ha negado siempre la participación del general Ochoa en la intentona. Pero, ya en prisión, los comandantes golpistas declaran al diario francés *Le Monde*:[17] «"¿Es cierto que el ministro de Defensa estaba al corriente de la acción que emprenderían?" "Sí, estaba al corriente pero no pertenecía al Movimiento Bolivariano, tenía un movimiento paralelo al nuestro, logramos conocer sus intenciones al lograr infiltrar en sus reuniones oficiales nuestros. Ellos concebían un plan *jirafa* que consistía en *dejarnos actuar,* conocían nuestros movimientos, tenían identificados a los líderes, el día y la hora de nuestra operación y no hicieron nada por detenerla, al contrario, algunos de nuestros oficiales pensaron que el general Ochoa era el líder del movimiento"».

Rondón, quien asegura que no estuvo de acuerdo con la intentona, tiene su propia tesis de por qué, si la rebelión estaba delatada, el gobierno de Pérez no la abortó. En 1992, él estaba asignado como oficial de operaciones en la misión de Las Naciones Unidas en el Sahara Occidental. Y, el 3 de febrero, recibió una llamada de su esposa en el comando de El Aaiún, donde se encontraba. «Ella me dijo: "estoy preocupadísima, me llamó gente de la Dirección de Inteligencia para decir que los paracaidistas están saliendo para Caracas, que el golpe va". Yo supe de eso en el Sahara Occidental, a mí nadie me puede decir que el gobierno no sabía que venía un golpe.» El oficial está convencido de que el presidente Pérez «pensó que ése era un movimiento minúsculo y que él iba a dominar, que iba a erigirse como el héroe. Nunca pensó que el movimiento tuviera la capacidad de hacerlo salir corriendo de Miraflores. Yo soy de los que sostiene que ésa fue una maniobra política de Carlos Andrés Pérez».

La propia compañera de Chávez, Herma Marksman, se muestra convencida de que el curso de la rebelión se vio afectado por la desconfianza, la intriga y las ambiciones de poder. «Yo hoy pienso que el 4F estaba condenado al fracaso. Tenía que fracasar, porque nadie estaba jugando limpio. Cada quien tenía su juego. Quizás no, los románticos, idealistas como nosotros [Herma Marksman y otros] que no sabían de los juegos que estaban allí. [...] Nunca entendí cómo siendo Hugo un rehén, cuando él depone las armas, ¿cómo es que el ministro Ochoa lo invita a comer? No sólo eso, sino que le presta el teléfono para que haga dos llamadas: una a su mamá a Barinas y otra que me hizo a mí.»

Es probable que, el 4 de febrero de 1992, hubiera también otras conspiraciones. Pendientes, agazapadas, atentas. Cada una tendría sus propios intereses y su propio programa. Es probable que también hubiera muchos otros «oficiales modelo» intentando derrocar al gobierno y apoderarse del poder. El fenómeno no sólo responde a una larga tradición de la historia venezolana, donde generalmente el orden militar ha gobernado sobre el orden civil; también forma parte de la misma sensación que ya envolvía a la sociedad: la profunda crisis de la democracia, el rechazo a la dirigencia política del país. Si hubiera triunfado el golpe, ese punto también era esencial: «Hugo manejaba eso con anterioridad. Pensaba que los partidos políticos le habían hecho mucho daño a este país, que había que suspender momentáneamente los partidos políticos», afirma Marksman.

Lo cierto es que, más allá incluso de los variados proyectos que supuestamente existían para asaltar el poder, sólo uno salió a flote, se hizo visible para la mayoría de la población. Sólo el nombre de Hugo Chávez comenzó a sonar. Y a mostrarle otra vía hacia el poder. El 4F, sin embargo, permanecerá en su mente como su proyecto más caro. ¿Su mayor desdicha?, le preguntaron en 1998 cuando estaba a las puertas de Miraflores. «No haber logrado el 4 de febrero lo que nos planteamos»,[18] respondió.

7. Bolívar y yo

El primer destino de los golpistas, después de salir de la sede del órgano de inteligencia militar, fue la prisión Cuartel San Carlos, una vieja edificación en Caracas, ubicada casi en frente del Panteón Nacional, donde reposan los restos de Simón Bolívar. Todo parecía estar dispuesto para que Hugo Chávez comenzara a convertirse en un símbolo. De manera natural, la gente empezó a hacer largas filas delante de la cárcel para ir a conocerlo. Repentinamente, fue tocado por el ángel de la popularidad. Un ángel feroz que, según afirma alguna gente cercana al teniente coronel, lo transformó en otra persona. Al comienzo, todo parecía ser parte de una rara curiosidad. Los periodistas recorrieron algunos pueblos del llano, conocieron a la familia Chávez, indagaron, dejaron colar teléfonos celulares en la prisión para lograr las primeras entrevistas de radio… hicieron su trabajo, los reportajes y las crónicas de rigor. Pero, poco a poco, las colas de gente en la cárcel se hicieron mayores. Personas de todo tipo querían ver a los golpistas. Muchos espontáneos de los sectores populares querían conocer a Chávez. También iban a visitarlo líderes sociales, dirigentes políticos, algunos intelectuales de izquierda. Tal vez más de alguno presintió que, detrás de las rejas, se estaba comenzando a fraguar un fenómeno de popularidad.

Herma Marksman, compañera sentimental de Chávez en ese tiempo, recuerda el inicio de este proceso en la cárcel del Cuartel San Carlos: «Yo estaba hablando con los capitanes e iba a pasar a donde él estaba. Cuando veo a Hugo, estaba recostado cerca de una ventanilla. Tenía unas cuarenta personas en fila, esperando, para que él les firmara un papelito. Mi hija andaba conmigo. Y yo le pregunté a Francisco [Arias Cárdenas]: "Y bueno, ¿qué es esto? ¿Tú sabes en el lío tan grande en que nosotros estamos metidos? ¿O es que crees que es una gracia sacar unas tanquetas, tumbar el portón del Palacio de Miraflores y luego pensar que aquí no ha pasado nada? En vez de estar en serio, buscándole salida a toda esta problemática… ¡Hugo se cree Rock Hudson, firmando autógrafos!"». Arias la tranquilizó: «esa gente lo único que quiere es que él le ponga su firma, le escriba dos o tres cosas y se van». Marksman, sin embargo, deja el testimonio de que no le gustaba nada el ambiente que se iba formando alrededor de Chávez. Desconfiaba de alguna gente de izquierda que se acercaba de manera oportunista, queriendo aprovechar la situación.

Aunque nunca imaginó que el fenómeno tendría tales dimensiones, Chávez sí sabía que algo pasaba. El destello inicial lo tuvo en su primera celda, en los sótanos de la sede de la Dirección de Inteligencia Militar (DIM), según su propia versión. «El primer ser humano que entró a mi celda fue un sacerdote, capellán de la cárcel militar. Ese cura me dio una biblia chiquitica a escondidas, me abrazó y me susurró en el oído una palabra. Yo pensé que me estaba diciendo algo como para elevarme la moral. Pero me dijo: "levántate, que en la calle eres un héroe".»[1] La simpatía que despertaba Chávez no sólo provenía de su carisma personal. También ahí estaba hablando el hartazgo del país ante sus élites, la necesidad de una reacción frente a la escandalosa corrupción reinante. Además se expresaba la tradición venezolana que tiende a ver en los militares un orden y una eficacia que la vida civil no ejerce. Las condiciones son propicias para que los golpistas se presenten como víctimas de su propio delito, víctimas de la historia. Desde sus primeras declaraciones, Chávez invocó con furor al Padre de la Patria como justificador y legitimador de todas sus acciones. En una entrevista aparecida en el periódico *El Nacional*, el 2 de marzo de 1992, cuando se cumplía un mes del intento de golpe, Chávez, desde la cárcel, le dice a la periodista Laura Sánchez: «El verdadero autor de esta liberación, líder auténtico de esta rebelión es el general Simón Bolívar. Él con su verbo incendiario nos ha alumbrado la ruta […]».[2] Luego la reportera, como quien teje un enlace simbólico, relata cómo Chávez se acerca a una pequeña ventana y desde ahí observa hacia el Panteón Nacional, donde descansan los restos del libertador. Desde el principio, Chávez logra crear una relación simbólica muy eficaz. En el fondo, lo que dice es: «Bolívar y yo dimos un golpe de Estado. Bolívar y yo queremos que el país cambie».

Con el traslado de Chávez y otro grupo a la cárcel de Yare, situada a dos horas de distancia de Caracas, la situación no cambió. Sin moverse de la prisión, Chávez tenía un trabajo político importante. Cada vez ganaba más simpatías, más adeptos. Las circunstancias lo ayudaban mucho. Todo el país quería arrasar con la dirigencia política tradicional. Los partidos tenían la peor fama posible. Paradójicamente, aislado en una cárcel, Chávez se iba convirtiendo, cada vez más, en un personaje público. En medio del creciente éxito de popularidad; su pareja le plantea el punto en una visita: «Le dije: esto, Hugo, es transitorio, efímero. Y es terrible que vayas a creértelo todo, porque fíjate cómo terminan los artistas famosos cuando pierden la popularidad. Y él me dijo: "yo estoy claro, a mí eso no me va a pasar"». Pero pasó. Al menos, eso piensa Marksman. Siente que todo este proceso lo transformó. Que un fulgor mesiánico se apoderó de él.

La relación de Chávez con la figura del libertador comienza, según expresa él mismo, desde la infancia. «En vez de Superman, mi héroe era Bolívar», ha dicho. Y también rememora: «en mi pueblo, mi abuela me decía: mira, allá está el Pico Bolívar. Entonces, yo me imaginaba a Bolívar cruzando Los Andes. También me impresionó mucho desde niño la forma cómo lo traicionaron, cómo murió solitario y traicionado».[3] Es probable que tanto furor patrio tenga que ver con la manera como, desde el poder, Chávez novela constantemente su propia vida; sin embargo, también es cierto que todo esto forma parte de una cultura a través de la cual el país ha interactuado con su prócer fundacional. Bolívar es el glorioso Padre de la Patria, pero también es el glorioso hijo que los venezolanos abandonaron, al que dejaron morir solo en tierra extranjera, en Colombia. Bolívar siempre es un exceso, es todo: militar, pensador, estratega, escritor, caudillo, genio, amante, modelo, guía, Dios… La relación con él forma parte de una cultura absolutamente religiosa. Es lo que el historiador Luis Castro Leiva llamó la «teología bolivariana».[4] Ya en 1970, Germán Carrera Damas publica *El culto a Bolívar,* un libro primordial sobre la mitificación del héroe nacional, destacando cómo ha ido variando: «su inicial condición de *culto de un pueblo,* como forma directa de admiración y de amor, se ha trocado en la organización de un *culto para el pueblo,* dotado de una liturgia que tiene por finalidad cuidar del objeto de culto y promover su desarrollo».[5]

Chávez, desde sus primeros días en la cárcel, se propuso como el sumo sacerdote de este culto. Activó todo el sentido de rescate del héroe a quien los venezolanos, con estos gobiernos corruptos, supuestamente habían traicionado. Chávez repotencia el mito, revitaliza la función de juez y de censor que tiene el símbolo y se apropia de su función esperanzadora, de gesta emancipadora. Puso de nuevo un paraíso en el futuro. De hecho, el historiador Elías Pino Iturrieta, otro importante estudioso del tema, sostiene que, con la nueva Constitución «basada en la doctrina de Bolívar» y al agregar la palabra «bolivariana» al nuevo nombre del país, se ha producido un bautizo que cierra un ciclo simbólico que empezó hace dos siglos: «A través de un nuevo sacramento cívico se ha encontrado en un único actor de la historia el destino de Venezuela, en términos legales que nadie puede eludir. El manual de la nacionalidad ha concedido al pensamiento del gran hombre la calidad de palabra sagrada. El Libertador llega pues a la cima de la liturgia secular. Pero como acceden al altar los bienaventurados que pasan el filtro del Vaticano y reciben la bendición de los papas: sin duda y para siempre».[6]

De esta fe, de este culto, nace la idea de que el pensamiento de Bolívar siempre tiene vigencia, es eterno. Bolívar es una luz que ilumina y un camino hacia la salvación. Pero se trata, también, de un ejercicio de fidelidad, de creer que Bolívar es el origen, la fuente verdadera de la venezolanidad. «Lo que nosotros planteamos —le dice Chávez al periódico *La Nación,* de Argentina— es retomar la idea originaria, bajo cuya égida naciera nuestra República. La idea de Simón Bolívar. No necesitamos estar copiando modelos de otras latitudes [...] Bolívar tenía una visión pluripolar del mundo.» En la cárcel, en esos años, los sublevados producen un primer documento llamado «Cómo salir del laberinto». El título está inspirado en *El General en su laberinto,* obra de García Márquez basada en Simón Bolívar y, según se sabe, el libro favorito de Chávez. Ya para ese momento queda claro que los golpistas han logrado una primera victoria, al menos en el terreno de los símbolos: se han apropiado de la figura del Libertador, la han monopolizado a favor de su proyecto. «Hay una continuidad que arrancó en la guerra del movimiento independentista bolivariano, siguió con Zamora y llega hasta hoy [afirma Vladimir Ruiz]. Aquí estamos recogiendo el viejo pensamiento de Neruda: Bolívar despierta cada cierto tiempo. Y la resurrección es una resurrección popular encarnada por el liderazgo de Chávez, que es el gran aglutinador de este proceso.» También el historiador chavista Daniel

Hernández sostiene lo mismo: «se impone una verdadera resurrección, que no es otra cosa que llevar adelante una revolución social bajo el faro luminoso del pensamiento de Bolívar».[7]

Sin embargo, desde la cárcel, la ilusión de una sublevación popular no luce cercana. El 27 de noviembre de ese mismo año, se produce un nuevo intento de golpe de Estado. Obviamente había relación entre los nuevos militares golpistas que se alzaron y los que ya estaban detenidos. El grupo de oficiales de afuera se encontraba en constante comunicación con los que estaban en prisión. Seguían teniendo la misma idea de tomar el poder por la fuerza, incluso incorporando un plan de magnicidio. La obsesión por sacar a Carlos Andrés Pérez de la historia, al precio que fuera, continuaba en pie. Chávez cuenta: «cuando vamos a Yare y pasa mayo, junio, julio, porque hasta el 5 de julio había un plan de matar a Pérez [...]. Hasta esa fecha de julio existió contacto entre los dos grupos, los de afuera y nosotros, pero después soltamos las riendas».[8] Todo indica, sin embargo, que se mantiene al tanto hasta el final. E incluso, según reportes de inteligencia, utiliza a su hermano Argenis Chávez, para enviar mensajes a los conspiradores desde la cárcel,[9] como lo comprobaría una llamada interceptada una semana antes del 27 de noviembre.

Ese día, mientras en Caracas todos duermen, el grupo de insurrectos inicia operaciones para ocupar Miraflores, la residencia presidencial La Casona, la base aérea La Carlota, y otros puntos clave a las 4:30 de la madrugada. Esta vez participa un grupo mucho más heterogéneo —oficiales de la Aviación, la Armada y el Ejército, además de civiles de los grupos de izquierda Bandera Roja y Tercer Camino, del ex guerrillero Douglas Bravo— dirigidos por dos almirantes y un general de la Fuerza Aérea.[10] Los golpistas han sacado una lección del 4F: controlan la antena que da señal a tres televisoras comerciales al tiempo que toman el canal estatal de manera violenta, asesinando a quienes oponen resistencia. Logran así transmitir un video en el que Hugo Chávez apoya la insurrección y llama a la población a unirse. Pero no transmiten, por razones que se desconocen, la proclama del grupo de cinco oficiales que planificaron el golpe. Al amanecer hay enfrentamientos en las puertas de Yare cuando unos 30 militares y algunos civiles pretenden ingresar a bordo de un tractor al departamento de procesados militares para rescatar a Chávez. En un par de horas, las cosas ya pintan mal.

Los golpistas no controlan la televisora comercial Televén, canal 10.

Y en un libreto que es casi una repetición de los entuertos del 4F, el presidente Carlos Andrés Pérez aparece anunciando que está a salvo y que este nuevo intento es también un fracaso. Por varias horas logran generar, sin embargo, una situación que atemoriza profundamente a la población. Por el canal estatal desfilan civiles y militares armados que lanzan arengas en un lenguaje bastante primitivo y violento. Llaman a los venezolanos a empuñar palos, botellas y armas caseras para derrocar al gobierno. En algunos vecindarios del oeste de la capital hay focos de disturbios y la ciudad queda paralizada por el estruendo de cuatro aviones que intentan bombardear La Carlota y Miraflores. El grueso de las Fuerzas Armadas respalda la institucionalidad y repele a los sublevados. A mediodía, los cabecillas expresan su intención de rendirse. Alrededor de las cuatro de la tarde lo hacen, cuando es obvio que no habrá una insurrección popular que ponga en jaque al gobierno. A diferencia del intento de golpe del 4F, pocos venezolanos respaldan a los golpistas, que son vistos con temor por lo violento de sus mensajes y lo cruento de la sublevación. El gobierno también ha aprendido y no presenta a ningún jefe de los insurrectos en el trance de rendirse. Diecisiete aviones resultan averiados, cuatro son derribados. Un grupo de 93 golpistas huye del país en una aeronave y pide asilo en Perú. Los reportes oficiales hablan de 171 muertos (142 civiles y 29 militares), 95 heridos y 1 340 detenidos (500 entre oficiales y suboficiales, 800 soldados rasos y 40 civiles).

Por más que los jefes del 4F trataron de desligarse de esa nueva insurrección, era imposible no establecer una vinculación entre ambos movimientos. La nueva frustración desmoraliza a Chávez. Él mismo reconoce que, a pesar de su popularidad, la situación en prisión con algunos de sus compañeros era muy distinta: «En esos meses de diciembre de 1992, a enero de 1993, yo era un gran solitario, en la misma cárcel, y ahí, por primera vez en mi vida, sentí la hiel de la amargura por ser señalado por mis amigos como el culpable del fracaso».[11]

No obstante, nada de esto lo amilanó. Si alguna vez tuvo la idea de que su destino personal estaba irremediablemente unido al destino del país, la experiencia de la cárcel funcionó como parte de ese relato romántico, y necesario, que suelen padecer los héroes antes de alcanzar la victoria. Era una prueba para purificar su vocación de poder. William Izarra dice que Chávez «estaba convencido de tener que cumplir una misión terrenal guiada por una fuerza superior al ser humano».[12] Esto coincide con el sentido heroico que propone el bolivarianismo, con esa saga simbólica de la que se siente ya protagonista. No sólo está en ella el gran Padre Simón Bolívar. También otros dos íconos guerreros cabalgan en ese nuevo altar: Ezequiel Zamora y Pedro Pérez Delgado, mejor conocido como Maisanta.

★★★

Ezequiel Zamora (1817-1860) era un pequeño comerciante de provincia que se inició en la política bajo la bandera del Partido Liberal. En medio de la creciente pugnacidad entre conservadores y liberales, Zamora lideriza en 1846 una insurrección campesina que se enfrenta sin éxito al poder central. Su lema era «Tierra y hombres libres». Cierto romanticismo de izquierda ha preferido priorizar este pedazo de la historia, minimizando que, durante los gobiernos de José Tadeo Monagas (1847-1851 y 1855-1858), Ezequiel Zamora ocupó cargos públicos y se casó con una viuda rica, lo que lo convirtió en próspero hacendado. En 1858, cuando Monagas es derrocado, Zamora entonces se marcha al exilio para volver después como líder militar de la guerra federal. Funda el Estado Federal de Barinas, la tierra donde un siglo después nacerá Chávez, y conduce un ejército popular que lo lleva a conquistar fama de estratega. Ezequiel Zamora muere el 10 de enero de 1860. En las acciones militares para la toma de la ciudad de San Carlos recibe un disparo en la cabeza. Una leyenda afirma que la bala no provino del enemigo sino de sus propios compañeros de armas.

Nedo Paniz, en cuya casa vivió Chávez después de salir de la prisión, relata: «Una vez en la Gran Sabana fui testigo de una frase suya. Íbamos caminando y me dijo:"¿sabes algo? A muy poca gente le he dicho esto. Yo sí creo que soy la reencarnación de Ezequiel Zamora". Después supe que era muy propenso a eso». Al menos hay otro testimonio que puede respaldar también esa versión. Jesús Urdaneta, compañero de Chávez desde la Academia, también escuchó esa confesión: «Una vez me dijo:"te voy a decir una cosa que no se la he dicho a nadie, pero sé que es así. Yo soy la reencarnación de Ezequiel Zamora"». Urdaneta va más allá y cuenta una anécdota de los años en que estaban en prisión: «Ahora escucho a la gente decir que Chávez se cree la reencarnación de Bolívar. No, a mí me consta que él se cree Zamora. Estando presos, él en Yare y yo en San Carlos, teníamos los celulares escondidos para llamarnos. Un día me llamó y me dijo que lo querían matar. Entonces me comentó: "recuérdate de Zamora, a quien mataron por la espalda". Le dije: "deja de pensar esa estupidez. A mí no me cuentes eso. ¿Quién te va a querer matar?" Él siempre tiene eso en la cabeza, más cuando viene el aniversario de la muerte de Zamora. Eso lo aterra. Siempre piensa que lo van a matar como a él».

Pero en el plano teórico, Chávez también ha rescatado a Ezequiel Zamora, lo ha convertido en fundamento de su proyecto político. Junto a Simón Bolívar y a Simón Rodríguez, maestro y mentor de Bolívar, el héroe federalista completa la trilogía que ha dado en llamar el «árbol de las tres raíces», el sustento ideológico de la revolución tomado de las ideas del ex guerrillero Douglas Bravo y su Partido de la Revolución Venezolana. Al decir de Chávez, con esta propuesta, «audazmente hemos tratado de buscar un punto de referencia original y autóctono, de un modelo ideológico que pudiese cohesionarse en torno al planteamiento bolivariano, zamorano y de Rodríguez [...]. Somos un movimiento revolucionario, un movimiento popular a favor de la causa de los dominados de este país y de este planeta, a favor de la justicia, de la revolución».[13]

Antes del fallido golpe del 4F, Chávez escribe *El Libro Azul. El árbol de las tres raíces,* donde pretende articular un pensamiento de base a su Movimiento Bolivariano Revolucionario. Así presenta como «un modelo ideológico autóctono y enraizado en lo más profundo de nuestro origen y en el subconsciente del ser nacional» lo que denomina «sistema EBR, el árbol de las tres raíces: la E de Ezequiel Zamora, la B de Bolívar y la R de Robinson [Simón Rodríguez]». EBR son también las siglas del Ejército Bolivariano Revolucionario. De Bolívar, exalta su condición de Libertador y héroe supremo; de Rodríguez, *El Maestro,* una frase que extrae de su obra *Sociedades Americanas:* «¿dónde iremos a buscar modelos? La América Española es original. Originales han de ser sus instituciones y su gobierno. Y originales los medios de fundar una y otro. O inventamos o erramos»; y de Zamora, *El General del Pueblo Soberano,* destaca la conducción de una insurrección campesina contra la «oligarquía conservadora» con sus consignas «Tierras y hombres libres», «Elección popular», «Horror a la oligarquía».[14]

Néstor Francia, escritor e intelectual vinculado al oficialismo, define la pertinencia de cada personaje de la siguiente manera: «Bolívar es el Libertador y la principal referencia histórica del chavismo, además del gran mito fundacional de Venezuela. Rodríguez es el maestro, el innovador, una gran figura de lo universal dentro del pensamiento nacional. Zamora es el fuego de la tierra, el gran luchador social y justiciero».[15] El historiador Elías Pino Iturrieta piensa de manera diferente. Señala que «el árbol de las tres raíces» es «una composición militar», con bases profundas en cierta versión de la venezolanidad. «Chávez [afirma Pino] cree que la política es obra de los hombres de acción y confunde hombres de acción con hombres de armas, pero no es un sentir aislado de Chávez. La sociedad venezolana del siglo XIX siempre confundió al hombre de acción con el hombre de armas y siempre procuró entregarle el poder al hombre de armas. La vida ha girado muchísimo alrededor de los hombres de armas, forman una mitología necesaria en la sociedad venezolana. La última representación de ese mito es Chávez y los cascos y las botas militares que lo rodean.»

Otro libro de Hugo Chávez, *Un brazalete tricolor*,[16] recoge seis textos redactados entre 1974 y 1989, de los que dice en una dedicatoria a Herma Marksman «recopilé estos trabajos y me vi a mí mismo en el espejo de la vida». Sus páginas son una apología del Ejército y de la vida castrense. El prólogo en el que Chávez presenta el libro rebosa de *kitsch* patriotero con frases como «el brazalete tremolaba sobre El Ávila en cielo azul turquí». En su libro *El divino Bolívar*, Pino Iturrieta habla de «la pesantez de una pluma que no puede alzar el vuelo» y la «predominante referencia a titanes anónimos». Del análisis de *Un brazalete tricolor*, el historiador señala, entre otras cosas, «para Chávez, las leyes de la historia nacional han conducido a una guerra infinita que puede encontrar desenlace en la única criatura de trascendencia que trae esa historia al mundo y a la cual se puede dar absoluto crédito por su abolengo libertario: el Ejército que retorna a la acción para lavar el honor de "la humillada madre"».

★★★

Pedro Pérez Delgado es, quizás, un santo menor, sobre todo si se le compara con figuras como Simón Bolívar y Ezequiel Zamora. Pero en la devoción personal de Chávez su papel es primordial: a Maisanta lo unen, además, lazos de sangre. Chávez es su bisnieto. Uno de los recuerdos de su infancia que más rememora ya tiene presente la importancia de ese nexo: «Cuando yo era niño me dijeron que yo era descendiente de un asesino [...] De adolescente traté de estudiar un poco la situación, porque realmente estaba confundido, era algo muy difuso: ¿un bisabuelo guerrillero o asesino? No tenía certeza de nada».[17] Según se sabe, Pérez Delgado fue un guerrillero que, a principios del siglo XX, se opuso al dictador Juan Vicente Gómez. En algún momento, los historiadores se han debatido entre diferentes versiones pues algunos le otorgan un papel más cercano a la delincuencia común que a la lucha revolucionaria. En todo caso, su grito de guerra lo hizo famoso y le dio el apodo con el que se coló en la historia. Cuando iba al asalto exclamaba «¡Mai Santa!», que era su forma de gritar ¡Madre Santa! También se afirma que era una reverencia a la Virgen del Socorro de Valencia, de la cual era muy devoto.

La crónica familiar decía que, en Barinas, sin la mediación de un matrimonio, Maisanta había tenido dos hijos: Pedro y Rafael Infante, el último de los cuales habría sido el padre de la madre de Chávez. Aunque Elena Frías reconoce que no lo recuerda, que jamás lo vio. «Yo casi de él no sé hablar, porque yo me crié con mi madre, con mi abuela, y mi papá para mí no fue tan familiar [...] Cuando mi papá y mi mamá se separaron, estaba mi mamá recién embarazada de Edilia y yo tenía como 3 añitos.» En 1974, el médico y escritor venezolano José León Tapia, nacido en Barinas, publica *Maisanta, el último hombre a caballo*. El libro ensaya un rescate histórico del personaje, un relato ameno que trata de dar cuenta de la singularidad de Pérez Delgado y su tiempo. «Maisanta [escribe] fue algo así como un último caudillo popular que levantaba multitudes para una revolución, cuyo sentido él mismo no lo pudo precisar con claridad [...]. Tuvo la mala suerte de haber vivido una época en que comenzaban a desaparecer las revoluciones sin contenido alguno para dar paso a las puramente ideológicas, de las cuales sólo tenía ideas vagas, que afloraban ocasionalmente en sus actos.»[18] Quizá, de esta manera, también Tapia —quien recibió el Premio Nacional de Literatura 2004, otorgado por el gobierno, y lo rechazó, alegando que no deseaba que su obra fuera utilizada con fines políticos[19]— intenta explicar la ambigua fama de Pérez Delgado, la doble vertiente de su leyenda.

Para Chávez, sin embargo, este libro fue toda una revelación. Le aportó el lado noble de la historia. Desatanizó la imagen creada por Mamá Inés, su abuela paterna, y se sintió redescubriendo una veta heroica en sus orígenes. El mismo Chávez ha reconocido la importancia de ese libro en su vida. En una entrevista concedida en 1992 a raíz del frustrado golpe de Estado, el escritor Tapia, a quien hoy le irrita que lo vinculen con el presidente, recordaba: «Cuando este libro apareció, recibí una carta de un hombre que yo no sabía quién era y mi sorpresa fue que se trataba de un teniente del Ejército, emocionado porque su bisabuelo era un militar de esa categoría, y la visión que él tenía del personaje era que había sido un bandido, y que el libro le había abierto los ojos frente a lo que era el bisabuelo, y tengo la sensación de que eso impresionó mucho a ese joven».[20]

Tanto lo impresionó que a partir de ese momento Chávez comienza a investigar, a revisitar la vida de su bisabuelo, a rescatarla e integrarla a su propia existencia. Encuentra una relación filial que lo enaltece más: descubre que Maisanta es hijo de un coronel del Ejército de Ezequiel Zamora. Dentro de su propia visión, tal vez se refuerza el sentido de que hay una historia dentro de la historia, de que él pertenece a una saga —hasta familiar, sanguínea— ligada a contiendas revolucionarias. Y le entra cierto delirio, una pulsión de imponer su nuevo ídolo a los demás. Rafael Simón Jiménez, quien conoce a Chávez desde la adolescencia, recuerda una anécdota de mediados del año 1985, cuando el ejército manda a Chávez a la población llanera de Elorza: «En el Comando, junto al retrato de Bolívar mandó a colocar un retrato de Pedro Pérez Delgado, Maisanta. Además, mandaba a colgar, junto a la bandera venezolana, la bandera de guerra de Maisanta, que es una bandera negra con una calavera, la bandera de los piratas [...]. En la tarde mandaba a sus soldados a rendirle honores al Libertador y rendirle honores a Maisanta, a la foto».

En el año 1989, Chávez se le presenta a Ana Domínguez de Lombano, una hija de Maisanta, en la población de Villa de Cura. Entre ambos fluye una buena relación. Ella, que para ese entonces tenía 75 años, recuerda también que cuando Chávez iba a visitarla saludaba militarmente un retrato de Pedro Pérez que había en la casa. «Y cuando traía soldados los paraba aquí, frente a la foto, para que le rindieran honores. Una vez se llevó la foto para sacarle una copia y la tiene en su casa. Hugo para todas sus acciones invocaba a Maisanta.»[21] Fue esta mujer quien, en los primeros momentos de la prisión de Chávez en el cuartel San Carlos, le mandó de regalo el escapulario de Maisanta, un amuleto que éste siempre llevaba consigo, al que le otorga el mismo valor y el mismo poder que los católicos le conceden a un crucifijo. De alguna manera, el acto tenía algo sacramental. Este suceso, además, quedó registrado en la prensa. El relato da cuenta de cómo Gilberto Lombano, hijo de Ana, ha ido a llevarle el escapulario a Chávez y cómo se produce «una especie de ceremonia que reúne a todos los asistentes. Primo [dice el hombre emocionado] le impongo este escapulario para que también usted pegue el grito de guerra como Maisanta. Él acaba de reencarnar en usted».[22] A veces sucede así. La historia transcurre como si alguien hubiera escrito un guión. Finalmente, ese objeto religioso y esa prisión lo ungían simbólicamente en la tradición de los próceres, reforzaban su obsesión.

Estando en la cárcel de Yare, Francisco Arias cuenta que se encontraban en días de discusión profunda, que Chávez y él tenían posiciones enfrentadas en cuanto a un posible apoyo de todos a un candidato que enfrentara a los dos partidos tradicionales. Eran los dos líderes principales del golpe y el grupo parecía indeciso, aunque Arias asegura que contaba con una mayoría de seis de un total de nueve. «La noche antes de tomar la decisión me llama el gordo Freites y me dice: "nos vamos a reunir con el comandante Chávez a las diez de la noche. Él lo que quiere es que nos tomemos unos traguitos y que cantemos suavecito unas canciones". Entonces me voy a la habitación de Hugo y cuando entro, están todos sentados. Hugo está en pantalones cortos, con el escapulario de Maisanta y un tabacote. También nos habían metido en la cárcel unas botellas que eran como de refresco con ron, kalúa, whisky… Él está con una botellita de ron y con el tabaco, echando humo. "Estamos convocando a los espíritus", me dice. Yo paso, me muerdo la boca y me acuesto en la cama de él. De repente él se transforma y comienza a temblar y a hablar como un viejecito: "¿Cómo están muchachos?", saluda. Y entonces salta de inmediato Torres Numberg, uno de los que estaba cuadrado conmigo y le dice: "¡Mi general Bolívar!". Y Chávez contesta: "Yo no soy el general Bolívar. No me ponga tan arriba". Salta entonces Ronald Blanco: "¡Mi general Maisanta!". "Claro, mijo, aquí estoy", dice Chávez.»

Aun cuando Arias intentó bromear y develar que todo era un espectáculo, el resto de los compañeros entraron en el juego. Chávez se manejó con habilidad, contestando diversas preguntas, siempre haciéndose pasar por el espíritu de Maisanta y tranquilizándolos, diciéndoles que su nieto Hugo Chávez se haría responsable de todo. «Al otro día en la reunión, a las ocho de la mañana [sigue Arias su relato] yo dije: "quiero aclarar una cosa, lo de anoche fue bien divertido… Creo que es eso, una manera jocosa de pasar el tiempo, y yo quiero Hugo que les digas que no había ningún espíritu, ningún Maisanta, que eras tú".» Según Arias, Chávez trató de escurrir el bulto, hasta que finalmente contestó: «Bueno, realmente Pancho tiene razón. Todo comenzó como un juego y yo estaba disfrutando, pero de repente yo les voy a confesar: se me metió una fuerza extraña y no sé lo que dije». Ese teatro de posesión espiritual le salió caro a Francisco Arias. «La votación la perdí yo seis a tres.»

Si Chávez no lo hubiera rescatado, probablemente ahora Pedro Pérez Delgado sólo sería una leyenda más de Los Llanos venezolanos, el personaje de un libro, una ambigüedad sobre la que los historiadores nunca terminaron por decidir si finalmente fue un luchador político o un bandido. Ahora es un héroe. El nombre del equipo electoral encargado de llevar adelante la campaña que evitó que Chávez fuera revocado en agosto de 2004 era, justamente, «Comando Maisanta». Aun así, el historiador José Esteban Ruiz Guevara, mentor del Chávez adolescente, tiene una versión particular sobre el personaje: «De Maisanta es muy difícil escribir Historia porque no hay fuentes, más que todo son fuentes orales y hay algunas poco confiables. Por ejemplo, las que utiliza José León Tapia, una de las dos personas más embusteras que se conocían en Barinas en ese momento, que era don Hilarión Sarralde… José León no es historiador, simplemente es una especie de Francisco Herrera Luque [escritor], son fabuladores, pueden decir lo que les dé la gana […]».

Ruiz Guevara escribió un libro sobre *Maisanta,* pero siempre se ha negado a publicarlo. Lo mantiene inédito. Arguye que se mete con mucha gente. Dice que le ha pedido a sus hijos que lo publiquen una vez que él ya haya muerto. Quizás, en esas páginas, ahonda un poco en lo que apenas adelanta ahora: «Maisanta era un oficial del Ejército regular, vamos a llamarlo, del Ejército de Gómez. Era coronel cuando resuelve meterse a revolucionario, pero resulta que algunas veces, después de que se va para la revolución, se pasa otra vez para el gobierno y persigue a los revolucionarios. De eso sí tengo yo una carta que le hace al doctor Carmelo París, que era su antiguo jefe, diciéndole que por circunstancias ajenas a su voluntad tiene que perseguirlo, porque en ese momento está ejerciendo de nuevo sus funciones de coronel del Ejército. Eso fue». También acota que la relación filial entre Hugo Chávez y Pedro Pérez Delgado podría ser «dudosa». En todo caso, es algo que no hay manera de probar. No hay actas, no hay papeles. Es parte ya de otra leyenda. No la de Maisanta sino la del propio Hugo Chávez.

***

Como lo ha destacado el historiador Manuel Caballero,[23] en el alzamiento militar de 1992, Chávez y los golpistas no justificaron su acción sobre la base de un plan de gobierno, de un proyecto concreto. Supuestamente, reaccionaban indignados frente a la realidad que veían. Eso dijeron. Obviamente, no hablaban de un viejo apetito por el poder. El intento de golpe de Estado estaba, para ellos, más cerca de una épica religiosa que de la violación de un marco legal. Dentro del culto al Padre de la Patria el mensaje era también claro: se rebelaron para hacer cumplir la voluntad de Bolívar. Es de suponerse que las cosas fueron pasando juntas, que de manera natural Chávez descubrió que el discurso bolivariano tenía una eficiencia importante. Que, entre su creciente popularidad y la popularidad del libertador había una química, una línea de mutuo apoyo, un futuro.

En algún momento se corrió insistentemente el rumor de que la devoción de Hugo Chávez por Simón Bolívar era poco saludable, que podía rayar en el delirio. Se comentaba con frecuencia que Chávez, en algunas reuniones, pedía dejar una silla vacía, asegurando que el espíritu del Libertador descendía y se sentaba en ella, para acompañarlos e iluminarlos en la discusión. Algunos liderazgos parecen propiciar el clima adecuado para que este tipo de cuentos se multipliquen. Sin embargo, Nedo Paniz, quien fue colaborador cercano y en cuya casa Chávez vivió después de salir de la cárcel, afirma que la anécdota de la silla es totalmente cierta. Incluso, en su oficina, que usó Chávez durante un tiempo, señala la silla en cuestión: «¡ésa era la silla del Libertador!». El historiador Elías Pino Iturrieta también se refiere a esta anécdota. Asegura haberla consultado con, por lo menos, media docena de personas que asistían a esas sesiones de debate. «Mientras transcurren las discusiones, redactan programas de trabajo y se hacen proyectos sobre las actividades inmediatas, la soledad de la silla testimonia la asistencia del héroe. En ocasiones el comandante fija sus ojos en ese espacio que nadie ocupa pues en realidad sólo está allí un asiento solitario, un hueco vacante.»[24]

Este tipo de leyendas refuerzan la perspectiva de quienes ven a Chávez como un ser imbuido de una misión histórica especial. Que aventuran que, aun antes de su paso por la cárcel, ya Chávez se sentía —quizá no de una manera tan nítida— tocado por el destino. Paniz se encuentra ahora en ese bando: «creo que alguien lo insufló o él mismo se autoinsufló con la creencia de ser un predestinado para Venezuela». Sin embargo, otros testimonios también cercanos relatan otra cosa. Yoel Acosta, otro de los dirigentes de la insurrección militar de 1992, afirma que el proceso empezó a partir de la popularidad del intento de golpe de Estado. Después del 4 de febrero, los cabecillas del alzamiento son encerrados en los sótanos de la Dirección de Inteligencia Militar. Ahí pasan unos días incomunicados, filmados por cámaras de video y con la luz encendida durantes las 24 horas de cada día. No tuvieron ningún contacto con el mundo exterior. «Cuando salimos de la Dirección de Inteligencia a la cárcel del cuartel San Carlos fue cuando nos dimos cuenta de que nosotros habíamos producido un impacto de verdad, que habíamos conmovido las bases mismas del sistema, y que había un pueblo en la calle que veía con mucha curiosidad a Chávez […] Exactamente dos semanas después de haber dado el golpe, cuando íbamos trasladándonos en caravana y vimos un gentío en la calle… Bueno, nos dijimos: nosotros somos como unos artistas, la cosa no fracasó como creíamos que había ocurrido.»

La cárcel es, pues, la etapa de consolidación del movimiento y el lanzamiento público de su estrella: Hugo Chávez, quien, sin duda, también comienza a disfrutar de este alto éxito de audiencia. En una entrevista, en el año 2002, se muestra incluso como una víctima natural de la historia: «A mí me ponían velas al lado de Bolívar. El pueblo hasta inventó una oración: Chávez nuestro que estás en la cárcel, santificado sea tu nombre. ¿Cómo luchar contra aquello?».[25]

En ese tránsito, en el ámbito personal, se acaba su matrimonio y también la relación amorosa con su amante durante nueve años, Herma Marksman. Algunas circunstancias no ayudaban: Chávez también pasa a ser una suerte de *sex symbol*. Los rumores sobre sus probables aventuras, aun estando preso, se divulgan con facilidad. Pronto la relación entre ambos va a verse dinamitada por esta dinámica. «Le llegaban cartas [dice

Herma] de cualquier parte de Venezuela: de niños, de familias enteras y de mujeres diciendo lo que menos te puedes imaginar... Él le dijo a mi hija que posiblemente el amor mío no estaba lo suficientemente consolidado para que yo pudiera superar esas cosas y salir ilesa.» Lo cierto es que, de un día para otro, Chávez también pasa a ser un galán. Aunque Marksman no niega que este cotilleo afectó la relación, también insiste en que toda esa dinámica de popularidad afectó a Hugo Chávez, lo convirtió en otra persona.

«Yo seguí viendo cosas [cuenta] como que Radamés Larrazábal le alzara la mano y dijera que Hugo era un hombre predestinado para revolucionar América Latina. Y a Francisco Arias se lo dije: "mira Francisco, yo creo que a esto hay que ponerle un freno porque Hugo se está convirtiendo en una figura mesiánica". Y me dijo: "no importa, ahora necesitamos que sea así. Porque aparte de que mantenemos la atención centrada en la cárcel quizá sea una posibilidad de que salgamos antes de aquí".» Así sería. Saldrían mucho antes de lo que esperaban. Pero para Marksman su pareja había muerto. «Sí, yo me siento más bien como una viuda.» La metamorfosis que se operó con la popularidad, según ella, fue tal que hoy no ve la más mínima traza del hombre al que amó y con quien conspiró tantos años. El Hugo Chávez que salió de la cárcel era otro, un desconocido. «A mí que me lo presenten», dice.

8. El flaco del liqui-liqui

«Antes de que termine este siglo, sin duda, vamos a ser gobierno.» Hugo Chávez machaca sus deseos en tono de premonición. Y algunos periodistas incrédulos —la mayoría— lo escriben entre el aburrimiento y la sorna. A finales de 1996, el ex golpista difícilmente roza 7 % en las encuestas.[1] La reina en la intención de voto es justamente una ex reina de belleza, la platinada y serena Irene Sáez; también *outsider* —aunque viene de una gestión exitosa al frente de una alcaldía caraqueña— y su antítesis. Faltan dos años para las elecciones presidenciales y el único que apostaría todo a la candidatura de Chávez es él mismo.

Para entonces, el comandante es desacertadamente considerado un «galápago», según el cinismo de la jerga periodística venezolana. El propio *caliche:* el tipo que no es noticia y se empeña en ser noticia. El que llega a un periódico y los redactores corren a esconderse para evitar que les toque atenderlo. Hugo Chávez visita sin mayores aspavientos, y sin corte, las redacciones de los diarios más importantes del país. Casi discreto. Afable. Sin prepotencia, aunque seguro de sí mismo. Y siempre trajeado con la prenda favorita de los llaneros,[2] un liqui-liqui, preferiblemente verde olivo. Un traje similar al que usó García Márquez para recibir el Nobel de Literatura en 1982. Con este atuendo, que le sirve para acentuar su nacionalismo, se siente elegante y a gusto. Él niega que lo use, como se comenta en Caracas, por recomendación del comediante Julián Pacheco. «Después de que salí de la cárcel, decidí usarlo.»[3] Después de que llega a la presidencia, jamás volverá a usarlo. El pantalón recto y la chaqueta de cuello Mao le hacen lucir más delgado. En esa época, Chávez es, para muchos, simplemente el pasado: un ex golpista flaco dentro de un liqui-liqui.

Aunque con el entrenamiento del ejército logró sacar algo de pecho y espalda, Chávez es delgado por naturaleza. Y también porque poco le importa la comida. Se alimenta mal y a deshoras. Lleva meses viviendo prácticamente como un gitano dentro de una camioneta, en la que viaja a los rincones más apartados del país, en su afán por promocionarse cara a cara. Sin trabajo, sin partido, y en las horas bajas de su popularidad, tampoco tiene otra posibilidad. Come lo que sea cuando le entra el hambre. En cualquier cafetería de carretera. Un pan dulce, una frescolita, mucho café y cigarrillos Belmont. Con uno que otro paréntesis, así ha vivido durante más de dos años, desde que se le abrieron las puertas de la prisión el 26 de marzo de 1994.

«Nadie pensaba que el señor Chávez tenía posibilidades remotas de ser presidente de la República», asegura —con el pesar de quien habla de lo inexorable— el ex presidente Rafael Caldera, a quien los antichavistas de corta memoria no le perdonan haberlo liberado. Olvidan tal vez que ése era su destino: en la campaña presidencial de 1993, todos los candidatos habían ofrecido lo mismo. El clima político del país era entonces inestable y la institucionalidad, frágil. El 4F había cimbrado las Fuerzas Armadas y la posterior destitución del presidente Pérez,[4] tras ser hallado culpable en un juicio de malversación de fondos públicos, había generado gran incertidumbre. Se creía que el cabecilla del 4F era más peligroso dentro de la cárcel, donde se había convertido en un factor de perturbación, que afuera. En la calle —era el pronóstico generalizado— el mito Chávez se desinflaría.

«Tenía que ser condenado y, después de ser condenado, podía ser indultado, pero quedaba inhabilitado políticamente. Caldera lo sobreseyó, lo sacó, y le dio la oportunidad de ser presidente.» En su apartamento de Miami, donde se repone de un accidente cerebrovascular —«un *stroke*», dice— el ex presidente Carlos Andrés Pérez recupera su vehemencia de siempre cuando recuerda el episodio. «Él lo sobreseyó, le dijo:"usted no ha cometido ningún delito".» Efectivamente, había dos rutas para liberar a Chávez. La primera, llevar a término el juicio y luego indultarlo. Hoy muchos le reprochan a Caldera, un reconocido abogado constitucionalista, haber tomado el atajo de la segunda. Y hay quienes sostienen incluso que lo habría hecho de alguna manera como gesto de agradecimiento porque la asonada del 4F le permitió a Caldera dar un célebre discurso, televisado en vivo desde el Congreso, que le valió su resurrección política,[5] cuando ya se le había reactivado el apetito por la presidencia. Exactamente un mes antes, el 4 de enero, el veterano político había manifestado su intención de «echarle pichón» a la candidatura presidencial, animado por las encuestas que lo ubicaban como el político de mayor credibilidad.

«Debo confesar que el 4 de febrero, Chávez me causó una excelente impresión, como se la causó a todo el mundo. Aquellos segundos que usó Chávez en la televisión presentaron a un hombre equilibrado, sensato. Dijo sus palabras bastante bien dichas, de manera que se graduó como un artista de televisión, indudablemente», señala Caldera, quien niega que hubiera sostenido algún contacto previo con el ex golpista, aunque éste lo procuró. Mientras estaba en Yare, «llamó a mi casa y atendió María, la muchacha que trabaja en la casa y por eso le hacíamos chistes, le decíamos: "ajah, tú eres amiga de Chávez", porque ella tuvo la oportunidad de atenderle. Pero después no me recuerdo ni siquiera si llegamos a cruzar palabra. Y si las cruzamos fueron muy pocas, porque yo me cuidé mucho [...] no hubo conversaciones, ni negociaciones de ninguna especie».

Caldera defiende su decisión de liberarlo, con su voz de 88 años que es apenas un hilo. «El sobreseimiento excluye un juicio de valor. Cuando se sobresee un juicio no se está diciendo que el juicio es pertinente o impertinente, y no se está indultando. Simplemente se termina el juicio por razones de alto interés nacional. De manera que resultaba mucho más fácil tomar la decisión de sobreseer la causa.» El anciano líder demócrata cristiano, retirado de la vida política desde que en 1999 le entregó el gobierno a su sobreseído, aplica la lógica para rechazar las pretensiones de culpabilizarlo del triunfo del ex golpista y del destino del país. Quienes lo llevaron a la presidencia, sentencia, «fueron quienes votaron por él».

Pese a que ante la prensa los oficiales golpistas se presentaban como una fraternidad, los roces entre ellos eran moneda corriente. Los 60 sublevados que no pudieron ser reinsertados al Ejército habían sido recluidos en cuatro prisiones: San Carlos, Yare, Lino de Clemente (dentro de Fuerte Tiuna), y el piso 8 del Hospital Militar. Los de Yare eran considerados los más revoltosos, recuerda Raúl Salazar a quien le tocó tratar de cerca —como comandante de la Tercera División del Ejército— a los detenidos. Los llamaban «los trece del patíbulo». «Había una indisciplina muy grande allí. Estaban alzados, no atendían a nadie. Allí había problemas entre ellos mismos. Después, se calmó.» Según la percepción de Salazar, quien luego sería ministro de Defensa de Chávez y rompería con él en 2002, la gran mayoría de los detenidos eran «muchachos soñadores que, conquistados con la teoría de la historia, creyeron que podían cambiar el rumbo de Venezuela sin tener conocimientos políticos».

Unos días antes de abandonar la cárcel, Hugo Chávez y Jesús Urdaneta, amigos entrañables, conversan sobre su inminente liberación. Del grupo de golpistas son los únicos que quedan tras las rejas. Probablemente les cuesta creer su buena suerte. Han estado dos años presos cuando la pena por el delito de rebelión militar es de 30 años. Saldrán sin más consecuencia que colgar el uniforme. Están ansiosos. Pero Hugo no demuestra impaciencia. Le dice a su compañero: «Sal tú primero y yo salgo después». Y le comenta: «Caldera quiere hablar con nosotros: ¿tú quieres hablar con él?». Urdaneta le contesta: «Sí, porque creo que hay que agradecerle la buena disposición que ha tenido para resolver el problema de los oficiales presos. Entonces me dijo: "No, compadre. ¡Yo no hago eso! Ese viejo vagabundo, no voy a hablar con él. Él lo ha hecho sencillamente por la presión del país". Respondí: "bueno, tú tendrás tus razones y yo tengo las mías. Yo sí voy a hablar con ese señor, porque otro nos pudo haber tenido presos hasta que le diera la gana. Entonces se produjo cierta molestia entre los dos"».

Al mes, Caldera llama a Urdaneta y éste va a verlo con su familia. «Le manifesté mi agradecimiento por la disposición que había tenido para que los oficiales que habíamos insurgido pudiéramos reintegrarnos a la sociedad. [...] Mi carrera militar estaba truncada. Entonces me dijo que quería que rehiciera mi vida y me ofreció trabajo en el Servicio Exterior.» Poco después el ex comandante Jesús Urdaneta se hacía cargo del Consulado de Venezuela en la ciudad de Vigo, España, donde permanecería casi cinco años. Antes que Urdaneta, ya Arias había aceptado la mano tendida del gobierno de Caldera y accedió ponerse al frente del Programa Alimenticio Materno Infantil (Pami), que le serviría de plataforma para ganar, un año después, la gobernación del petrolero estado Zulia. A Yoel Acosta le han ofrecido empleo en el Ministerio de Comunicaciones. Hugo Chávez se mantiene en sus trece y no cede. Ni da las gracias. «La palabra agradecimiento como que no existe en el vocabulario del señor Chávez», asegura Caldera. Cercano a los 40 años, con una pensión de aproximadamente 170 dólares mensuales, Hugo Chávez empieza una nueva vida. Por primera vez en su existencia, se dedicará libre y abiertamente a la política.

★★★

Aquel sábado 26, antes de Semana Santa, en las afueras del Hospital Militar, hay ambiente de fiesta. Chávez se encuentra en el piso 8. Ha ido a parar allí, «por los problemas internos que había en Yare, estaban discutiendo demasiado, y los separamos. Chávez aprovecha para operarse un teriño, un problema en la rodilla», comenta Salazar, quien dice que tuvo «el placer de irlo a buscar para que saliera libre». Con ansiedad el comandante se despoja de su uniforme militar, que había usado durante los 26 meses que estuvo detenido, y se viste de civil. Cualquiera se hubiera precipitado a su casa. Él no. Hombre de rituales, pide que lo lleven a la Academia Militar. Allí, todo es silencio. Estudiantes y profesores han salido de vacaciones. Se detiene en el patio y se planta frente a un presunto bisnieto del mítico Samán de Güere, donde se juramentó, en 1983, la logia iniciática del Ejército Bolivariano Revolucionario. Habla solo. Dice unas palabras que Salazar no escucha y, finalmente, sale en libertad.

Entre quienes lo esperan para alzarlo en hombros se destaca el arquitecto Nedo Paniz. Un hombre muy alto y de cabello abundante, cercano al mundo militar por su afición al paracaidismo, que simpatizó con el golpe del 4F y participó, junto a otros civiles, en los preparativos de la réplica del 27 de noviembre. A finales de 1992, Paniz había conocido a Chávez en prisión, adonde se acercó desafiando una orden de captura en su contra. Se valió entonces de otro documento de identidad para entrar. Ésa fue la primera vez que lo vio. «Era realmente un encantador de serpientes: muy interesante y cautivador. Ése sería el término real: cautivador. Yo fui uno de los cautivados. Con su liberación, la relación se hace más íntima. Viajo al interior de la República con él, le presto apoyo, tanto de vivienda como de oficina y logística.»

El ex golpista, ya en libertad, no piensa volver sus pasos hacia su modesta casa de Maracay. Caracas es el centro del poder. Y Nancy no encaja en su nueva vida. En verdad, la ha dejado ya hace mucho. Herma es parte del pasado. Nuevas mujeres pueblan sus días. Una sola le mueve el piso y lo hará sufrir. Pero, en realidad, no le interesa hacer nido con ninguna. Acepta el rincón —una cabaña para huéspedes— que le ofrece el arquitecto en su propia casa. Se instala, con sus pocas cosas, en el acomodado vecindario caraqueño La Floresta. «Por aquel entonces, él era muy desprendido, muy distinto a lo que es ahora. Tenía dos pantalones, unas camisas, y tres liqui-liquis: uno verde, uno azul y otro *beige*. Era muy poco apegado a las cosas materiales. De hecho, no tenía pasaporte ni vehículo. Sólo tenía una casa en Maracay que le había dejado a la esposa. Del resto, no tenía nada. Él no tenía donde ir.»

Chávez no descansa un segundo. Después del fallido golpe, de la cárcel, su meta aparece intacta. Y lejana: Miraflores. ¡Qué palabra tan bonita! ¿Cómo llegar a Miraflores? Pasa noches, madrugadas enteras, recibiendo gente en la cabaña. La comida le importa un bledo. Pide, a menudo, pollo frito, comida rápida. En contadas ocasiones, acepta compartir la mesa con la familia Paniz. «Siempre estaba renuente y se mantenía aislado con su grupito de tenientes y subtenientes, que iban allí.» En el «grupito» hay tres incondicionales, que lo llevan y lo traen. Lo acompañan, adonde él diga. Se trata de los ex militares Juan Carlos Castillo, José Calatayud y su paisano barinés, Pedro Carreño, quien se convirtió en su discípulo desde que lo escuchó como instructor de Historia Militar en la Academia. «Era una persona extremadamente exigente, de largas arengas dirigidas a despertar conciencia», rememora Carreño, quien en 1987 había trabajado directamente con él como su asistente personal.

Efectivamente, fuera de prisión, el mito parece desinflarse. Poco después de salir en libertad, los medios de comunicación le pierden la pista —y el interés— a Chávez, cuyo nombre va evaporándose de los titulares. Pero el ex comandante no está de receso. Se desplaza por toda Venezuela en «la burra», como ha bautizado la camioneta Toyota Samurai que le compró Paniz. Viaja con sus tres inseparables. Son tiempos difíciles. Duerme, mientras sus acompañantes se turnan al volante. A veces, en la madrugada cuando está más alerta, Hugo maneja mientras sus compañeros descansan. Luego, a Luis Alfonso Dávila, otro ex militar que le ha presentado Paniz y será su primer canciller, se le ocurre acondicionar una gandola para que el ex golpista dé sus prédicas por pueblos y caseríos perdidos. «Comenzábamos nuestra agenda temprano en el día y Chávez hacía su acto así hubiera cinco o seis personas. Él se bajaba del carro y se montaba en la batea del camión, y se lanzaba un discurso como si tuviera una multitud de esas que hoy llenan la avenida Bolívar. Tenía inexperiencia política y premura», señala Carreño. Hugo se queda ronco muchas veces y acostumbra comer jengibre para recuperar la voz. Tal vez se deprime un poco, pero jamás se desanima. Lo guía una fe ciega en sí mismo.

En aquellas «horas interminables», como las llama Carreño, el líder del 4F lee y revisa documentos en silencio. A veces echa chistes y canta para entretenerlos. Escuchan música del fallecido cantautor de protesta Alí Primera. Se cuentan anécdotas de Barinas y de la vida en la Academia. Son libres y nadie se les atraviesa en el camino. «Tuvimos, en medio de lo malo, la dicha de estar divorciados. Y quien lo está, se puede entregar en cuerpo, alma y corazón a las causas, sin decir con esto que se olvida a la familia. Él estaba pendiente de sus hijos y su ex esposa. Nosotros estábamos convencidos que en esa época había que abandonar a la familia.» La relación de Hugo Chávez con sus hijos es accidentada. Primero, sujeta a los vaivenes de la vida militar y la conspiración. Luego, a los de la cárcel. Y, finalmente, a los de su peregrinación política. Le gustaría verlos más a menudo. Pero entre él y sus hijos se interpone su meta: el poder. Los extraña y, a veces, hace un tiempo para verlos. Con Nancy, de quien se divorcia en buenos términos, habla muy seguido para saber de ellos. Mientras se hospeda en La Floresta, se los lleva una temporada a la cabaña. «Era un núcleo familiar muy desarticulado, indudablemente. Había giras en las que nos llevábamos a las niñas, Rosa Virginia y María Gabriela, o a Huguito», recuerda Paniz.

Nadie —ni siquiera quienes se han vuelto con el tiempo sus más encarnizados enemigos— pone en duda el amor de Hugo Chávez por sus hijos. Es un padre expresivo y muy cariñoso. En medio de aquellos viajes interminables les telefonea y les dice: «Hola, mi amor, te quiero mucho, pero no puedo ir porque tengo que dedicarme a esto, que es importante». Del otro lado de la línea no hay reproches. Papá es así. «Sí, él los quería mucho. Pero creo que no era de fondo. Él tenía muchas cosas más importantes que hacer. No creo que los amapuches telefónicos sean lo sustantivo en la relación padre-hijo», considera Paniz. En todo caso, los hijos celebran la entonces limitada notoriedad del padre y cuando pueden, especialmente las hembras, se muestran felices a su lado en algunos actos proselitistas.

Nedo Paniz había puesto a disposición de Chávez una oficina en la exclusiva zona comercial de Las Mercedes y, luego, en el primer piso de una casa de Chuao. En La Floresta, las cosas se van poniendo difíciles. El huésped de la cabaña no es un hombre cualquiera. Vive las 24 horas del día dedicado a su futuro político. Así, llega el momento límite en que la dueña de casa, harta de que en su hogar haya un minicuartel, del que sale y entra gente a cualquier hora, le pide a su marido que resuelva la situación. Dile, le sugiere, que reciba a la gente en la oficina y deje la cabaña sólo para descansar. «A pesar de que se lo dije con toda la humildad, me contestó que ésa era su forma de operar.» Ése fue el primer encontronazo del benefactor con su protegido. «Al rato se fue, dejando ropa y cosas. Pero permaneció en mi oficina.»

Por esa oficina desfilan muchas figuras anónimas, que luego serán ministros, embajadores, burócratas y diputados. Un hombre que parece un Santa Claus anoréxico va todos los días. Llega temprano, le saca punta a una veintena de lápices, sube las escaleras y desaparece en los dominios de Chávez, en el primer piso. Come poco y pasa horas trabajando. Se trata de Jorge Giordani, profesor del Centro de Estudios del Desarrollo (Cendes) de la Universidad Central de Venezuela (UCV), futuro artífice y máximo gurú de la política económica del gobierno. Por supuesto, entre los asiduos, hay decenas de hombres que entran con paso marcial: ex golpistas casi todos, atraídos por el arrojo y la tenacidad del comandante. Al ideólogo de la gandola-tribuna, Dávila, lo bautizan «el zarcillo» porque «vive colgado» del futuro candidato. Algunos van y vienen, otros que viven en provincia se quedan a veces a dormir en un sofá.

Desde que salió de prisión, el líder del 4F se ha embarcado en una cruzada abstencionista, argumentando que el sistema es «fraudulento, ilegal e ilegítimo». La etapa del liqui-liqui coincide con una fase política radical e incluso favorable a la lucha violenta. «En esos primeros años 1994 y 1995 [reconoce después] no habíamos cancelado la posibilidad de un nuevo movimiento armado, pero igual salimos a evaluar posibilidades, fuerza verdadera, fuerza real y concluíamos que no la teníamos.»[6] Al abandonar la cabaña de Paniz, en 1995, Chávez consigue refugio muy cerca, en el edificio Universe de Altamira, justo enfrente de la plaza que años después se convertirá en un bastión del antichavismo más radical. Allí le ha dado albergue otro de los personajes que lo esperó a las puertas del Hospital Militar el día que salió en libertad. Se trata de Luis

Miquilena, un viejo ex comunista que se convertirá en su mentor —el hombre que le da el barniz político, el que le enseña cómo se bate el cobre, el que lo introduce a cierta élite económica— y en la figura más influyente de sus primeros años de gobierno.

★★★

Cuando confluye con Chávez, hace ya muchos años que Miquilena ha desaparecido de la escena política venezolana, al punto de ser un perfecto desconocido para las generaciones nacidas después del sesenta. Líder de un sindicato autobusero, llegó a romper con el Partido Comunista de Venezuela (PCV) para crear su propio grupo radical, el Partido Revolucionario del Proletariado (PRP), opuesto al breve gobierno del escritor Rómulo Gallegos (febrero-noviembre de 1948) y cuyos miembros fueron conocidos como *comunistas negros* o *machamiquis*. El nuevo anfitrión del comandante vivió la dictadura de Pérez Jiménez en prisión y después de una activa participación en la vida política del país, se aleja de los asuntos públicos a mediados de los sesenta. A sus 83 años, Miquilena luce aún vigoroso mientras fuma un habano y recuerda cómo llegó a Hugo Chávez: «Un amigo me dijo que había que ayudarlo con un teléfono celular. Entonces yo le mandé el mío. Y a los pocos días de haberlo recibido, Hugo me llamó por ese mismo teléfono como a las diez de la noche para saludarme, darme las gracias e invitarme a que lo visitara». Herma Marksman recuerda haber recibido en la plaza Altamira aquel celular y habérselo llevado a su pareja.

En la versión de Chávez, es Miquilena quien lo llama primero a un celular que él tiene escondido en prisión y le manifiesta su solidaridad. «Comandante, yo que he vivido bastante quiero que sepa esto: usted está ahí metido, pero usted invirtió y está invirtiendo, y usted es un hombre joven que va a cobrar. Y luego me dijo que quería visitarme y yo lo incluí en la lista de mis visitantes.»[7] Sea como sea, el encuentro se produce. «Lo visité porque, cuando él irrumpe militarmente, yo estaba muy empeñado en luchar por una Asamblea Constituyente, un punto que él había incluido en su proclama. Entonces quise saber si él estaba bien claro en eso o era un simple anzuelo de un militar ambicioso que quería el poder.» El veterano salió convencido de que el ex golpista «estaba ganado para un proyecto de cambio, que implicaba atender a esa gran zona de mudos, gente sin voz y sin recursos, que constituyen los pobres de nuestro país». Así comienza a desarrollarse una relación «hasta fraterna», que se estrecha cuando comparten el techo. El apartamento es muy pequeño, de unos 60 metros si acaso. En una habitación duerme Miquilena junto a su esposa y en la otra, Hugo Chávez. Están tan cerca que casi pueden escucharse las respiraciones.

Cuando llega junto a Miquilena, Hugo Chávez está convencido de que no tendrá oportunidad de alcanzar el poder por la vía democrática. Nunca le ha llamado la atención ser concejal, parlamentario o gobernador. Es una ruta que no le interesa. Le queda aquel sueño adolescente de ser una celebridad y jugar en las Grandes Ligas. Y sigue pensando en el asalto a Miraflores. ¿Cómo llegar directo a Miraflores sin pasar por aquellos trámites de liderazgos menores? En diciembre de 1995, mientras todos los políticos del país se concentran en las elecciones de gobernadores, él invierte todas sus energías en organizar una «caravana abstencionista», que no tiene mayor eco. Aún no se ha dado cuenta de que el momento va siendo propicio para los *outsiders*. No es el único: los partidos políticos tradicionales tampoco perciben su propia agonía. El bipartidismo hace aguas, como lo demostró el triunfo del veterano Rafael Caldera, quien olfateó la crisis temprano, en 1993, y tuvo la osadía de romper con COPEI, el partido que él mismo había fundado, para lanzarse por la libre con su propio movimiento, Convergencia.

Es precisamente Luis Miquilena, que ha vivido casi el doble que él, quien le abre los ojos a Chávez. «Él estaba muy ganado por la lucha armada, por la idea de que aquí no había otro camino que el camino de la lucha armada. En eso tuvimos muchas diferencias y no lo acompañé. Desde la primera reunión que él hizo con un grupo de adherentes, empezamos a discutir sobre los caminos que estaban planteados, y yo le decía que aquí no estaba planteada la lucha armada, que era necesario que él entendiera que había muchas posibilidades; que un proyecto como el que él estaba diseñando, junto conmigo, tenía viabilidad dentro de un régimen democrático.» Para enero de 1996, dos tercios de la población no cree en los partidos políticos y las principales preocupaciones de los venezolanos son la inflación, la inseguridad, el desempleo y la deficiencia en los servicios públicos.[8]

Por esa época, Hugo Chávez se aparece en una protesta social frente al Congreso. Ataviado con boina roja para llamar la atención sobre su presencia, se trepa al techo de un vehículo y lanza un acalorado discurso, solidarizándose con los manifestantes. Le pide a Caldera que abandone de inmediato la presidencia y dé paso a un gobierno de transición «antes de que esto explote». En ese momento, a uno de los costados del Palacio Legislativo, en el centro de Caracas, arde una bandera estadounidense, un gesto «contra el imperialismo yanqui agresor», que el redactor del diario *El Nacional,* en una nota relegada, considera «una extemporánea y folclórica manifestación». Faltan casi dos años para las elecciones y Miquilena, junto a otros civiles, intenta persuadir a Chávez de que se deslinde de la vía violenta.

Don Luis, con quien Hugo se queda conversando hasta las dos y tres de la madrugada, a veces comiendo una arepa tardía, le insiste: «Si nosotros postulamos acabar con la propiedad privada, expropiar los medios y decretar el Estado socialista, eso no tiene viabilidad sino por la vía violenta. Pero como ése no es el proyecto que tú tienes, ni el que yo quiero, sí hay viabilidad dentro del régimen democrático». En esta encrucijada —revolución o elecciones— al comandante le cuesta dar su brazo a torcer. Pese a ser «muy dúctil», según Miquilena, no logra convencerlo. «Hasta que la vida misma, que es muy tozuda y enseña más que las palabras, fue demostrando que el otro camino, el pacífico, era bueno. Porque cada vez que llevábamos los planteamientos ante los sectores populares y los sectores económicos, se iba dando cuenta de que ese proyecto de cambio que estábamos presentando era perfectamente viable y aceptado, si se contaba con una base social muy sólida para ganar electoralmente.»

El propio Chávez ha narrado cómo se convenció de que no había necesidad de violencia. «Nos dedicamos a investigar qué pensaba la gente […] nos dimos cuenta de que buena parte de nuestro pueblo no quería movimientos violentos sino que tenía la expectativa de que organizáramos un movimiento político, estructurado, para optar por una vía pacífica. Decidimos entonces avanzar por la vía electoral.»[9] Aunque el ex golpista duda y tarda en montarse en el tren de la democracia, cuando lo hace, lo asume de manera ambigua y provocadora para no defraudar a los sectores más duros. Y trata de no cambiar la forma contestataria del discurso. Así, es con lenguaje cuartelero que Chávez comienza a asomar públicamente, en febrero de 1996, el giro: «nos enrumbamos a la toma del poder por la vía pacífica».[10] Pero «si nos obligan», aclara más adelante cuando se cumplen dos años de su liberación, «estamos dispuestos a lograrlo por la fuerza».[11]

A mediados de 1996, William Izarra, a quien Chávez le ha pedido incorporarse al Movimiento Bolivariano Revolucionario, se suma al grupo. Según su apreciación, en el círculo de Chávez por aquel entonces «prevalecía una corriente con una visión revolucionaria, cuyo sustento ideológico era la interpretación marxista de la toma del poder. [...] Las tendencias iban desde el militarismo a ultranza, hasta las más radicales posiciones revolucionarias. Teníamos también individuos que venían del activismo político de la derecha, que no conciliaban con el sector militar, pero que sí buscaban un cambio para el país [...]. Estaban también los fanáticos seguidores del mito Chávez [...]. Generalmente, por su celo excesivo, la militancia no permitía la incorporación de personas que procedían de los partidos del *statu quo* o de individuos que querían un cambio no violento».[12]

Para la dirección del movimiento «ir a un proceso electoral significaba reformular conceptualmente la lucha popular»,[13] asegura el ex líder de la Alianza Revolucionaria de Militares Activos. Ahora le toca a Chávez, ya convencido de que sí tiene oportunidad, convencer al movimiento de aceptar la vía electoral, lo que para un numeroso sector —entusiasmado con hacer la revolución como Dios manda— era una inaceptable claudicación. El debate se prolonga prácticamente todo el año. En diciembre, una reunión destinada a reestructurar la dirección nacional[14] y decidir el asunto no logra consenso, por lo que se convoca a una asamblea extraordinaria para abril de 1997. «Recuerdo que cuando íbamos a tomar la decisión electoral hablábamos siempre de la ventana táctica»,[15] ha señalado Chávez. Y a Miquilena, de quien el comandante llega a decir «si hubiera tenido que escoger un padre, habría sido él», se le atribuye precisamente la apertura de aquella ventana.

Izarra considera que la «relativa facilidad» con la que Chávez «podía cambiar de conceptos» se debe a la falta de «solidez ideológica» de él mismo. Es un hombre, según él, «muy sagaz y de mucha intuición política. Lo que le permitía seleccionar de manera certera quién le convenía y quién no. [...] Quién podía influir en él para hacerle alterar sus posturas iniciales y, a quién ignorar [...]. Estudioso coyuntural con una prodigiosa memoria, asimilaba los elementos teóricos que requería manejar para una situación específica que le exigiera la actividad política

[…] Mantuvo siempre la posición de no tener compromiso con nadie. Quien se le unía lo hacía por alcanzar un fin, en donde él era el líder y la meta a alcanzar era que él llegara a Miraflores».[16]

Con ese fin, la asamblea extraordinaria del Movimiento Bolivariano Revolucionario decide por unanimidad, en abril de 1997, ir a elecciones. El Hugo Chávez golpista se convierte entonces en candidato. Se plantea hacerlo, dice, «con la misma convicción de transformar el *statu quo*». Y adelanta, como todos, campaña. Sus primeros lemas: «Por la Asamblea Constituyente, Contra la corrupción, Por la defensa de las prestaciones sociales, Por aumento general de sueldos y salarios. Gobierno bolivariano ahora». Se le ve más repuesto. Y cambia de ropaje. Atrás deja el liqui-liqui, estrenando un nuevo *look*: camisa con chaleco, estilo casual, para la campaña, y trajes del reconocido sastre venezolano-lusitano Clement para las ocasiones elegantes. Ha dejado de ser un ex golpista desfasado. Cuando se le inquiere sobre su nueva imagen, apela al filósofo español José Ortega y Gasset. Admite, en vísperas de un viaje a Londres: «[…] hemos estado haciendo un esfuerzo lógico por necesidad de cambiar el ropero y de tener algunos trajes más o menos típicos occidentales […]. No es que hay entonces esa transmutación del liqui-liqui a Clement. Yo tengo allí hasta mi traje de combate. Si ahorita se prendiera un zaperoco [alboroto], saldría a ponerme el traje de combate para ir a combatir. Es el hombre y sus circunstancias»,[17] dice. Es el hombre y su búsqueda del poder.

PARTE DOS

9. Estado de gracia

Sus historias, que son también en buena medida la historia de la Venezuela contemporánea, se han venido entrecruzando circunstancialmente desde hace años. Pero por primera vez están los tres juntos, debajo del mismo techo y a la misma hora. Hugo Chávez, Rafael Caldera y Carlos Andrés Pérez. El primero, un enigma. Los últimos dos, símbolos de una época, un sistema y una manera de hacer política. Corre el 2 de febrero de 1999. En el modesto hemiciclo del Congreso Nacional venezolano, el ex oficial que hace siete años encabezó una insurrección militar se dispone a recibir la banda de tafetán tricolor de manos del presidente saliente. Afuera, una multitud de simpatizantes, ataviados con boinas rojas, enronquece dando vivas a su líder, el *outsider* que —con su discurso antipolítica— trastocó la apatía de los venezolanos en esperanza y fervor.

«Cuando Dios creó al mundo [había dicho Chávez un mes antes en una visita a París] dio a Venezuela aluminio, petróleo, gas, oro, minerales, tierras fértiles, de todo. Pero se dio cuenta de que era mucho. No les voy a dar todo tan fácil a los venezolanos, dijo Dios, ¡y nos mandó a los políticos!» Pero ahora, según su visión, Dios parece haberse compadecido del país y lo mandó a él, que jamás se reconocerá como político. Aunque Chávez no se asuma como tal, los hechos han demostrado que es un animal político: un hombre dotado de una gran intuición, de un gran olfato, para el ejercicio de la política, más allá de sus inclinaciones hegemónicas.

Dentro del Congreso, se mezclan rostros exultantes y caras alargadas entre los parlamentarios que se sientan junto a una docena de presidentes invitados, incluido Fidel Castro, y el cuerpo diplomático. La ceremonia no se desenvolverá como cualquier otra. Hay un rictus amargo en el semblante del presidente Caldera cuando asciende a la tribuna para entregar el cargo al ex comandante cuya liberación dispuso en 1994. Le cuesta hacerlo y, simbólicamente, no lo hace. No será él quien le tome juramento, como se acostumbra. Lo hará, en su lugar, otro ex militar, el nuevo presidente del Congreso, Luis Alfonso Dávila. «Yo, indudablemente, no tenía ningún deseo de imponerle la banda a Chávez porque ya estaba atisbando todos los aspectos negativos de su presidencia», recuerda el ex mandatario demócrata cristiano.

Conocido como un hombre de formas, Caldera basa su gesto en un viejo precedente. Cuando él mismo asumió por primera vez la presidencia del país en 1969, su predecesor, el socialdemócrata Raúl Leoni, se negó a imponerle la banda. «Él se la entregó al presidente del Congreso, José Antonio Pérez Díaz, y él me la entregó a mí. De manera que no es un hecho insólito.» Caldera asegura que ya entonces veía «que lo que predominaba en Chávez era la ambición de poder. Una ambición dirigida, no simplemente a ser un presidente que durara un tiempo, sino el dueño del poder público y de todos los aspectos de la vida administrativa». Era también, tal vez, una manera de cobrarle su apuro por ocupar Miraflores. Pública y privadamente, «a través de mensajeros», Hugo Chávez había demandado que Caldera le entregara la presidencia un día después de las elecciones. «Yo hice una declaración categórica de que entregaría el día fijado por la Constitución», es decir, dos meses después.

Pero nada ni nadie sobre el planeta puede empañar la dicha de Hugo Chávez. Él también trae bajo la manga sus sorpresas y le hará el momento aún más amargo a sus predecesores. Con la primera, un gesto de marcada irreverencia, da cuenta de a qué viene. Muy erguido alza su mano frente al presidente del Parlamento y su voz gruesa truena solemne: «Juro delante de Dios, juro delante de la patria, juro delante de mi pueblo que sobre esta moribunda Constitución impulsaré las transformaciones democráticas necesarias para que la República nueva tenga una Carta Magna adecuada a los nuevos tiempos. Lo juro». No es poco el impacto que provoca semejante acta de defunción. El nuevo mandatario conoce el peso de sus palabras. No sólo está invitando al funeral de la Ley fundamental desde 1961; también pone la lápida al bipartidismo que ha dominado la nación durante cuatro décadas y que los venezolanos conocen popularmente como «la guanábana», por los colores insignia —blanco y verde— de los partidos Acción Democrática y Copei.

Lo que vendrá como discurso de asunción del mando es una reprimenda de casi dos horas, que comienza —no podía ser de otra manera— con una frase de Bolívar. El Presidente más joven del país, nacido cuatro años antes del inicio de la era democrática, hace entonces un balance de la crisis —«Venezuela está herida en el corazón, estamos al borde del sepulcro»— con el que instala una cifra que repetirán sin confirmación agencias de noticias, corresponsales extranjeros e incluso periodistas locales: tenemos 80 % de pobreza. En ese momento, ya son lo suficientemente indignantes los verdaderos índices de pobreza. Y no parece necesaria la hipérbole. En la Venezuela de 1999, más de la mitad de la población, más de 13 millones de personas (57.2 % del total), según estimaciones académicas, subsiste con menos de lo necesario.[1] Sin embargo, eso no le resta dramatismo al cuadro que recibe y que define como «una bomba de tiempo» a punto de estallar. Él se ofrece a desactivarla, y para ello llama al pueblo a acompañarlo en una «revolución» que contribuya al nacimiento de otro sistema político. No sólo la audiencia tiene presente su pasado. Él mismo hace un paréntesis para recordarlo —«la rebelión militar venezolana de 1992 era inevitable como lo es la erupción de los volcanes»—, y abogar porque no se repitan insurrecciones similares, con lo cual no lo complacerá el futuro. Afuera, la multitud que escucha su discurso, a través de amplificadores que dan a la calle, se emociona. Adentro, hay no menos de 30 interrupciones de aplauso durante la hora y 45 minutos que el flamante gobernante está en tribuna.

Hugo Chávez no es sólo palabras. Lo ha demostrado. Y, en esa sesión, dicta su primera medida: un decreto convocando la realización de un referéndum consultivo que pulse su idea de realizar una Asamblea Constituyente para sepultar la Carta Magna. Una nueva Constitución no sólo le brindará al país una nueva ley. «En esos momentos era urgentemente necesario transformar el mapa político para poder continuar impulsando el proyecto revolucionario», asegura posteriormente Chávez a la periodista Marta Harnecker, «teníamos sólo tres gobernadores afectos al proceso [...] y el Congreso Nacional estaba en manos de ellos: éramos minoría».[2] No es cierto: en realidad, el Polo Patriótico de Chávez se había alzado con ocho de las 23 gobernaciones en liza.

Pero al nuevo mandatario no le parecía suficiente. En el Congreso, efectivamente, los parlamentarios de su partido están en minoría. El Movimiento V República no pasaba de 20 % y, aunque el oficialismo podía aumentar su peso con pequeños partidos aliados, no le era posible arañar la mayoría simple. Las elecciones regionales y legislativas realizadas en noviembre de 1998, un mes antes de las presidenciales, habían configurado un parlamento dominado por las fuerzas de la oposición. Los comicios habían sido separados de las presidenciales y adelantados, en una medida que fue denunciada por el chavismo como una maniobra de la oposición para evitar que el triunfo de Chávez impulsara a los suyos.

Cuando el nuevo jefe de Estado baja de la tribuna, ese nuevo Congreso tiene los días contados. Y él se siente tan pleno que se permite un gesto magnánimo, una última sorpresa para el auditorio, la prensa, el país entero y, sobre todo, para un hombre. El comandante enfila sus pasos hacia los primeros asientos donde han presenciado el acto los senadores. «Yo me salí de la primera fila para no tener que saludar, pero él se fue hasta donde yo estaba y me dio la mano, aunque no me dijo absolutamente nada», recuerda el ex presidente Carlos Andrés Pérez, acaso uno de los personajes más odiados y perjudicados por Chávez. Al final, como queriendo dilatar la gloria de su ascenso al poder, el ex líder del 4F decide avanzar a pie hacia Miraflores —¡qué palabra tan bonita: Miraflores!— a unas pocas cuadras de distancia, mientras lo aclaman sus seguidores. La guardia presidencial no logra contenerlos y éstos entran con Chávez dentro del patio de palacio. Su primer acto como presidente es una improvisada ceremonia «en memoria de los caídos en los sucesos del 4 de febrero». Una anciana burla el cerco de guardaespaldas y se abraza apretadamente a él durante el minuto de silencio.

★★★

La voluntad del novel mandatario se cumplirá sin demora. La oposición no sólo ha quedado desmoralizada por el triunfo arrollador de Chávez y su envidiable capacidad de sintonizar con el pueblo, sino también por su propio desempeño en las presidenciales de diciembre. El eco del voto de castigo se siente en cada esquina y, especialmente, a las puertas del Congreso, donde los parlamentarios de oposición son hostigados por simpatizantes radicales del oficialismo, que les gritan «ladrones, corruptos, vayan a buscar trabajo». Chávez ha bautizado los 40 años de gobiernos anteriores como «corruptocracia», y en realidad no ha tenido que afanarse demasiado para que su término cale entre los suyos. Pero no todo es miel sobre hojuelas. «Al principio, el presidente no conocía el manejo de gabinete, a pesar de tener instrucciones de Estado Mayor, porque el gabinete viene siendo un Estado Mayor», señala su primer ministro de Defensa, el general Raúl Salazar, quien fue el encargado de buscar a Chávez cuando fue liberado en 1994.

En su primer equipo —catorce ministros— son escasísimas las figuras con experiencia en la administración pública. Dos conocidos periodistas: Alfredo Peña, ministro de la Secretaría; y José Vicente Rangel, canciller, habían vivido precisamente de denunciar la administración pública, siempre desde las gradas. Ambos sienten una atracción magnética por el poder, pero nunca lo han ejercido desde el gobierno. Y en su partido no abundan dirigentes con experiencia en la administración oficial, ya sea municipal, regional o legislativa. Según Salazar, «eran ignorantes en el manejo de la cosa pública». Chávez se revela entonces como un político hábil para sortear obstáculos. En una maniobra inesperada y bien recibida por el país, el mandatario decide ratificar a la ministra de Hacienda de Caldera, Maritza Izaguirre, en su cargo. La situación presupuestaria del país era comprometida. «El presupuesto [de 1999] estaba calculado a trece dólares por barril de petróleo y bajó a 7.20 dólares. Tuvo que emprenderse una política internacional, que no competía sólo a Venezuela sino a la OPEP, para que en julio subiera el precio. No había dinero en el tesoro para pagar los sueldos. Podía ocurrir un Caracazo. […] Había 76 mil millones de bolívares en Tesorería Nacional [aproximadamente 130 millones de dólares], se necesitaban 540 mil millones para el primer trimestre y no había más ingreso. El presidente fue aprendiendo, pero tiene un problema grave: que nunca termina su fase electoral», considera Salazar.

Para comandar el gobierno, Hugo Chávez se apoya principalmente en Luis Miquilena, su ministro de Interior, quien se convierte en su mano derecha. Al frente de la Gobernación del Distrito Federal, designa a un ex militar, Hernán Gruber, el jefe de la asonada del 27 de noviembre de 1992. Los dos primeros meses, según el general Salazar, el nuevo jefe de Estado acepta sugerencias y críticas de buen grado, después «parece que su entorno los endiosa y pretenden saber todo». Los primeros días, quienes no están con él le conceden al menos el beneficio de la duda y esperan que cumpla sus promesas de combatir la corrupción y disminuir la pobreza. En ese momento, resulta apátrida apostar a su fracaso. Semejante temperatura habría arropado incluso a sus enemigos. «Yo, apenas ganó Chávez, hablé con Miquilena y con José Vicente Rangel en la idea de decir: "bueno, ya que se nos ha montado este hombre —que va a ser un dictador, no me cabe duda— por lo menos hay que lograr que se mantenga en la senda democrática"», asegura el ex presidente Pérez, entonces senador vitalicio, una figura que será eliminada meses después. «En el primer viaje que hizo Chávez a Colombia, yo llamé al presidente Pastrana para que lo recibiera bien y también al de Brasil, Fernando Henrique Cardoso, porque la idea mía era ésa: ya este hombre se montó ahí, vamos a ver si lo metemos en el carril democrático.» Pérez desmiente, sin embargo, que hubiera participado en una reunión secreta a petición de Chávez, quien supuestamente estaría interesado en reunirse con el presidente norteamericano Bill Clinton. «Conmigo jamás. Ninguna gestión… yo no tuve ningún contacto con Chávez, ni Chávez me hizo ninguna proposición. Absolutamente cero.»

Quienes, después de haber escuchado su discurso en el Congreso, esperan que Chávez adopte otro tono una vez instalado en la presidencia, se equivocan. El comandante no abandonará jamás su retórica de campaña ni su discurso anti-*establishment*. Desde el poder, sigue reivindicando la revancha de los que nada tienen contra los poderosos. Una matriz que se arraiga en el alma venezolana rápida y perdurablemente. El Huracán Chávez, como algunos lo han bautizado, no amaina. Y le tomará pocos meses barrer con generaciones enteras de políticos que han pasado años, décadas, formándose y deformándose. Sus primeras confrontaciones son con ese Congreso de signo opositor y con la Corte Suprema de Justicia, heredada de gobiernos anteriores, que cuestiona su facultad para convocar por decreto un referéndum. La resistencia es inútil. Su campaña por la Constituyente no es otra cosa que una prolongación de su exitosa campaña por la presidencia. Y lleva las de ganar: los venezolanos quieren un cambio y él cuenta con 80 % de aceptación, según todas las encuestas.

El poder le brinda herramientas para consolidarse como líder y le permite confirmarse como hombre tenaz. Maripili Hernández tuvo oportunidad de comprobarlo siendo asesora en su campaña y, luego, como presidenta de la televisora estatal Venezolana de Televisión. «Chávez es un visionario. Comienza a hablar de cosas que uno no entiende sino un año después. Un ejemplo claro es la Constituyente. Recuerdo que la primera vez que lo escuchamos hablar de la Constituyente dijimos: ¿de qué se trata?, ¿cómo se come? Es más, comunicacionalmente nos representaba un problema porque Chávez se empeñaba en que en todos los discursos incluyéramos el tema y a nosotros no nos parecía publicitable. Pero él se empeñaba en que sí. Entonces pusimos todo nuestro empeño para que la Constituyente se estableciera como una oferta electoral que la gente comprara. Él lo logró con su empeño. Uno o dos años después comenzamos a entender la importancia que tenía para nuestro país la Constituyente y fíjate que marcó una revolución.»

A menos de tres meses de haber asumido la presidencia, el comandante saborea otro de sus grandes momentos: el 25 de abril los venezolanos aprueban, en referéndum,[3] aunque con una abstención de 62.4 %, la convocatoria a una Asamblea Nacional Constituyente (ANC). Mientras es jefe de Estado, Hugo Chávez se convierte, desde mayo de 1999, en presidente de su partido Movimiento V República, rompiendo con una tradición en Venezuela, según la cual los gobernantes se apartan formalmente de las actividades partidistas. «Lo que nos interesa es que Chávez es el principal militante de este proyecto político que nosotros llamamos revolución. Lo otro es un problema de carácter formal. No decir que el presidente es también presidente del partido sería hipócrita. Tal como es, es genuino y transparente. No me digan a mí que cuando CAP estaba mandando no era militante de AD», defiende Hernández, periodista especializada en asesoría de imagen. Así pues, el propio mandatario diseña la campaña para la elección de los miembros de la Asamblea. Y, en cuestión de tres meses más, la oposición venezolana vivirá uno de sus días más negros. El 25 de julio, más de mil candidatos se disputan los 128 escaños en juego.[4] Lo que ocurre es un verdadero trastocamiento: el pueblo venezolano decide desterrar al mundo político tradicional de sus vidas y el sistema electoral utilizado también favorece al gobierno. El Polo Patriótico, que había postulado poco más de un centenar de candidatos, obtiene con 66 % de los votos 95 % de los escaños. Sólo seis puestos quedan en manos de opositores.[5]

Al concluir la jornada, el barinés que se asoma al «balcón del pueblo» en Miraflores, vive una noche radiante, de «jonrón con bases llenas», según dice. Está tan exultante por el triunfo, como se encuentra silenciosa y apabullada la oposición por el fracaso. Es el hombre más feliz de Venezuela y, en un gesto inusual, besa en público a su también triunfante Primera Dama, para delirio de sus simpatizantes. Su esposa, Marisabel, quien figuraba en la lista del oficialismo, un mecanismo personalista conocido como El Kino *Chávez,* ha resultado ser la segunda candidata más votada después de Alfredo Peña. Entre los nuevos delegados, están sus más cercanos colaboradores, diecinueve oficiales, tres ex candidatos presidenciales, conocidos periodistas y personalidades como el historiador José León Tapia, el psiquiatra Edmundo Chirinos y una cantante de música llanera.

Tres días después, su primer cumpleaños como presidente —cuando arriba a los 45 años— es una feria de pastel gigante, fuegos artificiales y mariachis que le cantan "las mañanitas" en la céntrica Plaza Caracas. «Me siento como de veinte, como comenzando la vida», dice, mientras unas diez mil personas lo aclaman. ¿El muchacho de Sabaneta, que soñó con el aplauso cuando se planteaba ser un gran pelotero, habrá imaginado estas gradas? No olvida el béisbol y, después, se da el gustazo de invitar al astro dominicano Sammy Sosa, a quien le lanza la pelota en el estadio universitario de Caracas y, al final, se queda con el bate del famoso caribeño como *souvenir.* Por esos días, cada vez que él o alguien de su familia entran a un estadio, truenan los aplausos. Es el hombre del momento. Se entretiene, pero no descuida su meta: el poder y sus resortes.

A veces, dice lo que piensa. «Es totalmente transparente», asegura Maripili Hernández. Otras, exactamente lo contrario. Y no resulta fácil descifrarlo. Tras el triunfo en la Asamblea Constituyente, que se traduce en la hegemonía del oficialismo, afirma, por ejemplo: «no veremos la concentración de poderes en la Asamblea». Es eso precisamente lo que se ve y lo que se avecina. La presidencia de la Asamblea recae sobre su mano derecha, Luis Miquilena, quien en el acto de instalación, en la Universidad Central de Venezuela, comenta: «En el invierno de mi vida, yo quiero soñar con la primavera». El presidente Chávez, asesorado por Miquilena, quien coincidencialmente participó en la redacción de la ya extinta Constitución de 1961, presenta poco después su propio proyecto. «Sólo son unas ideas para la discusión», dice, cuando entrega el libro de 90 páginas. «Me acostaba tardísimo escribiéndolas.» Y nadie lo duda: Hugo Chávez es hombre de poco sueño. «La cafeína es su gran droga», según su amigo y psiquiatra Edmundo Chirinos, «bebe de veintiséis a treinta tazas diarias de café negro». Un insomne hiperactivo, que duerme tres o cuatro horas y madruga tan fresco. Enérgico. Listo para la batalla. En eso se parece, aunque le disguste la comparación, a Carlos Andrés Pérez. «Es un trabajador incansable. Tiene un ritmo que nadie se lo aguanta. De trabajar veinticinco horas diarias», confía Hernández.

Con contadísimas excepciones, todo lo que el mandatario propone será incluido en la nueva Constitución. Los constituyentes oficialistas trabajan por cuatro meses como afanosos sastres dedicados a hacerle un traje a la medida. Entre otros, pespuntean la reelección inmediata, estiran el periodo presidencial de cinco a seis años —Chávez tendrá la oportunidad de permanecer en el poder doce años seguidos— introducen la figura del Poder Moral, partiendo de una idea de Simón Bolívar, el voto militar y hasta el cambio de nombre del país: de República de Venezuela a República Bolivariana de Venezuela. También una propuesta novedosa y riesgosa: la posibilidad de revocatoria de funcionarios públicos, incluida la del propio jefe de Estado. No lo complacen, sin embargo, o él cambió de opinión en el camino, al menos en dos de sus propuestas iniciales: la inclusión de la segunda vuelta presidencial y la creación de varias vicepresidencias, que dependerían de una primera vicepresidencia. A principios de diciembre, el nuevo traje está listo. La Constitución será aprobada en consulta popular, aunque no habrá fuegos artificiales en esta ocasión.

«Llegó la hora de la patria. De ir de nuevo a un referéndum nacional, el segundo de toda nuestra historia republicana […] será otra fecha grandiosa, para la historia»,[6] señala un Chávez engripado, en un breve mensaje al país, el día anterior a la votación. El mandatario no puede evitar la tentación de pronunciar una dramática frase de Bolívar para llamar a los electores a participar, pese al mal clima: «Si la naturaleza se opone, lucharemos contra ella y haremos que nos obedezca». El Libertador la había usado para responder a las maniobras de la Iglesia, que pretendían hacer ver que el terremoto que asoló Caracas en 1812 era un castigo de Dios, sin duda español, por la lucha independentista. Y, como si Chávez hubiera lanzado un conjuro, el miércoles 15 de diciembre se desata un aguacero bíblico. Aunque amaina de cuando en cuando, más de la mitad de los electores no se mueve de casa, y la abstención se ubica en 55 %. El parto de la Constitución Bolivariana es difícil y, aunque se aprueba con 71 % de los votos de 45 % del electorado, esa noche no hay motivo para la celebración. En realidad, a pocos les importa en ese momento la Carta Magna. Hugo Chávez no aparece. Las televisoras y los venezolanos no tienen más ojos que para lo que sucede a media hora de Caracas. La hermosa montaña que separa a la capital del mar, y que los caraqueños veneran, se desmorona de un lado. Del lado del mar, donde se asienta la población del estado Vargas.

La madrugada no está para contar votos, sino damnificados y muertos por millares. La ciudad costera de La Guaira, capital de Vargas, casi desaparece bajo el lodo, que se desprende con fuerza, arrastrando rocas gigantescas, desde el cerro El Ávila. El principal puerto del país ya no existe. El principal aeropuerto debe ser cerrado. La tragedia, la peor que ha vivido Venezuela, hace que los venezolanos se olviden que se han dividido entre chavistas y antichavistas. Todos esperan ver al presidente decretando la emergencia. Y todos los desvelados se preguntan por igual: ¿dónde está Chávez? Se tejen conjeturas: estará en La Orchila, la isla donde suelen descansar los presidentes y no puede trasladarse a Caracas por el mal tiempo. Ha sido castigado por desafiar a la naturaleza, aventuran sus enemigos más recalcitrantes y ligeros, sin reparar en que los verdaderos «castigados» sean otros. Nadie lo supo. «Él se perdió y no se sabía si estaba en La Orchila o en La Casona», señala el ex comandante Jesús Urdaneta, para entonces jefe de la Dirección de los Servicios de Inteligencia y Prevención. Los diarios del día siguiente no despejan la incógnita.

El jueves cerca del mediodía, finalmente, un Chávez impactado y de tono religioso aparece en traje de campaña militar en televisión, después de sobrevolar aquel litoral irreconocible, de casas y edificios triturados. Habla de 25 mil damnificados, que están siendo llevados a parques y gimnasios, y de la imposibilidad de calcular la cantidad de muertos y desaparecidos en ese momento. Explica que ha dispuesto que la Dirección de Servicios de Inteligencia y Prevención y la Policía Metropolitana frenen los intentos de saqueo en la zona. Expresa dolor y se queda sin palabras. Se trata del diciembre más triste que recuerden los venezolanos, quienes cancelan sus fiestas por el fin del milenio y donan todo lo que pueden. Los balances van hablando de 15 mil muertos, más de 90 mil damnificados y unas 400 mil personas que requieren atención. Por esas noches, Hugo Chávez no hallará consuelo ni consejo en su libro de cabecera, *El Oráculo del Guerrero*. Tan sólo envainará, como le gusta decir, su espada por un par de semanas. Ya pronto la blandirá de nuevo para mostrarla a los gringos, a los medios de comunicación, a la Iglesia y a todo aquel que se le atraviese o él piense que se le atraviesa.

★★★

La tragedia no sólo revuelve los lodos en Vargas. A 36 horas del desastre, Washington envía cuatro helicópteros Chinok, ocho Black Hawk, dos Galaxy y 146 soldados para sumarse al puente aéreo de ayuda. «Estados Unidos estuvo aquí en día y medio», recuerda el entonces ministro de Defensa, general Raúl Salazar, quien solicitó la asistencia al gobierno de Bill Clinton, tras ser autorizado por el presidente Chávez. «El jefe del Comando Sur, Charles Wilhem, vino a visitar la zona el 23 de diciembre. Nació la idea, y se la participé al presidente, de comenzar a ver el futuro de La Guaira, porque necesitaba un plazo de diez años y 10 mil millones de dólares para recuperarse.» Los ingenieros norteamericanos, que se encargarían de hacer las vías y los embalses de un importante tramo, llegarían por barco. «Todo iba muy bien hasta el 2 de enero, cuando recibí una llamada del presidente a las cuatro de la mañana ordenándome que lo paralizara. Eso tiene que estar en la conciencia de Chávez. ¿Con quién habló la noche del 2? Creo que fue con alguien del Caribe», relata Salazar, en clara alusión a Fidel Castro. El barco ya había zarpado de Estados Unidos y navegaba hacia Venezuela. «Ya estaban aquí doce helicópteros y 150 gringos. Esa ayuda no se debió rechazar.» Días después, Salazar discutió con Chávez el asunto. «Le dije: "usted está equivocado". Pero él decía que eso era intromisión, hablaba de soberanía y que se podía espiar… Creo que se confundió y estaba mal asesorado.»

Otro incidente —la agria ruptura con su compañero, el ex comandante Jesús Urdaneta, tras veinte años de amistad— pone de relieve la pugna por el poder dentro del gobierno y el primer tropiezo de Chávez con la corrupción, una palabra que no parecía caber en su diccionario para ser aplicada a su propia administración. Urdaneta, el primer funcionario designado por el nuevo gobernante, se había puesto al frente de la Dirección de los Servicios de Inteligencia en diciembre de 1998, antes incluso de que el propio Chávez comenzara a despachar desde Miraflores. El mandatario electo insistía, según Urdaneta, «en tener el control de la inteligencia y de la seguridad del país». Y Rafael Caldera aceptó el nombramiento prematuro porque había habido un precedente. «Cuando fui electo por segunda vez [en 1993], el presidente [interino] Ramón J. Velásquez me hizo la concesión de nombrar como jefe de la Disip [Dirección de los Servicios de Inteligencia y Prevención] a un hombre de mi confianza antes de la transmisión de mando.» Urdaneta, quien compartió habitación con Chávez cuando hacían el curso de Estado Mayor, sería también uno de los primeros en abandonar el gobierno a los trece meses. «A lo largo de ese tiempo tuve muchos inconvenientes con Chávez y su entorno por las cosas que descubrí y luego denuncié.»

En un año, Urdaneta habría llegado a darle seguimiento al menos a 40 casos de corrupción dentro de la nueva administración. Desde mediados de 1999, asegura, se planteaba renunciar al cargo. «En un almuerzo fui muy duro con él. Le dije: "¡mira, Hugo Chávez, yo me alcé contra un gobierno vagabundo y corrupto, y tu gobierno es lo mismo! Yo te he puesto en cuenta de las vagabunderías de Luis Miquilena, de toda la infraestructura de poder y corrupción que ha ido montando, lo que ha hecho José Vicente Rangel, y no he visto en ti la disposición de enfrentar esto. Por el contrario, has entorpecido y obstaculizado mi labor. No quiero seguir haciendo el papel de tonto útil. No te quiero acompañar un segundo más en este gobierno". Le dije cualquier cantidad de barbaridades… Recuerdo que tuvo una paciencia y humildad que me desconcertaron. Me respondió: "lo que pasa es que usted, compañero, quiere lograr los cambios de la noche a la mañana".» El mandatario le planteó entonces la situación metafóricamente. Le dijo que en ese momento se encontraban «en medio del río Guaire», una cloaca que cruza Caracas, «y lo importante es pasar a la otra orilla y que no nos lleve el río».

Urdaneta asegura que le dijo: «a ti te va a llevar el río porque no puede ser que quieras intentar cruzar al otro lado con tipos como éstos, Miquilena y José Vicente. Entonces me dijo: "no te preocupes, compañero, ten un poco de paciencia que en lo que yo tenga las nuevas herramientas de trabajo, la Constitución nacional, me deshago de ellos. Ésos son viejos operadores políticos que yo necesito ahora, porque ninguno de nosotros [los militares] lo es. No puedo obligar a un amigo que me acompañe. Por supuesto que te necesito allí"». El ex oficial decidió entonces esperar. Pero sus denuncias, está seguro, terminarían convirtiéndolo en un funcionario demasiado incómodo. A finales de año, el deslave de Vargas serviría para que Chávez se deshiciera de él. El gobierno, según su versión, habría implicado a la Dirección de los Servicios de Inteligencia, que él dirigía, en presuntas ejecuciones en La Guaira, durante las labores de control de saqueos. Para ello se habría valido de una periodista del diario *El Nacional*. «Vanesa Davies denunció que la Disip [Dirección de Servicios de Inteligencia y Prevención] era la violadora de los derechos humanos en Vargas. Había 8 mil funcionarios allá abajo y sesenta eran míos, justo los que estaban cometiendo las violaciones», relata con ironía. «La cuestión siguió en la prensa, en otros programas y pensé que había algo orquestado no contra la institución sino contra Jesús Urdaneta. Comienzo a investigar y veo que [Davies] era una ficha de Rangel, muy cercana. Ya sabía por dónde venían los tiros.»

El desastre natural en Vargas había traído otra desgracia: los saqueos y el desbordamiento de la delincuencia en la zona. Sin luz eléctrica y en medio del caos, los sobrevivientes se vieron acosados por los bandidos. Las denuncias de violaciones a mujeres se multiplicaban. Y, aunque no se llegó a decretar formalmente, en la práctica se impuso un estado de sitio. En enero, *El Nacional* publicó una nota en la que dos soldados anónimos aseguraban haber recibido la orden de disparar después del anochecer contra «todo aquello que se mueva, respira y tenga sangre».[7] Una semana después de haberle restado credibilidad a las denuncias —«no hay una sola prueba, sólo especulaciones», dijo— Chávez, en un gesto que sorprende, llama por teléfono a Davies para hacerle una «petición imperiosa», según la propia reportera: «Quiero hablar con los familiares que están haciendo denuncias. ¿Me llevarías con ellos?». Esa misma tarde, un Chávez en traje de paracaidista se pone al volante de un *jeep* y la periodista lo conduce a escuchar los testimonios sobre la desaparición de cuatro hombres.

Ya para entonces, Urdaneta le había presentado al presidente su renuncia, en protesta por lo que consideró una injerencia indebida del canciller Rangel, quien criticó que la Dirección de los Servicios de Inteligencia hubiera citado a la reportera en cuestión a declarar, «para que aportara información sobre los supuestos delitos cometidos por funcionarios nuestros». También estaba molesto porque Chávez no lo había autorizado a presentarse ante la prensa para aclarar dudas sobre la actuación del organismo de seguridad en Vargas. «Me dijo: "tú no vas a dar esa rueda de prensa". ¿Por qué? "Porque voy a quedar muy mal". Le digo que no entiendo, que el queda mal soy yo. "Es una orden mía y yo soy el presidente de la República", me dijo. Ahí viene la ruptura total.»

Urdaneta, a quien posteriormente acusaron de construirse una casa que su sueldo no podría costear —«era mentira y no pudieron comprobar nada»— asegura que, tras presentar su renuncia, Chávez lo llamó para ofrecerle la embajada en España. «Le dije que me indignaba ver que quería comprar mi conciencia. Él insiste y me dice que por qué no reingreso a las Fuerzas Armadas para que me ascienda a general. Le digo que no termino de asombrarme con lo que oía. "No acepto que me ofrezcas nada." Y entonces me pregunta: "¿qué vas a hacer, ¿te vas a criar cochinitos?". Eso me indignó más y le dije: "con tal de que sea honesta y decentemente, sí".» Agrega que, aunque entonces no lo sabía, hoy está convencido de que hubo un «montaje» —fraguado por Chávez y Rangel— para neutralizar sus denuncias. Relata que lo supo cuando Chávez llamó al jefe de Investigaciones de la Dirección de Inteligencia, el ex comandante Luis Pineda Castellanos, para pedirle que le entregara «todos los expedientes de corrupción que yo manejaba». El Presidente le habría dicho a Pineda, «Jesús, es muy incómodo para mí. Necesito que te vayas a Vargas y levantes un informe donde lo involucres en violaciones a los derechos humanos». Eso es lo que cree el ex oficial y refrenda Pineda, hoy también en la oposición. La de Urdaneta es la primera baja importante del gobierno de Chávez. No pasaría mucho tiempo antes de que se le sumaran el resto de los comandantes que dirigieron la asonada del 4F.

★★★

Por aquellos días, el *best seller* de los vendedores ambulantes del centro de Caracas es *El Oráculo del Guerrero*, del argentino Lucas Estrella, último libro fetiche del popularísimo presidente Chávez, quien lo cita con harta frecuencia en sus discursos. En Caracas, el autor —un biólogo practicante de artes marciales— aseguró que el mensaje de su libro era que «el ego tiene que estar en último lugar y que el servicio a los demás es lo más importante». ¿Qué pudo haber enganchado al comandante con su texto?, le preguntaron a Estrella: «supongo que él siente que la enorme tarea que le viene por delante sólo es posible de ser sobrelleva-da siguiendo los principios del Guerrero». Principios como: «Guerrero, cuando ganes una batalla no pierdas tiempo envainando espadas porque ya mañana vendrá otra batalla». El jefe de Estado trajinaría [cargaría con] *El Oráculo* hasta que un buen día a alguien se le ocurrió decir que era un texto cifrado para homosexuales. «Este verano no paré de decir que, comparada con el libro favorito de Chávez, mi novela resultaba franca-mente heterosexual», bromeaba el ocurrente Boris Izaguirre, el *gay* más famoso de Venezuela, al promocionar su último libro en España. Al pa-recer, la revelación bastó para que Hugo Chávez tirara el libro de Es-trella al cesto de la basura.

Al cumplir un año en el gobierno, el mandatario considera que se puede presentar al mundo, como balance, «un proceso de cambio pro-fundo, realizado en paz, evitando los chorreros de sangre que en otros pueblos han corrido y siguen corriendo tratando de cambiar un régi-men político».[8] Su programa bandera es el «Plan Bolívar 2000», un pro-yecto de 113 millones de dólares para el bienestar social, administrado por funcionarios militares de alto rango. Los soldados participarán en la construcción de viviendas de interés social y serán también los vende-dores de los nuevos mercados populares, siguiendo su idea de estrechar los vínculos entre las Fuerzas Armadas y el pueblo. La burocracia estatal se llena de charreteras. Chávez confía las tareas de asistencia a sus ex com-pañeros de cuarteles. Pronto, algunos uniformados cercanos al manda-tario serán vinculados a sonados casos de corrupción. Se hablará de sobreprecios, facturas inexistentes o forjadas, empleados fantasmas y otras irregularidades ya tradicionales en Venezuela, que a la larga darán al traste con el Plan Bolívar 2000.

El presidente sigue hablando en términos bélicos, pero no se sabe si apelaría en silencio a los aforismos de Lucas Estrella para enfrentar su próxima batalla, una que le tocará el corazón. El 4 de febrero del año 2000, al cumplirse el octavo aniversario de la asonada, sus compañeros en aquella aventura, amigos entrañables con los que pasó madrugadas enteras conspirando, lo acusan de traicionar las metas revolucionarias por las que se habían alzado en armas. La primera de ellas: el combate a la corrupción. Jesús Urdaneta, Francisco Arias y Yoel Acosta —Jesús M. Ortiz, el quinto cabecilla había muerto en un accidente de tránsito en París— lo sorprenden con una rueda de prensa. «Las revoluciones se dan con revolucionarios y no con la misma gente que formó parte del destino que los venezolanos no nos merecemos», decían los ex comandantes, en clara alusión a Miquilena, quien para entonces está al frente de la comisión legislativa o *congresillo* que sustituyó a la Asamblea Constituyente y que legislará mientras se elige un nuevo parlamento; a José Vicente Rangel, ex candidato presidencial y canciller; e Ignacio Arcaya, ministro de Interior y Justicia. Los analistas interpretan esta fractura como evidencia de las pugnas por el poder que enfrentarían de un lado a los líderes del 4F y del otro a veteranos políticos, a quienes los primeros acusan de ser parte del viejo sistema. Los ex comandantes habían intentado desahogarse en privado con Chávez, según aseguran, pero ya para entonces éste estaría aislado por el cerco que suele rodear a los poderosos.

Miquilena, considerado el segundo hombre del gobierno, reacciona como portavoz acusando a los ex comandantes de no tener «la suficiente valentía para enfrentársele a Chávez y manifestarle de frente el descontento que sienten por la política que él ha venido siguiendo; nos usan como pretexto para llegar hasta él en sus ataques». Chávez, seguramente dolido, públicamente no dice más que «los verdaderos hermanos hacen equipo eterno, más allá de las dificultades, más allá de intereses, más allá del propio sentimiento individual».

La oposición a Chávez disfruta de este primer desgarramiento, sin imaginar siquiera que en un par de años Miquilena y Arcaya también desertarán. Siguen, sin embargo, contra las cuerdas. La antipolítica no pasa de moda. A cualquier venezolano que hubiera estado dos años fuera del país, le costaría identificar a los funcionarios que aparecen ahora en los noticieros y programas de opinión. Las caras de siempre, con contadas excepciones, han desaparecido de pantalla. Se avecina la campaña para la relegitimación de todos los poderes dispuesta por la Asamblea Constituyente. Y la tendencia popular que favoreció a Chávez en 1998 no cambia. La anémica oposición busca desesperadamente un candidato que le pueda hacer frente a Hugo Chávez. ¿Qué tienen a mano? Irónicamente, a un hombre de antecedentes similares al que pretenden derrotar. Un ex golpista, aunque bastante más moderado que el comandante barinés: su ex compañero Francisco Arias. Bota contra bota.

Aunque el presidente ha dejado atrás sus citas de *El Oráculo,* sigue actuando en la conducción del Estado como un guerrero. Un hombre que se nutre de la confrontación. Y no le cuesta ningún esfuerzo encontrar quien muerda y se enganche. Medios de comunicación, Iglesia, sindicatos, empresarios, Estados Unidos. Si hay algo que le resulta un juego de niños es reclutar enemigos. El Chávez engrandecido por la popularidad disfruta provocando al contrario de turno con frases irreverentes y jactanciosas. «Cristo está con la revolución», dice, y la Iglesia pica. La campaña de 2000 es para él, que nunca ha dejado de ejercitarse, un paseo con un breve obstáculo: la postergación de los comicios por insuficiencias técnicas, apenas dos días antes de realizarse. Las llamadas «megaelecciones» porque, por primera vez en la historia del país, se elegirían en una sola jornada presidente, gobernadores, parlamentarios nacionales y regionales, además de alcaldes y ediles; son pospuestas del 28 de mayo al 30 de julio. En la piñata electoral, más de 36 mil candidatos se disputarían 6 241 cargos públicos. En el camino, Chávez ha perdido respaldos, particularmente a nivel de opinión pública. «En quince meses de gobierno se ha dedicado con su intolerancia y su lenguaje a chocar innecesariamente con medio mundo. Se ha alienado del respaldo de sectores que antes lo apoyaban. Se alienó de la clase media, la Iglesia católica —que simpatizaba muchísimo con él—, los sectores organizados de la clase obrera», señalaba en mayo de 2000 Teodoro Petkoff, editor crítico y líder histórico de la izquierda venezolana.

La confrontación con su rival, su ex «hermano del alma», es dura. Primitiva. Arias satiriza al presidente en una propaganda con una gallina, haciendo alusión a su actuación —más bien parálisis— el 4 de febrero, cosa de la cual, por cierto, hoy se arrepiente. Hugo Chávez, seguro de su popularidad, aplica la misma fórmula de 1998. El día de la elección, el presidente luce relajado. Después de votar en la mañana, se va a jugar béisbol con los miembros de su guardia de honor. La mayoría de los venezolanos seguirá apostando al hombre carismático de verbo encendido, que culpa a la *corruptocracia* de todos los males y encarna al vengador justiciero. El resultado de los comicios es un golpe más en un cuerpo que ya tiene todos los huesos quebrados. El jefe de Estado no se ha desgastado un ápice; por el contrario, su *rating* aumenta más de tres puntos porcentuales. Si en 1998, 3 millones 673 mil 261 personas (56.2 %) votaron por él, ahora lo hacen 3 millones 757 mil (59 %), unos 80 mil más.[9]

El estilo de Chávez, tan denostado por cierta clase media que lo considera ordinario, le sigue granjeando el fervor de los más empobrecidos, que le extienden un cheque en blanco. Tres quintas partes de la unicameral Asamblea Nacional quedan en manos de las fuerzas del oficialismo (99 escaños de un total de 165), lo que le permitirá legislar a su antojo y designar funcionarios clave. El jefe de Estado lo tenía claro. «En el primer discurso que hice en la campaña electoral dije que cambiaba todas las gobernaciones y alcaldías por la Asamblea Nacional», consciente de que «esa mayoría iba a determinar la composición de los otros instrumentos de poder: la Fiscalía General de la República, el Tribunal Supremo de Justicia, el Poder Electoral, el Poder Moral [además de la Fiscalía, la Contraloría y la Defensoría del Pueblo]».[10] No es todo. Su popularidad ha tenido un efecto multiplicador, catapultando a candidatos prácticamente desconocidos en catorce gobernaciones. Sus aliados del Movimiento al Socialismo obtienen además dos gobernaciones. El oficialismo pasa a controlar entonces dieciséis de un total de 23 gobernaciones. Un «*knockout* fulminante» en palabras del mandatario. El caso más notorio de lo que la prensa local llamó el «efecto portaviones» del mandatario es el de su propio padre Hugo de los Reyes Chávez, quien se alza con la gobernación del estado Barinas. Es el sueño del poder absoluto hecho realidad. Jamás un presidente venezolano tuvo un camino más despejado.

Una multitud desbordante se agolpa en Miraflores, mientras los líderes de la oposición entran en letargo. Antes de las once de la noche, se abre el pesado portón del Palacio de Miraflores, y centenares de *fans* se amontonan debajo del saliente bautizado por Chávez como «el balcón del pueblo». La exclamación cuando éste sale, junto a su esposa Marisabel, es propia de los conciertos cuando aparece un ídolo. Son los devotos del comandante, aquellos que corearán después: «Con hambre y sin empleo, con Chávez me resteo [quedo]». Repuestos del suspiro, le cantan espontáneamente el cumpleaños feliz, con dos días de retraso. Y él se desanuda la garganta: «Gracias por ese amor […] y como dijo un día José Martí, el apóstol cubano, amor con amor se paga, y no me queda otra cosa que amarles». Los hace suyos y les transfiere su protagonismo: «ustedes son tan grandes que han derrotado todas las campañas que se lancen contra nosotros». Como siempre, improvisa su discurso, y recuerda su salida del anonimato, «este camino viene del glorioso y épico 4F». Es el fallido golpe, otra vez, como punto de partida de la nueva historia venezolana. El llamado es, como en 1998, de unidad, «a echar adelante la nación, para que saquemos el barco a buena mar y a puerto seguro». Chávez promete, en medio de una situación económica deprimida por el cierre de empresas y la fuga de capitales, relanzar un nuevo modelo económico. Y cuando termina, a las 12:30 de la madrugada, se despide a la llanera entonando una copla. En la tribuna, el presidente no defrauda a sus seguidores: sus apariciones son siempre un *show*.

★★★

El jefe de Estado no deja de sorprender a sus adversarios. Su apetito es insaciable. Aun contando con mayoría en el parlamento, pide más poderes. Y se comporta como un caudillo. Quiere hacer las leyes en Miraflores. En consecuencia, solicita a la Asamblea Nacional, dominada por dóciles partidarios, que le conceda poderes extraordinarios para elaborar un paquete de reformas, que a la larga terminará por soliviantar a medio país y se convertirá en la chispa que decidirá a sus enemigos más reaccionarios a planear un golpe. Hugo Chávez ha pasado casi dos años en estado de gracia. Ha obtenido un triunfo tras otro y es aclamado por las masas. La vuelta de tuerca viene con la cercanía del año 2001. Las primeras resistencias serias al comandante serán opuestas por maestros y amas de casa de clase media, que ven amenazada la educación de sus hijos. Por primera vez en la historia, las caraqueñas más acomodadas irán al centro, en pie de guerra, con megáfonos y pancartas a gritar «Con mis hijos no te metas». La activación en el *pensum* de estudios de bachillerato de «Instrucción Pre Militar», como materia obligatoria, y la aprobación de una resolución, la 259, que permitía al Ministerio de Educación reescribir los textos escolares de historia ya había causado profunda irritación. A medida que se fueron conociendo los nuevos contenidos de los libros de estudio —entre otros, la crítica demoledora a los 40 años anteriores de democracia y las loas al 4F y la revolución bolivariana— el malestar en la comunidad educativa fue creciendo.

Pero es la presentación del nuevo Proyecto Educativo Nacional (PEN), diseñado por el profesor marxista Carlos Lanz —un radical que fustiga las hamburguesas de McDonald's por transculturizantes— lo que pondrá a prueba al gobierno de Hugo Chávez. Los colegios privados se convierten en un hervidero de asambleas de padres y maestros que analizan sesudamente el PEN. Así nace la primera ONG especialmente dedicada a combatir una política oficial: la Asociación Civil Asamblea de Educación. Se habla de control por medio de supervisores ideologizados, de adoctrinamiento y cubanización. La clase media empieza a tener pesadillas con pioneritos, nutridas con el anuncio de la creación del «Premio Comandante Ernesto Che Guevara» por parte del Ministerio de Educación. El 20 de enero de 2001, padres y maestros se estrenan en las primeras protestas de calle antichavistas, un fenómeno que se volverá contagioso. Ante la alarma, el ministro de Educación, Héctor Navarro, se ve obligado a aclarar que no se pretende «cubanizar la educación sino crear un modelo pedagógico adaptado a nuestra cultura».

Chávez no parece dispuesto a ceder ante la reacción de unos padres que califica de «egoístas e individualistas» y que, de pronto, comienzan a arruinarle su luna de miel. En un hecho sin precedentes, se pone él mismo al frente de una manifestación de respaldo al decreto 1 011, en la que retoma un tono lugar común en su discurso, calificado por sus opositores de divisionista. «Viven muy bien, cómodos, tremenda casa, tremendo apartamento, no tienen ningún problema, los hijos van a buenos colegios, viajan al exterior. Nadie se los critica, pero algunos de ellos no se dan cuenta de que aquí ocurrió un 6 de diciembre de 1998 [...]. Ese pensamiento que expresan cuando dicen "con mis hijos no te metas" es contrario a la vida social a la democracia, eso sí es fundamentalista, contrario al mandato de Dios [...] miran a los demás por encima del hombro, como si los demás fuéramos poca cosa, la chusma. Sí, somos la misma chusma que siguió a Bolívar [...]. El decreto se va a cumplir y yo seré el supervisor número uno.»[11] El jefe de Estado se muestra provocador y desafiante, tal vez uno de los rasgos que más irritan a sus adversarios. «¡Vengan a la calle para que vean!, mientras más plomo me echen, más echo yo. Así soy yo!» Y concluye, para no perder la costumbre, cantando: «No soy monedita de oro pa' caerle bien a todos».[12] La polémica no sólo marca la primera resistencia, sino su primera concesión. El gobierno terminará echando para atrás la resolución 259 y renunciando al decreto 1 011, en favor de un proyecto educativo consensuado.

El oficialista Movimiento V República como partido político —más allá de su exitosa actuación electoral— no logra consolidarse como Chávez quisiera. Y es por ello que el mandatario decide organizar cuadros populares para revivir el Movimiento Bolivariano Revolucionario. Lo anuncia a mediados de 2001[13] en *Aló, Presidente*, instando a sus seguidores a enrolarse en los Círculos Bolivarianos para formar «una gran red humana» que defienda la revolución. «Los integrarán los periodistas honestos bolivarianos, los camarógrafos, los campesinos conuqueros, los pescadores, verdaderos líderes que se organicen para trabajar; se podrán formar en las universidades, los hospitales, las escuelas bolivarianas, en las empresas […]. Se necesita organización. No podemos andar a la deriva. Para eso se requieren verdaderos líderes en cada cuadra, en cada esquina.» Para organizar los Círculos Bolivarianos, el comandante se valdrá de los recursos del Estado. Y no lo oculta. «El puesto de mando está donde tiene que estar. ¿Dónde? En Miraflores. Allí está el Comando Político de la Revolución.» Allí, dice, «se creará el enlace directo y se recopilarán las listas». El encargado del tinglado es el ex militar golpista Diosdado Cabello, para entonces ministro de la Secretaría de la Presidencia. El propio Chávez suministra a los voluntarios potenciales cuatro números telefónicos, tres de fax, y una dirección de correo electrónico.

Acababa de llegar de una segunda visita a China, donde en lugar de proclamarse maoísta como hizo en la primera, dijo ser un «segundo Fidel». La comparación de los Círculos Bolivarianos con los Comités de Defensa de la Revolución cubanos (CDR) será inevitable —aunque la inspiración podría estar en los Batallones de la Dignidad panameños—, como la subsiguiente alarma entre los empresarios, los medios de comunicación y la clase media. Una semana después, se muestra indignado por la lluvia de críticas y la amenaza de solicitar un juicio en su contra por «peculado de uso»,[14] que se configuraría por utilizar recursos públicos para captar y organizar a partidarios políticos desde la propia presidencia. «¡Enjúicienme pues!, enjuícienme, ¿por organizar al pueblo?, ¿por cumplir con mi obligación? Eso es una ridiculez […] dicen que estoy violando la Constitución, debe ser que ellos tienen otra Constitución […]. Que hagan lo que quieran, porque los Círculos Bolivarianos son unos mecanismos de participación directa.» La meta, dice, es captar un millón de voluntarios para juramentarlos en diciembre.

Para diciembre de 2001, los Círculos están lejos de llegar al millón y quedan en segundo plano. El país bulle tras la aprobación de un paquete de leyes dictadas en Miraflores, gracias a los poderes extraordinarios concedidos al mandatario por el parlamento. Se trata de 49 leyes-decreto, casi una por semana. El empresariado nacional y los medios acusan la manera hermética como habrían sido elaboradas, sin consulta con los sectores interesados. De todas las normativas, la que provoca mayor agitación es la Ley de Tierras y Desarrollo Agrario, a la que Chávez califica de «candela pura» y de la que dice: «la trabajé personal y directamente».[15] Para el mandatario es «una ley en verdad revolucionaria, moderna, que no atropella a nadie, sólo está cumpliendo con el mandato constitucional de acabar con el latifundio; de establecer un impuesto; de regularizar la tenencia de la tierra; de subordinar la tenencia de la tierra a la productividad y al interés nacional de lograr niveles altos de autoabastecimiento agroalimentario».[16] La principal crítica gira en torno al sometimiento de la actividad agropecuaria a los designios del gobierno, al darle a éste poder para decidir la actividad de las haciendas privadas. Si el gobierno determina que una finca debe cultivar sorgo, pues tiene que cultivar sorgo así sea un hato ganadero.[17] Al contrario de lo que se cree fuera de Venezuela, la nueva ley no genera mayores cambios en relación con el latifundio. De hecho, éste sigue siendo definido como «toda porción de terreno ocioso» mayor a 5 mil hectáreas. Según el Instituto de Estudios Superiores de Administración (IESA), para entonces «existen 900 latifundistas en un universo que oscila, de acuerdo a las fuentes, entre 350 mil y 500 mil unidades de producción».

Fetichista de las fechas históricas, el mandatario ha decidido que la polémica ley entre en vigencia el 10 de diciembre, aniversario de una batalla (1859) en la que su ídolo federalista Ezequiel Zamora derrota a las fuerzas de la oligarquía terrateniente. Y decide presidir el acto en Santa Inés, en Barinas, exactamente en el mismo terreno donde se libró aquel combate. Siguiéndole el hilo bélico, la oposición se planta en pie de guerra ese mismo lunes con un paro, el primero contra su gobierno y el primero en el que coinciden como organizadores la mayor central sindical, la Confederación de Trabajadores de Venezuela (CTV), y la principal patronal del país, Fedecámaras. Sus líderes, Carlos Ortega y Pedro Carmona, respectivamente, se convertirán en voceros de la oposición. Ortega, líder sindical petrolero vinculado al partido socialdemócrata AD, viene de inflingirle al gobierno de Chávez su primera derrota electoral en los comicios sindicales del 2 de noviembre, en un desenlace que será calificado de fraudulento por el oficialismo. Chávez entonces acusa: «[…] la cúpula empresarial de Fedecámaras se ha convertido en un partido político. Se ha convertido en el factor nucleador de la oposición, a falta de partidos de oposición. ¿Dónde están los partidos de oposición?, ¿dónde están los liderazgos de oposición que puedan nuclear a estos grupos? Simplemente no existen y entonces ellos están asumiendo este papel».[18]

El paro demuestra que, aunque fragmentada, la oposición ha dejado de ser anémica, «escuálida», como a él le gusta descalificarla. Pronto, los afectados emprenden una serie de acciones legales y, ante la agitación reinante, el parlamento accede a debatir observaciones a 24 de las leyes. Pero, el presidente se mantiene firme y desafiante. De una cumbre caribeña en la isla de Margarita, queda una postal de Chávez en uniforme de campaña, flanqueado por Fidel Castro, mientras blande un alicate que le acaba de regalar un asistente al acto de promulgación de la Ley de Pesca. «Hay que apretar las tuercas en favor de los más débiles, los más pobres», dice. Y, allí mismo, con una plácida bahía de fondo, informa que su endurecimiento responde a que «hemos develado una conspiración contra el gobierno, un intento de desestabilizar al país […] no podemos permitir que alguien confunda la democracia con el libertinaje para hacer lo que le venga en gana».

Ya para entonces, Hugo Chávez se ha consolidado como el presidente más amado y más odiado por los venezolanos. El que convoca, a un mismo tiempo, mayor fervor y más rechazo. Las continuas y prolongadas transmisiones en cadena, con las que irrumpe en las pantallas de los canales comerciales a cualquier hora y por cualquier motivo —una entrega de microcréditos, una condecoración a militares, un congreso de desertificación— generan profundo malestar. ¿No se percata de que resulta invasivo? ¿Es provocación, egolatría? «Creo que hay mucho de esos adjetivos. Hay egolatría, hay narcisismo, hay cierto grado de inconsciencia, de que él no es encantador. Él necesita ser admirado, ésa es la parte narcisista», asegura uno de los hombres que lo conoce más de cerca, su amigo y consejero psiquiátrico Edmundo Chirinos.

A cierto desgaste natural, se le suma entonces la erosión por la sobreexposición mediática y su estilo pugnaz. A casi tres años de gobierno, aún no resulta fácil etiquetarlo. Sus adversarios de derecha lo califican de comunista y autócrata; los de izquierda, de neoliberal. Más allá de su discurso contra el capitalismo salvaje y su prédica antiglobalización, abre las industrias de telecomunicaciones, gas y electricidad a inversionistas extranjeros, y no se aparta de las líneas recomendadas por el Fondo Monetario Internacional. Paga la deuda puntualmente y no le causan ninguna alergia los impuestos. Según el diputado oficialista Tarek Saab «su idea es utilizar un capitalismo proteccionista para generar equilibrio social». Hugo Chávez entra al año 2002 disfrutando todavía de popularidad, pero ha dejado atrás aquel 80 % de aceptación de 1999. Él lo sabe. Hace rato que no se atreve a pisar un estadio para presenciar algún juego de su equipo favorito. Ni él ni su esposa, también fanática del béisbol. Cuando batea el conocido jugador Endy Chávez, las gradas rugen «Endy sí, Chávez no». Y ya han comenzado a sonar las cacerolas. Nada lo irrita más que el sonido de las cacerolas. Lo exaspera. Ante ese sonido, su proverbial buen humor se evapora. Sus opositores —los líderes y los ciudadanos de a pie, también militares activos— están determinados a oponerle resistencia. Y él, desde su programa dominical *Aló, Presidente* pide a sus seguidores responder a las cacerolas con cohetazos, aunque los fuegos de artificio estén teóricamente prohibidos. Por cada cacerola, dice, «van a sonar 500 cohetes de la gran mayoría que apoya la revolución».

El año 2002 será de estruendos, cargado de sorpresas. La primera, una pérdida que lo dejará con cierta sensación de orfandad. El hombre al que ha considerado su padre político y su mano derecha abandona el gobierno. Luis Miquilena renuncia al Ministerio de Interior y Justicia. Lo hace asegurando que «no se trata de un adiós sino de un hasta luego [...]. Mi adhesión y mi consecuencia con el proyecto de cambios no mermará en ningún momento».[19] Pero es un adiós. Aunque de momento se mantiene al frente de la dirección general del partido de gobierno, en cuestión de un par de meses romperá definitivamente con Chávez. Para entonces había estado observando, según asegura hoy, una metamorfosis en su pupilo que le disgustaba. La retórica radical de Chávez, señala, le molestaba cada vez más. «Ese lenguaje revolucionario mentiroso... yo le decía: ¡Si es que tú no le has dado ni un pellizco en la nalga a nadie de los sectores económicos!, aquí tú has hecho la economía más neoliberal que ha tenido Venezuela. Y, sin embargo, estás engañando a la gente diciendo que estás haciendo una revolución de bla, bla, bla; con eso, engañas a los revolucionarios descabezados que tenemos aquí y asustas a la gente, a los empresarios que te pueden ayudar a desarrollar el país.»

Miquilena también cuestionaba su manera de agredir a quienes no estaban de acuerdo con él. Le reprobó, por ejemplo, que insultara al padre, ya fallecido, de un empresario de los medios de comunicación y que fustigara públicamente a un reconocido caricaturista —señalando que era un dibujante a sueldo— «simplemente porque hizo una caricatura que a él no le gustó». Chávez, dice, le prometía moderarse, pero siempre reincidía. Así llegó la gota que rebasó el límite: las leyes fabricadas en Miraflores. «El día que renuncié vino aquí a las tres de la mañana y me pidió que aceptara la vicepresidencia y no la quise aceptar. Entonces me ofreció la embajada norteamericana. "¡No, tú estás loco, yo no hablo ni inglés!", le dije. "Y para lo que menos sirvo es para embajador. No, chico, tú sabes que yo no te acompaño más porque estoy en desacuerdo contigo"», recuerda Miquilena, en el apartamento que compartió con el Chávez de las horas bajas, un hombre humilde que, en su opinión, se habría dejado arrastrar por «las mieles del poder, tan halagadoras que el que no está suficientemente preparado sucumbe. Al poco tiempo de estar en el poder, Hugo era otro».

10. La vuelta al mundo en Airbus

«Pidió, pidió y pidió. Pidió La Viñeta para instalarse allá, vuelos de aviones, gastos de viaje. No me imagino cuánto, pero indudablemente la transmisión de mando de Chávez ha sido de las más costosas que ha habido en la historia de Venezuela. Y mientras hacía propaganda de que había que reducir los gastos, de que iba a vender aviones…; al mismo tiempo aumentaba, a niveles increíbles, los costos de transmisión de mando, lo que revela su inconsistencia.» El ex presidente Rafael Caldera no recuerda a Hugo Chávez precisamente como un hombre austero. A diferencia de todos sus antecesores, que permanecían viviendo en sus casas hasta la toma de posesión, cuando se instalaban en La Casona, el ex comandante abandona el apartamento prestado que habitaba en Alto Prado, al sureste de Caracas, a la mañana siguiente de su triunfo en las elecciones de 1998.

Tenía las maletas listas y exigió ser instalado en La Viñeta, una residencia dentro de Fuerte Tiuna destinada a visitantes oficiales extranjeros. Allí «almorzaba con cien personas y hacía cenas de doscientas», cuenta José Guillermo Andueza, quien fuera ministro de Interior de Caldera. «Todo eso era comida comprada para él y sus amigotes. La situación llegó a tal punto que se decidió pasar al cocinero de Miraflores para La Viñeta porque salía más barato. Con Chávez se rompieron todos los parámetros. Hubo que hacer dos rectificaciones de la partida para poder cubrir sus gastos.» Caldera señala que vio al ex comandante, por primera vez, cuando éste fue a Miraflores ya como presidente electo. «Cuando nos quedamos solos, se inclinó y me manifestó excusas por la forma como se había comportado durante la campaña electoral.» Hoy le resulta «difícil» precisar qué impresión le causó entonces. «No recuerdo que

174

me haya impactado mucho. Tuve la sensación de que era un político habilidoso, que se había manejado bien en los medios de comunicación y proyectaba cierta simpatía, porque buscaba hacerlo, en las relaciones con los demás.»

Estrenándose en la presidencia, Chávez se propuso vender todo aquello que juzgara excesivo. «Ya he firmado un decreto [...] para subastar un lote grande de aeronaves. No se justifican tantas. ¡Dios mío, 128 aviones! ¡Una Fuerza Aérea!» De catorce aviones, la flota de la gigantesca petrolera estatal Petróleos de Venezuela, queda reducida a seis. Chávez ordena entonces transferir parte del producto de la venta al Fondo Único Social, para la construcción de escuelas, ambulatorios y viviendas. También asegura que disminuirá en mil los efectivos del Regimiento de Guardia de Honor para quedarse sólo con 400 hombres. Conocido por sus amigos y compañeros como un hombre desprendido y frugal, que no repara en cuestiones materiales, el hombre que ahora pasea en limusina y para el que nada es imposible, jamás se había fijado en automóviles, y poco le importaba ahorrar dinero para hacer posible aquello con lo que todos los humanos sueñan para sí: una casa, comodidades y cierto bienestar.

«Chávez fue un hombre que nunca, a lo largo de su vida, se preocupó por comprarse un apartamento, por nada. Él agarraba su sueldo y lo gastaba completo, cuando todos nosotros, desde muy jóvenes, teníamos que estar pagando [créditos]. Cuando éramos tenientes coroneles el peor carro era el de Chávez, un *Fairmont* que no servía para nada. Una vez me dio la cola [un aventón] del Campo de Carabobo para Maracay y se le metía el agua por dentro. De casualidad no me mojé con un hueco que tenía por debajo. Uno lo veía como desprendido, sin sentido de pertenencia. Recuerdo que le decía: "si tú vas a hacer lo que todos tenemos que hacer [la insurrección], ¿ni siquiera has pensado en dejarle un techo a tu familia?". Él estaba en mi habitación cuando hicimos el curso de Estado Mayor y yo le decía: "haz las diligencias". Entonces compró una casita por allá en Mariara que se la dejó a su esposa Nancy», señala Jesús Urdaneta.

El ex comandante también recuerda que Chávez reprobaba que otros se preocuparan por las cosas materiales. «Cuando compré un apartamento en Maracay más grande y cómodo, de 120 metros cuadrados, él llega y dice: "Este apartamento sí que es lujoso". Le dije que yo no sabía qué era o no lujoso para él, pero que creía que vivir cómodo no era pecado, si el dinero era bienhabido. Le dije: "No sé si para ti ser buen venezolano es vivir debajo de un puente". Me pidió que no me pusiera así y dijo que él sabía que me había reventado trabajando. Chávez es un tipo que nunca se sacrificó, que tuvo suerte cuando caímos presos porque a él le terminaron de pagar la casa la gente que se identificaba con él, simpatizantes. Siempre consiguió que lo ayudaran. Cuando llegamos al gobierno y dijo en un discurso "el que tenga dos apartamentos que ceda uno", yo le dije: "¡pero qué cómodo e irresponsable eres tú con eso que dices! Si yo tengo dos apartamentos, por los que he trabajado para pagarlos, no tengo por qué estar cediendo. Es muy fácil para ti que nunca has pagado nada". Él lo aceptaba pero no quedaba muy satisfecho.»

Aunque ya durante la campaña presidencial vivió cómodamente en el clasemediero sureste de Caracas, financiado por sus colaboradores, Chávez no conoce la abundancia hasta alcanzar el poder. Y, aun entonces sigue siendo, en opinión de sus más leales colaboradores —como su fotógrafa Egilda Gómez, quien lo retrata desde hace más de seis años—, «un hombre al que no le interesan las cosas materiales». Gómez recuerda, como ejemplo, que en la celebración de uno de sus cumpleaños, ya siendo él jefe de Estado, algún adulante le regaló una cadena de oro, «que parecía una guaya. Entonces él la tomó, le dio las gracias, y se la puso en el cuello a su hija diciendo: "esto te va mejor a ti, que a mí". Lo hizo delante de quien se la regaló». Pero, desde el principio, el presidente no escatima en gastos para su promoción y utiliza los recursos del Estado para demostrarle al mundo que no es un militar «gorila», ni un comunista recalcitrante, y, sobre todo, para desatanizar su «revolución», que es vista con cautela. Su empeño en esto es febril y nunca cesará. Paradójicamente, se ha granjeado con su discurso una fama de radical que después se dedica a desmontar en el exterior.

Como presidente electo, bate récord: viaja en seis semanas a doce países. De América, visita Brasil, Argentina, Colombia, México, República Dominicana, Canadá y Cuba. De Europa: España, Francia, Alemania e Italia. En París dirá, en un foro con empresarios franceses: «Mi gira a Europa busca mostrar que no soy el diablo, esa mezcla de Mussolini y Hitler que tanto se ha dicho. Y no soy un tirano». Deja de último a Estados Unidos, donde ve al presidente Bill Clinton quince minutos y le regala el libro *Bolívar forever*. Es su primer viaje a Washington. Se entrevista también con el secretario de Energía, Bill Richardson, y con Michel Camdessus, entonces director del Fondo Monetario Internacional (FMI), al que llegará después a definir como «asqueroso instrumento de explotación al servicio de los poderosos del mundo».[1] En todas las capitales es recibido con curiosidad por presidentes y primeros ministros. Y se esfuerza por aparecer como un político moderno y moderado. «Estamos de cara a un nuevo siglo y yo legítimamente lo represento», declara sin la menor modestia en Washington. En lo que queda de 1999, recorrerá otros 23 países, dejando ya pálido a Carlos Andrés Pérez, considerado hasta entonces el mandatario más viajero de Venezuela.

En total, el año de su debut como jefe de Estado, 1999, se ausenta 52 días del país. Chávez se desplaza en un viejo *Boeing 737*, con 24 años de servicio, que no es el más adecuado para vuelos trasatlánticos. Un viaje a Europa requiere de cuatro escalas, en un laberinto aéreo que toma dieciocho horas. Y a la aeronave no le es permitido aterrizar en algunos aeropuertos por el ruido que emite. Desde el primer momento, el mandatario prohíbe las bebidas alcohólicas en el avión presidencial, lo cual fue especialmente sentido por algunos de sus ministros. No le gustan las comidas extrañas y lleva a su propio cocinero. Con él, también viaja su médico, el internista de origen asiático Luis Chang Cheng, quien vela por mantener controlado su colesterol. En ocasiones, lo acompañan sus hijas del primer matrimonio. La Primera Dama, temerosa de andar por los aires, viaja poco. Sólo cuando logra superar el miedo o cuando sus celos llegan al límite. Cuando va, lleva siempre un rosario. Hiperkinético y de poco dormir, Chávez mata el tiempo revisando papeles y reuniéndose con sus ministros. El avión presidencial es pues su despacho en el aire. Ya en tierra, la cosa es más relajada.

El ex militar barinés se muestra literalmente encantado con el mundo que se le abre. Es, de alguna manera, un turista privilegiado. Y, olvida su prédica antineoliberal cuando sonríe y posa para las fotos tocando el martillo en la bolsa de Wall Street, durante un viaje de negocios a mediados de 1999. A veces, resulta incluso conmovedor para quienes no lo critican ver cómo «el muchacho de provincia» —que sigue siendo, según su amigo Edmundo Chirinos— cumple viejos sueños al lanzar la primera bola en un juego de béisbol en el Shea Stadium. Sus funcionarios Jorge Giordani, ministro de Planificación, y Clemente Scotto, entonces presidente de la estatal de acero y aluminio Corporación Venezolana de Guyana, interrumpen una reunión con inversionistas potenciales para ver a su presidente jugando. Chávez había visitado antes el Yankee Stadium, base de su equipo favorito, que era donde en realidad le habría gustado jugar, pero sus asesores, novatos en estas lides, no supieron cómo gestionar su participación. En Houston, coincide en un desayuno con hombres de negocios con el ex presidente George Bush y con su hijo el entonces gobernador de Texas, George W. Bush, sin siquiera saber que en unos años lo considerará su enemigo número uno cuando éste llegue a la Casa Blanca y desde allí —según sus denuncias— el norteamericano se empeñe en desestabilizar su gobierno, derrocarlo incluso, y se convierta, como asegura, en el «amo de la oposición venezolana».

Tres meses más tarde, el venezolano vuelve a Nueva York para intervenir, por primera vez, en la Asamblea General de Naciones Unidas. En la misión de Estados Unidos, se reúne por segunda vez con Clinton, esta vez durante una hora. Y tiene la oportunidad de estrecharle las manos al ex secretario de Estado, Henry Kissinger, quien intenta tocarle el ego al elogiar su «energía y dedicación». Es de suponer que entonces el ex comandante antipinochetista habrá recordado a Allende. En Washington visita la sede de la Organización de Estados Americanos (OEA) y la de la Sociedad Interamericana de Prensa (SIP), de la que no querrá saber nada más adelante. Y no puede resistir la tentación de volver a jugar béisbol, esta vez con los oficiales del Colegio Interamericano, mientras una barra de niños y jóvenes venezolanos lo anima cantando ininterrumpidamente piezas folclóricas como "Pajarillo" y "Barlovento". Chávez, en un gesto que dejaría patidifusos a más de uno de sus compañeros de izquierda, señala que mientras fue miembro de las Fuerzas Armadas soñaba con ser alumno de esta escuela castrense norteamericana.

En El Vaticano, cae de rodillas cuando ve al papa Juan Pablo II y junta las manos frente a su rostro como en trance de oración. Se le ve sereno y, contrario a su costumbre y a la de todos los venezolanos, habla muy quedo y gesticula con discreción. Fuera de Venezuela, Chávez confirma un rasgo que había dejado ver a los venezolanos mientras estaba en campaña: es una suerte de Zelig tropical, que —como el protagonista en aquel famoso filme de Woody Allen— va mimetizándose de acuerdo con su entorno y a sus interlocutores. Es espontáneo y a veces irreverente. Hombre rígido con los rituales militares, burla el protocolo civil, aunque está consciente de los límites.

Acaba de regresar a Caracas desde El Vaticano cuando, a finales de 1999, emprende una extensa gira por diez países de Asia, Europa y Medio Oriente. Va con una comitiva cercana al centenar de personas. Y empieza también a ser visto como un hombre folclórico; en Venezuela, habrá quienes incluso lleguen a compararlo con Adbdalá Bucaram, el ecuatoriano destituido de la presidencia por su afición a hacer el ridículo. En China, es recibido por Jiang Zemin en la Plaza de Tiananmen. Cuando lo llevan a conocer la legendaria Muralla China se lanza a trotar, dejando a los ministros y al resto de sus acompañantes sin aliento. «Me recordó a Rocky, sólo le faltaba la música, él comunica esa vitalidad», señala la famosa chef venezolana Helena Ibarra, quien fue contratada para la gira por uno de los empresarios más acaudalados de Venezuela —Lorenzo Mendoza de Empresas Polar— para que se encargara de los cocteles y entremeses que se ofrecerían durante la gira. Aguda observadora, Ibarra cree que Chávez es «muy sensible a la escenografía y se toma muy a pecho la parte ritual […] hace que sus actos parezcan muy genuinos, porque yo pienso que él sí se las cree».

Su espontaneidad y su sentido del humor —imprudente y tosco, en ocasiones, vulgar a veces— hiere susceptibilidades y causa molestias. Hugo Chávez se muestra confianzudo, uno de los rasgos de la venezolanidad, con colegas a quienes apenas ha visto. En su primera visita a Moscú, en mayo de 2001, pretende hacerle un chiste a Vladimir Putin, aun antes de conocerlo. Cuando el *premier* ruso camina hacia él, el venezolano adopta una postura de karate antes de estrecharle la mano. Por segundos, Putin se desconcierta hasta que se da cuenta de que se trata de una broma y sonríe cortésmente. Chávez entonces cambia de postura, gesticula como si estuviera bateando y dice con una amplia sonrisa: «He oído que eres cinta negra en karate. Yo soy un beisbolero». En otra ocasión, recién conociendo a la ex canciller de México, Rosario Green, entonces en funciones, se pone a cantar súbitamente la canción venezolana «Rosario», lo que deja sorprendida a la ministra. Más adelante, en una cumbre caribeña, estando ella sentada con unos colegas, llega el venezolano por detrás y le tapa los ojos con las manos, en un «adivina quién es». Su intento de caer simpático tiene entonces el efecto contrario, a Green le desagrada el gesto.

A Chávez parecen incomodarle los formalismos y las distancias, y muestra prisa por allanarlas. Procura ser, como asegura el psiquiatra Chirinos, querido. Aunque canta con mucha frecuencia «no soy monedita de oro pa' caerle bien a todos», busca afanosamente serlo. Se siente simpático y quiere que así lo reconozcan. Es, explica Chirinos, «un tipo fundamentalmente ajeno a todo protocolo. En buena medida, porque su formación es una formación de pueblo, humilde, sencilla, donde no hay protocolo. En un pueblo como Sabaneta, no sé si al cura lo respetan o al jefe civil, pero en general es un tú a tú con todo el mundo. Y él es un tú a tú con todo el mundo». Una característica sorprendente, teniendo en cuenta su tránsito de más de veinte años (1971-1992) por una institución tan formal, jerárquica y rígida como el Ejército.

En Japón, el mandatario dejará fríos a los guardias del Palacio Imperial al romper el protocolo para darle un fuerte abrazo de despedida al emperador Akihito, a quien le habría hecho gracia el gesto, a juzgar por su sonrisa. Le dice adiós a los guardias estrechándole las manos y dándole las gracias a cada uno, un gesto que habitualmente repite donde quiera que va. «Él juega a ese juego del afecto para desarmar. Lo consigue o no, pero en todo caso no te puedes olvidar. Es un lado como irrespetuoso pero *naïf*. Juega a eso, y creo que lo hace a conciencia. Es un mecanismo para seducir a la gente. Y le da resultados», señala Ibarra. En Tokio, el mandatario tampoco puede evitar probar su brazo en el estadio Meiji Jingu. Sostiene una reunión tras otra y, como paréntesis, ordena a sus colaboradores que le procuren esos momentos de diversión. Es un hombre que no pierde detalle de lo que sucede a su alrededor. A Helena Ibarra la sorprende un día en el *lobby* del lujoso hotel donde estaban alojados. Ella estaba parada, con la mirada perdida, mientras un grupo de músicos venezolanos, también parte de la comitiva, tocaba. De pronto, sintió una mano en el hombro y la voz gruesa de locutor: «¿qué te pasa, por qué estás tan triste?». «Yo estaba evidentemente pensando en cosas. Él tiene ese tipo de detalles con la gente que hace que enganche, los agarra por la parte emocional. En el avión se paraba puesto por puesto, recordaba el nombre de cada uno, les hacía anécdotas. Así fue durante todo el viaje.»

En una ocasión, recuerda, los escoltas del mandatario pasaron toda la noche pidiéndole que subiera hallacas —una suerte de tamal que se prepara en Venezuela para Navidad— a la suite presidencial. Cuando

Chávez terminó sus reuniones, alrededor de las tres de la madrugada, y quiso comer las hallacas de Helena, ya no había: sus custodios se las habían devorado. Entonces los reprendió con un castigo castrense: los puso a hacer saltos de rana. El viejo avión, acondicionado para el centenar de pasajeros, aguanta hasta Filipinas, donde se le desprende una rueda al tren de aterrizaje. Chávez, que siempre ha tenido la fortuna de encontrar quien lo asista, acepta la lujosa aeronave que le envía el emir de Qatar, Hamad bin Khalifa al Thani, para que culminen la gira. Aunque no era la encargada de preparar toda la comida del mandatario, Ibarra pudo intuir el genoma culinario presidencial: «Puede morir con las cosas que lo vinculan a su cultura, a sus costumbres y a su historia. Para él la hallaca y el chigüire [carpincho] son lo máximo. Hay gente que tiene un perfil gastronómico más audaz, que le gusta descubrir sabores. Él no, él está bien apegado a lo que le gusta desde siempre. En eso es bien cuadrado». Chávez, dice, «parece comer mucho por ansiedad», lo cual es notorio. Desde que llegó a la presidencia, su apetito se ha disparado, a juzgar por el cambio de su fisonomía y el sobrepeso que ha adquirido. No menos de quince kilos, dejando en el olvido a aquel Tribilín de su juventud.

★★★

Al incidente con el Boeing 737 ocurrido en Filipinas, se suman dos percances en el año 2000 y otro cuando la aeronave se queda a mitad de camino, por una falla en el radar, durante un viaje presidencial a Qatar en 2001. En esta ocasión, es el rey saudí Fahd quien sale en auxilio de Chávez, prestándole un avión para que termine su viaje. Ello hace que el presidente considere necesario adquirir una nueva aeronave. Con su hábito de buscarle sobrenombres y *slogans* a todo, bautiza al viejo avión que quedó varado en Filipinas como «el camastrón», término con el que se designa en Venezuela a los automóviles viejos, y ordena la compra de un avión nuevo, en una decisión vista por sus críticos como un despilfarro innecesario. La Fuerza Aérea comienza a evaluar las opciones. Chávez impone un solo requisito a los expertos que lo asesoran en la selección del nuevo jet: que no sea norteamericano. Le recomiendan uno de fabricación francesa, con equipamiento VIP que incluye oficina ejecutiva, suite y un lujoso baño. Cuando se revela que el gobernante con aires de Robin Hood se ha decidido finalmente por ese avión, un

Airbus 319, que cuesta 65 millones de dólares, la opinión pública pone el grito en el cielo. La compra contrasta con sus frecuentes pedidos de austeridad. La transacción se demora, lo que no inhibe al trotamundos. En sus primeros tres años de gobierno, el jefe de Estado pasa fuera del país 170 días, es decir, más de cinco meses. Ha visitado 71 países en cuatro continentes. Le ha dado la vuelta al orbe.

Finalmente, el nuevo avión arriba a Venezuela en marzo de 2002 y, por poco, Chávez no lo estrena. La empresa tenía previsto entregarlo antes, pero el mandatario pidió a última hora que pintaran la bandera venezolana alrededor de la aeronave. El Airbus pasó una semana en el hangar porque no se consideró prudente exhibirlo en aquella Venezuela en ebullición por cotidianas protestas antigubernamentales. Efectivamente, no lo era. Cuando el 6 de abril el reluciente avión, siglas FAV 0001, realiza una prueba en La Carlota, se forma una enorme cadena humana con cacerolas alrededor del aeropuerto, en protesta, por considerarlo una ostentación incoherente con la prédica del mandatario. Una semana después, se producirá el fugaz golpe de Estado contra el presidente Chávez, quien estuvo a punto de no sentarse en el asiento número 1, detrás del cual había mandado a colgar expresamente un cuadro de su héroe Ezequiel Zamora. Pero su destino era retornar al poder y estrenar su aeronave. Meses después la televisión muestra el video del lujoso interior, donde se aprecian también cuadros de Bolívar y Simón Rodríguez. El «árbol de las tres raíces» en pleno vuelo. En verdad, luce extraordinario, con sus asientos de piel *beige* y accesorios dorados. De acuerdo con un piloto de la Fuerza Aérea que conoce bien el asunto, el cambio de avión era necesario y asegura que, de todos los modelos de Airbus que existen, el presidente escogió el más pequeño, de 42 plazas. Igual, el diario *El Universal* lo bautiza como «el chupadólares».

«El camastrón se va a convertir en el primer avión de una compañía de turismo popular para que la gente pobre pueda ver [el parque nacional] Canaima, y puedan ir a las islas del Caribe», asegura entonces Chávez. Hasta mediados de 2004,[2] no ha sido así. La próxima vez que se supo del Boeing 737 fue por la protesta suscitada porque la vieja aeronave había servido para llevar a su ex esposa Marisabel, junto a sus dos hijos, a Disneyworld. Más adelante, el ex piloto presidencial Juan Díaz Castillo causó un escándalo al desertar y denunciar que el avión presidencial se usaba para darle «colitas» [aventones] a miembros de los oficialistas

Círculos Bolivarianos. En sus primeros días en el gobierno, Chávez había cuestionado que los aviones de Petróleos de Venezuela fueran usados para dar colitas turísticas a burócratas. Díaz señala además que se violan normas de seguridad porque en el avión viaja personal armado y agrega que, en una ocasión, a un colega suyo le encomendaron «la misión» de llevar, en un helicóptero Cougar, una caja con cereales y leche a la Primera Dama, que se encontraba en la playa.

El nuevo jefe de Estado había comenzado su gestión disminuyendo los ministerios de 17 a 14 (para 2007 los habrá aumentado a 27). Recortando escoltas a ex funcionarios. Cambiando denominaciones de organismos e institutos autónomos para diferenciar su administración del pasado. Prometiendo ahorrar. La palabra pobreza no se despegaba de su boca. Y se mostraba indignado por los lujos de la residencia presidencial, una quinta colonial enclavada en un vecindario residencial del este de Caracas. «Me declaro un angustiado social y esa angustia se incrementa cuando llego a La Casona, cuando veo aquel lujo y esos salones gigantescos y esos jardines. Cuando estoy allá no puedo dormir por el recuerdo de los niños que no tienen para comer»,[3] señala recién mudado. La Casona, que fue una hacienda de café construida en el siglo XVIII, tiene 6 mil 500 metros cuadrados de construcción y 33 mil de jardín. Comprada en 1964 como residencia presidencial, tiene 13 habitaciones para la familia, 2 de huéspedes, 10 para personal de servicio y custodia, 10 salones distintos, 2 comedores y 7 patios internos. Una piscina, gimnasio, una cancha de boliche y un cine al aire libre. «No necesito una casa tan grande, yo podría vivir en un apartamento, con mi esposa y mis hijos y sólo necesitaría un hombre de seguridad por si acaso a alguien se le ocurre lanzar una piedra»,[4] expresa en una de sus primeras ruedas de prensa como mandatario en ejercicio, pero no se muda. «No quiero vivir como un rey mientras hay niños que se arropan con periódicos. No quiero parafernalias imperiales»,[5] dice, y aunque cuestiona que la mansión tenga piscina y «¡hasta un cine!», aprobará la remodelación de la alberca cuatro años más tarde para que la disfrute su familia. Chávez soportará los lujos de La Casona durante sus primeros tres años en el gobierno. Después, el fantasma del magnicidio y las conspiraciones, además de los cacerolazos de sus vecinos, lo harán refugiarse en la base militar Fuerte Tiuna, donde ordenará reacondicionar la casa que habitualmente ocupaban los ministros de Defensa.

La prédica revolucionaria de Chávez ha hecho que se monitoreen como nunca los viajes y los gastos presidenciales. Mientras estuvo en el parlamento, entre 2000 y 2005, el diputado de oposición, Carlos Berrizbeitia, vicepresidente de la Comisión de Administración y Servicios, llevó un detallado registro de cada salida del presidente. Para mediados de 2004, el mandatario venezolano ha realizado 98 viajes, visitando 135 países —sin contar los viajes relámpago de menos de tres días, que no requieren autorización del Legislativo— y se ha ausentado del país 248 días. Todo un récord: ocho meses y tres días. Los países más frecuentados son Brasil, Colombia y Cuba. Y no planea quedarse en casa. Desde que se estableció el control de cambio de monedas extranjeras a principios de 2003, la Comisión de Administración de Divisas, encargada de la restricción, ha aprobado 7 millones 499 mil 800 dólares para gastos de viajes del presidente en 2004. No es la única partida de la presidencia que se dispara.

Nada más pisar Miraflores, Hugo Chávez, quien siempre le ha concedido un valor simbólico al ropaje, deja atrás su liqui-liqui. Y pronto abandonará los trajes de Clement por los del sastre de moda entre los caraqueños más acomodados, el italiano Giovanni Scutaro. Pero su prenda favorita es el uniforme militar. Tanto que comienza a usarlo, pese a estar retirado, en actos oficiales, en contra de los consejos de sus asesores. Dentro de las Fuerzas Armadas, el hecho causa irritación. Al jefe de Estado le hace ilusión ponerse el traje de gala blanco de los generales, aunque nunca —debido a la asonada del 4F que pone fin a su carrera militar— haya podido ser ascendido a ese grado. Y un día, se le ocurre reproducir un cuadro que retrotrae a los venezolanos de cierta edad a los tiempos de la dictadura de Pérez Jiménez en los cincuenta. El mandatario llega a un desfile militar en el Paseo Los Próceres de Caracas en un auto descapotable, luciendo aquel uniforme cruzado por una banda tricolor y rebosante de medallas. A su lado va la Primera Dama vestida de rosa, con un sombrero semejante a los que usaba la esposa del dictador. La puesta en escena levanta chispas en los cuarteles e indignación entre sus adversarios. Meses después, cuando haga su acto de contrición público en su primera aparición después del fallido golpe de abril de 2002, una de sus primeras promesas será colgar para siempre el uniforme.

En sus primeros tiempos en Miraflores, Chávez se fascina con las camisas de rayas gruesas de cuello y puño blanco, más apropiadas para un *play boy démodé* que para un mandatario. Para ocasiones informales, comienza a aparecer con un híbrido de camisa y chaqueta estilo safari, con hombreras, que le hacen lucir aún más corpulento. Se dice que están hechas de tela blindada y que serían un presente de Fidel. Él ha dicho que su color favorito es el azul, pero el que más usa es el verde y, por cuestiones proselitistas, aparece cada vez más vestido de rojo, color con que identifica su partido y su revolución bolivariana. En una ocasión se muestra alarmado, públicamente, porque —dice— abrió su armario y se encontró con más de cien trajes. Se los han ido comprando, señala, sin que él supiera —«alguien, no sé en qué momento, me pone unos trajes y a mí no me queda más remedio que ponérmelos»,[6] asegura. El tránsito por el poder ha hecho que vaya refinando cada vez más el gusto. Si para mediados de 1998, cuando andaba en campaña con camisas manga larga a cuadros y calurosos chalecos, era considerado por los mejores modistos caraqueños como el candidato peor vestido, hoy sería considerado el presidente mejor vestido de la historia venezolana. Mejor incluso que muchos de sus colegas latinoamericanos.

El jefe de Estado usa ahora los trajes más exclusivos, según el cronista social y experto en moda Roland Carreño, «Brioni, una casa italiana le manda directamente desde Nueva York los trajes al presidente Chávez».[7] Y, en una peculiar aparición televisiva, a mediados de 2004, el ex comandante aparece impecable con un elegantísimo traje oscuro que será la comidilla de la semana. En esa ocasión, Chávez se pasea entre bustos de sus próceres favoritos y los acaricia mientras anuncia su campaña para defender su gestión ante el referéndum revocatorio presidencial del 15 de agosto de 2004. El traje es un Lanvin, de aproximadamente 3 mil dólares, y la corbata, una Pancaldi de 300 dólares, de acuerdo con Carreño, quien afirma que «el presidente Chávez posee uno de los guardarropas más fastuosos del continente», que incluyen corbatas Pancaldi y Hermés. Cuando así lo quiere, Chávez es el venezolano mejor vestido. Ha desarrollado también una afición por los relojes Cartier, Boucheron y Rolex. Su debilidad, dice Carreño, «son los Cartier». En 2003, la Fiscalía —dirigida por el oficialista Isaías Rodríguez, ex vicepresidente de Chávez— recibió una denuncia por el aumento en 1 000 por ciento de los gastos presidenciales. Como era de esperarse, la averiguación quedó en el aire.

El diputado Berrizbeitia comenzó a monitorear los gastos de Chávez desde el momento preciso, a principios del año 2002, en que escuchó al mandatario pedir a la población, en un discurso televisado, sacrificarse por la revolución aunque estuviesen «desnudos y pasando hambre». De acuerdo con los datos de Berrizbeitia, basados en el presupuesto oficial, durante su gestión Chávez habría costado a los venezolanos entre 6 mil y 7 mil dólares diarios. Para el año 2004, los gastos de la presidencia se incrementaron en 54.3 % en relación con el año anterior, fijándose el presupuesto de Miraflores en 60 millones 894 mil 764 dólares.[8] Según su antiguo mentor Luis Miquilena, «del caballero humilde que era Chávez, que cuando llegó quería vender La Casona porque era mucho camisón pa' Petra, que quería acabar con el palacio de Miraflores para poner ahí una universidad, al dandy que se viste de Gucci y tiene reloj Cartier, hay un abismo. El Chávez de ahora es un Chávez ganado para el disfrute concupiscente del poder».

$$\star\star\star$$

Hay quienes aventuran, en realidad sin mayor fundamento, que el refinamiento de Chávez tendría que ver con su contacto con la fastuosa élite árabe. Desde que asume la presidencia, y con la tenacidad que le caracteriza, el mandatario emprende una cruzada en defensa del precio del petróleo venezolano, que había cerrado en 10.8 dólares por barril, en 1998, con tendencia a la baja. «Miren la herencia que me han dejado: el petróleo por debajo de los diez dólares el barril», se queja, después de asumir el gobierno. Se empeña entonces en convocar a los líderes de la Organización de los Países Exportadores de Petróleo (OPEP) a Venezuela, quienes hasta entonces se habían reunido en una sola ocasión (Argelia, 1975) desde la creación del cartel en 1960. La II Cumbre se realiza en septiembre de 2000, en Caracas, por iniciativa del venezolano, que viajó al Medio Oriente a invitar personalmente a los reyes, emires y jefes de Estado. Con el libio Muammar Gadhafi se produce una empatía inmediata, Chávez lo admira y conoce bien su *Libro Verde*, desde la época en que conspiraba para el golpe del 4F. Y, desafiando el aislamiento impuesto por Washington a Irak, se convierte en el único mandatario en visitar Bagdad después de la guerra del Golfo. Asegura que un funcionario norteamericano llegó a pedirle que cancelara el viaje:

«¡Imagínate tú, qué falta de respeto tan grande! […]. Yo voy al infierno si quiero», dice al respecto. La foto de Saddam Hussein manejando un Mercedes Benz negro con Chávez de copiloto da la vuelta al mundo.

En un par de años, el venezolano logra su objetivo. A finales de septiembre de 2000, la capital es otra. El gobierno se ha afanado en asfaltar baches, recoger desperdicios, reparar túneles y esconder a los centenares de vendedores ambulantes que se pelean las aceras del centro, para mostrar a los invitados una Caracas que no conocen los caraqueños: una ciudad limpia y ordenada. En la clausura de la cita —a la que asisten once dignatarios y delegados—[9] el presidente venezolano resalta que con la Declaración de Caracas «hemos relanzado la OPEP unida». No es retórica: de allí en adelante el cartel actuará como un bloque respetando las cuotas de exportación fijadas, haciendo reducciones, apuntalando los precios. Hugo Chávez luce inspirado cuando al final de la cita canta, en el auditorio del Complejo Cultural Teresa Carreño, la canción «Venezuela». Desde entonces, los precios del crudo venezolano casi se han más que duplicado, ubicándose para 2006 por encima de los cincuenta dólares por barril.

Más adelante, la cuestión petrolera pondrá a Chávez en su peor aprieto desde el golpe de abril de 2002, pero el desenlace le permitirá dejar de sentirse miserable, según sus propias palabras. La huelga nacional, convocada por la oposición en diciembre de 2002, acompañada de marchas callejeras, llegó a paralizar completamente la industria petrolera —que genera aproximadamente 80 % del total de las exportaciones venezolanas[10]— y dejó al país sin combustible por varios días. Según algunos actores políticos, el paro estaba diseñado para pocos días. Habría sido, entonces, un sector de la oposición, diferenciado de los partidos, quien impuso una agenda fraguada con anterioridad: una huelga indefinida, que acorralara al gobierno y terminara llevando al presidente a renunciar o a aceptar la realización de un referéndum sobre su permanencia en el poder. La economía del país se hizo trizas, pero Chávez no dio su brazo a torcer. Militarizó las instalaciones petroleras, pidió ayuda a sus aliados del Medio Oriente para hacer frente a los compromisos de exportación, contrató jubilados de la industria y técnicos extranjeros, además de enfrentar el desabastecimiento con importaciones de combustible y alimentos, principalmente de Brasil.

La paralización, la más larga de la historia venezolana, con una duración de 63 días, culminó el 2 de febrero de 2003, justo en el cuarto aniversario del ascenso de Chávez al poder. La huelga, a la que el gobierno calificó de «sabotaje», tuvo un impacto de 10 % del Producto Interno Bruto, aproximadamente 9 mil millones de dólares, y la capacidad de la industria quedó afectada por varios meses. Los huelguistas estaban desgastados y la población, harta. El presidente venezolano se alzó entonces como triunfador y ordenó el despido de unos 19 mil trabajadores petroleros, casi la mitad del total de empleados de la petrolera.[11] «Yo no tengo ningún problema si a toditos tuviera que rasparlos», dijo tras anunciar personalmente el cese de siete altos gerentes, medida que comparó a una «destitución en el alto mando de la Fuerza Armada».[12]

«El 2003 nos dejó nada más ni nada menos que la recuperación de Petróleos de Venezuela y sus operaciones, y el manejo de sus finanzas. Yo puedo decirles que ahora sí tengo capacidad de mando en Pdvsa [Petróleos de Venezuela, S. A.], pero antes no tenía absolutamente nada. ¿Y saben cómo me sentía?: un verdadero miserable. Bolivariano como soy, recordaba siempre aquello de Bolívar: "llamarse jefe para no serlo es el colmo de la miseria", el colmo de la miseria. Esa empresa ahora es y será siempre de los venezolanos», asegura Chávez un año después, el 15 de enero de 2004, en su mensaje anual ante la Asamblea Nacional. Entonces, hace la siguiente revelación: «[…] las crisis muchas veces son necesarias. Incluso, a veces, hay que generarlas, midiéndolas por supuesto. Lo de Pdvsa era necesario aun cuando nosotros, bueno, no es que no la generamos, sí la generamos, porque cuando yo agarré el pito [silbato] aquel en un *Aló, Presidente* [el 7 de abril de 2002] y empecé a botar gente, yo estaba provocando la crisis; cuando nombré a Gastón Parra Luzardo y aquella nueva Junta Directiva, pues estábamos provocando la crisis. Ellos [los trabajadores petroleros] respondieron y se presentó el conflicto». Se trata pues, a juzgar por sus propias palabras, de un conflicto estimulado adrede, que se manifiesta con protestas masivas en las calles de Caracas. El saldo de la crisis, en efecto, se resolverá a su favor y, a la larga, Hugo Chávez habrá de obtener aún más control. Pero antes atravesará por el peor momento de su vida cuando un golpe de Estado le arrebate el poder.

11. Los enredos de abril

Hugo Chávez lo piensa por un momento. Quizá siente que todo, en las últimas horas, ha ido demasiado de prisa. No sabe cómo eso que llaman realidad de pronto se ha detenido ahí, en el cañón de un arma. ¿Es ésa la solución? ¿Cuál es el instante definitivo en que cualquiera puede decidir que disparar es la única salida? A su lado está el vicepresidente José Vicente Rangel. Acaba de proponerle justamente eso: dar la pelea, resistir. Hasta las últimas consecuencias. Sus miradas se cruzan fugazmente cuando le avisan que tiene una llamada. Fidel Castro se encuentra al otro lado de la línea telefónica. El presidente atiende, habla, escucha. Es medianoche. Fidel dice: «salva a tu gente y sálvate tú, haz lo que tengas que hacer, negocia con dignidad, no te vayas a inmolar, Chávez, porque esto no termina ahí, no te vayas a inmolar».[1] Cuelga. Pide estar solo. Piensa. Y, por segunda vez en su vida, decide rendirse.

Hay muchos 11 de abril. Al menos, en Venezuela, hay muchos. Es un día que todavía tiene demasiadas versiones. Lamentablemente, para todos los venezolanos, también tiene muchos muertos y muchos heridos. Entre el 11 y el 14 de abril del año 2002, en el país ocurrió de todo. En menos de 48 horas Hugo Chávez salió y volvió al poder; se cristalizó y se evaporó un proyecto autoritario, fracasó un golpe de Estado; la Fuerza Armada destituyó y restituyó a un presidente. En menos de 48 horas, hubo veinte muertos y más de 110 heridos. Son unos días difíciles. Después de todas las investigaciones, de todos los libros, de todas las películas, todavía quedan misterios, zonas turbias donde la única explicación de lo ocurrido apenas sobrevive a las acusaciones que gobierno y oposición se dedican mutuamente; sombras donde el silencio es espeso y áspero.

Chávez cree que hubo tres disparadores de lo ocurrido. El primero lo ubica en el 11 de septiembre del año 2001. «Eso desató una nueva actitud del gobierno de los Estados Unidos, que comenzó entonces a alentar a la oposición venezolana.»[2] El mandatario sostiene que la embajada norteamericana propiciaba encuentros con sectores y líderes de la oposición. El gobierno obtuvo la información gracias a «un venezolano que invitaron por error, porque a veces se equivocan también, y este venezolano, que no es chavista, vino alarmado y le comunicó a un amigo común lo que él oyó decir allá a la gente de la oposición, que a Chávez había que derrocarlo o matarlo. Y lo dijeron hablando con funcionarios del Pentágono».[3]

El segundo antecedente lo ubica también en el año 2001, cuando en noviembre fue aprobado un paquete de leyes decreto. Estas leyes, 49 en total, al decir del presidente, se atenían al proyecto de la Constitución, legislaban sobre elementos fundamentales del país como los impuestos, las tierras, los hidrocarburos, las finanzas, etc., pero supuestamente atentaban contra poderosos intereses de la sociedad venezolana. El tercer disparador, consecuencia del primero y del segundo, fue la conformación de un grupo de militares, dentro de la Fuerza Armada Nacional, que se alió con algunos sectores de la oposición en búsqueda —según Chávez— de derrocar de manera violenta al gobierno bolivariano.

El análisis oficial, sin embargo, no menciona otros aspectos que sí rescata la oposición cuando señala el ambiente de crispamiento social que se vivía en el país, la permanente alza de temperatura en las relaciones entre los diferentes actores políticos. El sábado 6 de abril, por ejemplo, la Confederación de Trabajadores de Venezuela (CTV) convocó, por motivos salariales, a una huelga general de 24 horas. El domingo 7 de abril, Chávez destituyó públicamente a siete altos ejecutivos de la empresa estatal Petróleos de Venezuela. La razón fue el conflicto que mantenían estos gerentes ante el nombramiento de una nueva directiva de la corporación.

De igual manera, el gobierno tenía abierto otro frente, en pugna con los medios de comunicación radioléctricos, a los que Chávez había sometido a largas cadenas en esos días y que ya se encontraban enfrentados a la política comunicacional del presidente. El anecdotario pudiera ser extenso. Cantidad de elementos fueron abundando en una creciente tensión, en un clima de intemperancia rugosamente compartido por gran parte de la sociedad. Esta situación, sin embargo, no parece ser suficiente como para justificar los sucesos del 11 de abril. Es probable que la explicación se halle en una peculiar combinación de los elementos que mencionan tanto el gobierno como la oposición. Es cierto que había una gran movilización social, pero existen demasiados indicios que afirman que también estaba en marcha una conspiración.

El general Raúl Baduel, comandante de la Cuarta Brigada de Paracaidistas en ese entonces, reconoce que no se sintió demasiado sorprendido ante los sucesos: «No fue una total sorpresa, porque ya venían siendo anunciadas muchas acciones: eso del paro general, las protestas tanto acá a nivel de la región capital como en otras regiones [...] Y yo tengo un calendario donde marqué el 5 de abril, allí escribí: "El golpe es inminente". Yo lo marqué e intenté hablar con el presidente, pero no pude».[4]

Sorprende un poco que Chávez, y sus más cercanos colaboradores, hayan subestimado la crisis interna dentro de las Fuerzas Armadas. Hay bastantes evidencias que señalan que, desde hacía tiempo, algún sector de la sociedad había decidido provocar la salida de Chávez del poder. Tampoco, en medio de esa crisis, se ocultaron esas intenciones. En la noche del 11 de abril, cuando nadie sabía el destino del presidente, el coronel Julio Rodríguez Salas, vocero de los militares sublevados, declaró en televisión: «Desde hace nueve meses comenzó a organizarse un movimiento en firme, un movimiento serio y que afortunadamente se ha materializado el día de hoy».[5] Hay, también, indicios que señalan que no sólo se trataba de una cofradía militar, que también estarían implicados miembros del empresariado, de los medios de comunicación, de los partidos políticos del país. Esta versión sostiene que quien actúa como vínculo entre todos estos sectores, quien funge como operador político de esta iniciativa, es el cardenal de Caracas, Monseñor Ignacio Velasco.

Unas semanas antes de los sucesos, se da una reunión a la que asisten algunos representantes de la élite política y empresarial de Venezuela. Ahí se presenta Monseñor Velasco y reparte una bendición a los presentes, comenta la necesidad inminente de sacar al presidente del gobierno y lamenta la ausencia de «los verdes» (militares) en ese encuentro. Éste es el antecedente de otra reunión, realizada el día 9 de abril, en un lujoso vecindario del sureste de Caracas, donde en lugares diferentes del interior de la casa supuestamente se hallaban representantes del mundo civil y del mundo militar, ya encaminados en un plan conspirativo. Monseñor Velasco actuó nuevamente como vínculo entre el sector civil y el sector militar y pidió un voto de confianza para designar él personalmente a la persona que, en caso de ser necesario, debería estar al frente de un posible gobierno de transición. Resulta entonces bastante probable pensar que, más allá de la situación social, del conflictivo panorama del país, se estaba cocinando un golpe de Estado.

Analizando esta situación, Teodoro Petkoff propone separar las dos cosas: por un lado la movilización popular y, por el otro, la conspiración. «Ambas cosas marcharon paralelamente y, en un momento determinado, los conspiradores cabalgaron sobre la movilización popular. No considero que las movilizaciones populares habidas en los meses anteriores respondían a la estrategia de los conspiradores, pero los conspiradores —ya en las semanas finales— las utilizaron, sin duda.»[6]

$$\star\star\star$$

El 11 de abril del año 2002 se produce una gran concentración, convocada por la dirigencia opositora, en la ciudad de Caracas. Los cálculos más ambiciosos aseguran que podían contarse hasta un millón de personas. Los menos entusiastas hablan de un mínimo de 500 mil. Lo cierto es que, en medio del fervor de la multitud, con los ánimos caldeados y exigiendo la renuncia del presidente, algunos dirigentes aceptan y coordinan que la marcha, sin los permisos requeridos, traspase su destino inicial y se encamine hacia el Palacio de Miraflores. No era necesario inducir a los manifestantes. En el ánimo colectivo bulle el deseo de ir a gritar consignas frente al Palacio, de marchar a pedir la renuncia de Chávez. A su vez, Freddy Bernal, alcalde oficialista, comienza a convocar a los seguidores del gobierno a las cercanías del Palacio para defender al gobierno. Ya desde ese instante, se puede oler un extraño sudor en el aire. Apenas es mediodía.

Poco se sabe del presidente en estos momentos. No está visible. Se encuentra en su oficina de Miraflores analizando la situación, recibiendo información, tomando decisiones. Alrededor de la una de la tarde comienzan a precipitarse los acontecimientos. Oficiales de la Guardia Nacional impiden la llegada de los manifestantes hasta Miraflores. En medio de un desconcierto general, comienzan a caer al suelo personas

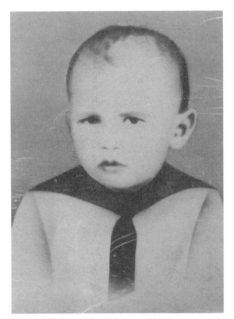

Hugo Chávez de niño en Barinas.
(Foto: cortesía Herma Marksman.)

A los 20 años, de cadete en Lima, brindando junto a compañeros de Colombia, Ecuador, Bolivia y Perú. Es el tercero de derecha a izquierda. (Foto: cortesía Herma Marksman.)

Hugo Chávez, al poco tiempo de ingresar a la Academia Militar. (Foto: Archivo *El Nacional.*)

Durante unas maniobras militares en 1982. (Foto: cortesía Herma Marksman.)

Durante su primera entrevista concedida en prisión. (Foto: Laura Sánchez.)

La madre de Chávez, Elena Frías de Chávez, en 1992. (Foto: cortesía del diario *La Prensa*, estado Barinas, Venezuela.)

Chávez junto a su amante Herma Marksman (a la izquierda), la hija de Herma y su hermana Cristina. (Foto: cortesía Herma Marksman.)

Tras el golpe del 4F, en su celda de Yare. (Foto: cortesía Herma Marksman.)

En una visita a Colombia en 1994, junto a su amigo Jesús Urdaneta y
(su protector Nedo Paniz. (Foto: cortesía Herma Marksman.)

Hugo Chávez, poco después de
salir de prisión, ataviado con un
liqui-liqui, traje típico de Los Llanos.
(Foto: cortesía Jesús Castillo.)

Su hermano Narciso.
(Foto: Archivo *El Nacional*.)

Al centro, llevando la bandera en un acto en Barinas, 1976.
(Foto: cortesía Herma Marksman.)

El 4 de febrero de 1992 llamando a sus compañeros a rendirse en su primera aparición ante las cámaras. (Foto: Jesús Castillo.)

La primera esposa, Nancy Colmenares, y los tres hijos de Hugo Chávez en las afueras de la cárcel, después del 4-F. (Foto: Jesús Castillo.)

Alférez Hugo Rafael Chávez Frías

El día 28 de julio de 1954 vino al mundo este dinámico muchacho en la muy noble y leal ciudad de Barinas.

A nuestros tímpanos suenan todavía las pintorescas, ilustrativas y no menos jocosas letras de sus joropos, corridos y pasajes, con los que se empeñó en dar a sentir y conocer lo que es su terruño llanero, cosa que lograba

a toda costa. Su número favorito y que en todo momento llevara en sus labios era aquel que empezaba: "Furia se llamó el caballo..."; llegando a identificarse tanto con su melodía que nosotros decidimos llamarle "Furia".

El ejemplo fue la base de toda su actuación y exigencias.

Por baluarte siempre tuvo la camaradería, que impartió entre todos nosotros.

Aplicado estudiante de Ciencias, donde se mantenía en duro combate contra Morfeo.

Dentro del base-ball fue de los mejores, el zurdo "Furia" llegó a ser el mejor pitcher del equipo y excelente primera base. Dentro de su afición deportiva también cabe mencionar sus grandes dotes de submarinista y buceador del fondo de las piscinas, deporte que practicaba durante la Semana Santa en el Instituto bajo el fulgurante sol.

Pertenece al servicio de Transmisiones.

En esta página del libro de la Promoción Simón Bolívar aparece Hugo Chávez casi de 21 años. Julio de 1975.

Animando un concurso de belleza en la Academia Militar, 1975. (Foto: cortesía Herma Marksman.)

Su bisabuelo Maisanta, a la derecha.
(Foto: cortesía Herma Marksman.)

Durante su juramentación como presidente ante el presidente del Congreso, Luis Alfonzo Dávila, y el presidente saliente, Rafael Caldera (al centro). (Foto: Ernesto Morgado.)

Como locutor en sus primeros programas radiofónicos. (Foto: Alex Delgado.)

Con su segunda esposa Marisabel Rodríguez durante un desfile oficial.
(Foto: Manuel Sardá.)

Con Marisabel y Rosinés. (Foto: Henry Delgado.)

Elena Frías hoy en día en Barinas, junto
a su mascota Coqui. (Foto: cortesía diario
La Prensa de Barinas.)

Como candidato a la presidencia, durante un acto proselitista en 1998.
(Foto: Alex Delgado.)

Adán, el hermano mayor.
(Foto: William Zurek.)

Adelis, el menor.
(Foto: Archivo *El Nacional.*)

Argenis.
(Foto: Archivo *El Nacional.*)

Aníbal.
(Foto: Archivo *El Nacional.*)

Hugo de los Reyes Chávez y Elena Frías de Chávez.
(Foto: Iván Aponte.)

Durante el desfile militar el 5 de julio de 2000, en el paseo Los Próceres, con uniforme de gala. (Foto: Jesús Castillo.)

Hugo Chávez Frías, presidente de la República Bolivariana de Venezuela, vestido con uniforme militar. (Foto: Henry Delgado.)

Hugo Chávez Frías, presidente de la República Bolivariana de Venezuela, con uniforme militar. (Foto: Jesús Castillo.)

heridas. Las balas parecen llegar desde cualquier lado. Sin aviso. Sin otro rumbo que el primer cuerpo cercano. El miedo siempre es inflamable. Cuando la sangre mancha a una multitud, cualquier cosa puede esperarse. Una hora después, en cadena nacional, aparece Lucas Rincón Romero, Inspector General de la Fuerza Armada, junto a oficiales del alto mando militar, desmintiendo posibles rumores sobre sus renuncias o sobre la detención del presidente de la República. Le comunica a la ciudadanía que sólo hay unos focos de perturbación en el centro de Caracas y asegura que Chávez se encuentra en su despacho trabajando. «La situación en el país es de normalidad», dice.

La situación, en las cercanías de Miraflores, no es, sin embargo, nada normal. Todavía hoy ha sido imposible una reconstrucción fiable, que convenza a todos, sobre lo que pasó realmente durante aquellas horas. La oposición acusa al gobierno de utilizar a sus grupos armados, oficiales y paraoficiales, en contra de la manifestación de protesta. El gobierno acusa a la oposición de crear un plan macabro para, con elementos de la Policía Metropolitana [dependiente del alcalde de la oposición Alfredo Peña] y mercenarios, disparar contra la marcha de protesta y producir un caos, propiciando una crisis institucional, un golpe de Estado. Hay suficientes imágenes para respaldar cualquiera de las dos versiones; suficientes investigaciones y testimonios para que cada uno de los bandos se aferre a un argumento conveniente. Hay, incluso, de lado y lado, películas documentales que han recorrido el mundo promocionando una u otra explicación de los hechos. Hay, también y por desgracia, suficientes muertos y heridos en ambos bandos. Gente que ya no es chavista o antichavista.

Son las 3:45 de la tarde. Eso dice el reloj del presidente. Chávez ha decidido encadenar a todas las emisoras del país y da un mensaje. Por primera vez luce nervioso. Se le ve algo incómodo, tenso. No goza de la fluidez verbal que casi siempre lo acompaña. Denuncia las intenciones de la marcha. Dice que la gente que pretende acercarse al Palacio de Miraflores sólo quiere sacarlo del poder. Paradójicamente, sostiene que el país está en normalidad. Es entonces cuando las televisoras privadas deciden combatir el relato oficial y dividen la pantalla, dejando al presidente de un lado y transmitiendo, del otro lado, las imágenes dolorosas y sangrientas de los enfrentamientos en el centro de Caracas. Se trata de un evidente desafío. El gobierno suspende las señales de las televisoras privadas mientras dura el mensaje del primer mandatario. Al finalizar la cadena, se restituyen las señales de las televisoras privadas y éstas comienzan de nuevo a transmitir imágenes de lo que ocurre en el centro de Caracas. La ciudad parece una incertidumbre con sabor a bomba lacrimógena.

Tampoco se sabe mucho más de Hugo Chávez después de ese momento. Hasta la madrugada no volverá a aparecer en la televisión. Se sabe que aproximadamente sobre las 5:30 de la tarde ordena activar el llamado *Plan Ávila*, un diseño de seguridad, de alto carácter represivo, cuyos protagonistas son los militares. Hace unos meses hubiera sido difícil imaginar a Chávez implementando una medida como ésta. Si algo distinguió siempre su discurso fue su crítica radical al uso del Ejército como instrumento represivo de manifestaciones civiles. De cualquier modo, igual luce muy difícil intentar comprender esos momentos sin asumir que, en el interior de las Fuerzas Armadas, estaba madurando de manera abrupta una compleja crisis. Los periodistas Sandra La Fuente y Alfredo Meza, en *El acertijo de Abril*, han realizado un registro minucioso que detalla los múltiples movimientos que se producen dentro del mundo militar entre los días 11 y 14 de abril. En sus páginas hay un detalle de extrema importancia simbólica: cuando el presidente culmina la cadena de televisión, se dirige a su despacho y, entonces, decide «cambiarse de ropa. Se puso un traje de campaña».[7] Esa imagen asoma el perfil con el que se iría tiñendo aquella tarde, la clara idea de que los problemas habían pasado a otro territorio, que sólo podrían resolverse dentro del orden militar.

Desde temprano, en la tarde del 11 de abril, comienzan a sucederse acciones de sublevación de algunos altos oficiales. Hacia la noche, cada vez más, los pronunciamientos y los desconocimientos a la autoridad del presidente se van haciendo públicos. Aquí vuelven a aparecer las diferentes versiones ante lo ocurrido. Hay quienes sostienen que se trataba de un plan orquestado, finamente organizado, para derrocar al gobierno. Algunos de los generales implicados afirman, por el contrario, que simplemente reaccionaron en contra de la aplicación del Plan Ávila, negándose a llevar a los soldados a la calle para reprimir al pueblo. Chávez, mientras tanto, permanece en el Palacio tratando de hacer un balance, de ver con qué fuerzas cuenta, de tomar una decisión. Algunos de sus colaboradores más cercanos están junto a él. El presidente había convocado una reunión de gobernadores oficialistas para después de la cadena, que nunca se realiza. Su padre, el gobernador de Barinas, y su madre también se encuentran en el Palacio aquella tarde. Así recuerda doña Elena ese día: «Fue peor, peor que el 4 [se refiere a la asonada de febrero de 1992]. Yo estaba llorando, pidiéndole a Dios que me diera un infarto».

Ciertamente, el clima interno del país es infartante. El desconcierto convoca emociones encontradas. Aquella noche casi nadie duerme en Venezuela. Ya Efraín Vásquez, comandante del Ejército, ha hecho un pronunciamiento público donde sentencia: «Hasta hoy le fui fiel, presidente». Ya, también, muchos generales, y otros oficiales de alto rango de las distintas fuerzas, han fijado posición, responsabilizando a Chávez de la violencia desatada durante el día. La Primera Dama y sus hijos han sido trasladados a la ciudad de Barquisimeto, en el centro del país. La señal del canal del Estado ha sido interrumpida. La pantalla del gobierno está apagada. Luis Miquilena, ex ministro del Interior y de Justicia y mentor del mandatario durante los tres primeros años de gobierno, critica los sucesos y marca su separación definitiva con un gobierno «manchado de sangre». Todo parece estar dominado por un tenso enigma, por un contenido desconcierto. Nadie sabe muy bien qué pasa. Sólo hay susurros, especulaciones, una soterrada negociación. Todos los venezolanos se asoman a la televisión o a la radio, esperando. Quien se distraiga un segundo, tal vez se pierda el final de esta historia. O quizá, tan sólo el final de esta larguísima noche. Maripili Hernández, cercana colaboradora de Chávez, reafirma que en esas horas «un montón de gente dijo que había que luchar hasta el final y defender el Palacio de Miraflores. Chávez dijo que no. Dijo que se iba a entregar».

Como a las tres de la madrugada, doña Elena logra colarse en el despacho presidencial para ver a su hijo. «Ahí me dijo él: "parece que nos vamos, mamá". "Nos vamos, entonces, mi amor, le dije yo. Pero no se preocupe que allá está su casa. La casita de Barinas, y allá vivimos. Si un topocho [plátano] y pasta encontramos, eso comemos, pero como la familia que siempre hemos sido". Y me abraza mi hijo y me dice en un momento: "ay, vieja, yo sí te he hecho sufrir". Sin botar una lágrima, le dije: "no digas eso, que el sufrimiento ha sido pequeño y el orgullo de ser tu madre es grande". Entonces ahí le eché la bendición, lo besé, me di la vuelta y salí.» No sería la última vez que vería a su hijo esa misma madrugada. Un poco después, en el patio del Palacio, atisba cuando su hijo se traslada con unos militares a Fuerte Tiuna. Como en una dramática escena de película, la madre recuerda: «Mira, salí corriendo, pero ya estaba en el carro. Me aferré a la puerta del carro y no dejaba que la cerraran. Y el carajo que andaba ahí me decía: "señora, ya nos vamos". No, pero yo tengo que irme con él, le decía. "No, no. Usted no puede ir", me decía el señor. Entonces, mi hijo Adán estaba por allá y alguien le dijo que yo estaba aferrada, que no dejaba… Hugo no me comentaba nada. Él no me habló. Yo seguía ahí, aferrada a esa puerta. El hombre a cerrarla y yo a abrirla para meterme. Y entonces ahí llegó Adán y me agarró y me dijo: "véngase, vieja". Y yo sentí como que me habían sacado el corazón con el alma».

★★★

Alrededor de las 3:25 de la madrugada, la figura del general Lucas Rincón se reproduce de repente en todas las pantallas de televisión del país. Y dice: «Deplora el Alto Mando Militar los lamentables acontecimientos sucedidos en la capital en el día de ayer. Ante tales hechos, se le solicitó al señor presidente de la República la renuncia de su cargo, la cual aceptó». Con esas breves palabras, dejadas caer sobre la madrugada del país, Lucas Rincón entra en las mayúsculas de la historia e inaugura un amplio catálogo de confusiones sobre la ausencia de Chávez en el gobierno. A partir de esa frase se construye la teoría del «vacío de poder», que se opondrá a la teoría de la conspiración y del golpe de Estado que maneja el gobierno. El misterio de esas horas, tiene que ver con todo esto. Con una negociación militar, con una renuncia esquiva. El presidente reconoce que estaba dispuesto a combatir pero que, después de evaluar la situación, desiste. Es también en ese instante cuando la llamada de Fidel Castro resulta providencial. Chávez confiesa que se encontraba ante «un gran dilema. No es fácil para uno, presidente de la República, con un fusil al lado, soldado, entregar el arma y aceptar ir prisionero, porque yo acepté ir prisionero… Yo he podido desplazarme a otra ciudad, o al menos tratar de hacerlo con una columna armada o he podido irme a otro sitio de Caracas armado, bueno, con trescientos, quinientos hombres, llamar al pueblo, pero a lo mejor eso hubiese sido el primer paso a la guerra civil».[8]

A partir de esa decisión comienzan las negociaciones entre el gobernante y los militares que habían orquestado la conspiración. Es factible pensar que, en esos momentos, nadie tiene demasiado claro qué está ocurriendo en realidad dentro de los altos mandos militares. Ni siquiera Chávez. Si bien es cierto que hay un grupo organizado, que había seguido un plan para tomar el poder, también es evidente que existe otro grupo de militares que permanece indeciso, que parece no terminar de definirse ante lo que sucede. La mejor evidencia de esta tensa ambigüedad, y del desconcierto posterior, es el general Lucas Rincón, quien a pesar de haberse negado a activar el Plan Ávila y anunciar después públicamente la renuncia de Chávez, a la postre aparecerá como un hombre leal, será condecorado y nombrado ministro de Interior y Justicia.

Pero, en realidad, lo de la renuncia de Chávez es otro difícil enredo. Casi parece un juego de palabras, un trabalenguas. Monseñor Baltazar Porras, presidente de la Conferencia Episcopal venezolana, fue llamado por el presidente esa misma medianoche. La idea es que fungiera como una suerte de aval en la negociación. «Hay todo un tema que se ha manejado sobre si renunció o no renunció [cuenta Porras]. Él no usó conmigo la palabra renunciar. Me dijo: "yo, después de muchas consultas durante tres horas, he decidido dejar el poder y estoy dispuesto a firmar si usted me garantiza que me permitan salir al exterior".» Ese exterior era Cuba. En una conversación grabada durante su cautiverio, Chávez le dice a un coronel que lo custodia: «Llegó el momento en que yo necesito que me digan adónde voy a ir. Si no, yo no salgo de aquí». El oficial le comunica: «las intenciones son llevarlo a La Orchila [una isla militarizada en el Caribe, a 130 kilómetros de Caracas], para su posible posterior traslado al exterior [...]».Y el mandatario agrega: «Yo si me voy a Cuba, o adonde yo decida, no puede ser obligado. Cuba sería una posibilidad que yo he estado evaluando [...]».[9] Se sabe que, en la madrugada del 12 de abril, el gobierno cubano contactó a 21 embajadas en Caracas para trasladar a Chávez a la isla.

El asunto de la renuncia es fundamental porque tiene que ver, antes, durante y después, con la legitimidad o ilegitimidad de la acciones tanto de los militares como del gobierno que se instauró por escasas horas en el país. La renuncia no firmada pero sí anunciada públicamente se convierte entonces en un elemento capital del caso. Gracias a esto, por ejemplo, el Tribunal Supremo de Justicia le dio oportunidad a la teoría del vacío de poder y liberó de responsabilidad penal a los militares y civiles que participaron en todo este movimiento conspirativo.

Lo cierto es que el mismo Chávez parece manejar, a veces, versiones diferentes de su propia historia. Ha sostenido en varias oportunidades que se entregó para evitar un derramamiento de sangre. Al periodista Miguel Bonasso, del periódico argentino *Página 12*, le asegura, sin embargo, que su decisión de entregarse a los militares sublevados fue una jugada estratégica, porque deseaba encontrarse en su ambiente natural, entre militares, en Fuerte Tiuna. Su relato sostiene que, cuando estuvo frente a los conspiradores, en la madrugada del 12 de abril, se negó a renunciar de manera frontal y los increpó: «Yo no voy a firmar ese papel, ustedes parece que no me conocen. Yo no voy a firmar eso (…) Ustedes como que no se dan cuenta de lo que están haciendo, cuando salga el sol, dentro de poco, van a tener que explicarle a este país qué están haciendo».[10] En ese encuentro, lo que recuerda un testigo es más bien la actitud feroz de uno de los militares, el general Néstor González, quien obligó al mandatario a quitarse el uniforme militar. Se trata de otro detalle simbólico que refuerza el protagonismo del orden castrense en toda esta situación. De esta manera, Chávez, de alguna manera, parece haber sido rebajado a la indumentaria civil, despojado del poder definitivo que podría mantenerlo en la presidencia.

En otro testimonio, el mandatario asume que su decisión de ir a Fuerte Tiuna era casi un sin remedio, la conclusión lógica de quien cae en cuenta de que ha perdido casi toda la fuerza militar. En ese momento, cuenta que reunió a los colaboradores que lo acompañaban y les dijo: «Yo soy capaz de renunciar pero si se cumplen cuatro condiciones. La primera era que se respetara la seguridad física de todos […]. La segunda: que se respetara la Constitución, es decir, que si yo renunciaba tenía que ser ante la Asamblea Nacional y el vicepresidente debía asumir la presidencia de la República hasta que se llamara a nuevas elecciones. La tercera condición era hablarle en vivo al país. Y la cuarta: que me acompañaran todos los funcionarios de mi gobierno».[11]

Monseñor Porras, al relatar su experiencia de aquella madrugada, cuenta cómo Chávez no aceptó el primer texto de renuncia que se le ofreció para la firma. «Él lo rechaza porque simplemente ponía su renuncia y entonces él mismo dijo que pusieran ahí, para facilitar las cosas, que él destituía a Diosdado Cabello como vicepresidente "porque no sirve para eso", y que también destituía a los ministros del gabinete. Y entonces se mandó a hacer esa nueva redacción.» Varios testimonios coinciden en que la disposición inicial de Chávez a renunciar varió cuando no le fue concedida su exigencia de viajar al exterior. Era evidente que se sentía traicionado, que temía por su vida, que no sabía en quién confiar dentro del mundo militar. Día y medio después, cuando los conspiradores accedieron a esa petición, era demasiado tarde, ya la crisis militar se inclinaba a favor del regreso del presidente.

No existiría, entonces, ningún papel, ninguna carta de renuncia firmada por Hugo Chávez Frías. Hubo muchos bocetos pero la firma de la carta, durante dos días, siempre se vio postergada por razones diversas: porque, en un principio, algunos de los militares conspiradores se oponen a que Chávez salga al exterior y piden que sea juzgado en el país, porque no se llega rápidamente a acuerdos definitivos sobre las condiciones que exige el renunciante, porque Chávez rechaza la redacción de una de las propuestas, porque asegura que sólo firmará cuando se encuentre en las escalerillas del avión que lo sacará del país... Después de los sucesos, en la narrativa que da toda victoria, el mismo Chávez sostiene una versión distinta que, además, no arroja demasiadas luces para la comprensión de la situación: «Yo jamás tuve la intención de renunciar a mi cargo por presiones. Sólo pensé en abandonar el cargo».[12] En todo caso, todos estos retrasos, estas idas y venidas, lograron cumplir con el acertado consejo que le dio José Vicente Rangel, su más hábil y experto operador político:

—No firmes, Hugo, para que sea un golpe de Estado.

Hugo Chávez no habría firmado nada, ni una carta de renuncia ni una carta de abandono, cuando faltando poco para que amaneciera ese 12 de abril, Pedro Carmona, presidente de la federación empresarial Fedecámaras, anuncia públicamente que asumirá la presidencia de Venezuela al frente de un gobierno cívico-militar de transición. Monseñor Porras recuerda el drama humano de esos momentos, recuerda que Chávez «era un hombre ciertamente golpeado, reflexivo, no hacía sino evocar una serie de escenas de su niñez, de él como militar en los diversos puestos que estuvo [...]. Algunos momentos también tenía como sentimientos de llorar y se ponía las manos aquí [entre las cejas] así como para contener las lágrimas, y después continuaba hablando». Mientras tanto, la noticia de Carmona y el anuncio de un nuevo gobierno producen diferentes reacciones entre la población. Hubo quienes celebraron y quienes se lamentaron. Otros sectores estaban en franco desconcierto. Algunos manifestantes, radicales en contra del gobierno, se concentraron frente a la embajada de Cuba y protagonizaron algunas escenas violentas. La gente afecta a Chávez, por su parte, también comenzó a tratar de reunirse para ver cómo podían reaccionar ante lo sucedido.

Mientras Carmona tenía a unos abogados preparando su decreto de autoproclamación y negociaba con diferentes sectores tratando de organizar un nuevo equipo de gobierno, Chávez, a través de un celular que le presta uno de los soldados que lo custodia, logra, después de varios intentos, comunicarse con una de sus hijas: «Mira, María, óyeme, llámate a alguien, llámate a Fidel si puedes [...]. Dile que no he renunciado, que estoy preso y que me van a matar pero que yo no he renunciado».[13] Al mismo tiempo, la crisis interna en la Fuerza Armada iba soterradamente madurando. En una entrevista posterior, el general Baduel reconoce que, en las primeras de cambio, no parecía que nadie del alto mando militar estuviera dispuesto a defender al presidente: «El miedo es libre»,[14] sentenció. Pero, poco a poco, a medida que el proyecto conspirador dejaba ver su cariz arbitrario y totalitario, algunas fuerzas militares comienzan a evaluar lo que ocurre de otra manera.

Al tiempo que esto sucedía, en Caracas un gobierno que todavía no era gobierno ya enfrentaba sus primeras crisis. No es sencillo desentrañar los problemas puntuales que pudieron nacer a partir de las nuevas designaciones militares que realizaron quienes comandaron el golpe de Estado y que, de alguna manera, pertenecían al nuevo entorno de Pedro Carmona. Pero lo cierto es que hay un reordenamiento interno del sector castrense. El general Efraín Vásquez, comandante del Ejército para entonces, quien el 11 de abril se negó a acatar el Plan Ávila y manifestó su desobediencia a Chávez por la televisión, parece ser una figura clave en este proceso. Es él quien convoca a una reunión de generales con los mandos medios en donde se decide desconocer la transición de Carmona si no se realizan cambios importantes en el Acta de Constitución del nuevo gobierno. Mientras, María Gabriela Chávez había cumplido su tarea denunciando que su padre estaba secuestrado, que no había renunciado.

Esa misma tarde, Isaías Rodríguez, fiscal general de la República, denunció ante los medios que se había efectuado un golpe de Estado y que el gobierno de Carmona era inconstitucional. Cada vez más gente salía a la calle a protestar, a preguntar por Chávez. A las 5:30 de la tarde, en el salón Ayacucho del Palacio de Miraflores, de espaldas a la realidad de lo que empezaba a ocurrir, Pedro Carmona se autoproclama como presidente de la República y, de inmediato, se dio lectura a una serie de decretos que disolvían todos los poderes públicos y suprimía la denominación «bolivariana» del nombre del país. «El objetivo era, a no dudar, abrir un brevísimo periodo de facto, respetuoso de los derechos ciudadanos, para convocar a los noventa días a una primera elección parlamentaria, vale decir, en julio de 2002 y seis meses después, en diciembre, la presidencial, para entregar el poder en enero de 2003»,[15] asegura Carmona, quien no hizo tan relevantes precisiones el día del golpe y ahora dedica muchas páginas de su libro *Mi testimonio ante la historia* a justificar la supuesta legitimidad de sus decretos. Es una tarea inútil, sobre todo porque para la mayoría de la población, incluso para una gran parte de la población que se opone a Chávez, se trataba de un proyecto inaceptable.

Teodoro Petkoff, quien definió todo el intento conspirativo como un «pinochetazo *ligth*» afirma que «ese decreto fue fundamentalísimo para producir un cambio en la correlación de fuerzas en la Fuerza Armada, fue lo que determinó un viraje para restablecer a Chávez en el gobierno. Y la actitud de la Fuerza Armada nos hace ver claramente que los 40 años de vida democrática no pasaron en balde: cuando se encontró con un golpe de Estado, percibió que el país estaba internacionalmente aislado y que no se podía salir de un gobierno al que se acusa de toda clase de perversiones antidemocráticas con un régimen dictatorial. Los mismos que aceptaron la salida de Chávez como solución a la crisis política dijeron "mándenlo a buscar". Ese decreto fue el punto de inflexión. Allí se quebró el golpe».[16]

★★★

El 13 de abril el país amaneció con una extraña sensación de fragilidad. La respiración nacional estaba ya tocada por un raro presentimiento. El gobierno interino gozaba cada vez de menos simpatía. Se reprimieron algunas pequeñas manifestaciones de apoyo al presidente detenido. Se hablaba de una cacería de brujas y, de hecho, un ministro y un diputado del partido de gobierno habían sido detenidos y encarcelados, violando cualquier procedimiento legal y de respeto a los derechos humanos.

Durante la noche anterior se hicieron muchas reuniones. Los seguidores del gobierno por fin lograron organizar una reacción popular para la defensa de Chávez. También se había fraguado ya un proyecto dentro de los cuadros militares, en el que el general Baduel toma el liderazgo —apoyado por los generales José Luis García Carneiro, comandante de III División, y Julio García Montoya, secretario del Consejo de Defensa de la Nación— y diseñan el *Plan de Restitución de la Dignidad Nacional*. Incluso líderes de izquierda, politólogos e intelectuales, no afectos a Chávez, también marcaron sus distancias con la propuesta política de Carmona y su equipo. Durante ese día, tanto Marisabel Rodríguez, esposa de Chávez, como Diosdado Cabello, desde un escondite, habían declarado a la cadena de noticias CNN que el presidente no había renunciado. A medida que comenzó a correr el día, la fragilidad comenzó a señalar directamente a Pedro Carmona, quien ya al final de ese 13 de abril, pasaría a la historia venezolana como «Pedro, el breve».

En las primeras horas de la tarde, ese mismo 13 de abril, el general Efraín Vásquez hace pública su decisión de no apoyar al gobierno de Carmona. Carlos Alfonso Martínez, inspector general de la Guardia Nacional, lo secunda. Ambos generales piensan que el nuevo gobierno ha roto el hilo constitucional. Vásquez es un personaje controversial que ha dado pie para que muchos no comprendan del todo sus diferentes actuaciones durante todos estos días. Cuando lo han señalado de ser el responsable de tumbar tanto a Chávez como a Carmona, él responde: «Yo no los tumbé. Se tumbaron ellos mismos, al salirse de la Constitución».[17]

Casi al mismo tiempo, Chávez es trasladado a otra guarnición militar, en la Bahía de Turiamo, en las costas del estado Aragua, cerca de Caracas. Ya en esos momentos, el depuesto presidente asegura intuir que la muerte podría estar rondándolo, «Me dije: llegó el momento, y empecé a rezar el Padre Nuestro con este crucifijo mío»,[18] ha confesado. También ha señalado que «Carmona da la orden a unos almirantes y a unos generales de que debo amanecer muerto, pero que me apliquen la ley de fuga, que parezca un accidente».[19] La fuente de esta información, según cuenta el mismo mandatario, es un mesonero del Palacio de Miraflores que —sirviendo café a los nuevos funcionarios del recién instalado gobierno— dice haber escuchado tal instrucción y asegura haber salido corriendo a dar el aviso a unos soldados leales: «¡quieren matar al

Presidente!». Pedro Carmona niega de manera tajante esa posibilidad. «Chávez ha llegado a afirmar en forma irresponsable que ese día 12 se le pensaba asesinar y, aún más, que Carmona había dado la orden de matarlo. Falsa y paranoica afirmación, no sólo porque de mí jamás habría emanado esa orden, ni la habría avalado como hombre de principios, sino que a nadie se le pasó por la mente semejante despropósito, a pesar de que muchos venezolanos lo habrían celebrado [...]. Pero si hubiera existido algún plan en tal sentido, fueron numerosas las oportunidades para haberlo ejecutado con éxito.»[20]

El jefe de Estado, sin embargo, insiste en que su traslado a la base naval de Turiamo era parte de un plan para asesinarlo. «Al bajar del helicóptero [cuenta] y empezar a caminar observé un conflicto entre los militares que me custodiaban. Dos de ellos estaban ahí para matarme pero otros no, otros eran constitucionalistas. En el momento en que están por cumplir la orden y yo estoy parado así, uno de los mercenarios estos me da la vuelta y se pone detrás y yo pienso: "éste me la va a dar por la espalda". Yo volteo y le veo la cara: "Mira lo que vas a hacer, le digo", y en ese instante salta un muchacho oficial por mi costado y dice: "Si matan al Presidente, aquí nos matamos todos". Eso neutralizó a estos dos mercenarios y me salvó la vida.»[21] Este relato, no obstante, contrasta un poco con una grabación de video que muestra al recién depuesto presidente durante su cautiverio en Turiamo. Luce animado, conversando con sus custodios. Hasta hace algunas bromas y saluda cuando descubre que lo están filmando. En ningún momento menciona este intento de asesinato y, más bien, cuando llega a verlo un coronel, le dice: «Los muchachos me han atendido de maravilla desde que llegué, son unos tremendos soldados, seres humanos que me han dado incluso su conversación».[22]

Es en Turiamo donde el presidente escribe en un papel una pequeña proclama que deja caer en un cesto de basura para que luego, en la complicidad con otro soldado, sea recogida y llevada al exterior como prueba y mensaje de lo que ocurre. En ese papel, deja sentado: «Yo, Hugo Chávez Frías, venezolano, presidente de la República Bolivariana de Venezuela, declaro: no he renunciado al poder legítimo que el pueblo me dio ¡¡¡para siempre!!!».[23] Ni siquiera en tales momentos, su talento comunicacional parpadea. Así como impuso el «Por ahora» el 4 de febrero, rápidamente acuña dos palabras que puede convocar la misma relación, que simbólicamente se inscriben en una misma saga: ¡para siempre!

La tarde del 13 de abril más que tarde ya es un naufragio para la conspiración. Carmona intenta recomponer su imagen y revoca la decisión de disolver la Asamblea Nacional. Pero ya no tiene sentido ningún matiz. Los líderes ligados al gobierno comienzan a hacerse presentes en la calles, a convocar a la gente. Las Fuerzas Armadas ya se habían reordenado y los golpistas eran una minoría cuyo proyecto se convertía rápidamente en fracaso. En un último intento por conseguir su renuncia, Chávez es llevado a La Orchila. A esa isla, en una avioneta privada, también viajan el cardenal Ignacio Velasco y el coronel Julio Rodríguez. En *El acertijo de abril,* La Fuente y Meza señalan que se trató de «una gestión de última hora que pretendía salvar la inminente caída del gobierno de transición. El Alto Mando Militar había aceptado su solicitud de salir del país, pero Chávez cambió de discurso. Ahora planteaba el abandono del cargo. Chávez comenzó a redactar un manuscrito en el que se comprometía a destituir a Diosdado Cabello y acordó estampar la firma una vez que lo transcribieran en la computadora. Nunca hubo tiempo de hacerlo».[24]

Aunque las calles se llenan cada vez más de gente que protesta y las críticas al nuevo régimen se hacen más públicas, los canales privados de televisión intentan ocultar lo que ocurre y abandonan las noticias llenando sus pantallas de series animadas infantiles o películas extranjeras. Pero ya el proceso es indetenible. A las diez de la noche, Pedro Carmona pone su cargo a la orden, dimitiendo a la presidencia de la República. Un poco antes de la medianoche, el general Baduel dirige un operativo de tres helicópteros que llegan a La Orchila para traer de vuelta al presidente.

Permanece la incógnita de lo que conversaron aquella noche, a la orilla de la playa, Hugo Chávez e Ignacio Velasco. La muerte del arzobispo, a causa de cáncer, en junio de 2003, le deja otra estela más de oscuridad a ese momento. Ahí estuvieron uno de los importantes operadores políticos de la conspiración, el hombre de la Iglesia que consideraba que el presidente «bolivariano» buscaba imponer el «castro-comunismo» en Venezuela, y su víctima. Una víctima que, en muy pocas horas, dejó de serlo. ¿Qué se dijeron? ¿De qué hablaron? Velasco contó que Chávez había reflexionado mucho, que había pedido perdón por sus errores. El presidente confirmó esa versión, pero también, en otra oportunidad, contó que le había reclamado duramente al sacerdote su participación directa en el golpe de Estado, la intromisión de la Iglesia en esa conspiración política. La firma de Velasco aparece, junto a la de otras personalidades, avalando la constitución del gobierno de Carmona. Un tiempo después, el cardenal afirmó que no sabía de qué se trataba, que él había firmado una hoja en blanco. La televisión captó el momento en que lo hacía. Quien conozca todo este entramado de personajes y anécdotas detrás de los sucesos del 11 de abril, quizás entonces le encuentre un nuevo significado a las primeras palabras de Hugo Chávez en la madrugada en que recuperó el poder, cuando como presidente de Venezuela se dirigió al país: «A Dios lo que es de Dios al César lo que es del César y al pueblo lo que es del pueblo».

Al restituirse de nuevo el orden, Chávez reconoció sus errores, llamó al diálogo nacional y tomó medidas, como el cambio de funcionarios en su gabinete o la implementación de una nueva negociación en relación con la directiva de Pdvsa, para demostrar sus intenciones de rectificación. Desde el lado de la oposición, algunos sectores siguieron sin creerle. También aseguró que no habría ninguna interferencia política ni personal a la hora de esclarecer y juzgar los hechos. Aunque el Tribunal Supremo de Justicia, acogiéndose al alegato del «vacío de poder», decidió a favor de los militares que se alzaron el 11 de abril, todo indica que lo ocurrido no se olvidará fácilmente. Dos años después, nuevamente, la justicia busca a los generales que supuestamente «traicionaron» a Chávez. En el año 2004, también la Fiscalía inició una investigación y planeaba imputar a todos aquellos que firmaron el Acta de Constitución del gobierno de Pedro Carmona.

El intento del golpe de Estado reforzó al gobierno. Le dio un nuevo impulso. Le permitió una mayor legitimidad a nivel internacional y le dio un argumento político para descalificar a la oposición acusándola de golpista, de buscar medios violentos para llegar al poder. Pero también, a lo interno de las instituciones, le dio una ventaja. En palabras de Maripili Hernández: «El 11 de abril nos hicieron un gran favor porque provocó una purga necesaria que sacó a los traidores». Después de largas sesiones de interpelaciones en la Asamblea Nacional, el Tribunal Supremo de Justicia falló a favor de la teoría del «vacío de poder». Esto, sin embargo, no impidió que se produjera una depuración dentro de las

Fuerzas Armadas. En la parte civil, algunos de los participantes huyen del país. Pedro Carmona, quien pasa unos días bajo arresto domiciliario, se fuga en mayo y pide asilo en Colombia, donde reside actualmente. Cuando un año después monseñor Velasco fallece, el gobierno decreta tres días de duelo pero, durante las exequias, cerca de la catedral de Caracas, un grupo de simpatizantes de Chávez celebra su muerte con la consigna: «¡Uh! ¡Ah! ¡Ignacio se murió!». Un par de meses después, Hugo Chávez finalmente sentencia su opinión acerca del cardenal en una alocución: «Sé que algún día me lo voy a conseguir en el quinto infierno».

Si bien la crisis militar y política de esos días parece haberse resuelto, el tema de los derechos humanos, de las muertes y los abusos —tanto durante el 11 de abril como durante los días posteriores, bajo el fugaz gobierno de Carmona— sigue abierto, como una herida, sobre la sociedad venezolana. Néstor Francia sostiene que «una de las características más notables del golpe de Estado del 11 de abril, es la posterior ofensiva manipuladora, orquestada desde los grandes medios de comunicación, dirigida a tergiversar los hechos, obstaculizar la búsqueda de la verdad y condenar a sectores de la sociedad sin ninguna averiguación seria ni creíble».[25] Se refiere, con especial énfasis, al video que le dio la vuelta al mundo, mostrando a miembros del oficialismo disparando desde un puente. Luego, han aparecido también otros videos y fotografías mostrando cómo agentes de la Policía Metropolitana, dependiente del alcalde opositor Alfredo Peña, también disparaban.

Aunque todas las versiones parecen aceptar que sí hubo francotiradores apostados en los pisos superiores de algunos edificios, los bandos se dividen acusándose mutuamente de la responsabilidad de tales francotiradores. Lo que extraña a más de un analista es que haya sido el gobierno, con su mayoría en la Asamblea Nacional, el que impidió la instalación de una Comisión de la Verdad neutra, con presencia internacional, que investigara a fondo lo ocurrido y le diera transparencia al caso. El general Raúl Salazar, quien fuera el primer ministro de Defensa del gobierno de Chávez y luego su embajador en España, renunció a partir de estos hechos y opinó que «a la Comisión no la dejaron funcionar porque estaban saliendo muchas verdades que terminarían enjuiciando a quienes estaban en el gobierno».

Tal vez, para una buena parte de la población, lo más trágico es que los dos bandos tengan razón. Que, cuando se acusan unos a otros, no están mintiendo. Que las muertes inexplicables y la violencia de aquellos días se mueven peligrosamente entre ambos. Que ninguno de los dos, en el fondo, quiere que se sepa la verdad.

12. Un *showman* en Miraflores

«Chávez equivocó definitivamente su profesión. Él hubiera sido un comunicador de primer orden. Aquí en el mundo de la TV, del cine, no hay un tipo como él.» Así habla Alberto Müller Rojas, su jefe de campaña en las elecciones de 1998. Así, también, podrían hablar muchísimos más. Aliados y adversarios, observadores, simples testigos, nadie puede negar el talento y la habilidad comunicativa de Hugo Chávez. La credibilidad y el afecto que genera a su alrededor es, todavía ahora, sorprendente. Ésa es su mejor eficacia. De hecho, la fallida insurrección del 4 de febrero de 1992 puede verse, fundamentalmente, como un golpe mediático. Ese día Chávez fracasó militarmente, pero tuvo su primer gran éxito de audiencia. Entonces, por primera vez, se tropezó con el Dios *rating*.

A simple vista, sin embargo, no parece haber en su historia personal demasiados rasgos definitivos que apunten hacia esta dirección. Se sabe que, en la Academia Militar, le gustaba declamar, que organizaba los actos culturales, que participaba en obras teatrales. Igualmente, cuando estuvo asignado militarmente a la población de Elorza, fue una suerte de promotor cultural y deportivo, el animador de las fiestas populares del lugar... pero esto no tendría por qué definir de manera puntual la fuerza mediática que vendría después. No parece ser suficiente. De hecho, en otros momentos de su vida, más bien se le recuerda como una persona algo retraída. Así al menos lo testimonian algunos de sus amigos de la infancia y de la adolescencia. Hasta podía pasar por tímido, algo que hoy día parece impensable.

Hugo Chávez es el primer presidente de Venezuela nacido en la era de la televisión. Todos los anteriores, cuyo origen también está en la provincia, no en la capital, jamás estuvieron desde niños en contacto con la industria radioeléctrica. Uno de sus amigos de infancia recuerda con absoluta precisión cuando llegó la televisión a sus vidas: «El primer televisor en Sabaneta fue el de Francisco Contreras, que era la cabeza de una de las familias de mayores recursos del pueblo, forjada con mucho trabajo honesto. Eso fue en el año 1964». En ese momento, el pequeño Hugo tendría 9 o 10 años. Efrén Jiménez, otro de los amigos de esa etapa, apunta también que, en ese tiempo, habían vivido la experiencia de la imagen proyectada: «La única diversión que teníamos era el cine, que costaba un real. ¿Qué era lo que se veía? Películas mexicanas y de vez en cuando las películas vaqueras».

El país era otro. Chávez pertenece, probablemente, a las primeras generaciones de venezolanos que, desde la infancia, comienzan a relacionarse con lo mediático, con la industria de masas. No en balde la confesión que le hace a la revista chilena *Qué Pasa* en 1999: «En vez de Superman, mi héroe era Bolívar».[1] El punto de comparación es un ícono del *comic* que, ya en esos años, tenía su primera versión de una serie televisiva, con un superhéroe en blanco y negro, algo fofo, que dependía de unos efectos especiales rudimentarios.

Pero mientras lo mediático ya existía, como circunstancia, como un asomo al menos de lo que sería el futuro, no parece haber en el niño y en el joven Hugo mayores intereses por relacionarse demasiado directamente con todo ese mundo. Su más remoto antecedente es una escena escolar, cuando se celebró en Sabaneta un acto en honor del primer obispo que nombraron en Barinas, Monseñor Rafael Angel González. «Yo estaba en sexto grado y me designaron para decir unas palabras a través de un microfonito»,[2] recuerda Chávez. Y aunque después siempre se mostraba dispuesto a animar algunas fiestas, declamar y cantar en público, nadie lo recuerda decididamente como un *showman* en ciernes. Siempre estuvo más cerca del sueño de ser un lanzador profesional de béisbol que de buscar afianzarse como un comunicador o un animador de espectáculos. Una compañera del liceo apunta que «Hugo siempre fue histriónico, dado al humor, afectivo, con gran facilidad para hablar», pero igual remarca que, dentro de la comunidad estudiantil, «era un ser absolutamente anónimo». Los hermanos Ruiz y Jesús Pérez, amigos de Chávez de esos años, también destacan su capacidad teatral en la cotidianidad, su buen humor, su falta de miedo escénico… De seguro, todas estas características se activaron de manera insospechada y comenzaron a desarrollarse cuando Chávez se convierte en figura pública. Ese mismo 4 de febrero, cuando con dos palabras entra a la historia; cuando dijo «por ahora» y «por ahora» se convirtió en un *slogan* nacional.

No fue ésa, sin embargo, la primera vez que Hugo Chávez apareció en la televisión. Pero aquella primera vez no fue el protagonista sino un extra más en el desfile de transmisión de mando de la presidencia de la República en 1974. De todos modos, para el joven Hugo no fue algo intrascendente. El 13 de marzo anotó en su diario: «Por la noche, después que apagué las luces, fui a ver la retransmisión del desfile por TV. Me fijé mucho cómo pasé ante la tribuna ¿Me verían en mi casa?».[3] Un hecho desconcertante ocurrió, años después, en la ciudad de Maracaibo, durante uno de esos maratónicos programas sabatinos de la televisión. La producción del evento incluía un concurso de belleza y, al final, la participación de un paracaidista que, desde el cielo, descendería a entregarle una flor a la muchacha ganadora. Gilberto Correa fue el animador de aquel programa. Años después, Hugo Chávez se encargó de recordarle que él era aquel soldado que bajó de las alturas al encuentro con una nueva *Miss*. La confesión fue pública, en otro programa de televisión, y dejó a más de un sorprendido con este hombre, capaz de planear conspiraciones, leer a Marx, admirar al Che Guevara y al mismo tiempo prestarse para participar en uno de los más clásicos productos de la televisión comercial.

Pero, incluso más allá de las apetencias personales, si alguien está obligado a ponderar el poder que tienen los medios de comunicación es Hugo Chávez. Él ha vivido la experiencia de cerca. La conoce a fondo. Sabe, de manera personal y directa, del alcance fulgurante de lo mediático. Antes del 4 de febrero, Hugo Chávez no tenía mayor destino que ascender a general. Después, su destino pudiera haber sido tan sólo una larga condena en prisión y la inhabilitación política de por vida. Pero en el medio están las circunstancias de la historia y, sobre todo, el hechizo mediático. El militar que aparece en la televisión, asumiendo la responsabilidad y el fracaso del golpe, ocupa el espacio de una representación esperada por muchísimos venezolanos. Aparece de pronto como la encarnación perfecta de la antipolítica, como una imagen posible del desespero y del hartazgo de una mayoría ante una élite que ya ni siquiera es capaz de leer lo que pasa en el país.

En los carnavales de ese mes de febrero de 1992, hubo niños disfrazados de Chávez en los parques. Junto a los típicos trajes del zorro, o de cualquier otro superhéroe, una nueva indumentaria se coló entre los más frecuentes disfraces infantiles: el uniforme militar de campaña y la boina roja de los paracaidistas. La aparición de Chávez el 4 de febrero fue definitiva. Entonces empezó a despuntar su propio temperamento, su talante natural. La periodista y ex guerrillera Ángela Zago, quien escribió la primera apología de los golpistas[4] y hoy está en la oposición, recuerda así esos inicios: «Cuando yo llego a la cárcel, no voy a conocer a Hugo Chávez, voy a conocerlos a todos. Pero ¿quién es el más hablador, el más espontáneo, el más simpático? Chávez. Me acuerdo que entró al salón donde estábamos y desde lejos —porque es muy hábil— dijo ¡qué honor! ¡No lo puedo creer! Se fue acercando y me dice: "es un honor para mí conocerte, yo toda mi vida te he leído" y no sé cuántas cosas más [...]». Chávez aprende rápido. Sabe cómo halagar a su interlocutor. Sabe cómo cortejarlo, cómo hacerlo sentir cerca. Desde la misma prisión, cuando representantes de diferentes sectores del país comienzan a visitar a los golpistas, él empieza a afinar una destreza extraordinaria para seducir a cualquiera. Comienza también, desde la prisión, a crear una relación personal con los medios de comunicación.

Ese proceso produce algunos malestares dentro del grupo. Jesús Urdaneta, otro de los militares responsables del golpe, relata una anécdota de cuando todos estaban recluidos en la cárcel del cuartel San Carlos: «Teníamos un teléfono público por dos horas. Uno lo utilizaba para llamar a la esposa y a los hijos. Chávez, en cambio, daba declaraciones a los periodistas, de media hora y una hora. Entonces nos quitaron el teléfono y tuve un enfrentamiento con él. "Ahora nos quitaron el teléfono por culpa tuya, por tu afán", le dije. Él ya tenía su proyecto, pero yo no. Yo pensaba en mi familia». Muy pronto, la misma dinámica de esta realidad fue debilitando al grupo como colectivo; dejando a un Chávez fortalecido, como símbolo absoluto del movimiento. Más allá de las discusiones y de los debates internos entre los compañeros, comenzó a imponerse un factor externo que terminará siendo determinante para todos en el futuro: la popularidad de Chávez.

A la salida de la cárcel, el ex golpista comienza a construir su figura pública. Pero el fervor mediático que produce su salida de prisión sólo lo recuperará cuando abandona su llamado a la abstención y decide participar en la campaña electoral de 1998. Chávez, en su momento, se quejó y acusó a los medios de tenerlo casi bajo un régimen de censura. William Izarra, quien entonces trabajaba junto a Chávez, también subraya que, en aquellos tiempos, «casi toda la prensa nacional nos fustigaba y negaba espacios».[5] Es probable pensar que los medios no desearan promocionarlo demasiado, pero también es cierto que, mientras empuñó un discurso radical en contra de la democracia y de los procesos electorales, su popularidad descendió. El cambio fundamental se produce en 1998. Desde este momento en adelante, su relación con los medios jamás perderá fluidez y será cada vez más intensa. En alianza o en confrontación, pero siempre presente.

★★★

Hugo Chávez es emoción. Tiene una telegenia natural. Es simpático, divertido, logra empatía con gran facilidad. Carismas como el suyo son muy valorados dentro de la industria de la publicidad y dentro del mundo del espectáculo. Producen fervor, fidelidad. A medida que esa emoción sube en las encuestas durante la campaña de 1998, Chávez también va recibiendo más apoyos. Sobre todo de los medios de comunicación. Los más entusiastas, sin duda, fueron el periódico *El Nacional*, uno de los dos más importantes del país, y la Organización Diego Cisneros (ODC), dueña del canal 4 de televisión. Pero apartando algunos casos aislados, todos los medios, como en general la mayoría del país, estaban con Chávez. En el fondo, más allá de los temores, él parecía una respuesta a lo que por años habían denunciado. El ex oficial sintonizaba con el consenso mediático que despreciaba los partidos tradicionales y promovía la antipolítica. A comienzos de 1999, cuando Chávez asume el poder, su efervescencia mediática estaba en pleno clímax. El gobierno vivía su luna de miel con los medios. El país era una entusiasta expectativa. La esperanza estaba de moda.

Ya se sabe: suele ser mucho más fácil ganar elecciones que gobernar. Muy pronto, las relaciones entre el presidente y los medios comenzaron a tensarse. Chávez demostró una particular susceptibilidad ante algunas informaciones difundidas por la prensa. De igual manera, rápidamente, promovió la creación de medios alternativos y programas donde él fuera el centro y el responsable del mensaje, donde personalmente él pudiera dar su versión de la realidad. Así nació el proyecto de *El Correo del Presidente*, un diario oficial que buscaba masificarse. Humberto Jaimes, jefe de Información del periódico, consideraba que el Estado tenía derecho «a difundir la información que estima estratégica y es importante para la opinión pública; tiene derecho a publicar su versión, igual como lo tienen los otros medios de comunicación comerciales».[6]

También en el canal del Estado, Chávez —quien tiene título de locutor— ensayó un primer programa de televisión semanal. Maripili Hernández dirigía en ese momento el canal y defendió el espacio argumentando que era parte de «una estrategia comunicacional que responde a una coyuntura específica: en este momento, se requiere de un líder que le diga las cosas al país». Ninguno de estos proyectos iniciales logra, sin embargo, el resultado deseado. El mismo Chávez tiene su propio balance: «Empezamos haciendo un periódico que se llamaba *El Correo del Presidente*. Era un buen periódico, pero fracasó […] Luego hicimos un programa de televisión semanal, *De Frente con el Presidente,* en vivo, todos los jueves en la noche en un estudio lleno de gente y la gente preguntaba, llamaba por teléfono. No era malo, pero comenzó a hacerse muy pesado y a perder audiencia».[7] Aunque estas dos experiencias terminaron naufragando —en el caso del periódico en medio de denuncias de corrupción—, jamás el gobierno de Chávez ha dejado de impulsar y apoyar, con logística y financiamiento, diversos proyectos comunicacionales que van desde un nuevo canal de televisión pública, Vive TV, otro diario oficialista, *Vea*, dirigido por Guillermo García Ponce, presidente del denominado Comando Político de la Revolución Bolivariana, hasta la revista *Question*, vinculada a Ignacio Ramonet y a *Le Monde Diplomatique*. De la misma manera, a través del Ministerio de Cultura, también se promocionan y desarrollan diversos medios comunitarios y páginas *web* de contundente fidelidad con la revolución bolivariana.

Sin embargo, no es sino con *Aló, Presidente* que Chávez parece encontrarse a gusto con el formato y con los resultados que obtiene. El programa se transmite en vivo todos los domingos en horas de la mañana. No tiene hora fija de inicio, aunque suele empezar alrededor de las 11:00 a. m., y nunca nadie sabe cuándo terminará. La participación de la gente se hace a través de llamadas que son controladas y suelen halagar al conductor. Cuenta siempre con invitados, nacionales o extranjeros, una suerte de panel que escucha al presidente y que sólo interviene cuando éste lo pide. Y siempre asisten miembros del gabinete que —con movimientos de cabeza y sonrisas— aúpan cada palabra del mandatario durante minutos que se cuentan por centenas. En relación con la duración, él mismo ha dicho: «A mí me gusta que sea así. Sé que a otros no les gusta. He hecho el esfuerzo por reducirlo, pero la tendencia —que la impongo yo al final (ríe)— ha sido la de alargarlo».[8] El récord lo tiene la edición número 100, el 17 de marzo de 2002, que tuvo una duración de 7 horas y 35 minutos. Todo ese tiempo transcurre sin guión, depende de lo que Chávez vaya improvisando. Puede referirse a las actividades gubernamentales de la semana, pero también hablar de su nieto o relatar algunas anécdotas de su propia vida, cantar, comentar las noticias de la prensa o reseñar las obras que adelanta su gobierno. Con orgullo, ha afirmado que su programa siempre gana el *rating*, aunque los reportes semanales de la empresa AGB, que mide los niveles de audiencia en el país, no son tan halagadores.

No obstante, aun así, es cierto que Chávez ha logrado que *Aló, Presidente* sea un foco de atención para otros sectores de la sociedad, sobre todo para los medios. Lo inesperado del programa y del mandatario, por supuesto, permiten mantener siempre en expectativa a los periodistas. El jefe de Estado, por ejemplo, más de una vez ha sorprendido al país con anuncios exclusivos como cuando nombró, el 23 de enero del año 2000, a Isaías Rodríguez como primer vicepresidente del país. En otra ocasión, en abril de 2002, al grito de ¡fuera!, despidió a gran parte de la gerencia de Petróleos de Venezuela. «Ése es uno de los errores más graves que yo he cometido, y además, con un pito [silbato]… (ríe) fue un abuso de mi parte, más nunca lo voy a hacer»,[9] le jura a Marta Harnecker, refiriéndose a ese episodio. El domingo 22 de agosto de 2004, una semana después de ganar en el referéndum revocatorio que decidió su permanencia en la presidencia, anunció en medio del programa la designación de dos nuevos ministros en áreas clave: Relaciones Interiores e Información.

Estas cosas, unidas a sus propias dotes de animador, a su sentido del humor, a su manejo de las anécdotas, a los ingredientes pintorescos que añade al programa, alimentan la relación intensa entre Chávez y los medios. El psiquiatra Edmundo Chirinos, cercano al presidente, afirma: «Su show, *Aló, Presidente*, se convierte en material de trabajo para todos los periodistas del país. Todos esperan el lunes para ver qué comentan los periodistas sobre el programa. Me pregunto qué harán si Chávez desaparece». Los partidos de oposición, sin embargo, señalan que ese *show,* por la logística y la cantidad de público e invitados que tiene, le sale muy costoso al país. Carlos Berrizbeitia, diputado entre 2000 y 2005, denuncia que, para el 23 de mayo de 2004, la suma total del costo de todos los programas presidenciales, 192 para la fecha, ascendía a 37 millones de dólares. El gobierno ni siquiera se dio por aludido. Su horizonte mediático estaba más lejos: ya Chávez había empezado a promocionar la idea de crear una red de televisión continental, latinoamericana (actual Telesur) y un programa de radio semanal de una hora, que pudiera ser escuchado desde Chicago hasta la Patagonia.

En el primer *Aló, Presidente*, el 23 de mayo de 1999, Chávez ya comenzó a referirse a los medios: «Incluso aquí en Venezuela a veces hasta se abusa, se denigra, se miente, se lanzan campañas de difamación por algunos medios de comunicación [...]. Éste es un combate por Venezuela, por el futuro de nuestros hijos, por el futuro de la patria y yo lo que ando es cumpliendo con una responsabilidad, así que amigos, aquí estamos en la batalla por la libertad de expresión». Era el anuncio de una pelea que apenas estaba por comenzar.

El periodista Rafael Poleo, opuesto al gobierno, piensa que muchos e importantes medios «se autoengañaron con la suposición de que podrían manejar a Chávez como hasta entonces habían manejado a los políticos de origen popular a unos más y a otros menos. Dueños de televisoras, periódicos y cadenas radiales se montaron cada uno su propia fantasía, alimentada por una mezcla de miedo, ambición y codicia. Chávez los caló y los usó, esperando el momento en que debía enfrentarse con ellos, movido por el hecho real que determina sus relaciones con el poder mediático».[10] Vladimir Villegas, también periodista pero partidario de Chávez y quien fue presidente del canal del Estado, asume más bien que, en un primer momento, «los medios en general se vieron obligados a aceptar esa dura realidad llamada Hugo Chávez Frías», pero que, después de la luna de miel, el inicio de la confrontación se da a causa de «la constante desconfianza mutua entre el jefe de Estado y los dueños de las empresas de comunicación social».[11]

Es cierto que, en más de un sentido, algunos medios de comunicación pensaron que podían entenderse con el nuevo gobierno tal y como lo habían hecho durante los 40 años anteriores. Es conocido el caso de la

Organización Diego Cisneros —cuya principal empresa en el país es el canal Venevisión— que pretendió, al principio de la administración, que se designara a un hombre de su confianza al frente de la Comisión Nacional de Telecomunicaciones. Chávez se negó. Y se enfrascaron en un enfrentamiento durante años. Pero, últimamente, el intercambio con el magnate Gustavo Cisneros estaría marcado por el pragmatismo. Después de que Chávez se reuniera con Cisneros a mediados de 2004, los antiguos enemigos parecieran haber llegado a ciertos acuerdos. De momento, las agresiones mutuas han cesado. Venevisión ha bajado el tono, sacando de su programación un espacio matutino de dura crítica al gobierno y —según fuentes cercanas al oficialismo— habría cedido un programa de entrevistas que se transmite de 6:00 a 6:30 de la mañana al Ministerio de Información y Comunicación, que estaría manejando la pauta tras bastidores.

★★★

Alcides Rondón, siendo viceministro de Gestión Comunicacional en 2004, asegura que Chávez no cede, «es frontal y aquí con los medios nadie fue frontal nunca. Entonces, digamos que eso es equilibrio». Hay otras percepciones. Ángela Zago, quien estuvo al inicio del proceso del lado del gobierno y colaboró con el presidente de cerca, relata que, a finales de 1999, tuvo una fuerte discusión con Chávez a propósito del debate sobre la inclusión del concepto de «información veraz» en la nueva Constitución. Un término que Chávez había combatido duramente durante el gobierno de Caldera y que ahora promovía. Se trataba de una materia delicada, que despertaba temores de una futura imposición de controles a la libertad de expresión. Zago afirma que no entendía el interés que podría tener el gobierno en un enfrentamiento con los dueños de los medios y los periodistas. La idea de algún tipo de regulación, además, no le parecía acertada. Cuando intentó intercambiar argumentos con Chávez sólo se encontró con una frase: «Ángela, esa peleíta yo la quiero dar». La periodista quedó de una pieza. «Perdone, presidente, le dije, pensé que se trataba de un problema de Estado. Y guardé silencio. El jefe del Ejecutivo no ofreció ningún argumento que justificara su actitud, fuera de esa vaga idea expresada por alguien que tiene un poder y quiere restregárselo en la cara a otro sector también poderoso.» Zago asegura que, a partir de esa fecha, noviembre de 1999, Chávez comenzó un enfrentamiento permanente en contra de los medios de comunicación.

Otros incidentes, durante el mismo 1999, dan indicios de esta tensión. En septiembre, en el marco de una cumbre de la Organización de Países Exportadores de Petróleo (OPEP) celebrada en Caracas, Chávez acusó a la cadena CNN de «tergiversar» y «mentir» al informar sobre dicho evento. Ya antes, en el mismo mes, algunos funcionarios del gobierno habían denunciado una «conspiración internacional de medios». A manera de protesta, un pequeño grupo de activistas, afectos al gobierno, ocupó las oficinas de Associated Press. También Chávez reaccionó de manera inmediata y agresiva ante lo dicho por Mario Vargas Llosa en una entrevista concedida al diario *El Nacional*. En el *Aló, Presidente* de esa semana, llamó a la defensa de la soberanía al tiempo que criticó las opiniones del escritor peruano, llamándolo «analfabeta».

A medida que las relaciones se vuelven más conflictivas, Hugo Chávez se niega a visitar los estudios de televisión —como acostumbró hacer al inicio de su presidencia— o a dejarse entrevistar por periodistas locales. La pugna con los impresos —especialmente con los dos diarios más influyentes: *El Nacional* y *El Universal*— es constante y, en sus alocuciones, acostumbra a dirigirse a sus dueños con insultos, pretendiendo dar lecciones de periodismo. El único diario con el que no ha quebrado lanzas es *Últimas Noticias*, un periódico de corte popular, dirigido por el conocido periodista y académico Eleazar Díaz Rangel, hombre cercano al gobierno. Si la relación con los medios nacionales es áspera, con los medios internacionales es un vaivén. Si publican notas favorables a su gobierno los exhibe en *Aló, Presidente* como un trofeo. Así, ha llegado a blandir ante su audiencia, por ejemplo, *The Wall Street Journal*. Pero si publican aspectos que consideran negativos de su gestión, o algún editorial crítico, entonces el mandatario sentencia que son parte de una campaña mediática internacional, que los grandes capitales están en contra de su gobierno, que todo es una conspiración del neoliberalismo mundial.

Después de la crisis de abril de 2002, y durante un buen tiempo, el presidente elogió a la cadena norteamericana de noticias CNN como ejemplo de buen periodismo y objetividad por haber sido el primer medio en señalar que él no había renunciado. En aquellos momentos de confusión, CNN había divulgado el alerta de la entonces Primera Dama, Marisabel de Chávez, señalando que su marido había sido objeto de un golpe de Estado. La percepción del mandatario cambiaría radicalmente un par de años después, a raíz de una nota sobre una cuadrúpeda. Hugo Chávez es del tipo de hombres que gusta de celebrar sus propias ocurrencias. Como el niño que acaba de aprender una palabra y la repite para que todos lo aplaudan. Conocido por su afán de cambiar nombres y acuñar sobrenombres, durante buena parte de 2004 se refirió a la cadena de noticias CNN como CÑM.[12] En corto, son las siglas de una «mentada de madre», una grosería pesada dentro del habla nacional. Su malestar —y la ocurrencia— data de un breve reporte de color que reseñaba cómo una vaca flaca llamada Mariposa, vivía en una zona comercial de Caracas y su propietaria, una militante del chavismo, la preparaba para convertirla en parrilla. La irritación presidencial parecía desmedida. ¿Por qué tanto enojo por una nota de color? «Porque es una sumatoria. No es esa vaca, es una sumatoria del tratamiento del caso venezolano y de la aspiración que teníamos de que, luego del golpe, realmente fuésemos vistos con mayor objetividad por parte de las cadenas internacionales y especialmente por CNN», explica Alcides Rondón, riéndose de la ocurrencia presidencial.

★★★

Desde mediados del año 2000, la áspera relación entre Chávez y los medios incorporó un elemento de perturbación: la Ley Orgánica de Telecomunicaciones, que, entre otros detalles, en su artículo 209 le atribuye al Ejecutivo nacional la potestad de suspender la transmisión de cualquier medio de comunicación para resguardar los intereses de la nación. Al año siguiente, se anuncian los lineamientos generales para una Ley de Responsabilidad Social, o Ley de Contenidos, que deberá regular toda la actividad de los medios de comunicación. La oposición califica al proyecto como «Ley Mordaza». A pesar de las protestas de la ciudadanía y de la crítica de algunos gremios y organismos internacionales, la ley será aprobada. El instrumento legal afecta sobre todo a la televisión, al pretender regular la programación de los canales y establecer normas de prohibición de determinados contenidos en algunos horarios.

Los analistas ven con preocupación la relación que puede tener la nueva ley con otro cambio en el marco legal promovido por el Ejecutivo en 2004: la reforma del Código Penal. Se trataría, según los estudiosos, de una maniobra destinada a controlar los noticieros, los programas informativos y los espacios de opinión. Se intenta abrir un margen amplio y ambiguo para sancionar posibles incitaciones a la violencia y a la conspiración. Se contempla, por ejemplo, que si en un espacio participativo el invitado al programa difama o injuria a alguien, la responsabilidad recaerá sobre el conductor del programa e, incluso, sobre el mismo canal. Teodoro Petkoff, director del vespertino *Tal cual* ha insistido en señalar el peligro que representa la discrecionalidad que le otorga al gobierno esta ley. De los once miembros de la Comisión que evaluará y juzgará los contenidos, siete serán elegidos directamente por el Ejecutivo. Hay también quien sostiene que todo esto representa el final de un ciclo que, desde sus inicios, promovió el mismo Chávez. Con el fallido golpe militar de abril de 2002, se depuró la Fuerza Armada. El paro de diciembre de 2002 y enero de 2003 permitió tomar el control de la industria petrolera. El referéndum revocatorio de agosto de 2004 supondría la consolidación del poder político y, finalmente, la Ley de Contenidos le daría al gobierno la posibilidad de regular y dominar a los medios de comunicación, al tiempo que promueve la autocensura, un mecanismo más sutil pero más eficaz.

Otro elemento perturbador en la relación de Chávez con los medios son las llamadas «cadenas», aquellos momentos en que —por orden del Ministerio de Comunicación e Información— todas las televisoras y las emisoras de radio comerciales del país deben ceder su espacio a la señal emitida por el Estado para realizar una transmisión conjunta, «encadenándose» a la programación oficial. Desde su primer año de gobierno, Chávez ha utilizado las cadenas de manera inusual y frecuente, imponiendo una dinámica sin precedentes en el país. En 1999, fueron 62 horas y 27 minutos. En 2000, casi 108 horas. En 2001, 116 horas con 58 minutos. En 2002 bajó a 73 horas, pero en 2003 subió a 165 horas con 35 minutos. Hasta el 24 de julio de 2004 contabilizaba 87.23 horas. La cuenta la lleva el diario *El Universal*, que ofrece un registro de cómo aumenta el «cadenómetro» de Chávez. Hasta julio de 2004, la suma de cadenas era equivalente a un total de 25 días y 8 horas hablando seguido.

Se trata de una política de Estado diseñada y dirigida por el propio mandatario. En muchas ocasiones, se «encadenan» actos públicos —saludos del cuerpo diplomático, entregas de microcréditos, imposición de medallas, promulgación de leyes, actos musicales, giras por provincia, etc.— y la dinámica aparece ante la audiencia de Chávez como si fuera algo espontáneo. De pronto, alguien empieza a gritar «¡ca-de-na, ca-de-na!» y el público lo sigue coreando: «ca-de-na». Entonces Chávez sonríe y pregunta a algún funcionario de su equipo: «¿se puede?». Siempre se puede. La mayoría de las veces es algo que ya está planeado. «Hay un equipo que hace y recomienda los pro y los contra, las fortalezas y las debilidades de cada tipo de transmisión. Hay un trabajo sistemático y realmente [Chávez] lo escucha. Pero quien toma la decisión es el presidente. La decisión de la cadena es del presidente», señala Alcides Rondón, quien asegura que no es fácil trabajar cerca del mandatario, que es un jefe exigente que está pendiente hasta de los más mínimos detalles. Sobre todo en el terreno de la comunicación. En menos de seis años ha cambiado nueve veces de jefe de Información.

Muchos partidarios del gobierno, aun concediendo que las alocuciones han sido excesivas, las consideran necesarias. Se inscriben dentro de la idea de «guerra», de «batalla» por la información. Consideran que todos los medios comerciales producen una información similar, no objetiva, sesgada, tendiente a atacar al gobierno. Afirman que eso también es una «cadena», que el gobierno sólo se defiende de un cerco mediático, que Chávez sólo usa sus «cadenas» para informarle la verdad al país. Maripili Hernández reconoce que «ha habido un exceso de cadenas y en el tiempo de duración al punto que se han dado al mediodía y se han repetido en la noche, sin ninguna necesidad. Eso se ha podido evitar», pero igual acusa a los medios privados de manipular sus espacios informativos de manera descarada, con fines absolutamente políticos. «No ha debido [afirma] llegarse a los dos extremos: ni Chávez usar las cadenas reiterativamente, ni los medios de comunicación pasar un solo noticiero instando a sacar a Chávez.»

Si bien es cierto que los medios de comunicación parecen compartir una actitud crítica frente al gobierno, en realidad, sólo parece posible ubicar dos momentos precisos en los que las televisoras nacionales pueden ser acusadas de haber trabajado de manera conjunta, como una «cadena», con una determinada posición política en contra de Chávez. El primero fue durante los sucesos de abril del año 2002. El día 11, cuando durante una cadena nacional del presidente, los canales comerciales dividieron la pantalla para mostrar los trágicos hechos que ocurrían en el centro de Caracas. En ese momento, el canal del Estado actuó como si nada pasara. Dos días después, cuando la crisis militar se resolvió a favor de Chávez y la gente salió a la calle a manifestarle su apoyo; mientras el canal del Estado cubría los eventos y hacía un llamado a «defender la democracia», los principales canales comerciales del país estaban en otra geografía. En sus pantallas no había noticias, sino películas. No dieron cuenta de lo que estaba ocurriendo, no mostraron que había ciudadanos en las calles, que el gobierno *de facto* no tenía apoyo, que el regreso de Chávez a la presidencia era inminente. El segundo momento puede ser ubicado entre diciembre del año 2002 y enero del año 2003, durante los 63 días del paro petrolero. Aunque los medios no actuaron de manera uniforme, como si fueran una Iglesia, sí se mantuvieron conjuntamente en la misma actitud, en la misma promoción del paro general y del enfrentamiento al gobierno.

El profesor universitario y especialista en comunicación Marcelino Bisbal ha bautizado a esta relación, como una «esquizofrenia mediática», en la que «un sector de la oposición extremo y un sector del gobierno, también en posición muy extrema, piensa que todos los problemas del país se pueden dirimir en el espacio mediático».[13] Esto es una constatación de una sensación que se palpa en la cotidianidad de todos los venezolanos. Es un país intoxicado, sobreinformado, saturado por las múltiples versiones de un mismo hecho, sometido a una diatriba mediática continua. En este fuego cruzado, el ciudadano común termina llevando la peor parte. El papel de los medios, sea cual sea su bando, se desdibuja. Los medios ligados a la oposición han incurrido, en varias oportunidades, en la difusión de informaciones que luego resultan erradas o en la presentación de escandalosos testimonios que al final no tienen ningún basamento. En septiembre de 2002, por un breve tiempo, Eucaris Rodríguez se convirtió en la estrella de los medios. Denunció que el gobierno tenía un campo de entrenamiento militar para civiles. Habló de un proyecto, llamado «Plan Escorpión», con milicias civiles para la defensa violenta del gobierno. Aseguró haber formado parte de ese grupo, haber sido una persona cercana al dirigente chavista Juan Barreto. Sin embargo, después de días del escándalo, el caso se evaporó. Nunca se pudo probar nada y, al final, el mismo Eucaris Rodríguez terminó confesando que todo era mentira.

Los medios del Estado se han convertido, por su parte, en brigadas de propaganda que parecen dispuestas a cualquier cosa por defender al presidente. En Venezolana de Televisión (canal 8) se ha llegado a transmitir la grabación de conversaciones telefónicas entre personalidades que se oponen al gobierno, una práctica ilegal y prohibida según la Constitución. También en la pantalla del canal 8 apareció, en una ocasión, una entrevista exclusiva realizada por el canal de noticias *Globovisión*, que fue robada y divulgada antes de ser estrenada siquiera por el canal propietario del material. En medio de esta batalla de medios, el gobierno ha aplicado una medida nada novedosa y muy criticada en el pasado: no otorga pautas de publicidad oficial en los medios que le son adversarios. Al mismo tiempo, públicamente, los fustiga tildándolos de golpistas, fascistas o terroristas. A los canales de televisión comercial los llama las «jineteras del apocalipsis».

Algunos analistas, Marcelino Bisbal también lo subraya, sostienen que es Chávez «quien lanza la primera piedra». Piensan que su agresivo discurso ha sido el detonante. Los periodistas cercanos al gobierno, aun reconociendo la excesiva dureza de algunas palabras de Chávez, o el uso desmedido del recurso de las cadenas, suelen señalar que no es posible responsabilizar directamente al presidente por las diferentes agresiones que han sufrido los medios durante estos años. Según el informe anual de la organización Reporteros sin Fronteras, sólo en el año 2003, en Venezuela hubo «al menos 72 periodistas agredidos», dos detenidos mientras cumplían su trabajo y tres trabajadores de los medios de comunicación amenazados. El informe también se explaya en un apartado donde se registran las «presiones y trabas» que existen para el desenvolvimiento del periodismo en el país. Ahí se reseñan desde robo y quema de equipos, amedrentamientos por medio de grupos de manifestantes, daños de instalaciones a algunos canales de televisión y agresiones personales.

Pero Vladimir Villegas, un periodista que ha ocupado diversos cargos durante este gobierno, afirma que: «Así como las generalizaciones no son buenas, paradójicamente las personalizaciones tampoco son del todo recomendables, porque en buena medida —y hay que reconocerlo— las agresiones sufridas por algunos comunicadores sociales, independientemente de si han incurrido o no en prácticas repudiables, fueron estimuladas por algunas expresiones del presidente; sin que ello quiera decir que ese fuera el objetivo del jefe de Estado».[14] En la otra esquina, se encuentran aquellos que sostienen que todo esto forma parte del mismo proyecto de destrucción o supresión de las estructuras existentes. Que el proyecto autoritario de Chávez, más tarde que temprano, terminará también clausurando la libertad de expresión y acorralando a los medios.

En una ocasión le preguntaron a Juan Barreto, en ese entonces encargado de la Dirección General de la Oficina Central de Información, por la atracción especial que siente Chávez por aparecer en los medios. Barreto contestó: «A él le gusta y eso no es pecado. Tengo entendido que a Madona también le gusta, por eso convoca a los medios».[15] La frivolidad de Barreto, sin embargo, esconde un resplandor de verdad, una verdad que nace de la industria: pocos pueden escapar al encantamiento mediático. El brillo de los reflectores puede ser más poderoso que cualquier otra fortuna. Por más estrategias que existan, por más cálculos políticos, suele la vanidad ser una fuerza incontrolable. ¿Puede acaso el Chávez histórico gobernar su propia fascinación ante el Chávez mediático? ¿Cuál de los dos es más real?

13. El pendejo de Bush y el hermano Fidel

No ha de resultar fácil para Washington dominar esa cierta miopía con que suele mirar —más bien, desenfocar— a los latinoamericanos. Y Hugo Chávez no ha sido la excepción. Raro espécimen difícil de clasificar —¿es de verdad comunista?, ¿revolucionario?, ¿neoliberal?—, el venezolano ha sido el último quebradero de cabeza del Departamento de Estado en la región. No siempre Chávez se comportó como un *enfant terrible*. La primera vez que se refirió públicamente a Estados Unidos lo hizo delicadamente, a los pocos días de haber salido del anonimato, para asegurar: «nuestra lucha no es contra los Estados Unidos. Nuestra lucha es contra la corrupción y contra este gobierno [...] Creemos que Estados Unidos no iba a interferir en nuestro proyecto porque no estaba en abierta pugna con su política internacional».[1] Y, más aún, aclaraba —en una de sus primeras entrevistas desde prisión— que en su proyecto no había «ningún discurso antiimperialista y antiyanqui que, por lo demás, pasó de moda con la época de los sesenta».[2]

Pero, seis años después, su incendiaria retórica de campaña, prometiendo pulverizar 40 años de pasado en Venezuela y demoler el *establishment*, pareciera haber hecho que el gobierno del demócrata Bill Clinton olvidara aquella declaración inicial de buena voluntad, seguramente perdida en un polvoriento reporte del Departamento de Estado. Cuando el candidato planeaba viajar a Miami para participar en un foro televisado con sus rivales, le fue negado el visado —aun cuando ya se perfilaba como ganador— por sus antecedentes golpistas. El ex comandante al que todo le sonreía en 1998 debió acusar el golpe y guardar ese primer gesto en su buena memoria. Quizá, lo recordaría aquel 6 de diciembre, cuando el ex presidente estadounidense Jimmy Carter se refiriera a su arrollador triunfo como «una revolución pacífica». Pronto, Washington le serviría el desquite en bandeja de plata.

Su increíble salto a la política despertaba curiosidad en los círculos internacionales. «La gente que fue a oírlo en las comparecencias iba a ver a un político distinto, fresco, irreverente», recuerda Hiram Gaviria, quien fuera coordinador de la alianza chavista Polo Patriótico y que lo acompañó en su primera gira como presidente electo a Europa, del 11 al 17 de enero de 1999. Chávez se siente en la cúspide. Está en Madrid y se encuentra en una cena con empresarios españoles. El nuevo mandatario improvisa fluidamente su discurso cuando es interrumpido por uno de sus edecanes, que le pasa una llamada urgente. Él toma el celular, escucha unos minutos, responde: «estas cosas no se hablan por esta vía», y cuelga. Al día siguiente, viaja a París y es recibido cálidamente por el presidente Jacques Chirac. En el encuentro con el francés hay una gran empatía y Chávez le refiere lo que le había sucedido la noche anterior en España.

«Le contó que había recibido una llamada de Peter Romero, subsecretario de Estado para Asuntos Latinoamericanos: "Mire, presidente Chirac, cómo son de torpes los americanos algunas veces en su política internacional, particularmente en relación con Cuba. Y se equivocan con nosotros. ¿Usted sabe, presidente que yo no tengo visa para ir a Estados Unidos? Y Peter Romero me dijo que el presidente Clinton me podía recibir, que ya no tenía problemas con la visa, pero que estaban preocupados porque en este viaje tengo una última parada en Cuba. Que ellos ven con preocupación que yo vaya a Cuba antes de ir a Estados Unidos. Yo no voy a tolerar ningún tipo de injerencia de los Estados Unidos en la política internacional de Venezuela. Estas cosas no las hablo con Romero ni con nadie. Por esa razón, le tranqué el teléfono a Peter Romero», rememora Gaviria las palabras del mandatario venezolano. «Ésa fue una primera señal inequívoca de hacia dónde iba Hugo Chávez en su política internacional. No era el presidente tradicional que hacía concesiones para ser recibido por el presidente de los Estados Unidos, sino que se plantó en lo que creía», señala Gaviria.

El primer viaje de Hugo Chávez a Washington se pospuso en dos ocasiones. La primera, el venezolano se echó para atrás cuando supo que Clinton no estaría en la capital los días en que él tenía previsto viajar; la segunda, por una colitis del venezolano. Finalmente, el encuentro —que se produjo el 27 de enero— no fue gran cosa. A la cita no se le dio carácter de visita oficial y el presidente estadounidense se limitó a concederle unos quince minutos en la oficina del asesor del Consejo de Seguridad de la Casa Blanca, Sandy Berger. Cuando cinco meses después Chávez vuelve a Estados Unidos en viaje de negocios, ya como Presidente en funciones, no pasa por Washington. Clinton y Chávez volverían a verse, por segunda y última vez, en el marco de la asamblea general de Naciones Unidas. El encuentro se realizó en la misión norteamericana ante el organismo multilateral y entonces conversaron por espacio de una hora sobre narcotráfico, el proceso constituyente que adelantaba Venezuela y el conflicto colombiano. Ese año, Chávez —entonces contrario al Plan Colombia diseñado por los estadounidenses para controlar el narcotráfico en ese país— se opone al sobrevuelo de aviones antinarcóticos estadounidenses sobre territorio venezolano, causando malestar en Washington. El venezolano no cede. Y no vale ni que el zar antidrogas, Barry Mc Caffrey, viaje personalmente a Caracas para intentar disuadirlo.

A finales de año, el incidente de Vargas —suscitado por la petición de asistencia a los estadounidenses, primero, y de rechazo después, cuando ya la ayuda venía en camino— agrió las relaciones Washington-Caracas. Peter Romero aparece entonces amenazante. En una entrevista al diario conservador español *ABC,* cuestiona la incoherencia de la administración Chávez: «no hay manejo de gobierno y los gringos no somos conocidos por la paciencia». De allí en adelante, el presidente Chávez no haría más que subir y subir el tono de sus alusiones al gobierno de Clinton en una línea que se perpetuaría con su sucesor republicano. Por entonces, quien parece aproximarse más a descifrar las maneras del mandatario venezolano es John Maisto, el primer embajador estadounidense al que le tocó lidiar con él. Según el entonces jefe de la misión diplomática en Caracas, a Chávez no había que juzgarlo por sus palabras sino por sus acciones. «Vean sus manos y no su boca», dice. Un consejo que tomaría en cuenta, muy de cuando en cuando, el Departamento de Estado. El embajador Maisto sería sustituido en el año 2000 por Donna Hrinak, una mujer de carácter fuerte, tal vez la funcionaria norteamericana que polemizaría más abiertamente con la administración Chávez.

El acercamiento entre Caracas y La Habana, y ciertos comentarios provocadores de Fidel, descomponen a los sectores más conservadores, a los halcones, del Norte. El diario *The New York Times* toma partido criticando en un editorial la alianza Chávez-Castro y denunciando la «peligrosidad» del primero, de quien dice: «desea convertirse en un símbolo poderoso de resistencia a la influencia de Estados Unidos, no sólo en América Latina sino también en el resto del mundo».[3] Romero es el vocero del malestar en el Departamento de Estado. Durante toda la administración Chávez, a él le tocará jugar el rol del policía malo, acompañado más adelante por otros duros, como Otto Reich,[4] enviado especial de la Casa Blanca para América Latina, y Roger Noriega,[5] subsecretario de Estado para el Hemisferio Occidental. En el fondo, el ex comandante parece divertirse con el asunto: le encanta desafiar, le gusta ser noticia, apuesta a estar en el centro de la polémica y confundir. Por esos días denuncia que hay una presunta confabulación para forzar una ruptura con Estados Unidos, pero asegura que «las relaciones con Washington están condenadas a ser buenas».

Ya para enero de 2001, cuando el republicano George W. Bush asume la presidencia de Estados Unidos, de la boca de Chávez ha salido más de un dardo contra el imperialismo norteamericano, lo que le ha ganado amplias simpatías entre la izquierda latinoamericana y europea. Y eso le encanta: que su popularidad trascienda fronteras. Los cambios en la cúpula del Departamento de Estado abonarán el terreno para más roces públicos y la permanente diatriba. La secretaria de Estado de la administración Clinton, Madeleine Albright, queda en el balance como moderada al lado de su sucesor, Colin Powell, un hombre de pocas palabras que endurece la postura hacia Caracas. Un mes después, cuando el diputado Rafael Simón Jiménez, para entonces vicepresidente (oficialista) de la Asamblea Nacional, realiza una visita a Washington con una delegación parlamentaria, el ex embajador Maisto le refiere en la Casa Blanca: «Chávez siempre me decía, cuando hablaba del tema sobre [los roces con] Estados Unidos, "no se preocupe, embajador, yo sé dónde está la raya roja. Yo esa raya no la voy a cruzar, yo llego a la orillita"». Al respecto, Jiménez sostiene: «tú ves que él tiempla, tiempla y tiempla, pero cuando va a romper, afloja».

Chávez narra su encuentro informal con Bush durante la III Cumbre de Las Américas, realizada en Canadá en abril, en estos términos: «me dijo que quería ser mi amigo, y yo le dije: *I want to be your friend too*. Nos saludamos, pero no hubo ningún acuerdo, ningún compromiso, ningún encuentro bilateral, que ojalá podamos hacer en el futuro próximo».[6]

Los deseos expresados por Chávez no se cumplirán. En medio de una eterna disputa, que pareciera demostrar que ciertas cosas de los sesenta no pasan de moda, el estadounidense y el venezolano están muy lejos de llegar a entenderse, menos aún de ser amigos. En el plano diplomático formal, las relaciones están destinadas a empeorar, aunque sin llegar a abismos. En el de los negocios, irán siempre viento en popa. Estados Unidos —que compra aproximadamente 72 % de las exportaciones petroleras venezolanas[7]— seguirá siendo el primer socio comercial del país caribeño y Venezuela seguirá siendo un suplidor seguro, que no pone reparos a las transnacionales estadounidenses interesadas en invertir. Una cosa es George W. Bush, otra la Chevron-Texaco, cuyo representante para América Latina, Alí Moshiri, es recibido por Hugo Chávez con los brazos abiertos.

Los atentados contra las Torres Gemelas de Nueva York, el 11 de septiembre, darán pie a un nuevo *impasse*. La superpotencia no se ha recuperado del impacto de saberse vulnerable, cuando aproximadamente un mes después Hugo Chávez roza la orilla de la raya roja. El comandante aparece en pantalla apuntando con su dedo una foto de unos niños afganos muertos. «No tienen la culpa del terrorismo de Osama bin Laden ni de nadie», dice, antes de pedir a Washington que cese los bombardeos a Afganistán y detenga «la matanza de inocentes. No se puede combatir el terrorismo con terrorismo».[8] Sus últimas palabras pesan más que las primeras cuando había condenado los ataques terroristas. Estados Unidos, que se muestra entonces «sorprendido y profundamente decepcionado», llama a la embajadora Hrinak a consultas y, una semana después, Chávez afloja, lamentando que sus señalamientos fueran malinterpretados. Venezuela y Estados Unidos son socios, asegura, y «el gobierno revolucionario no tiene la más mínima intención ni interés en dañar estas relaciones».[9]

No parece suficiente. A inicios de 2002, sin duda el año más complicado para Chávez en el plano interno, es el propio secretario de Estado Colin Powell quien transmite, sin intermediarios, la postura del gobierno de Bush, al poner en duda el talante democrático de Chávez, criticando sus visitas a gobernantes hostiles a Estados Unidos como el iraquí Saddam Hussein y el libio Muammar Gadhafi, «le hemos expresado directamente nuestro desacuerdo con alguna de sus políticas, y él entiende que esto es un serio irritante en nuestras relaciones». La embajadora Hrinak se despide de Venezuela cuando la constante tirantez se ha vuelto otro pico de tensión. En su adiós —ha sido trasladada a Brasil— no se ahorra la impresión que se ha formado durante su estadía. Se va preocupada, dice, por la «cierta simpatía» de Chávez hacia la guerrilla colombiana, y se muestra agriamente decepcionada: «Yo esperaba ver una verdadera revolución en Venezuela. Verdaderos cambios. Una administración pública más eficiente, menos corrupción, más desarrollo económico, más oportunidades para el pueblo. Y no los he visto».[10] La sustituye Charles Shapiro, un hombre de perenne sonrisa nerviosa, que encuentra una telaraña ya tejida. El nuevo embajador presenta cartas credenciales el 20 de marzo. Su primera reunión con el presidente Chávez tiene lugar apenas una semana antes de la crisis del 11 de abril de 2002.

Al día siguiente del golpe, cuando los venezolanos creían que Chávez había renunciado, la Casa Blanca señaló, a través de su portavoz Ari Fleischer, que el presidente había provocado la situación que culminó con su salida del poder y pidió al gobierno provisional de Carmona que organizara elecciones lo antes posible. A diferencia de la postura expresada por el Grupo de Río, Washington no condena expresamente el golpe, lo cual terminará por generar una polémica fuera y dentro del propio Estados Unidos. El 12 de abril, Shapiro se entrevistó con el presidente *de facto* Pedro Carmona. Según explica una semana después, había ido a Miraflores a primeras horas de la mañana «para sugerir dos cosas: primero, la importancia de restablecer la Asamblea Nacional y, segundo, que se diera la bienvenida a la misión de la OEA».[11] Una vez recuperados de la rápida sucesión de golpe y contragolpe, y repuesto ya Chávez en la presidencia, el oficialismo comienza a acusar a Washington de haber alentado el derrocamiento del presidente. De Condoleezza Rice, la poderosa asesora de Seguridad Nacional, para abajo, todos los funcionarios lo niegan categóricamente. Quizás aprovechando el tono de contrición y reconciliación que asumió Chávez por aquellos días, el presidente Bush le recomienda «aprender la lección» y Powell señala: «esperamos que los recientes sucesos en Venezuela presagien un presidente mucho más conocedor de los reclamos de la democracia».[12]

Aunque inmediatamente se abren las sospechas sobre la posible intervención de la mano de Estados Unidos en la conspiración para salir del incómodo gobernante —con abundantes reportes de prensa nacionales e internacionales y desmentidos por parte de Washington— el presidente Chávez no llega a plantear una denuncia al respecto hasta dos meses después cuando, en uno de sus programas dominicales, pide una explicación a Washington por su tibia reacción del 11 de abril y asegura tener pruebas. Militares norteamericanos, afirma, se reunieron con oficiales venezolanos en la base militar Fuerte Tiuna y una embarcación norteamericana estuvo en aguas venezolanas durante las 36 horas que él estuvo detenido. Washington lo niega. Una investigación parlamentaria, promovida por el senador demócrata Christopher Dodd, concluye en julio que Bush no respaldó acciones inconstitucionales en Venezuela. Pero el asunto permanece en puntos suspensivos. Ni las sospechas de la participación de Estados Unidos se han despejado, ni las pruebas de Chávez han sido comprobadas públicamente.

La presencia de oficiales norteamericanos en la principal base militar de Caracas era más que factible. De hecho, la misión militar estadounidense operaba en Fuerte Tiuna, sede del Ministerio de Defensa, por un acuerdo que data de 1951. Desde el principio del gobierno de Chávez, Venezuela había solicitado a Washington que la mudara a otro lugar, pero —por negociaciones que no trascienden— siempre se le dieron largas al asunto. Así, para mayo de 2004, a dos años del golpe, la misión estadounidense aún seguía operando en el corazón de las Fuerzas Armadas venezolanas cuando el Ministerio de Defensa vuelve a solicitarle que se retire. Un asunto que resulta inexplicable, si se consideran las graves acusaciones del mandatario, a las que se suma su denuncia de que el National Endowment for Democracy (NED), un fondo parlamentario de ayuda a organizaciones que promueven la democracia, financia a la oposición venezolana. Lo que viene después del 11 de abril es un ping pong *in crescendo*, en el que Chávez y sus funcionarios declaran casi a diario contra Estados Unidos y una docena de funcionarios estadounidenses[13] se turnan para tomar el bate, poniendo en duda el compromiso democrático del ex comandante. En el debate llega a terciar incluso Bush padre —muy amigo del magnate Gustavo Cisneros, quien a menudo lo invita a pescar en Venezuela— que señala, sin precisar el plural, «no nos gusta mucho lo que hace el presidente Chávez».

En 2004, el presidente venezolano reaccionará con irritación a las peticiones de Washington de que actúe democráticamente de cara al proceso hacia un referéndum sobre su mandato. Chávez, que no tiene pelos en la lengua y es conocido como un provocador de primera, llama a Condoleezza Rice «analfabeta» porque, dice, no sabe leer la realidad venezolana. Con Bush será más duro. En una concentración oficialista, realizada en marzo, le grita «pendejo» —lo que traducen los diarios estadounidenses como *asshole*— por haber creído que el 11 de abril de 2002, cuando fue brevemente derrocado, él no contaba con apoyo popular. Lo acusa de haber llegado a la Casa Blanca por un fraude y lo reta: «Yo, desde aquí, lanzo al señor Bush una apuesta a ver quién dura más, si él en la Casa Blanca o yo aquí, en Miraflores». No es todo: lo amenaza además con interrumpir las ventas de petróleo y añade que no permitirá ninguna intromisión en los asuntos del país: «¡bastantes cojones hay aquí para defender la patria, carajo!».[14] Desde entonces, Bush —de quien dice debería estar preso por haber emprendido la guerra contra Irak— será su tema favorito de campaña en el camino hacia el referéndum revocatorio, que lo ratificará en el poder el 15 de agosto de 2004. El arrebato no alterará, sin embargo, el curso de las relaciones. La Casa Blanca parece haber aprendido algo y hace oídos sordos.

Sabe que mientras Chávez insulta y toma al presidente estadounidense como *leitmotiv* de su retórica de campaña para ganar la consulta popular, el gobierno venezolano paga 1.2 millones de dólares a *Patton Bogs LLC*, una de las más prestigiosas firmas estadounidenses de *lobby*, para mejorar su imagen en Washington. No es la primera vez. Ya durante su primer año en el poder, el gobierno bolivariano «alcanzó un récord de 15 millones 363 mil 398 dólares» en cabildeo, encabezando el *ranking* de la revista *Latin Trade* sobre los gobiernos latinoamericanos que contratan influencias en Estados Unidos. Y ha fundado en Washington su propio *lobby* bolivariano, la Venezuelan Information Office (VIO), que —entre otros asesores— contrata a la abogada Eva Golinger, quien «denuncia con alarma en *Aló, Presidente* que el National Endowment for Democracy donó a Súmate 53 mil 400 dólares».[15] Súmate es la asociación civil que organizó los eventos de recolección de firmas para activar la consulta sobre la permanencia de Chávez en la presidencia.

En Washington, después de más de cinco años de ataques verbales, también creen que Hugo Chávez no es tan terrible como se pinta. Y recuerdan aquel consejo de Maisto: no te guíes por lo que dice, sino por lo que hace. Venezuela honra sus compromisos, suministra petróleo puntualmente manteniéndose como cuarto exportador a Estados Unidos después de Canadá, Arabia Saudita y México; y hace negocios con las petroleras gringas, sin pruritos antiimperialistas. Buena parte de la exploración de la Plataforma Deltana, un gigantesco proyecto de cinco campos gasíferos, a 250 kilómetros del Delta del Orinoco, es entregada a Chevron-Texaco. Alí Moshiri, presidente de la empresa para América Latina, lo tiene claro. Cuando Chávez amenazó con suspender los envíos de petróleo, él comentó serenamente «la política está separada de los negocios y hasta ahora nosotros no hemos tenido ningún tropiezo en ninguno de nuestros proyectos. [...] En la Faja [del Orinoco] estamos mejorando, eso significa *lots of money*».[16] Un par de días antes del referéndum revocatorio que decidiría su permanencia en la presidencia de Venezuela, Hugo Chávez exhibió durante una rueda de prensa los análisis de las principales publicaciones financieras norteamericanas, que presagiaban que con Chávez los comerciantes tendrían más estabilidad económica y habría menos incertidumbre. En ese momento, no afloró el lenguaje rudimentario de la izquierda simple, no hubo gritos altisonantes en contra del imperialismo y del neoliberalismo salvaje. A la hora de las cifras, poco parecen contar los muertos de Irak y la vocación intervencionista de Estados Unidos. En las negociaciones petroleras, Chávez no grita *yankee go home* aunque límites más adelante.

★★★

Si la relación con Bush es de una estridencia de rock *heavy metal*, con Fidel Castro es una guaracha. Y lo será desde el primer momento. Unos meses después de salir de prisión, hacia finales de 1994, el ex comandante recibe una señal de La Habana. El embajador cubano en Caracas, Germán Sánchez Otero, le extiende personalmente una invitación al ex golpista, según Luis Miquilena. «No sabíamos si Fidel lo iba a recibir porque era para que diera una conferencia en la Casa de Las Américas. Por supuesto, se trató de una especie de retaliación de Fidel contra Caldera. Aquí había llegado aquel prominente cubano del exilio [Jorge] Mascanosa a visitar a Caldera, y éste lo había recibido con bombos y platillos. Y Fidel dijo: "ahora le voy a invitar a este loco". Era simplemente para tirarle un trapo rojo a Caldera. Como es Fidel, porque Fidel es otro provocador», recuerda Miquilena, el ex hombre fuerte de los primeros años del gobierno. «Se organizó el viaje de Hugo. Bueno, Fidel no sólo iba a recibirlo, sino que estaba ¡esperándolo a las puertas del avión! Le hizo un recibimiento de jefe de Estado. A medianoche salieron a buscar comida los dos a la embajada venezolana y tuvieron que ir a la casa de huéspedes a hacer comida. Bueno, con esa confianza… como es Fidel. Estuvo con él desde que llegó hasta que lo despidió en la puerta del avión. Y, por supuesto, se lo ganó.»

Durante su estadía en la isla, le han organizado una breve intervención en la Universidad de La Habana. «Cuba es un bastión de la dignidad latinoamericana, y como tal hay que verla, y como tal hay que alimentarla», señala de entrada, y para sintonizar con la audiencia indica más adelante: «[…] nos honra como soldados rebeldes que no nos dejen entrar a territorio norteamericano». Allí adelanta también: «nosotros no desechamos la vía de las armas en Venezuela» y asegura que los cubanos «tendrían mucho que aportar» a su proyecto, «un proyecto de un horizonte de veinte a cuarenta años».[17]

De acuerdo con Miquilena, ése fue el vínculo inicial, «pero Chávez nunca manejó la idea de una revolución tipo Fidel ni nada. Jamás […]», lo cual es contrario a lo que mucha gente piensa en Venezuela, en buena medida, por la cercanía casi filial que se ha forjado entre ambos líderes desde que el venezolano llegó a la presidencia. La próxima vez que los dos hombres se ven es cinco años después, en enero de 1999, cuando Chávez visita La Habana ya como presidente electo y coincide con su colega Andrés Pastrana, con quien habla del conflicto colombiano. Con él va su esposa Marisabel, quien lleva tres niños enfermos para que sean atendidos en la isla, en lo que será el germen de un posterior programa de asistencia médica. Más tarde, el 2 de febrero de 1999, un Castro complacido se encuentra en la primera línea entre el grupo de quince presidentes que asiste a la toma de posesión de Chávez. Como siempre, desde hace ya cuatro décadas, el barbudo es la *vedette* de la prensa local y extranjera.

La próxima vez que se encuentren, a finales de año, una frase exaltada de Chávez causará franca agitación en la oposición venezolana. Esta vez el ex comandante visita la isla para asistir a una Cumbre Iberoamericana y se siente tan bien que decide quedarse tres días más. Sostiene un inolvidable juego de béisbol con Fidel, también lanzador en su juventud, en el Estadio Latinoamericano con unas gradas de 50 mil aficionados delirantes. Castro le gasta una broma «de esas que tanto le gustan», dice Chávez, al meter disfrazados de viejos a los mejores jugadores de la selección olímpica cubana. Al darse cuenta, el venezolano —cuyo equipo pierde irremediablemente— deja a un lado su competitividad y se ríe: «ya yo había notado a esos tipos chivúos como si acabaran de bajar de la Sierra [Maestra]». Después, en una de sus intervenciones, Chávez se solidariza con su colega, cuestionando que haya personas «que vienen aquí a pedirle a Cuba el camino de la democracia, falsa democracia» y, de inmediato, señala que el movimiento que dirige en Venezuela «va hacia la misma dirección, hacia el mismo mar hacia donde va el pueblo cubano, mar de felicidad, de verdadera justicia social, de paz».[18]

Chávez conoce bien el peso de sus palabras y el impacto. A sus adversarios en Venezuela, y a muchos que aún no lo son, se les eriza la piel de sólo pensar en tales aguas. Mientras, él se entretiene. Siempre le divierte la controversia y, a veces, también le divierte atemorizar. La visible empatía entre el cubano y el venezolano no sólo preocupa o satisface a los venezolanos. En toda América, los encuentros Castro-Chávez son observados con lupa, por una u otra razón. Por esa misma época, el semanario brasileño *Veja* aseguraba que «el deslumbramiento por el dictador cubano es tan descarado que en los medios diplomáticos se da como cierto que Chávez sometió el discurso de su toma de posesión a Fidel para que éste diera una lectura previa».[19] Las especulaciones brotan como hongos —se habla incluso de un «eje Caracas-La Habana»— cada vez que el presidente venezolano aboga por Cuba en los foros internacionales, pidiendo su retorno a la Organización de Estados Americanos (OEA) y el cese del «brutal bloqueo al hermano pueblo cubano».

Su amistad con el veterano Fidel, 28 años mayor que él, le sirve de refuerzo; le hace sentir más independiente, más soberano, más revolucionario. Y retribuirá al «gran patriarca» cubano con la firma de un convenio petrolero, que la presidencia no sometió a la aprobación del Parlamento, mediante el cual Venezuela provee, desde finales de 2000, 53 mil barriles diarios de petróleo —un tercio del consumo cubano— en condiciones preferenciales. La transacción tiene visos de trueque. Entre otras cosas, Cuba paga parte de la factura con medicamentos genéricos, vacunas, equipos médicos y tratamientos. Con el pacto, Venezuela casi duplica el intercambio bilateral en un año[20] y desplaza a España como primer socio comercial de la isla. Castro le sale al paso a la paranoia desatada en Venezuela y asegura que Chávez no es socialista. No le ha escuchado decir, sostiene, «una sola palabra relacionada con la idea de establecer el socialismo en Venezuela». Su pensamiento «no está conformado por la filosofía del socialismo y el marxismo», enfatiza Castro, en una interminable rueda de prensa de once horas con periodistas venezolanos que visitan Cuba. Entonces recuerda que empezó a tomarle simpatía a Chávez desde la insurrección militar del 4F, señalando que «no es Chávez un hombre de violencia […], como Bolívar y Washington es un revolucionario».[21] El venezolano queda pues certificado por el revolucionario mayor.

Poco después, una avanzada de 90 cubanos —entre jugadores de béisbol, artistas, técnicos, parlamentarios, estudiantes y niños de oratoria precoz— llega a Venezuela como preludio de una visita de Castro. Durante cinco días, el mundo oficialista venezolano girará alrededor del líder cubano. Todos los ministros quieren retratarse con él. Es la séptima vez que Fidel pisa territorio venezolano. El líder cubano entra dando lecciones de antiimperialismo. A su llegada, en el aeropuerto de Maiquetía, señala: «Ustedes son un país más grande que nosotros. Esto es un continente y si esa islita resistió, cómo no va resistir el continente de Bolívar, la tierra de tantos próceres. No tengo ninguna duda. Cómo no va a resistir cuando tiene hombres como Chávez».[22] Salvo la deserción de cuatro médicos cubanos, que piden asilo político en Venezuela como para abochornarle el rato, todo va sobre ruedas. Chávez ordena sacar la espada de Bolívar de las bóvedas del Banco Central y trasladarla al Panteón Nacional, donde reposan los restos de su Dios particular, para mostrarla a su visitante. «Chávez y Fidel tienen el poder», hacen coro un grupo de niños y admiradores en las afueras. Y van al cercano cuartel San Carlos, donde estuvo preso el ex golpista, ahora convertido en un museo.

Al día siguiente, en su discurso en la Asamblea Nacional, Fidel Castro se permite otra lección, que decepciona a más de un ortodoxo parlamentario: «la revolución es posible en un sistema de mercado»; dice e irrita a la oposición, a los políticos cuyas manos estrechó cuando ejercían el poder, criticando 40 años de pasado. Son días de sonrisas y loas mutuas entre el líder cubano y el líder venezolano. El legendario comandante de la Sierra Maestra se interna después en los llanos con su propio avión. Es el primer mandatario extranjero que visita Sabaneta de Barinas, el pequeño pueblo donde nació el presidente. Para los sabaneteros se trata de un gran acontecimiento. Hugo y Fidel recorren las calurosas calles de este desangelado pueblo y se detienen en una esquina para observar la casa donde creció el jefe de Estado, siguen hasta el grupo escolar «Julián Pino», donde cursó la primaria y ya han visto todos los sitios de interés del lugar. Fidel Castro recibe las llaves del pueblo y es declarado «hijo ilustre» de Sabaneta. Corresponde al honor declarando que a Chávez, «hay que multiplicarlo por mil, por 5 mil, por 10 mil, por 20 mil» y sugiere que hay que erigirle un monumento al venezolano en el punto donde nació, que en realidad no es allí sino a un par de kilómetros, en lo que hoy se conoce como Los Rastrojos. Todo transcurre como un maratón de elogios mutuos. Desbordante como es, Chávez no esconde su admiración y cuenta, literalmente, los días que han pasado desde que ambos se vieron por vez primera. «Así como te dije en La Habana una noche de despedidas y abrazos, cuando te conocí hace 5 años, 10 meses y 12 días: quiero verte en Venezuela y recibirte como te mereces; en Sabaneta te digo lo mismo: te hemos recibido como te mereces, con el pueblo en la calle.»[23]

No podía faltar la visita al estadio para otro juego de béisbol y un *Aló, Presidente*,[24] en el que Fidel —animado por el mandatario venezolano y el convenio petrolero que firmará al día siguiente[25]— canta a dúo la pieza «Venezuela», una suerte de almibarada «Alma llanera» moderna. La imagen luce un tanto ridícula ya que Fidel no conoce ni la música ni la letra del tema. Con unos audífonos, tratando de leer las estrofas de la canción en un papel, Fidel intenta atinar la melodía. Su imagen de legendario combatiente no tiene mucho que ver con esta estampa cursi y desafinada. Después, por el micrófono, Castro sentencia: «Chávez, ¡tú no tienes sustituto!», y le pide que vele más por su propia vida, lo cual seguramente habrá disparado los temores del mandatario, quien desde hace mucho teme morir asesinado y cuyo sistema de seguridad supera en mucho al de cualquier otro presidente venezolano. Ya en 1998 había sido el candidato con mayor vigilancia: debido a sus continuas denuncias se aumentó de diez a dieciocho el número de agentes asignados a su custodia. Y ya también, meses antes de su visita a Sabaneta, Castro le había advertido al jefe de Estado en dos ocasiones que los servicios de inteligencia cubanos habían detectado planes para asesinarlo en diciembre de 1999 y en julio de 2000. El temor al magnicidio es recurrente en el barinés. Lo son también sus acusaciones de presuntas conjuras para borrarlo del mapa venezolano. En sus primeros cinco años de gobierno denuncia, sin incluir el golpe del 11 de abril, al menos quince conspiraciones para asesinarlo, dentro y fuera de Venezuela. Según las versiones oficiales, además de los anticastristas, estarían tras su cabeza los parami-

litares colombianos, los ultraderechistas venezolanos y su supuesto enemigo número uno: Carlos Andrés Pérez. Ni una sola de estas conspiraciones, sin embargo, ha sido comprobada.

Hugo Chávez ha advertido a quienes presuntamente quieren matarlo: «¡No se les ocurra!, no por mí, sino por lo que pueda pasar en Venezuela», comparando el efecto que tendría su desaparición con el que
tuvo en Colombia el asesinato del legendario político Jorge Eliécer
Gaitán en 1948: la guerra civil. Después del golpe de abril y durante varios
meses, Miraflores se convierte en una verdadera trinchera. El Palacio es
rodeado de sacos de arena y alambres de púas, hay tanques en cada
esquina y no se permite el paso de vehículos. Más adelante, en una ocasión, se asegura que la policía política abortó un supuesto atentado que
tenía como objetivo derribar el avión presidencial cuando el gobernante estuviera aterrizando. Se muestra un lanzacohetes como prueba y el
mandatario asegura que ya tienen las fotos de los sospechosos, que ya
están tras los talones de los responsables. Pero el público se queda en la
intriga y el caso se pierde entre otros tantos. En enero de 2001, Chávez
había asegurado tener pruebas de conspiraciones internacionales para
asesinarlo: «Pudiera llegar el día en que me vea obligado a denunciar
cosas concretas con nombres y apellidos, y planes que pudieran complicar la situación de las relaciones diplomáticas en el continente».[26] No
lo ha hecho. Ese día de nombres y apellidos —descontando el sempi-
terno de George W. Bush— no ha llegado.

★★★

Cuando Fidel Castro culmina su primera visita a Chávez, el mandatario lo despide una noche lluviosa en Maiquetía. El adiós es transmitido
conjuntamente en todas las televisoras por orden presidencial. Y, por un
momento, las pantallas captan al muchacho de Sabaneta: mientras el
avión despega, Hugo lo sigue emocionado con mirada nostálgica, lanzando besos con la mano al aire. Esta escena efusiva, casi de pasarela,
sorprende y asombra a más de un televidente. En menos de un año, el
13 de agosto de 2001, el cubano volverá para celebrar su cumpleaños
número 75 en Venezuela. Chávez lo lleva de paseo al Parque Nacional
Canaima, al sur del país. En la Plaza Bolívar de Ciudad Bolívar, le dice
a un público nutrido de menesterosos impacientes: «Olvidémonos de

pesares, papelitos y solicitudes. Concentrémonos hoy, solamente hoy, en Fidel con alma y corazón».

Entre 1999 y 2004, los dos «revolucionarios» se verán al menos en quince ocasiones. En ese tiempo, Hugo Chávez viaja, oficialmente, nueve veces a la isla. Fidel Castro visita Venezuela en cuatro ocasiones. La última en la Navidad de 2003. Y sostienen otros cinco encuentros en el marco de cumbres o invitaciones internacionales. Su cercanía no sólo despierta sentimientos encontrados entre los venezolanos y la comunidad internacional. Es también motivo de chistes y bromas pesadas. Con meses de diferencia, dos locutores de una emisora radial de Miami, valiéndose del montaje de grabaciones de voces, se burlan de Castro y de Chávez. Primero cae el venezolano con una llamada telefónica supuestamente de Castro. Cuando los locutores comienzan a cuestionar su gobierno, el venezolano, enojado, cuelga. Seis meses después le toca al cubano, quien —después de dialogar 25 minutos con un falso Chávez— reacciona airadamente mentando madres.

La relación entre Castro y Chávez es más que fluida. Conversan a menudo. En Venezuela se comenta que, extraoficialmente, han sostenido reuniones secretas en Cuba —a tres horas de vuelo de Caracas— o en la isla venezolana La Orchila, de acceso restringido a los militares. «Hugo Chávez tiene una línea directa con Fidel Castro y cada vez que había un hecho noticioso importante, contrario a Chávez, éste acudía a Fidel. Era automático. Ya para nosotros [los subalternos] hasta era cuestión de bromas. Ocurría algo adverso y nosotros sabíamos que teníamos que preparar el viaje de Chávez o la visita de Fidel», reveló Juan Díaz Castillo, ex piloto presidencial, al diario *El Nacional* comenzando 2003. Y según el diario *El Universal*, cuando un mes antes hubo una masacre en la plaza Altamira de Caracas en la que murieron tres personas y varias resultaron heridas, el presidente no se pronunció sobre el acontecimiento porque estaría en la isla antillana en un viaje secreto.

Chávez defiende a Fidel y Fidel, que niega cualquier injerencia en la política venezolana, no sólo defiende a Chávez sino que cuestiona severamente a la oposición. Ello ha creado entre los venezolanos un clima de polarización nunca antes visto en relación con Cuba. Para la oposición más radical, Castro es el personaje más odiado después del propio Chávez. Más, incluso, que el gabinete entero. Una muestra de ello fue el ataque —presuntamente espontáneo— de un grupo de personas contra la embajada cubana cuando se creía que Chávez había renunciado durante el golpe de 2002. «Soy uno de los que cree que se le ha hecho un poco de daño a Cuba con la preeminencia de esta relación. Se ha exagerado la nota. Se habla de la intervención norteamericana, pero el embajador cubano va a todas partes: a los *Aló, Presidente*, a las entregas de tierras… A mí no me da ni frío ni calor, pero desde el punto de vista de las apariencias, crea problemas. Se ha creado con Cuba, que siempre ha recibido una gran simpatía de Venezuela, mucha antipatía. De tal manera que cuando esto termine [el gobierno de Chávez] habrá que luchar mucho para que no se pretenda cuestionar a Cuba», asegura el ex mentor del presidente, Luis Miquilena.

Todo lo que tiene que ver con el gobierno cubano es sometido a escrutinio. En una ocasión, se publica en grandes titulares que la isla no está pagando por el petróleo que recibe. En 2003, el ministro de Energía, Rafael Ramírez, debe admitir que, efectivamente, La Habana adeuda 190 millones de dólares. Para Fidel Castro, Hugo Chávez ha sido el aliado preciso en el momento justo, cuando los precios del azúcar caen y los del petróleo se disparan. Al venezolano, que lo admira al punto de confesar que se debate entre llamarlo «padre o hermano», le halaga poder —y tener con qué— tenderle una mano. Es el jefe supremo de un país lleno de petrodólares. En Venezuela se cuestiona también la llegada de miles de cubanos, que trabajarán a las órdenes del gobierno en operativos de alfabetización, atención sanitaria y entrenamiento deportivo. La importación de recursos humanos es considerada innecesaria por la oposición, que contrasta la iniciativa gubernamental con las altas cifras de desempleo locales: 16.8 %,[27] en 2003, lo que equivale a más de dos millones de venezolanos desocupados. El gobierno venezolano se justifica argumentando que los profesionales venezolanos no se prestan a hacer el trabajo que realizan sus colegas cubanos, quienes se alojan en zonas pobres, con altos índices de violencia, y al principio reciben un sueldo mensual de aproximadamente doscientos dólares, menos de lo que puede llegar a ganar un policía venezolano.

Cuando comienzan a llegar los primeros médicos cubanos del primer grupo de aproximadamente 13 mil que trabajarán en el programa médico-asistencial para las zonas populares, denominado Barrio Adentro, la Federación Médica Venezolana (FMV) objeta lo que considera ejercicio ilegal de la medicina, pues —según las leyes del país— los profesionales debían realizar antes las equivalencias que se les exigen a cualquier extranjero. También hay 2 mil alfabetizadores y 6 mil 400 entrenadores deportivos para agosto de 2004. Podría haber más. Una investigación adelantada por el diputado opositor Pedro Castillo y divulgada por el diario *El Universal* habla del ingreso de 11 mil 350 personas provenientes de La Habana tan sólo en el mes de octubre de 2003.[28] Son reportes recurrentes que el gobierno suele desmentir. En todo caso, la presencia de los casi 20 mil profesionales y técnicos cubanos, que según cifras oficiales se encuentran en el país en 2004, ha dado pie a especulaciones sobre la posible «infiltración» de agentes de seguridad del castrista G2, que prestarían servicios especiales al presidente Chávez, y realizarían labores de inteligencia para el gobierno venezolano, además de ayudar en el entrenamiento de una milicia pro chavista; una versión que no ha podido ser confirmada, aunque hay quienes aseguran haber llegado a oír el característico acento caribeño incluso dentro de los cuarteles.

Ciertos sectores de la oposición, y más de un analista, insisten en que el poder del líder cubano en Venezuela es inmenso. Afirman que las acciones de Chávez sólo siguen un libreto que se escribe, día a día, desde La Habana. Lo que sí es evidente es que el presidente venezolano privilegia como nunca antes las relaciones con Fidel Castro y no le molesta —por el contrario, pareciera enorgullecerle— ser identificado con el viejo revolucionario convertido en el dictador que ostenta el récord de permanencia en el poder en América Latina. Una habilidad que Hugo Chávez admira, a juzgar por sus intenciones declaradas de permanecer al frente de la historia de Venezuela por largo tiempo. Tal vez sea ese anhelo lo que lo llevó en una ocasión a autodenominarse «el segundo Fidel».

14. Pleitos en el vecindario

Hugo Chávez, quien se enorgullece de su talante controversial, ha fraguado alianzas con quienes se identifica —el cubano Fidel Castro, el brasileño Luiz Inázio Lula Da Silva, el argentino Néstor Kirchner— y se ha enfrascado en pleitos con otros colegas, a los que no siente tan afines, en el vecindario latinoamericano. Así, ha sostenido roces y distanciamientos momentáneos con casi media docena de países: Colombia, Bolivia, Chile, Perú, República Dominicana, Ecuador, Costa Rica, Panamá y México. El mandatario venezolano prefiere abiertamente a los gobiernos de izquierda y, con la informalidad que lo caracteriza, revela sus preferencias por alguno de los candidatos en contienda cuando ha habido procesos electorales en países de la región. Suele también practicar una diplomacia paralela con movimientos alternativos latinoamericanos —sin importarle cuánta guerra den a los gobernantes de sus países— y ejercer presiones para que sus exigencias sean complacidas.

Su acercamiento a sectores contestatarios ha hecho correr la tinta desde hace más de una década. Aunque siempre lo ha negado, se sabe que el ex comandante aprobaba las relaciones con los carapintadas argentinos, mientras estuvo preso en Yare. Así lo evidencia una carta suya, fechada el primero de noviembre de 1992, en la que le escribe al capitán Darío Arteaga Páez: «Muy bueno el contacto con los carapintadas, por aquí también hemos recibido comunicación de ellos. No recibí la carta que me dices de Seineildín [...]».[1]

También, meses después de haber salido de prisión, a Hugo Chávez se le relaciona con la guerrilla colombiana. Hay incluso señalamientos no confirmados que indican que sus contactos con los rebeldes datan de finales de los ochenta cuando siendo militar activo estuvo destacado en

241

Elorza, una población del estado Apure fronteriza con Colombia. Una versión que hoy no le parece descabellada a su ex compañera Herma Marksman, quien recuerda que las autoridades colombianas llegaron a investigarlo por su presunta vinculación con un sangriento ataque guerrillero contra un puesto militar venezolano en 1995. El ex golpista, quien entonces atribuyó su implicación a una maniobra de sus enemigos para enlodar su imagen, salió limpio de aquella averiguación. Pero, desde entonces hasta 2004, los rumores sobre su empatía con la causa de los vecinos subversivos no cesan. Sin embargo, además de testimonios de algunos ex colaboradores, no se ha presentado hasta ahora una sola prueba.

Jesús Urdaneta es quien aporta uno de esos testimonios. Habla de cuando su amistad con Chávez seguía intacta y él estaba al frente de la Dirección de Inteligencia, a finales de 1999. A través de una serie de maniobras, Urdaneta habría descubierto que «Chávez tiene un acercamiento con la guerrilla colombiana». Según él, se trata de un proyecto denominado «Frontera» que propone una negociación entre la guerrilla y el gobierno: los primeros se comprometen a no entrar en territorio venezolano y, a cambio, desde el Estado venezolano se les da apoyo especial con dinero y armamentos. Cuenta Urdaneta: «Cuando me entero del documento increpo a Chávez. Le pregunté: ¿qué necesidad tienes tú de meterte en este gran problema con el Estado colombiano y con el Estado americano? Ésa no es tu responsabilidad ni tu problema. Él entonces me dijo que la peor oligarquía que hay en Latinoamérica es la de Colombia. Y yo insistí en que eso era un problema de Colombia y no de Venezuela. Y él me dijo: "pues yo espero ver el día en que esa guerrilla triunfe, y debe triunfar algún día"».

Más allá de la satisfacción de las Fuerzas Armadas Revolucionarias de Colombia (FARC) y el Ejército de Liberación Nacional (ELN) por la victoria de Hugo Chávez; más allá de las declaraciones de éste, mostrándose neutral en el conflicto colombiano y negándose a considerar terroristas a los rebeldes colombianos; más allá de sus deseos de reunirse con Manuel «Tirofijo» Marulanda, jefe de las FARC para «ayudar al proceso de paz» y de ser acusado de pro guerrillero por los paramilitares; más allá de la explícita empatía de los subversivos con el líder venezolano —«somos igualitos», diría en una ocasión el jefe rebelde Raúl Reyes— y las decenas de reportes de prensa que —en Colombia, Venezuela y Estados Unidos— hablan de la cercanía Chávez-guerrilla; más allá de cinco años de desmentidos y de *impasses* Bogotá-Caracas no existen indicios concluyentes de relaciones entre el venezolano y las FARC o el ELN.

Pero todo antichavista parece convencido de que el soldado Chávez Frías tiene alma de guerrillero. Tal vez sea porque a él, en realidad, le simpatizan las luchas contra el *statu quo* desde la época de la Academia Militar. Dos décadas antes de convertirse en presidente, el 25 de octubre de 1977, había escrito en su diario: «Los soldados no sienten, ni comprenden la razón de ser de su lucha. Simplemente porque sus intereses, como clase social, no coinciden con los objetivos de esta lucha. La guerrilla, en cambio, generalmente cumple con esos requisitos, necesarios para sobrellevar sacrificios, privaciones y soledades».

En julio de 1996, Hugo Chávez fue a El Salvador para intentar vincularse con el Foro de São Paulo, que convoca desde 1990 a movimientos izquierdistas de América Latina. «Conocimos y saludamos a bastante gente, pero una buena parte pensaba: ¡cuidado, llegó un coronel golpista!»[2] Un año después, durante un viaje a México, procuró aproximarse al subcomandante Marcos y a los indígenas que se habían sublevado en Chiapas en 1994. «Tuve la suerte de ver la marcha zapatista entrando a México, por coincidencia. Les dejé un mensaje y, a lo mejor, en diciembre vuelvo y puedo subir a la selva.»[3] De su breve estadía en esa ciudad recuerda: «logré conversar con Cuauhtémoc Cárdenas, que había sido recién electo alcalde del Distrito Federal de México, pero igual no se concretó nada porque el PRD [Partido de la Revolución Democrática] fue uno de los que más se opuso en San Salvador a nuestra integración al Foro de São Paulo. Me sentí allí como en una inquisición. Me pidieron que hiciera una carta para que ellos consideraran nuestra inclusión, pero nunca la mandamos, porque en verdad yo sentí mucha frialdad allí».[4] Por aquel entonces el venezolano creía que era posible una alianza de los zapatistas con el PRD.[5]

Chávez insiste en adscribirse al Foro de São Paulo durante la reunión de Porto Alegre en 1997, pero no es sino hasta 1998, cuando ya es candidato, que asiste formalmente a las plenarias del grupo en Montevideo.

Desde que sale de prisión, y ayudado por sus protectores civiles, busca darse a conocer en América Latina y tejer lazos con movimientos que cree afines a su proyecto. Cuando finalmente llega a la presidencia, su simpatía por corrientes de oposición en el extranjero le traerá problemas con algunos colegas. Primero, con el presidente boliviano Hugo Bánzer por su respaldo al movimiento indigenista. Bánzer rechazó una invitación a una cumbre de presidentes andinos propuesta por Venezuela, lo que dio al traste con la reunión prevista para diciembre de 2000 en Caracas. El gobernante, y ex dictador, actuaba convencido de que el venezolano había aprovechado una visita oficial de dos días a La Paz para reunirse en secreto con el líder indígena Felipe Quispe, a quien habría ofrecido su respaldo político, y según algunas insinuaciones, financiero.

Por esa época también corrió el rumor de su presunto apoyo a Lucio Gutiérrez, el ex golpista ecuatoriano que cuando se alzó, en 1994, proclamaba —casi al calco— las demandas de Chávez: una «revolución democrática», a partir de un «diálogo cívico-militar» de espíritu regenerador y patriótico. Incluso se llegó a especular en Caracas que un importante funcionario de la cancillería venezolana había sido removido de su cargo por presiones de Washington, que lo habría grabado llevando dinero a Quito, según un informe de la Agencia Central de Inteligencia (CIA, por sus siglas en inglés). El entonces subsecretario adjunto para Asuntos Hemisféricos, Peter Romero, dijo en febrero de 2001 a *The Miami Herald* que había «indicios de que el gobierno de Chávez ha apoyado a movimientos indígenas violentos en Bolivia, y en el caso de Ecuador, a militares golpistas». Tales indicios no fueron presentados públicamente.

A las pocas semanas del rechazo de la invitación de Bánzer a la cumbre de Caracas, el entonces presidente ecuatoriano Gustavo Noboa declinó asistir. Y Perú tampoco quiso ir a la cita porque —según la información que manejaba el Ejecutivo— el prófugo Vladimiro Montesinos, quien había huido de Lima en noviembre de 2000, se encontraba escondido en Venezuela.

Los peruanos sospechaban que el gobierno de Chávez lo protegía o, al menos, se hacía de la vista gorda, en agradecimiento porque el gobierno de Alberto Fujimori —y Montesinos mismo— había brindado refugio a un grupo de militares golpistas venezolanos, que huyó a Lima tras la asonada de noviembre de 1992. La administración Chávez descartaba, enfáticamente, la presencia del peruano en el país. Pero, después de una enrevesada investigación —con reportes de prensa peruanos y locales dando pistas certeras del fugitivo—, la captura de Montesinos fue anunciada por las autoridades venezolanas en junio de 2001, durante una Cumbre Andina. La extraña manera como se desenvolvió el caso provocó un *impasse* entre el gobierno de Valentín Paniagua y el de Chávez, que retiraron a sus embajadores durante un mes. Poco después, asumía el nuevo presidente peruano Alejandro Toledo, quien —debido al caso Montesinos— recela de su colega venezolano. Entre ambos gobernantes no existe la menor empatía. Toledo condenó el golpe de 2002 contra el presidente venezolano en los siguientes términos: «Mi amigo Chávez no es el hombre más sacrosanto de la democracia, pero él fue elegido».[6]

Los candidatos latinoamericanos y noveles presidentes comenzaron a deslindarse —a nivel de imagen— de Hugo Chávez. Todos, sin excepción, los que han sido comparados con el líder venezolano por alguna actitud destemplada o folclórica, han negado cualquier parecido. El primero fue el mexicano Vicente Fox cuando aspiraba a quebrar el dominio del Partido Revolucionario Institucional en las elecciones de 2000. «Ni Chávez ni Bucaram», dijo entonces.

Un par de años después, durante la campaña presidencial ecuatoriana, el mandatario venezolano proclamaba sus preferencias en su programa *Aló, Presidente*, hablando con frecuencia de «mi pana [amigo] Lucio», quien por entonces tal vez le parecía una suerte de alma gemela. Chávez se alegró enormemente cuando el ex coronel ecuatoriano ganó la presidencia, pero el empeño de Gutiérrez en evitar que se le asociara con el polémico Chávez, su discurso moderado y su posterior separación de los indígenas de Pachakutik, le hicieron perder todo entusiasmo al venezolano, quien ahora parece haber olvidado su nombre. Por aquellos días, también el brasileño Lula dijo más de una vez a la prensa que una cosa era él y otra el presidente Chávez. Aunque no tuvieran problemas con el venezolano, todos parecían pensar que la asociación sería negativa y les restaría votos.

★★★

El Hugo Chávez polémico no conoce fronteras. Se proyecta y ve enemigos de su «revolución bolivariana» dentro y fuera de Venezuela. Uno de los incidentes más emblemáticos y ásperos ha sido el sostenido con República Dominicana. El presidente Chávez llegó incluso a ordenar la suspensión de los envíos de petróleo venezolano a la isla al no ver satisfecha su demanda de que expulsara al ex presidente Carlos Andrés Pérez de su territorio, a donde éste iba con frecuencia desde Estados

Unidos, donde reside. Según el mandatario, su viejo enemigo estaría organizando un complot desde allí para asesinarlo. «Ése es un síndrome que él [Chávez] tiene con Carlos Andrés, pero realmente eso no es verdad. Ya le dije a Chávez que no se preocupara que aquí no tumban gobiernos»,[7] señaló el presidente Hipólito Mejía al desestimar la denuncia. El venezolano insistió y la policía dominicana realizó una investigación que no arrojó indicios de conjura alguna. Irritado por lo que calificó de indiferencia, Chávez ordenó entonces cortar el suministro de petróleo, una medida sin precedentes en Venezuela. Mejía respondió retirando a su embajador de Caracas. La avalancha de críticas al gobierno de Chávez por usar el petróleo con fines de retaliación, pareció influir para que el gobierno venezolano buscara aflojar las tensiones. Aun así, el suministro de crudo estuvo interrumpido durante tres meses. El ex comandante quería que Pérez —quien fue destituido de la presidencia en 1993 y condenado a prisión domiciliaria de dos años y cuatro meses por malversación de fondos públicos— fuera juzgado otra vez en Venezuela por presunto enriquecimiento ilícito.

Más o menos en la misma onda, el presidente Chávez también presionó durante un año a Costa Rica para que retirara el asilo otorgado en marzo de 2003 a Carlos Ortega, presidente de la Confederación de Trabajadores de Venezuela (CTV), quien huyó del país luego de que se le dictara una medida judicial por su participación en el paro petrolero de 2002. El mandatario aseguraba que Ortega tramaba un complot en su contra. «Si el gobierno de Costa Rica asume la misma actitud [de República Dominicana] de que, desde San José de Costa Rica, se esté conspirando contra el país, Venezuela no se quedará de brazos cruzados. Ojalá que eso no sea así, pero yo estoy lanzando una señal de alerta para el gobierno de Costa Rica, al que respetamos»,[8] señaló Chávez durante uno de sus programas dominicales. En marzo de 2004, después de semanas de presiones, el gobierno de Costa Rica finalmente solicitó a Ortega renunciar al asilo y retirarse del país. El ex comandante había logrado su objetivo.

Para el guerrero Chávez, prácticamente no ha habido un solo año seguido de tregua diplomática. Aunque con mayor vehemencia, Chávez siguió la línea del ex presidente Carlos Andrés Pérez coen relación con la causa boliviana por una salida al mar. Ya Pérez, en los setenta, le había regalado a Bolivia un barco como símbolo de su solidaridad con el viejo reclamo territorial que sostiene con Chile. En 1999, Chávez recibió su primera nota de protesta del gobierno de Eduardo Frei por abogar por Bolivia. Por un tiempo, el mandatario venezolano se olvidó del asunto. Pero la disputa con Chile se reactivaría más tarde debido a las diferencias del presidente Ricardo Lagos, electo en 2001, con ciertas posturas de Chávez en foros internacionales.

A mediados de 2003, la prensa reseñó el choque de personalidades —«antipatía mutua», lo llamó el diario chileno *La Tercera*— y el duelo verbal que sostuvieron Chávez y Lagos durante una cumbre del Grupo de Río en Cuzco, Perú. Durante una de las sesiones, el venezolano se mostró en desacuerdo con un documento, que sus colegas le hicieron ver era un texto viejo que ya había sido modificado. Chávez lucía ese día malhumorado. Según la revista peruana *Caretas*, cuando los diez mandatarios asistentes pasaron a analizar el conflicto colombiano, Chávez señaló: «quiero advertirles que en caso de que se organice una fuerza multilateral nosotros no vamos a intervenir». Y Lagos, molesto por la actitud del venezolano, lo embistió: «¿en qué momento he hablado yo de una fuerza multilateral. Nunca he dicho eso. ¿No sabe cómo votó Chile en el Consejo de Seguridad? ¿O acaso no entendió? Además el único latinoamericano que organizó una fuerza multilateral fue Bolívar». Chávez no resistió la desacralización pública de su Dios, se levantó de su silla y abandonó el recinto enojado.

Más adelante, Lagos —quien según *La Tercera* «considera a Chávez un tanto payasesco»— se opuso a que el presidente venezolano asistiera a las ceremonias que se realizaron en Santiago el 11 de septiembre por el aniversario de la muerte de Salvador Allende, en las que éste pretendía participar. En respuesta al desaire, menos de una semana después, el 16 de septiembre, Chávez recordó el reclamo de Bolivia durante la XIII Cumbre Iberoamericana en Santa Cruz de la Sierra. «No es justo que se haya arrebatado la salida al mar a Bolivia. Bolivia tuvo mar y yo sueño con bañarme en una playa boliviana.» Chile llamó entonces a su embajador a consultas por lo que consideró una injerencia y Venezuela correspondió la medida. Chávez siguió insistiendo en poner el dedo en la llaga cada tanto y los intentos por mejorar las relaciones se estancaron por sus declaraciones: «digan la verdad, le quitaron el mar a Bolivia en una guerra».

El asunto llegó a ser ventilado en la Cumbre de Las Américas, celebrada en enero de 2004 en la ciudad mexicana de Monterrey. Lagos se negó a hablar con Chávez, quien seguía abogando ardorosamente por Bolivia. El venezolano añadió entonces otra acusación contra Chile, tal vez el motivo de fondo de su animosidad. En esa ocasión dijo, con cierto rencor, que Lagos no decía la verdad cuando aseguraba que Chile rechazó el golpe en su contra en 2002. Chávez se refería a que el embajador chileno en Caracas, Marcos Álvarez, había respaldado el fugaz gobierno de Pedro Carmona, contradiciendo la postura asumida por Santiago que condenó el derrocamiento de Chávez en la declaración del Grupo de Río, lo que ocasionó la inmediata destitución del diplomático por la cancillería chilena.

Las relaciones chileno-venezolanas estaban en su peor momento. Según una versión de *La Tercera*, el malestar de Chávez provenía en realidad de la presunción de que el presidente Lagos supuestamente había ordenado difundir un comunicado en el que responsabilizaba al mandatario venezolano de la conflictividad y los desórdenes ocurridos antes del golpe de 2002. De acuerdo con reportes de la prensa chilena, las relaciones sólo volverán a la normalidad después que se negocie secretamente que Venezuela deje de abogar por Bolivia a cambio de que Chile no intervenga en la crisis política venezolana. Los embajadores retornan a sus misiones a principios de febrero de 2004. Y el dirigente venezolano ya no muestra prisa por nadar en el Pacífico. «El presidente Chávez ha dicho que quiere bañarse en una playa boliviana después de una solución negociada entre Chile y Bolivia. Si no es así, no se baña», anuncia la embajada venezolana en Chile.[9]

★★★

De su devoción por el Libertador, a Chávez le queda el gusto por las grandes épicas continentales. La Confederación de naciones latinoamericanas. Una ambición decimonónica. ¿Por qué no puede él, que ha decidido poner en boga lo que pensaba su héroe hace dos siglos, impulsarlo? «Es necesario que los países [latinoamericanos] nos unamos en un solo bloque. Ésa será la idea de mi mensaje... es una vieja idea de Simón Bolívar», señala en una cumbre recién llegado al gobierno. El ex comandante siente, a veces, que Venezuela le queda estrecha. La patria es América, decía Bolívar. «Chávez prefiere abrazar sueños que parecen imposibles de alcanzar que confrontar las duras realidades de la vida»,[10] asegura su amigo psiquiatra Edmundo Chirinos. Y, aunque parezca contradictorio, por su talante conflictivo, al ex oficial le gusta verse a sí mismo como un unificador. Un unificador de iguales.

En el plano formal, sus iniciativas de conformar una suerte de OTAN latinoamericana —«¿por qué no podemos tener una OTAS [Organización del Tratado del Atlántico Sur]», ha dicho—; un Fondo Monetario para la región; una Petroamérica (con Brasil, Colombia, Ecuador, México, Perú e incluso Cuba); un proyecto de comunicación continental y un ALBA o Alternativa Bolivariana para América Latina y el Caribe en lugar del ALCA (Acuerdo de Libre Comercio para Las Américas, propuesta por Washington) se han quedado en anhelos que sus colegas ya se han habituado a escuchar en cada cumbre. Como se han habituado a escuchar la frase con la que Chávez suele prologar su puntual participación en las citas regionales a las que ha asistido: «Los presidentes vamos de cumbre en cumbre y los pueblos de abismo en abismo». Sin embargo, no deja de asistir. Las acusa de ineficaces, pero no se pierde una.

Tenaz, el mandatario no se da por vencido. Y planea entonces algo que sí puede hacer realidad. Piensa que puede ser un comienzo. La idea le viene de su paso por el Foro de São Paulo. ¿Por qué no convocar los movimientos alternativos a reunirse cada tanto en su patria? La iniciativa, según comentó Maximilien Arveláiz, uno de los organizadores, al diario *El Nacional*, no se le habría ocurrido al presidente venezolano sino a los directores del diario francés *Le Monde Diplomatique*, Ignacio Ramonet y Bernard Cassen, admiradores incondicionales de Chávez que —estando en el Foro Social de Porto Alegre— propusieron hacer una cita en Venezuela «porque esta lucha revolucionaria se enmarca en el contexto mundial del combate contra la globalización neoliberal».

Sea quien sea el autor intelectual, después del golpe de 2002 nacen los «Encuentros de Solidaridad con la Revolución Bolivariana»,[11] a los que el gobierno invita a figuras internacionales que comulgan con sus postulados como Ramonet y Cassen, el comunicólogo francés Armand Mattelart, el analista estadounidense James Petras, la chilena Marta Harnecker, el líder indígena boliviano Evo Morales, el cineasta argentino Fernando Solanas, Hebe de Bonafini por las Madres de la Plaza de Mayo, el nicaragüense Daniel Ortega, el académico germano-mexicano Heinz Dieterich, y el periodista del diario británico *The Guardian*, Richard Gott, todos admiradores de Chávez. Algunos tan devotos como

Gott, quien en su libro *In the Shadow of the Liberator* pretende que Bolívar —un criollo descendiente directo de españoles— se parezca físicamente a Chávez y —a contrapelo de historiadores y dos siglos de documentación— asegura que el prócer nacional era un «*zambo, a man of mixed race*»,[12] es decir, un hijo de negro e india.

Pero los Encuentros de Solidaridad no son suficientes. El presidente venezolano se empeña en organizar un evento de mayor envergadura y trascendencia. Propone entonces el «Congreso Bolivariano de los Pueblos», al que asisten partidos de izquierda, movimientos comunitarios y algunas ONGs. El gobierno venezolano invita y paga. Se trata de una inversión que sólo un país como Venezuela puede hacer. La revolución bolivariana, de pronto, también suena a lujo petrolero. El primer Congreso se realiza en noviembre de 2003 en Caracas. Llegan los Sin Tierra de Brasil, los indigenistas andinos, los piqueteros argentinos. Luis D'Elia, líder de estos últimos, admitió en Buenos Aires que viajó a Venezuela para hacer campaña a favor del presidente Hugo Chávez con todos los gastos pagados por el gobierno venezolano.[13] De acuerdo con la declaración emitida al final del encuentro, al foro asisten «más de 400 representantes de organizaciones sociales y políticas, movimientos populares y progresistas de veinte países de América Latina y el Caribe».

Todo aquel que tenga alguna demanda social y crea en la «revolución bolivariana» antiimperialista, que dice luchar contra el neoliberalismo, tiene cabida. El secretariado político provisional queda integrado por los Círculos Bolivarianos, de Venezuela; los Comités de Defensa de la Revolución, de Cuba; el Farabundo Martí de Liberación Nacional (FMLN), de El Salvador; el movimiento Pachakutik, de Ecuador; los Piqueteros Barrios de Pie, de Argentina; el Movimiento Sin Tierra, de Brasil; el Movimiento al Socialismo (MAS) de Evo Morales, de Bolivia; y el Proyecto Emancipación, de Argentina. La «diplomacia paralela» que el ex comandante esbozó en su programa de gobierno para el área internacional está en marcha. Sin aprobación del Parlamento y con los recursos del Estado. Hugo Chávez sueña en grande y está ungido en petróleo. Ya tiene su propio foro de Caracas.

El verbo antipoder del venezolano es lo suficientemente cautivador —y convincente— como para que lleguen a ofrecerse *reality tours* al país para apreciar «los vientos de cambio» de cerca. Así la ONG norteamericana Global Exchange promocionaba la gira Venezuela: A Bolivarian Revolution in the Making, entre el 10 y el 20 de agosto de 2004, a un precio de 1 150 dólares y con una firme exhortación «a la gente de color» a participar para ver a los Círculos Bolivarianos en acción y reunirse con burócratas revolucionarios de la administración Chávez. La pobreza también puede ser un espectáculo. Como gratificación, al culminar la aventura de presenciar una revolución en desarrollo, el *tour* ofrecía una visita al exclusivo archipiélago de Los Roques, un paraíso de playas cristalinas al que no tienen acceso sino los venezolanos con ciertos recursos. Desde ese lugar exclusivo, los visitantes podrían evaluar mejor la experiencia de conocer la revolución en vivo y en directo. No todo en la vida es pobreza.

15. El patito feo

Suelen las madres no estar conformes con el destino amoroso de sus hijos. Con un poco más o menos de ánimo freudiano, según sea el caso, muchas veces lamentan la injusticia sentimental que, con demasiada frecuencia, padecen sus cachorros: nunca encuentran a la mujer que realmente se merecen. Doña Elena Frías de Chávez no parece ser la excepción: «Dios nunca puede darle a uno todo (dice, refiriéndose a su hijo). Dios lo ha bendecido, Dios lo bendice, pero él ha tenido muy mala suerte con las mujeres. No ha habido mujer ideal para él». Se debe inferir que se refiera a las tres relaciones más estables que se le conocen al presidente de la República: Nancy Colmenares, su primera esposa, con quien tuvo tres hijos; Herma Marksman, su amante durante nueve años; y su segunda esposa, Marisabel Rodríguez, madre de la menor de sus hijas: Rosinés. Además de ellas también respira toda una leyenda del Chávez seductor y mujeriego, de un hombre que, según dicen, tiene más de un apetito insaciable.

No hay mayores noticias de que, siendo muchacho, Hugo Chávez hubiera sido un gran galán, un joven distinguido por sus dotes de conquistador. Sus compañeros del liceo lo recuerdan como un muchacho cariñoso y amigable, pero nada más. También, según dice una estudiante de esa época, tenía en su contra el aspecto físico: «Hugo era feísimo, era flaquito». Jesús Pérez, canciller de Venezuela en 2004 y también amigo de Chávez desde ese entonces subraya, sin embargo, que «él atacaba mucho [...] Era encantador, no por su físico, porque no creo que responda a los cánones de lo que pudiese ser un hombre buen mozo. Antes las venezolanas querían a un hombre pelúo, alto [dice, entre risas, y nombra a algunos de los clásicos protagonistas de las telenovelas de esa época]: José Bardina, por ejemplo, o Raúl Amundaray».

Nada que ver con esa imagen de *sex symbol* que llegaría a tener después, sobre todo, a partir del intento de golpe de Estado en 1992 y su salto a la fama. Quizás haya más de un melodrama y de una lujuria entre esas estampas de juventud y el mito que describe Luis Pineda Castellanos, su jefe de seguridad en 1998: «¡Dios mío! Porque aquel furor uterino que desataba el hombre era a toda prueba de calidad, impresionante: niñas, jóvenes, maduras y viejas, solteras, casadas, divorciadas [...] Todas querían tocarlo, verlo, acariciarlo, que les hiciera un hijo [...]».[1]

Ser, de la noche a la mañana, un objeto de deseo avasallante puede generar una gran euforia. Ningún hombre está preparado para una experiencia de ese tipo. Probablemente tampoco lo estaba Hugo Chávez. La formación familiar, con respecto al tema de las mujeres, tuvo siempre la huella rígida de doña Elena: «En la casa nunca hubo mucha novia. Yo no le aceptaba a mis hijos novia. Si las tenían, las tenían fuera. Y todavía... yo le acepto una mujer que sea la esposa o que ya viva con ella en una casa, que ya tengan un hijo; ahí sí pueden venir hasta acá. Pero que porque tengan una rochela, ¿van a traérmela hasta acá? No, no, no. Ni antes ni ahora». Y, como ya hemos visto, aun cumpliendo estos requisitos de formalidad, no parece fácil alcanzar la aprobación de la madre de los Chávez Frías. La primera esposa no parece haber tenido esa suerte. «A ésa la conocí antes, no me gusta ni hablar de eso», simplemente masculla doña Elena, dando por cerrado ese tema y ese matrimonio.

Nancy Colmenares es la primera mujer con la que se casa Hugo Chávez cuando tenía 23 años. También es la madre de sus tres primeros hijos. Curiosamente, Nancy ha logrado permanecer en un extraño y difícil anonimato. Algunos se lo atribuyen al hecho de que ya, para cuando Chávez irrumpe como personaje público, la relación entre ambos era casi inexistente o estaba muy deteriorada. Otros creen que se debe, más bien, al talante personal de la propia Nancy, una mujer humilde, reservada. Hay también quien piensa que se debe a que es una mujer que rehizo su vida, que tiene otra pareja, que por voluntad propia eligió huir de las mayúsculas de esta historia. Aún hoy no se sabe demasiado de ella. La llaman La Negra, algo muy típico en Venezuela. Casi todas las familias tienen un miembro a quien se le dice Negro o Negrito. Es un uso que, si bien puede incluir un origen remoto de racismo, ya de manera natural está reelaborado e incorporado al ámbito coloquial como una expresión de cariño.

Lo cierto es que La Negra Nancy Colmenares no da entrevistas. Ni siquiera son abundantes las fotografías de ella que pueden circular en los medios de comunicación. La imagen que queda de ella es la de la mujer agobiada, de 1992, que iba a visitar al esposo preso por haber intentado el asalto al poder. Los que la conocen, o la conocieron de alguna manera, incluso los que están ya alejados de Chávez y ahora son sus adversarios, se expresan muy bien de ella. Nedo Paniz es un buen ejemplo: «Me consta que una vez trataron de soliviantarla para hacer ver que Chávez le pegaba. Nancy no se prestó a eso, lo cual dice mucho de ella», afirma, refiriéndose a una conocida estrategia de un sector político que quería satanizar al entonces candidato a la presidencia.

En esa valoración de su calidad humana coinciden todos los que estuvieron cerca de la pareja. Una buena amiga de Nancy recuerda la boda: «Fue un matrimonio muy sencillo. La negra era una tipa muy sencilla, muy buena persona. Igualito a como era él, muy humilde […]. Ella no estudió nada. Era de la casa». También Carmen Tirado apunta que Nancy era «muy buena muchacha, muy humilde, una gran mujer… Eso que dicen que Hugo maltrató a Nancy es mentira, porque nosotros tuvimos bastante acercamiento. ¡Jamás!». Se sabe que se casaron en 1977. Según Herma Marksman, lo hicieron cuando La Negra ya estaba encinta de su primera hija Rosa Virginia. Después vendrían María Gabriela y Huguito. Durante todos esos años puede ser prolífica la información que existe sobre Hugo Chávez. Los registros sobre sus itinerarios, políticos —y geográficos incluso— no incluyen a su esposa y a sus hijos. Nancy y la familia permanecen como una sombra. No resaltan. Ni siquiera el mismo Chávez, tan dado a recordar su vida públicamente, acude a esa primera experiencia familiar, casi nunca menciona ese aspecto de su existencia en esos años. No hay nada más.

Francisco Arias, el segundo líder más destacado de la conspiración de 1992, sostiene: «Yo creo que Nancy era una mujer como las mujeres llaneras, que son de su marido, se casaron y le hacen la comida, lo mantienen y tal, cuidan de él y cuidan de sus hijos, es una cosa muy primaria, ¿no? Pero creo que él quería a Nancy en buena forma y la respetaba». No obstante, ya desde ese tiempo, el mismo Arias subraya una naturaleza que da lugar a la leyenda: «Con Nancy él tenía buena relación, pero como él es un poco enamoradón y, pues, yo creo que un palo de escoba lo alborota […]». Se trata de la expresión popular que describe al espíritu masculino que se desarma ante cualquier falda. De esa manera, y desde temprano, se sembraría el rumor de que Hugo Chávez era mujeriego. Según su entonces amigo Jesús Urdaneta, «él se estaba separando de Nancy desde cuando era capitán, es decir en la primera mitad de los ochenta. Tenía problemas con ella. Lo aconsejé muchas veces que no pensara tanto en él sino en sus hijos; "trata de mantener el hogar", le dije. Más nunca hablamos del tema. Luego me comentó que se separaría. [...] Después, pasó lo que pasó y Nancy lo visitaba en la cárcel. Era una mujer maravillosa, muy humilde, muy noble, sencilla y trabajadora. Ella está en Barinas, creo que se casó después con su primer novio».

★★★

La dinámica propia de la vida militar le permitía a Hugo Chávez ciertas facilidades. Así, conoció a Herma Marksman, con quien se vinculará sentimentalmente durante casi una década. Fue en Caracas un abril de 1984, ella lo recuerda perfectamente. Se trató de una casualidad. Herma, historiadora, divorciada y con dos hijos, estaba intentando conseguir un traslado laboral para la ciudad de Caracas. Se encontraba alojada en una casa donde vivía su hermana Cristina. La dueña del departamento, Elizabeth Sánchez, conocía a Hugo Chávez. El azar de un encuentro y la lógica de aquello que llaman química hicieron lo demás. Cinco meses después, en septiembre de 1984, ya la relación estaba formalizada: eran amantes.

«Cuando lo conocí [relata Herma] tenía fama de mujeriego. Él en esos momentos estaba saliendo con alguien, una psicóloga creo [...] No sé si siguió siendo mujeriego en esos años, cuando estaba conmigo. No lo creo. Aunque él es un tipo cariñoso, piropeador [...]» Cinco meses después de conocerlo, «él se apareció con unas flores» el día de su cumpleaños y la desarmó, asegura, con su sinceridad. Le dijo cuánto le gustaba y le explicó su situación. «A mí nunca me engañó, me engañaría después cuando estaba en la cárcel. Desde el mismo momento, para enseriar la relación me habló claro... yo no voy a decir ahora que él es un bicho, un degenerado», asegura Marksman, hoy franca opositora a la forma de gobernar de su ex amante.

Herma proviene también de una familia humilde. Su padre fue un hombre muy ligado a las luchas sociales, a la reivindicación obrera en la región de Guayana. Era un hombre con devoción nacionalista, con pasión bolivariana. Esto, obviamente, es otro elemento para que la relación entre Marksman y Chávez fluya a otros niveles. Muy pronto, ella estará colaborando con él en los planes de la conspiración. Chávez, desde el principio, le confesó que era casado y que estaba conspirando contra el gobierno. Le pidió perdón por haberla mandado a investigar en secreto. Debía cuidarse, algo así debió decirle. No era fácil, entre la guerra y el amor, ya estaba llevando más de una doble vida.

Por esa época, al menos en el terreno conyugal, Hugo Chávez no se diferenciaba demasiado de cierto patrón común de muchos venezolanos y de una conducta bastante generalizada en el mundo militar: tenía dos *frentes*, tenía una *casa principal* y una *sucursal*. Probablemente las distancias lo ayudaban. Sus dos mujeres no vivían en la misma ciudad. El oficial, de todos modos, se las arreglaba para que, al menos durante los primeros años, ninguna de sus dos casas se incendiara. Con frecuencia se veía con Herma, compartían una cotidianidad posible. En la memoria de ella, Chávez permanece como un hombre muy amoroso: «Él me escribió cosas muy lindas y yo lo recuerdo como el hombre de los chocolates, que me llegaba con serenatas, que cantaba rancheras; el hombre que estaba pendiente de mi cumpleaños, el hombre de las flores». En esos momentos, la condición del amantazgo no parece ser un factor perturbador, irritante, en la relación. De hecho, Herma ha relatado que ella venía de un divorcio muy traumático y que en ese tiempo no estaba especialmente animada para formalizar la relación de otra manera. Pero, igual, su vida de pareja era cada vez más una vida de pareja, ateniéndose a los ritos que frecuentan las parejas: «Yo pienso que él no es tan machista, pero celoso sí. Mi mamá me decía que tuviera cuidado porque era celoso. Y él me lo escribía y me lo decía».

Toda su familia lo conocía. «Sí, mi mamá, mis hijos siempre estuvieron al tanto, yo pensaba que uno tenía que decirles francamente las cosas.» No sólo los puso al tanto de la relación, sino también de la conspiración, cosa que algunos no se tomaban muy en serio. «Mi hija dice que ella nunca pensó que se iban a alzar porque como ellos siempre se estaban alzando [...]» A pesar de que a la madre de Herma nunca le gustó aquel oficial casado como pareja de su hija, en su casa de la ciudad de Valencia, a dos horas de Caracas, se realizaron varias reuniones conspirativas. De hecho, la última vez que Hugo Chávez y Francisco Arias se vieron antes de la insurrección de 1992 fue allí, en una amplia terraza.

Cristina Marksman, hermana de Herma, llegó a ser tan cercana a Hugo —lo apoyó también en el complot— que éste la llamaba hermana. Tenía también otro nexo con ella. Supersticioso, como dicen que es, Chávez le pedía a ella que le predijera el futuro. «Mi hermana le leía la mano y, a veces, acertaba muchísimo. Él se consultaba las cartas con ella, a él le gustaba eso. Creía mucho en lo que ella le decía.» Él le pedía a Cristina, quien murió años después, que le alejara los malos espíritus «porque él es un hombre atormentado», asegura Marksman, quien resalta otro rasgo característico de su ex pareja: «Él podía estar muy disgustado por una cosa en un cuarto y si tú llegabas de visita, él salía como si no le hubiera pasado nada. Tenía esa facilidad para cambiar su expresión. Él puede estar riéndose ahorita y se voltea y, frente a otro, llora… ¡pero con un sentimiento!… Sí, yo siento que él es un excelente actor».

La relación fluyó pues sin mayores tropiezos hasta finales de los ochenta. Así lo relata Herma: «En 1988, se tomó la decisión de que había que regularizar nuestra situación […] Un día él me llamó y me dijo: "Herma, ¿tú te has planteado la posibilidad de que nosotros podamos casarnos? Yo me quiero casar contigo, ¿tú te quieres casar conmigo?" Yo le digo a él: "amigo, es que tú tienes que divorciarte para poder casarte conmigo". Hugo entonces me aseguró: "si tú me dices que sí, yo me divorcio para casarnos"». Es un arranque bueno para una intensa historia de amor. Sin embargo, como ocurre en la vida y en las telenovelas, comenzaron a aparecer los obstáculos. Herma sabe que Hugo lo intentó. Que fue a Barinas, que habló con Nancy. Que trató de separarse. También sabe que la familia Chávez se opuso. La misma doña Elena, años más tarde, cuando Chávez estaba en prisión, se lo contó. Herma supone que Nancy sabía que su marido tenía otra mujer. El plan matrimonial no contaría con el primer paso: el divorcio de Hugo. Lentamente el proyecto fue mermando, diluyéndose. «Y creo que en marzo de 1989 vino él y me dijo que sus hijos estaban pequeños», comenta Herma. Con esa línea se cerró el capítulo de la boda imposible.

En 1990, según cuenta la misma Herma, Chávez le propone que conciban un hijo. «Él me empezó a plantear la necesidad de que tuviésemos un hijo. Pero, ¿para qué un hijo con esta vida agitada que llevamos? ¿Y a estas alturas?… Y él me respondió: "es que siento que todo se precipita, que todo se nos viene encima. Y eso va a ser como un lazo de unión, como una atadura. No nos pudimos casar pero el hijo nos va a mantener unidos".»[2] Finalmente lo intentaron. Herma dice que estuvieron buscando ese embarazo durante 1991. Después de que logró por fin quedar encinta, al mes y medio sufrió un aborto. Eran los días más álgidos de la conspiración. Herma coloca ahí las razones de su pérdida. Vivían días tensos, llenos de angustia, en la inminencia de que muy pronto sucedería lo que llevaban planeando tanto tiempo. Estaban viviendo demasiado cerca del 4 de febrero de 1992. Esa Navidad, él envió a sus amigos y familiares una tarjeta con el rostro de Simón Bolívar —la fotografía de un cuadro pintado por él— y el mensaje: «Cantemos a 1992, año que anuncia los nuevos tiempos».

Herma Marksman, de seguro, nunca imaginó que el fracaso del golpe de Estado fuera un éxito. Sobre todo, un éxito personal; el salto al estrellato de quien era, como se dice comúnmente, el hombre de su vida. Desde la cárcel, su pareja pasó a convertirse en un personaje público. Y en mucho más. «Hubo gente que lo llegó a tocar para ver si era de verdad... ahí se gestó el mito y él mismo se lo creyó», señala ella. Desde la cárcel, también, comienzan ya los rumores de sus aventuras con otras mujeres, asunto que por razones obvias se acrecienta cuando Chávez sale en libertad. En palabras de un compañero de esos tiempos: «él era así, de cascos flojos con las damas. Con la aureola y la fama se le acentuó ese rasgo». La lista de supuestas mujeres que aparentemente entablaron una relación íntima con él es larga y abundante. A algunas las llamaría a colaborar después con su gobierno.

Marksman soportó todo esto con paciencia, pero con dificultad. Ángela Zago, periodista que se hizo amiga de ambos en esos años, acota sin embargo que los problemas vinieron por otro lado: «La primera separación profunda fue porque, estando todavía preso, a él le preguntan en un programa de radio por su esposa Nancy, "¿cómo hizo mientras ustedes conspiraban?", y él responde: "si no hubiera sido por la actuación de mi esposa y del apoyo que me daba, no sé cómo hubiera podido organizar el movimiento". Bueno, Herma no se murió ese día de casualidad. Ella arriesgó su casa y sus hijos, todo, por recibir a unos militares que estaban conspirando. Durante años fue la que guardó los papeles de ellos, la que lleva el plan de alzamiento de 1992. Arriesgó su vida, su estabilidad económica, su estabilidad social, su estabilidad personal por él».

Es probable pensar que éste fuera el detonante, pero que por debajo bullía también todo lo demás. La misma Herma ha detallado su incomodidad ante el creciente proceso mediático y de popularidad que vivía Chávez. No sólo se trataba de un problema político: también era algo que la afectaba en lo personal. Tal vez sentía que, en ese momento, estaba perdiendo a Hugo Chávez de diferentes maneras. Así recuerda ella una última, y muy fuerte, discusión en la cárcel: «¿Tú sabes cómo es la cosa?, le dije. Yo estoy afuera tan presa como tú, con la diferencia de que tú estás aquí cuidadito pero yo estoy presa en la calle, porque me persiguen, me fotografían, arriesgando incluso hasta mis hijos y lo mínimo que puedo esperar es que tú me seas leal, fiel».

Herma se separa de Chávez en julio de 1993. Todavía él está en prisión, pero ella ya no aguanta la relación, no le gustan las cosas que ocurren en la cárcel, tanto en el terreno político como en el íntimo. Siente que su Hugo —«el capitán común y corriente» que conoció— se está transformando en alguien que ella no conoce. En «el Chávez del pedestal». «Siempre dije: ¡qué lástima que las cosas sucedieran como sucedieron! Mi compañero ideal era él y quizá por eso más nunca he tenido relación con nadie. El hombre con el que yo viví está muerto. Sí, yo soy viuda. Y guardo ese recuerdo. Yo, esa cosa que está ahí, no sé quién es. No tiene ningún tipo de relación conmigo, ni con el hombre con quien yo compartí tantas cosas […] Yo siento que él traicionó el sueño que nosotros durante años tratamos de construir. Echó todo por la borda.»

Desde ese momento, no se han vuelto a ver. Y sólo volvieron a hablar cuando él la llamó, ya siendo Presidente en 1999, para darle el pésame por la muerte de su madre. «Ese día me dijo: "yo sé que tú vas a superar la muerte de tu mamá". Yo le dije: "no, eso no es fácil porque uno tiene una sola mamá y se le muere una sola vez en la vida, y además mi mamá fue una mujer extraordinaria que para mí tiene muchísimo valor". Entonces él me contestó: "Sé que sí lo vas a superar porque si algo me has demostrado en los últimos años es que te sobra fortaleza". Lo decía porque como yo nunca lo busqué.»

De aquella intensa relación, queda un «legado» que la profesora de Historia Herma Marksman conservó con meticulosidad como si previera que algún día podrían ser objeto de interés público: parte de los diarios que el joven Hugo Chávez llevaba en la Academia Militar, algunas cartas que le escribió a ella, a su abuela y a su familia, otras tantas que recibió él de ellos, varias fotografías y el primer mechón de cabello que le cortara su abuela Mamá Inés en su casa de Sabaneta.

Chávez jamás ha hecho un comentario explícito y público sobre Marksman o la relación. Herma, en cambio, a partir del año 2002, cuando un amigo periodista la convence para participar en un programa televisivo sobre los diez años del intento de golpe del 4 de febrero, comenzó a salir a la luz pública. Ha aparecido en diversos espacios de radio y de televisión y colaborado con investigadores y periodistas. «Un día, una señora en un programa de radio de ésos en que la gente participa me dijo: "¿cómo es posible que usted, una mujer tan preparada, se haya acostado con mandinga [el diablo]?" [cuenta riéndose de ella misma]. Y yo le dije: "bueno, ésas son las cosas del corazón que no entiende la razón".»

★★★

A la salida de la cárcel, y con el comienzo de su trayectoria pública, la vida amorosa de Hugo Chávez, según cuentan algunos de sus cercanos colaboradores, entra en ebullición. Entre 1994 y 1997, en un tránsito donde se divorcia de Nancy, Herma rompe con él y, más tarde, entra en relación con Marisabel Rodríguez, hay casi un periodo cuyo hilo musical podría encontrarse en la canción que popularizaría un poco después el cantante puertorriqueño Ricky Martin: "Living la vida loca".

Nedo Paniz, quien hoy es adversario del presidente en un sector radical de la oposición, lo recibió en su casa a su salida de la cárcel: «Nancy nunca vino a visitarlo. Solamente los hijos. Cuidamos mucho de Huguito y de las dos hijas. Eran un grupo familiar muy desarticulado, indudablemente. Había giras en que nos llevábamos a las niñas o a Huguito». Cuando vino el divorcio, el mismo Paniz acota que, para ese entonces, ya Hugo Chávez mantenía una relación con la periodista Laura Sánchez. El rumor de que entre ambos había algo venía rodando desde la cárcel. El lunes 2 de marzo de 1992, el periódico *El Nacional* publica una página entera con una entrevista a Chávez y fotos suyas dentro de la prisión. Quien había logrado esa exclusiva era Laura Sánchez. Así se conocieron. Se sabe que no fue una relación demasiado larga, que tuvieron conflictos. Nedo Paniz cuenta: «Uno de sus guardaespaldas me refirió algo que me paró los pelos de punta. Chávez mandó a que la lanzaran del carro en una carretera en Margarita. Cosa que hicieron». Una amiga de Laura Sánchez confirma el incidente, explicando además que el hecho fue motivado por una discusión íntima de la pareja.

Para Luis Pineda Castellanos, Laura forma parte de una lista casi infinita de mujeres que tuvieron algún tipo de encuentro más íntimo con
Chávez en esos años. Dentro de ese grupo, nombra a mujeres como Virginia Contreras, Iris Varela, Nancy Pérez Sierra, Aixa Guevara...[3] La
mayoría han tenido cargos públicos durante su gobierno. Muchas de
ellas han negado cualquier relación repetidamente. Otras, simplemente
ni siquiera atienden el tema o guardan silencio. Pero quien se atenga al
testimonio del jefe de Seguridad de Chávez durante esos años podrá
gozar al menos de un asombro. En su travesía recorriendo el país, en
plan de promoción y campaña, Pineda casi relata la vida de Chávez
en esos días como la crónica de un *playboy* en efervescente ascenso. Asegura que él siempre llevaba un *kit* de primeros auxilios, «con mertiolate
y banditas porque las muchachas le arañaban las manos a Chávez en los
mítines». Según su testimonio, las mujeres enloquecían por el líder del 4F.
Y él no rechazaba ese lujurioso *rating*. «Le gustan todas. Yo realmente
nunca pude definir cuál era el tipo ideal de Chávez», señala.

En cada lugar por donde pasaban, había una o más queriendo pasar la noche con el ex comandante. Pineda revela que incluso tenían un
particular método de selección: «Cada vez que llegábamos a la tarima,
pasaba revista en el personal femenino, siempre había mujeres bueno-
tas, uno las notaba, él me miraba y me señalaba hacia un lado, me hacía
una seña con la boca en medio del mitin, y yo me iba arrimando hacia la
dama en cuestión, la escogida de la noche, hasta que llegaba a la elegida
y él asentía con la cabeza».[4] Luego el mismo Pineda debía organizar,
con la discreción del caso, el encuentro y permanecer atento, en el
hotel, cuidando que ninguna de las mujeres no elegidas, o alguna otra
fan espontánea, quisiera sorprender al líder en medio de la noche. En su
largo anecdotario, Pineda refiere también un desencuentro producto de
una iniciativa: la noche en que Chávez y su acompañante decidieron
quedarse en casa de unos amigos y él se quedó durmiendo en la habitación del candidato. En algún momento, furtivamente, desde las sombras
apareció una mujer y se abalanzó sobre él, en medio de susurros e insinuaciones. El hechizo fue fugaz. La confusión se evaporó velozmente.
Decepcionada, la dama salió con premura de la habitación.

Relatos de ese tenor hay bastantes. En ese aspecto, Pineda no parece
guardar ningún decoro con respecto a su antiguo amigo. En un momento llega a confesar que, ante su imposibilidad de manejar toda esta

noria amatoria, «me fui a comprar un sofá cama y lo metí en la oficina que usábamos como comando de campaña, propiedad de Nedo Paniz, en las Mercedes. Y le dije a Hugo que ésa era la nueva vía para que recibiera a sus amigas». Ese mismo sistema le servirá poco después, cuando ya Chávez ha establecido una relación seria con Marisabel Rodríguez. Se trataba de una rutina de seguridad, precisamente denominada «anti-Marisabel», destinada a cuidar que no fuera sorprendido con las manos en la masa. De todo este tiempo, sin embargo, hay una mujer que sí parece haber tocado de otra manera el corazón de Hugo Chávez. Se trata de una cantante de música folclórica poco conocida, al menos en la capital del país. Su nombre de batalla es Aguamiel. Su verdadera identidad todavía no se conoce, aunque hay quien dice que estaba casada. «Tendría entonces 27 o 28 años, unos catorce menos que él [recuerda Pineda]. Era de cabello castaño, blanca, muy estilizada y discreta. Una vez él la invitó a El Castillo de la Fantasía en San Cristóbal y ella no fue.» No se sabe mucho más. Pero a pesar de tanto enigma, varias versiones coinciden en que Chávez se enamoró profundamente de esta mujer.

«La única vez que vi a Hugo llorar fue cuando me habló de ella en la Gran Sabana», dice Nedo Paniz. Pineda refiere lo mismo: también frente a él, una vez Chávez dejó caer unas lágrimas por Aguamiel. «Él se amarró porque Marisabel quedó preñada y tuvo que casarse porque era candidato presidencial [...] Él estaba enamorado de la muchacha, cantante y sobrina de un general amigo nuestro [...] Me imagino que ella sí lo quería, pero quería algo serio. Chávez no quería nada serio con ella en ese momento, pero yo lo vi llorar por esa mujer.» No hay quien pueda jurar que esto sea cierto. Lo cierto, sin embargo, sí es que a su historia de amor con Marisabel, Hugo Chávez llega ya con toda una leyenda bajo el brazo.

★★★

Marisabel Rodríguez lo vio de cerca por primera vez en una plaza de Carora, una ciudad hundida bajo el sol, en el centro occidente del país, cerca de Barquisimeto, capital del estado Lara, a 363 kilómetros de Caracas. Ya en ese momento ella estaba fascinada con ese nuevo líder que había intentado tomar el poder por las armas, que invocaba a Bolívar y recorría el país pregonando un nuevo mensaje. Ese día, Marisabel había escrito una pequeña nota y, entre la gente, con dificultad y cargando a su pequeño hijo, se acercó a dársela. «Comandante, irrestrictamente la patria lo merece todo, estoy de corazón y alma con usted. Cuando me necesite para una lucha, llámeme, por favor.»[5] Eso había escrito. Palabra por palabra. Y anotó su nombre y un número telefónico. Pero fue un mensaje que jamás llegó a las pupilas de Hugo Chávez. Un papel que quedó, quizás, extraviado en cualquier otro bolsillo de la historia.

Fue en enero de 1996 cuando se conocieron. Tan sólo hubo un cruce de palabras y un apretón de manos, según recuerda ella. Los presentó un animador de radio en la ciudad de Barquisimeto. Ése es el primer contacto directo, al que seguirán mensajes, saludos, unas llamadas telefónicas. Ella sostiene que la enamoró con su inteligencia, que fue un gran estratega en el galanteo. Ese creciente acercamiento se concretará finalmente el 14 de enero de 1997, el día de la Divina Pastora, virgen patrona de la región. Al menos, ésa es su versión: ese día se hicieron novios. En una entrevista[6] que da la pareja en 1998, se cuela una picardía sobre aquella noche. Es una ambigüedad, una sonrisa de tres puntos suspensivos, que finalmente deja colar la idea de que Hugo y Marisabel, llevados por una gran pasión, tuvieron relaciones sexuales esa misma noche. Que se entregaron dentro de un automóvil y que, en esa primera experiencia, Marisabel quedó embarazada. En otro reportaje, en el año 2001, sin negar ni afirmar nada, la entonces Primera Dama de Venezuela tan sólo confirmó lo inesperado de su embarazo: «ocurrió en la primera entrega, a la que llegamos inocentes, sin preparaciones de ningún tipo, claro, no éramos ni él ni yo ningunos promiscuos».[7]

No hay otra: el embarazo también es otro tópico clásico de ese importante producto de exportación que distinguió a Venezuela por mucho tiempo: las telenovelas. El matrimonio entre Hugo Chávez y Marisabel Rodríguez —en la Navidad de 1997, cuando la hija de ambos tiene dos meses— siempre cargará con ese sello de nacimiento: si un embarazo en medio de una historia de amor es importante; un embarazo en medio de una campaña electoral puede ser trascendental. La periodista Ángela Zago, entonces cercana a Chávez y amiga de Herma, tiene su propio punto de vista: «Yo hasta le dije pero qué vaina es ésa, ella es una mujer de 36 años. Si ella se acostó con él es porque le provocó. No es que él se acostó con una chamita [jovencita] y salió embarazada. Lo que se corrió es que era un matrimonio de conveniencia política». Hay quienes piensan que el asunto iba más allá de los reparos morales, del cuidado de la imagen del potencial presidente en el contexto de presentarlo como un padre responsable, como un hombre de familia. Marisabel podía también ser un plus publicitario importante.

Era una mujer emprendedora, moderna, hecha a sí misma. Tenía, además, otros atributos atractivos para combatir la imagen agresiva que la oposición destacaba en Chávez: era joven, rubia, blanca, de ojos azules… No fue algo diseñado a sus espaldas. Ella conocía la propuesta y se prestó conscientemente a seguir esa línea: «yo estuve allí para bajar el rechazo en las encuestas de mi esposo y ganar un segmento de la población que estaba totalmente reacio».[8] El éxito de esta estrategia rebasó las expectativas. Marisabel comenzó a ser un personaje con independencia, una marca propia, un perfil político. Todavía meses después de las elecciones presidenciales, en la escogencia popular para los representantes a la Asamblea Constituyente, ella se lanza como candidata con el impulso de su marido, y sale electa, obteniendo el segundo lugar en la preferencia de los votantes. Ya en ese momento, sin duda, había trastocado por completo la imagen de Primera Dama que conocía el país. No parecía conforme con ser simplemente la esposa del presidente, la señora de Chávez.

Más allá de esta imagen, sin embargo, las cosas eran distintas. La vida familiar del matrimonio Chávez-Rodríguez no era fácil. Nunca es sencilla la cotidianidad de un líder político. Menos aún si está en una campaña electoral. Menos aún si se es presidente de la República. De entrada, la relación de Marisabel con su suegra nunca fue excelente. La Primera Dama lo contó así: «ella nunca fue un caramelo conmigo, así, dulce; pero nunca me hizo nada que no se pueda soportar, que no le pueda hacer cualquier suegra a cualquier nuera […] Obviamente desde el principio no me quiso y a lo mejor hubiese sido importante que me tratase más para conocerme mejor».[9] Ángela Zago es un poco más puntual, no se esmera en demasiadas consideraciones. Refiere la anécdota del día en que Hugo Chávez ganó las elecciones. Todos fueron a Venevisión, el canal de Gustavo Cisneros, donde Hugo y Marisabel participaron en un programa. «Elena se sentó al lado mío [recuerda la periodista] a oír lo que Marisabel estaba diciendo, y me comentó: "ésa es una falsa, ésa es una doble cara". Ella nunca quiso a Marisabel.»

Luis Miquilena, quien acogió a Chávez en su apartamento hasta que se casó con Marisabel, no cree que se haya tratado de un enlace de conveniencia. «No. Ella era una muchacha buena y bonita, y él estaba divorciado. A él le pareció bueno tirar esa parada [probar] y le salió mal.» Ya en plan de desencuentros familiares, mucho mayor que la animadversión de la suegra era el problema entre la joven esposa y los hijos de Chávez. Varias personas cercanas a la pareja, en esos años, coinciden en remarcar esa misma tensión. Miquilena, quien para ese momento era como un padre —político y familiar— de Chávez, opina que «realmente eso fue un matrimonio muy sufriente, muy problemático desde el primer momento [...] El problema eran los hijos de él, que entraron en conflicto con ella, y él es muy buen padre con los hijos de su primer matrimonio. Sus hijos y Marisabel no se entendieron nunca y allí empezó una diferencia muy fuerte. Esa diferencia se iba ahondando y tú sabes cómo son esas cosas.» Miquilena medió en varias ocasiones en los conflictos de la pareja, «es que nuestra amistad era tan grande que cualquier problema doméstico que él tenía, yo era el primero en conocerlo, después de él y la mujer. Y, a veces, los ventilábamos entre los tres. Ése es el tipo de relación que teníamos. Hugo me contaba sus problemas con Marisabel y entonces yo buscaba a Chirinos [psiquiatra y amigo de Chávez]».

Aquí también respira un largo anecdotario que siempre esconde toda batalla soterrada. Lo más duro, probablemente, tiene que ver con la noche en que —según relata Pineda Castellanos— Hugo llega al edificio donde vivían, situado en una urbanización en el sureste de Caracas, y se encuentra a su hijo Huguito, por entonces de unos catorce años, sollozando. Marisabel lo había echado del apartamento. La situación era tan difícil que cuando faltaba poco para que Chávez se convirtiera en presidente, los tres hijos de su primer matrimonio se tuvieron que mudar a un apartamento que le prestó uno de sus financistas de la comunidad hebrea. Cuando al día siguiente de su triunfo el mandatario electo se mudó a La Viñeta, una residencia oficial dentro de Fuerte Tiuna, sus hijas Rosa Virginia y María Gabriela «no iban porque Marisabel no las quería ahí. Ellas siguieron viviendo allá, en el apartamento de San Bernardino», un vecindario cercano al centro de Caracas, asegura Pineda Castellanos.

Nedo Paniz es tajante: «Marisabel era muy conflictiva. Llena de problemas. Fue un verdadero drama tratar con ella [...] Chávez tenía relaciones muy pesadas con ella. Siempre fueron tirantes». Él compartió con ellos, sobre todo, el tiempo de la campaña electoral. Recuerda cómo la esposa, de improviso, se empeñaba en acompañarlos en una gira. Con la recién nacida Rosinés y una nana que, al decir de Paniz, «pesaba más de 120 kilos». Podía complicar la logística de cualquier jornada en un segundo. En otra ocasión, en plena pista de aterrizaje, mandó a detener el avión justo un poco antes del despegue porque tenía el pálpito de que la aeronave se iba caer, que todos morirían. El miedo a que Chávez pudiera ser asesinado era recurrente. Eso comenzó a crearle, también, una fama de insegura, de paranoica, que todavía hoy la acompaña. Una colaboradora cercana de Chávez asegura que a los guardaespaldas no les gustaba custodiarla y que entre ellos la apodaban Lalo, por *la lo*-ca.

Aunque ella no lo menciona, es evidente que el temor a que Chávez se enredara con otra mujer estaba ahí, siempre presente. Muchos dicen que, durante la relación, fue muy celosa. Que pretendía controlar al presidente, saber dónde estaba en todo momento, conocer qué hacía, con quién se encontraba. Más de una vez, según se cuenta, logró dar una sorpresa. «Estando Chávez instalado como presidente electo, inició una gira europea. Cuando paró en Madrid, se le apareció Marisabel de pronto y lo encontró con la hija de un jefesote del gobierno revolucionario en plena faena… y se formó tremendo escándalo»,[10] ha contado Pineda Castellanos. Todo, sin embargo, pertenece al terreno de las infidencias, de los chismes. En realidad, nunca nada alcanzó el nivel para llegar a ser un espectáculo oficial.

Con el tiempo, poco a poco, el perfil de Marisabel comenzó a bajar. Casi como si de manera natural fuera dejando de ser un poco ella y se fuera convirtiendo, cada vez más, en la esposa de Hugo Chávez. Se da por cierto que mucha gente del entorno de Chávez no la quería, que lentamente la fueron apartando del ámbito político y de un rol más protagónico. Ella ofrece una posible explicación de este proceso: «noté en muchas personas que están cerca de mi esposo un hambre y un ansia de poder, de dinero; y el error, lo que quizá no fue muy inteligente de parte mía, es que los confronté. Y lo hice muy temprano, sin tener en mi poder ningún tipo de blindaje. Inmediatamente se convirtieron en mis enemigos».[11] Otra versión también sostiene que fue el mismo Chávez quien dispuso que el protagonismo de su mujer no le convenía a la revolución, que fue él quien la presionó para lograr que se desvaneciera su presencia pública. En 1999, en medio de ambiguas razones de salud personal y de conflictos con algún sector del partido oficialista, Marisabel renuncia a la Asamblea Nacional Constituyente. Aun así, después del proceso Constituyente, las encuestas la ubicaban en el segundo lugar de popularidad detrás de Chávez. Las ofertas políticas llovieron en varias direcciones. Hubo incluso quienes —basándose en los sondeos— quisieron postularla a la gobernación del estado Miranda en las elecciones del año 2000, pero su marido —también jefe del partido oficialista— lo consideró inconveniente, prefiriendo postular a otro candidato que perdió esa contienda.

Hay quien afirma que la pareja gozaba de un aire a lo Perón que generaba cierta alarma. Algunos ven en un cambio de apariencia de Marisabel una suerte de empatía simbólica con la heroína argentina: una variación en su peinado reprodujo, para muchos, el pentagrama de Evita. Lo cierto es que, con la interferencia o no de esta dinámica, igualmente la relación entre ambos se va desdibujando. Marisabel rompe el bajo perfil que mantuvo por unos meses en enero de 2001, cuando concede una entrevista al diario *El Nacional* que hará enfurecer al mandatario. En ella, se muestra crítica de la labor del Parlamento —«la Asamblea Nacional está desperdiciando el tiempo»,[12] dice— y aparece fotografiada en *shorts* —con trece kilos menos— mientras hace *spinning* en La Casona con su entrenadora personal, Francis Terán, presidenta del Instituto Nacional de Deportes. Al día siguiente, al abordar el avión en que tenía previsto viajar con el mandatario a Puerto Rico para la toma de posesión de Sila María Calderón, Chávez la bajó del avión y la condenó a un largo silencio. Desde entonces y hasta su reaparición más de un año después, durante el golpe del 11 de abril de 2002, Marisabel Rodríguez se evapora de los titulares de prensa.

Ya para el año 2002 la situación debía ser intolerable. Al menos eso indica un oficio judicial del 27 de febrero que le permite a la Primera Dama abandonar la residencia oficial, acompañada de sus dos hijos, Raúl (de una relación anterior con un profesor de tenis) y Rosinés, de 11 y 4 años respectivamente. Aunque la explicación que se dio entonces tenía que ver con las persistentes manifestaciones de sectores de la oposición que se producían junto a La Casona, más adelante ella dirá: «No puedo seguir sometiendo a los niños al estrés de vivir en un sitio del que hemos salido ya tres veces corriendo, casi con el palito con una bolsita atrás guindando. Eso no es vida para nadie» —muchos vieron en esa acción la confirmación de todos los rumores sobre una posible separación conyugal—. A partir de ese momento, Marisabel regresó a vivir a Barquisimeto.

De todos modos, la relación parece mantenerse con sus altibajos y ella, con frecuencia, transita por Caracas, una ciudad en la que nunca se ha sentido a gusto. Ahí la sorprende el golpe del 11 de abril. Esa noche, antes de que el general Lucas Rincón anuncie públicamente la renuncia del presidente Chávez, ella vuela en un avión nuevamente hacia Barquisimeto en medio de un operativo militar. Nadie del gobierno ni del partido oficialista se preocupa demasiado por su destino. En esos días, llenos de confusión y adrenalina, de todos modos muestra la fidelidad que más necesitaba su marido: el 13 de abril, vía CNN Marisabel advierte: «Mi esposo no ha renunciado y está preso, incomunicado y en peligro de muerte». La noticia no reparó en las intimidades de la pareja. Ahí estaba la Primera Dama de Venezuela confirmándole al mundo un golpe de Estado. El regreso de Chávez al poder no significó, no obstante, el regresó de la estabilidad a la relación.

Dos meses después, en una entrevista concedida en La Casona al diario *El Universal,* Marisabel se expresa con absoluta claridad: «Lo dije hace dos años, que nunca llevaría sobre mis hombros el papel de una esposa de conveniencia, de una esposa de apariencia. Le pedí a Dios que no llegara este momento porque nadie quiere deshacer su familia, sobre todo cuando cree que es la célula de la sociedad y su impulso vital. Pero creo que ya para nadie es un secreto que la situación del presidente y la Primera Dama está en un proceso de separación que ya ha pasado de lo personal a lo legal, y es el momento de decirlo al país. Creo que todos se lo esperaban. No es una sorpresa para nadie. Sólo hay que esperar que el presidente oficialice la introducción de los pliegos legales».[13] En esa ocasión desmiente el rumor, sembrado por la oposición, de que su marido la golpeaba: «no, no ha habido una materialización de ningún hecho de violencia», pero acota: «Yo dije hace dos años que para mí, quizá porque soy hipersensible, hay otros tipos de violencia, como, por ejemplo, que no te escuchen».[14]

En medio de la polarización que somete al país, y estando todavía tan reciente el desconcierto general sobre los hechos ocurridos en abril de ese año, otra pregunta del periodista resulta de una puntual pertinencia: «¿Se divorcia también de la revolución bolivariana?». La respuesta de Marisabel es igual de asertiva, es también una definición de su personalidad, de su manera de ver todo el proceso: «¿Dónde ha escuchado usted que yo estoy casada con la revolución bolivariana? Estoy casada con el líder de la revolución bolivariana. Cuando me comprometí con Hugo, lo hice con un hombre normal, con el padre de una hija, todo el resto de las cosas son circunstancias que han ocurrido alrededor de nosotros».[15]

Al día siguiente, su confesor, el sacerdote jesuita Jesús Gazo, no puede contenerse y decide comulgar públicamente con Hugo Chávez, al avanzar una explicación ideologizada de la separación: «Marisabel no aceptó que Hugo Chávez estuviera casado con su pueblo […] no entendió el proceso político, no entendió la revolución, no entendió lo que podía hacer con su potencial enorme».[16] Esa frase quedará colgada en la historia. Como si fuera un tema pendiente, espinoso, difícil. Además, en opinión del religioso, que los visitaba con frecuencia, «no se conocían y no aceptaron ciertas partes de la personalidad de cada uno. Tienen caracteres distintos, expectativas distintas, diferentes proyectos de vida. Ésa es la esencia de los problemas entre ambos, problemas que existían desde antes de que llegaran a La Casona, y que no tienen que ver con la situación política actual. En el pasado hablé con los dos para que se perdonaran muchas cosas».

La próxima aparición pública de Marisabel será un mes más tarde, cuando participa en un concierto de música evangélica denominado "Sana nuestra tierra", que tiene como fin orar e interceder ante Dios por el país y sus gobernantes. A fin de año, durante el paro nacional que trastorna el país entre diciembre de 2002 y enero de 2003, con el impacto de casi 20 mil empleados de la industria petrolera que se sumaron a la huelga, la Primera Dama tiene una breve aparición mediática, rodeada de sus dos hijos, en la que lanza un breve mensaje por televisión: «Presidente: oiga a su pueblo». El gobierno supo resistir también ese mensaje sentimental y doblegó ese nuevo intento de la oposición. Quizás ése también fue el entierro final de la posibilidad pública de Marisabel. Después de eso, ya no hubo más nada.

A mediados de 2003, Marisabel rechaza ser entrevistada señalando: «no quiero saber nada de ese señor. No puedo hacer el milagro de sustraerme de la vida del señor. No quiero hacer ningún comentario, ni para bien ni para mal. No quiero tener nada que ver con su vida». Los tribunales pronto la complacen. La sentencia definitiva de divorcio se produce en enero de 2004. Ahora ella usa sus dos apellidos de soltera: Rodríguez Oropeza. Se ha asociado con el médico que la ayudó a rebajar y sigue siendo presidenta de la Fundación del Niño. Chávez sigue siendo Chávez.

***

No sólo son distintas las mujeres que han acompañado a Hugo Chávez a lo largo de su vida. Posiblemente también podría hablarse de que el mismo hombre se ha ido transformando. También son distintos los Chávez que han estado con todas esas mujeres. Tras su segundo divorcio, la vida amatoria de Hugo Chávez se ha resguardado bajo el manto misterioso del poder. No faltan los chismes rápidos, los cuentos de pasillo, las múltiples especulaciones. Dicen que tiene una novia de 23 años, hija de un amigo general; que tuvo un *affair* con una reportera de una cadena extranjera; dicen que está a punto de casarse con Raquel Bernal, una rubia que fue concursante del Miss Venezuela, y hasta le fijan fecha al enlace un fin de semana de octubre de 2004. Es algo que parece divertirle y que él mismo se encarga de desmentir durante una intervención pública. «¡Cómo inventan!, ¿casarme, yo?... hasta mi madre me llamó preguntándome cómo me voy a casar sin invitarla, pues yo aclaro que eso es totalmente falso.» Asegura entonces que no tiene previsto un tercer matrimonio por lo menos hasta el año 2021, año en que asegura tiene previsto retirarse de la vida política. La vida sentimental de Chávez promete seguir siendo un rumor.

Lo único visible es una propuesta de imagen más ligada a la familia, a sus dos hijas mayores, con quienes suele aparecer en los actos públicos. A partir de 2003 el universo de lo privado ha adquirido en Hugo Chávez una correspondencia con el mito construido: su único amor es el pueblo. Al parecer, de ahí en adelante, su vida privada está custodiada por el misterio, su intimidad es casi un secreto de Estado.

Quizás, ahora más que nunca, la sentencia materna termine por trabucar toda esta saga en un bolero: «él ha tenido muy mala suerte con las mujeres. No ha habido la mujer ideal para él». Si es así, del otro lado, también más de alguna pudiera replicar diciendo que tampoco las mujeres han tenido suerte con él. Quizás es parte de un proceso que les pasa a muchos, a demasiados. No suele ser fácil este invento de las relaciones amorosas. Quizá también tiene que ver con la forma misma como Hugo Chávez se percibe o percibe a los demás. En dos momentos de depresión, relatados por dos testimonios distintos, los de Nedo Paniz y Herma Marksman, Chávez usó la misma frase para lamentar su desatino amoroso: «yo destruyo todo lo que toco».

16. La Chavera

Quienes están esa noche frente a las pantallas del televisor viendo una telenovela o simplemente esperando el noticiero de las diez, se ven sorprendidos por el súbito cambio de protagonista. Una vez más, como tantas otras noches, el presidente Hugo Chávez ha decidido interrumpir las transmisiones radiotelevisivas para que los venezolanos lo vean, lo oigan, lo tengan presente. Es 28 de julio de 2004. Tiene un importante mensaje para la nación: ese día cumple 50 años. Y quiere que todos lo sepan.

El máximo líder de la «revolución bolivariana» aparece de *jeans* negros, zapatos tenis y camiseta roja, sentado en una verja impecablemente blanca como las de las grandes estancias del sur de Estados Unidos. Hugo Chávez luce algo incómodo tratando de mantener el equilibrio al filo de esa delgada verja mientras sostiene un libro en las manos. ¿De qué se trata? Al principio los televidentes desprevenidos no tienen idea. ¿Qué querrá ahora?... El jefe de Estado lee solemnemente, con voz de locutor, el primer párrafo de *Cien años de soledad*. Es, dice, un regalo que acaba de recibir. Se trata de su manera de anunciar: «¡Venezuela, hoy es mi cumpleaños!». Y, a continuación, olvídense de la telenovela. Lo que viene es el balance de medio siglo de vida. Lo que sigue es su propia telenovela.

Al fondo, unos espléndidos potros se pasean suavemente como para demostrar que aquello no es el set de un estudio de Venezolana de Televisión sino una hacienda real. El mandatario está a pocos días de una encrucijada, de una evaluación sobre su gestión de gobierno. En menos de tres semanas, los venezolanos decidirán si quieren que siga en la presidencia o se vaya. Las encuestas lo favorecen, pero no sabe si será su último cumpleaños en el poder. Hugo Chávez luce emocionado y, cosa extraña en él, algo nervioso. Sin embargo, no pierde su manejo de escena. Sigue hablando a cámara mientras se baja de la verja y camina por el pasto muy verde y bien podado, dirigiéndose hacia un grupo de personas que está frente a la fachada de una casa. Son, también emocionados y algo nerviosos, los Chávez Frías en pleno.

En primer plano, como corresponde, los padres: Hugo de los Reyes Chávez y Elena Frías de Chávez, un matrimonio de 52 años de duración con seis hijos varones. Hoy están en la cúspide, pero en el pasado han atravesado dificultades económicas y uno que otro tropiezo emocional, que durante los años en la Academia Militar preocuparon al joven Hugo. El padre, de 72 años, comenzó a ganarse la vida como maestro rural en la década de los cincuenta y así conoció a Elena en un pequeño pueblo, casi un caserío, cuyo nombre —San Hipólito— fue borrado del mapa y cambiado por Los Rastrojos, a unos dos kilómetros de Sabaneta. «Él tenía 19 años, yo 16. Una niña», recuerda doña Elena, quien nació y creció en San Hipólito, criada por una abuela, una costumbre extendida en la Venezuela rural de aquellos años. El amor entre ellos no fue un flechazo. Al menos, no un flechazo mutuo.

«A mí no me gustaba la idea de tener amistad con él. Él se hizo amigo de un señor de allá, José Duque, y José sí era mi amigo. Amigo de llegar allá a la casa y jugábamos cartas, y me ayudaba a moler café cuando se tostaba. Y entonces él [Hugo de los Reyes] se fue metiendo en mi casa por medio de José y ya con el tiempo, pues, salimos enamorándonos.» Cuando Elena tenía 17 años, a pesar de que a su abuela no le agradaba la idea, se casaron. «Es que uno como que crecía antes de tiempo. Cuando uno tenía 14 años ya era una mujer hecha y derecha, que sabía hacer comida, sabía ir al campo a cortar un racimo de plátano, sabía ir a agarrar maíz, a agarrar caraota [frijoles]. Todo eso lo hacía yo con mi abuela porque allá sembraban mucho. Era una casa donde había mucha agricultura, de todo […].»

Hija de Benita Frías, Elena era, pues, una campesina, que de muchacha soñaba con estudiar. «Quería ser profesional, me gustaba mucho la educación. Sería porque eso era lo que veía en aquel San Hipólito… Veía la escuela, la maestra, entonces se me fue como metiendo que me gustaba ser maestra porque yo veía a la maestra muy arregladita, muy bonita, y entonces yo decía: cuando yo estudie, quiero ser maestra para arreglarme.» Pero no pudo estudiar porque enseguida comenzó a tener familia. Un hijo tras otro. Fueron siete. Adán, Hugo, Narciso, Argenis, Aníbal y Adelis, además de Enzo, el penúltimo, que murió a los seis meses de nacido. En su casa, lo reconoce con orgullo, impuso un matriarcado. «Siete hombres [incluye al marido]… ésos los metía yo en cintura, y todavía los meto en cintura.»

En los primeros años de matrimonio, y a pesar de que el ingreso familiar era exiguo, Elena no pudo hacer otra cosa que atender a los niños, aunque contaba con la ayuda de su suegra Rosa Chávez, quien se encargó de la crianza de los dos mayores, Adán y Hugo. Cuando ella pudo trabajar, ya después de mudarse a la ciudad de Barinas para que sus cuatro hijos menores estudiaran la secundaria, hizo de «ecónoma», como se llamaba en esa época a la encargada de comprar los alimentos e insumos en las escuelas públicas, un tránsito que no figura en el currículo oficial de doña Elena y que revelan dos amigas de la familia.

Cuando en el año 2004 se decidió dedicar un salón como homenaje a los educadores de Barinas, algunas maestras vieron con sorpresa que se incluyera a Elena de Chávez en la lista de profesores «ilustres». En todo caso, su currículo indica que es maestra jubilada con 25 años de ejercicio. Ella dice que, de vez en cuando, ayudaba en la escuela haciendo suplencias. «Yo era de educación de adultos. A mí no me gustaba mucho trabajar con niños. Iba al grupo donde mi marido era director. Siempre iba, por lo menos, a hacer tres meses de una mujer en estado, a hacer pues vacaciones… Y entonces ésa era platica [dinero] que me caía, pero mi trabajo era educación de adultos. Me gustaba más con mis adultos porque es más respetuoso, más tranquilo. En cambio, los niños, ésos, son muy tremendos», asegura la madre del mandatario en su nuevo hogar desde hace seis años, la residencia de la gobernación de Barinas.

Su esposo, Hugo de los Reyes había ido profesionalizándose con los cursos que brindaba el Ministerio de Educación y dio clases durante veinte años en el grupo escolar Julián Pino, única escuela de Sabaneta. Algunos de sus discípulos lo recuerdan como un buen maestro, «una persona muy seria y responsable, con gran disciplina, dispuesta a echar un coscorrón [un golpe con los nudillos en la cabeza] rápidamente frente a una mala conducta. Era severo, sin llegar a ser arbitrario […]. El padre fue quien impuso en el hogar la disciplina, el estudio, la preocupación por la superación, la necesidad de irse a Barinas», la capital del estado.

Paralelamente a su trabajo en la escuela, Hugo de los Reyes, militó durante 22 años en el partido demócrata cristiano Copei, llegando a ser director de Educación del estado durante el gobierno de Luis Herrera Campins (1979-1984). Hasta allí llegaban sus aspiraciones políticas. Después de 30 años de trabajo se hallaba jubilado, atendiendo su pequeña finca La Chavera en las afueras de Barinas, cuando su hijo cambió el rumbo de su vida —y el de la de doña Elena— convenciéndolo de que podía llegar a convertirse en la máxima autoridad de su estado natal. Así, cabalgando sobre la popularidad del hijo y ante su insistencia, se enfrascó en la campaña proselitista como candidato del oficialista Movimiento V República (MVR). Un mes antes de que Hugo Chávez hijo llegara a la presidencia, su padre ganó la gobernación de Barinas con unos 3 mil votos de diferencia sobre su rival.

★★★

Barinas es una ciudad de calor sofocante y encantos perdidos en las haciendas y paisajes de los alrededores. Salvo por la Universidad de los Llanos «Ezequiel Zamora» y un par de restaurantes McDonald's, sus esquinas parecen haberse quedado atrapadas en los comienzos de los setenta. También sus dos mejores hoteles, presuntamente tres estrellas. Es una ciudad que parece vivir cerrada sobre sí misma, sobre su música, su comida y un ritmo de seres que madrugan y se ocultan cuando abrasa el mediodía. La familia Chávez, a la que el ingenio popular ha bautizado como «la familia real», es tema obligado. Entre sus pobladores no es inusual encontrar a alguien que diga que «quien manda en la gobernación no es el maestro Chávez, es doña Elena». Y ella —acostumbrada como está a mandar en casa— dice, con una sonrisa: «mucha mentira no es».

La madre del presidente —quien está al frente de la sede local de la Fundación del Niño— es una mujer del campo, simpática, de carácter fuerte y muy expresiva. De llanto y risa fácil —«yo, de nada, lloro», admite— le corren las lágrimas sin cesar cuando recuerda los dos intentos de golpe de Estado en que ha estado envuelto su hijo Hugo: el de febrero de 1992, cuando orquestó una insurrección; y el de abril de 2002, cuando se le insurreccionaron a él. Asegura que su hijo se parece mucho a ella. «El carácter de él es como soy yo. Es directo, cuando no le gusta una cosa, la dice.» Y también peca de imprudente, «a veces uno dice cosas

274

que no debería decir. Después se arrepiente, pero ya las dijo». De su padre, asegura, su hijo heredó «la sensibilidad. Mi marido es muy humano, muy sensible, muy tratable».

Su marido es también un hombre que debe huirle al estrés. No había pasado un año de asumir la gobernación cuando debió ser ingresado de emergencia en una clínica de Caracas. El diagnóstico: «crisis hipertensiva arterial con repercusiones neurológicas, representada por accidente vascular cerebral hemorrágico moderado y localizado». Después de unos días en terapia intensiva, el maestro Chávez fue dado de alta bajo tratamiento para la hipertensión. En unas semanas, regresaría a Barinas a ejercer sus funciones e incluso volvería a competir después en los comicios regionales de 2000, cuando fue reelegido con 58 % de la votación.

La madre del presidente luce hoy mucho mejor que hace doce años, cuando apareció fotografiada en la prensa por primera vez, visitando a su hijo en la cárcel. Entonces no había maquillaje que ocultara su angustia, ni adornos, ni peinados de peluquería. Su aspecto cuidado de ahora —reflejo del tránsito de una vida modesta a las cumbres del poder— ha dado pie a habladurías en Barinas. El asunto llegó incluso a la Asamblea Nacional en Caracas. En un curioso episodio, su cirujano plástico, el doctor Bruno Pacillo, se presentó un día de mayo de 2004 ante la comisión legislativa de Política Interior para denunciar que estaba siendo hostigado y se le estaban irrespetando sus derechos humanos —entre otras cosas, aseguró que se le negaba el acceso a un club social— por haber intervenido a la madre del mandatario y ser identificado desde entonces con el chavismo.

La familia presidencial no ha permanecido ajena a la fama y a la popularidad de Hugo Chávez. Tampoco al rechazo que éste genera. Ya en 1999, algunos grafitis en los muros —«Las ollas están vacías por culpa de los Chávez Frías», «Presidente, camarada, tu familia está poniendo la cagada»— así lo evidenciaban. Los dardos se enfilan contra toda la familia, porque ahora casi todos están en política. Con el triunfo del ex comandante, en 1998, se despertó el apetito político en cuatro de sus cinco hermanos. El poder es un imán. Todos —excepto el menor, Adelis, que sigue trabajando como antes en el sector bancario— fueron cautivados de pronto por la vida pública. Y el presidente no parece haber hecho nada por mantenerlos alejados del poder. Por el contrario, se enorgullece del dominio de los Chávez Frías en Barinas.

Desde que su padre se instaló en la gobernación, la vida de la familia del presidente es el tema predilecto de conversación de los barineses. Los opositores aseguran que los Chávez se han beneficiado de los fondos del Estado para llevar un ritmo de vida de nuevos ricos y que habrían incurrido en tráfico de influencias. Las insistentes especulaciones al respecto llevaron a la apertura, en el año 2000, de una investigación del Parlamento local, que intenta desentrañar si los familiares directos del jefe de Estado habrían logrado acumular más de 3 mil 500 hectáreas de terreno en haciendas en el estado Barinas. Entre las propiedades bajo sospecha de los diputados de oposición se encuentra La Chavera, que en cinco años habría crecido —según ellos— de 80 a 320 hectáreas, llegando a valorarse en un monto superior a los 700 mil dólares. El salario de un gobernador en Venezuela es de aproximadamente 1 500 dólares mensuales.

El diputado opositor Antonio Bastidas, quien maneja el caso, señaló al diario *El Nuevo Herald* que sus informaciones se basan en auditorías de la Contraloría de Barinas, en documentos de propiedad de empresarios cercanos al gobernador (presuntos testaferros) y en testimonios de vecinos de las propiedades presumiblemente adquiridas por los Chávez. «La Fiscalía General de la República admitió en 2002 una petición para investigar casos de malversación y peculado por más de 150 millones de dólares, entre los años 2000 y 2001, en la gobernación de Barinas, pesquisa que aún no ha concluido.»[1] Los Chávez aseguran que los casos son fabricados por la oposición y que se inscriben dentro de una campaña para desprestigiar al mandatario.

El maestro Chávez, quien ha negado enfáticamente que haya malversación de fondos en su administración, ha enfrentado también resistencias dentro del propio chavismo. Un grafiti en Barinas dice: «Viejo, ya basta, retírate! Firmado: Movimiento V República». En marzo de 2004, las encuestas encargadas por el oficialista Movimiento V República, de cara a los comicios regionales de octubre, no le daban mayor *rating*. Y la posibilidad de su reelección no parecía levantar grandes entusiasmos dentro del partido oficialista, lo que generó una disputa interna. En la región hay militantes del Movimiento V República que pujan por asomar cabeza más allá de los Chávez. Meses antes de las elecciones, los inconformes fueron a Caracas a ver si prosperaba su idea de una consulta interna para definir el candidato a gobernador. El asunto fue despachado rápidamente por el presidente del partido y jefe de Estado, Hugo Chávez. A dedo. Su padre, decidió, es el candidato y punto.

Doña Elena asegura que no le gustaba mucho la idea: «Yo por mí, Hugo no hubiese sido candidato este año, porque yo lo que quería era que cumpliéramos y que saliéramos con la frente en alto, y que nos fuéramos tranquilos, a descansar ya. Y que cuando quisiéramos ir a Caracas a reunirnos con mi hijo, fuera sin la preocupación de que tengo que ir a trabajar, que tengo una reunión. Eso era lo que yo quería. Pero no, ahí las cosas se pusieron tan feas que dijeron: no, que siga el maestro».

★★★

En el retrato televisado de familia que dispuso Hugo Chávez para su cincuentenario aparecían en segundo plano sus hermanos Adán, Argenis, Aníbal, Narciso y Adelis. El último, gerente de zona de la entidad bancaria Sofitasa, es el único ajeno a la política. Los otros cuatro mudaron de vida cuando su hermano llegó a la presidencia. Hasta entonces, sólo Adán, en sus años de estudiante en la Universidad de Los Andes, en Mérida, se había interesado por la política, militando en el Partido de la Revolución Venezolana. Con el triunfo del padre, Argenis y Narciso dejaron sus anteriores actividades y entraron a trabajar en la gobernación.

De Argenis Chávez Frías, quien antes trabajaba como ingeniero electricista, se asegura que es quien verdaderamente maneja los hilos del poder en Barinas. Para él fue inventado un cargo que no existe en ninguna otra gobernación del país: secretario de Estado. Un chiste barinés reza que «en el mundo sólo hay dos secretarios de Estado: Colin Powell y Argenis Chávez».

A principios de 2001, este hermano del mandatario fue acusado por cuatro compañeros de partido de «extorsionar a algunos contratistas del gobierno barinés»,[2] que exigieron su suspensión del cargo de coordinador del Movimiento V República en el estado. El presidente habría intervenido en el asunto ordenando al Comando Táctico Nacional de su partido frenar el conflicto, que se filtró a la prensa nacional. Se optó entonces por expulsar a los denunciantes y retirar a Argenis de la Coordinación Regional del movimiento oficialista.

Otro de los Chávez, Narciso —apodado Nacho— también dio de qué hablar en la gobernación, donde comenzó a trabajar luego de su intento fallido de ser elegido alcalde del municipio barinés de Bolívar. En 1999, la prensa reseñó las denuncias en su contra por presunto tráfico de influencias. Profesor de inglés, Narciso —quien vivió en Ohio, Estados Unidos, durante cinco años— habría recomendado la asignación de contratos a particulares para la ejecución de obras. Al respecto, en una ocasión señaló: «para evitar que se nos cuelen los adecos [socialdemócratas], nosotros postulamos a los candidatos para las licitaciones».[3]

El escándalo derivó entonces en roces entre Nacho y Vladimir Ruiz, viejo amigo de Hugo Chávez, que quedó encargado de la gobernación cuando Hugo de los Reyes estuvo de reposo. Ruiz, quien después competiría como candidato independiente por la gobernación en los comicios de 2000, declaró entonces: «lo que pasa es que en Barinas hay una confusión entre gobierno, partido y familia. El maestro Chávez no sabe cuáles son los límites».[4] Narciso, el hermano «incómodo», salió de la luz pública cuando el presidente decidió enviarlo a un cargo en la embajada en Canadá. En 2004 fue trasladado a Cuba, donde es agregado comercial de la embajada venezolana y se encarga de los convenios de cooperación bilaterales.

Por su parte, Aníbal Chávez Frías, educador de profesión, tampoco ha podido abstraerse a los influjos del poder y se ha postulado como candidato del Movimiento V República a la alcaldía de Sabaneta, de donde es oriunda la familia. Pero quien maneja mayores cuotas de poder e influencia en la administración Chávez, es Adán, el mayor de los seis hermanos y predilecto de Hugo. La relación entre ambos, dado que fueron criados juntos por su abuela paterna, es muy estrecha. Fue Adán quien introdujo al actual mandatario con los ex guerrilleros del Partido de la Revolución Venezolana cuando éste comenzaba a conspirar dentro del Ejército. Adán, quien estudió Física con un desempeño regular en la Universidad de Los Andes, Mérida, estuvo al tanto de los planes de la insurrección de 1992.

Su hermano mayor, ha dicho Hugo Chávez, «fue uno de los que más influyó en mis actitudes políticas. Él es muy humilde y no lo dice expresamente, pero tiene una gran responsabilidad en mi formación».[5] Anteriormente profesor de Física en la Universidad Ezequiel Zamora de Los Llanos, el presidente lo ha tenido siempre cerca desde que comenzó a gobernar en 1999. Primero como delegado en la Asamblea Constituyente, luego como director del Instituto Nacional de Tierras y, después, como secretario privado. En 2004, Hugo Chávez lo envió a Cuba como embajador, un cargo considerado clave por el gobierno. Más adelante le dará el Ministerio de Educación.

Cuando en una ocasión le preguntaron a doña Elena "¿qué es para usted nepotismo?", señaló: «No me gusta para nada. Primero, porque no somos políticos. Somos una familia muy honesta, sincera y con mucho deseo de seguir ayudando al país».[6] Cuando se le pregunta a la periodista Maripili Hernández, pieza clave en las campañas del Movimiento V República, si acaso no hay nepotismo en el gobierno, indica: «Hay que hacer una distinción con Adán, que ha tenido cargos designados por el Presidente, al cargo del papá del presidente, que es de elección popular. O sea, ésos no los designa Chávez, fue el pueblo [...] Bueno, pues algún liderazgo tiene que tener... Si son por elección popular a mí no me parece nepotismo. Los votos no se los puso Chávez sino el pueblo de Barinas. Han podido votar por otros».

Más allá de las definiciones, lo cierto es que, como nunca antes, desde 1958, la vocación de poder del presidente ha contagiado prácticamente a toda su familia. Después de toda una vida sin ambiciones, los Chávez Frías se han descubierto apasionados de la política.

★★★

Los más jóvenes en aquel retrato familiar son los hijos del jefe de Estado: Rosa Virginia, María Gabriela y Hugo Chávez Colmenares, de su primer matrimonio; y Rosinés Chávez Rodríguez, la más pequeña, del segundo. Los primeros huyen de los reflectores. Son poco conocidos. Aunque el presidente se ha hecho acompañar por sus dos hijas mayores en la campaña presidencial de 1998 y en algunos actos oficiales, además de ciertos viajes, sus hijos en general mantienen un bajo perfil que la prensa venezolana, en líneas generales, respeta. No hay paparazis cazando a las chicas, ni reporteros impertinentes siguiendo sus pasos.

Rosa Virginia, entonces de 26 años, y María Gabriela, de 24, llenan el vacío dejado por la Primera Dama Marisabel Rodríguez, ex de Chávez, en actos oficiales puntuales, como el desfile del Día de la Independencia. Se visten y actúan de manera discreta. Y no se les conoce la voz. Jamás declaran. Ambas le han dado dos nietos al mandatario. María, una niña, en 1997; y Rosa, un varón en 2003. Las muchachas han disfrutado de ciertos privilegios que antes eran inimaginables para ellas —vivir en la mansión presidencial, estudiar francés en París, por ejemplo— pero, en general, parecen llevar una vida sencilla, apartada del público.

Es factible pensar que esto también forme parte de una estrategia. Para ninguna prensa resulta fácil acceder al entorno íntimo del presidente. Alguien se encarga de controlar las relaciones públicas. Existen, además, diversos procedimientos de seguridad que resguardan, aún más, la privacidad de la familia.

De todos, sin duda, Hugo Chávez Colmenares es el mayor enigma. En contraste con las hembras, es notoria la exclusión del único hijo varón del presidente de los actos públicos. De hecho, hasta mediados de 2004, cuando apareció en una ventana de Miraflores junto a su padre celebrando el triunfo en el referéndum revocatorio, para la mayoría de los venezolanos era completamente desconocido el rostro del muchacho, entonces de 21 años. Antes nadie en la calle hubiera sabido que era el hijo del jefe de Estado. Huguito, como se le conoce, sería un joven problemático con el que el mandatario no logra congeniar y a quien —a diferencia de las hembras, a quienes siempre se refiere— prácticamente no menciona. Gente que estuvo cercana al presidente Chávez —como Luis Miquilena, Nedo Paniz y Luis Pineda Castellanos— así lo indican. «El varón tiene problemas de conducta, él ha tenido inconvenientes con el varón. Y, con toda seguridad, lo está atendiendo», asegura Miquilena. Se sabe que el joven ha vivido en Madrid y que pasó una temporada en Cuba.

Los tres jóvenes vivieron épocas difíciles. Primero, la carrera militar del padre lo mantuvo alejado por largas temporadas de casa. Y, ya se sabe, la conspiración, lo que él llamó «las motivaciones políticas», eran para él lo primero. Para finales de los ochenta, ya el matrimonio con su madre Nancy andaba mal. Cuando Hugo Chávez intentó el golpe de Estado en 1992, ellos entraban a la adolescencia; tenían 13, 11 y 8 años. Dos años después, sobrevino el divorcio, y Nancy los dejó un buen tiempo con su padre. Entonces, el ex comandante andaba afanado promocionándose por el país. En algunas ocasiones se los llevaba; en otras, los dejaba en casa de amigas como la actriz Carmencita Padrón y la viuda del cantautor Alí Primera, Sol Musset. Después, cuando su padre se casó por segunda vez, en 1997, tendrían serios enfrentamientos con Marisabel, que —según coinciden diversos testimonios— nunca los quiso. El día que Hugo Chávez ganó la presidencia, vivían solos en un apartamento prestado en el vecindario caraqueño de San Bernardino.

Durante los primeros tiempos en el poder fue notoria la preferencia de Chávez por su hija menor, Rosinés, nacida en 1997, al punto de que en los mensajes navideños de la presidencia, el jefe de Estado aparecía únicamente acompañado de su esposa Marisabel y la pequeña. Sus continuas referencias a la niña, y a sus ocurrencias, en sus programas *Aló, Presidente*, contrastaban con las escasas referencias a los hijos de su primer matrimonio. Después de la separación de la pareja a mediados de 2002, Marisabel se fue a vivir a Barquisimeto, a cinco horas en automóvil de Caracas, y Chávez ya no puede ver a la niña tan a menudo. «Lamentablemente casi nunca la ve su papá, y yo, pues menos», dice con pesar doña Elena.

Como presidente, Hugo Chávez ha sido feroz con sus adversarios políticos. Y, aunque ha sido retribuido con creces, sus enemigos no han traspasado el límite de sus hijos. En torno a ellos pareciera haber un pacto tácito de silencio. El presidente procura mantener a su descendencia alejada de la vida pública, del poder que detenta y encarna. Tal vez desea protegerlos de ese campo de batalla que es su vida. Quienes son sus adversarios, por otro lado, tampoco han acudido a la intimidad de su familia buscando escándalos, intentando hacer de ese espacio un lugar de confrontación.

Esta noche, sin embargo, toda esa realidad se ha vuelto frágil. A través de las emisoras comerciales de radio y televisión, Chávez ha encadenado a todo el país a su propia fiesta personal. Todos los venezolanos están casi obligados a asomarse, a estar ahí, en esa intimidad. Más allá de la necesidad de exposición o de cualquier otra forma de vanidad, es evidente que, cada vez más, existe una confusión entre lo público y lo privado. La falta de separación de esos dos ámbitos, probablemente, es lo que permite que un presidente suponga que la celebración familiar de su cumpleaños es, también, un acto oficial.

17. Hacia el año 2021

Corría el año de 1999. Jesús Urdaneta todavía estaba al frente de la Dirección de los Servicios de Inteligencia cuando el presidente Chávez le habló y le dijo «ese viejo vagabundo me tiene harto, metiéndose conmigo. Encárgate de eso, ¿sí?». Se refería al sociólogo argentino Norberto Ceresole, a quien desde ese momento se le dieron 48 horas de plazo para abandonar el país. No era la primera vez que era forzado a salir de Venezuela. Cuatro años antes, el 14 de junio de 1995, durante el gobierno de Rafael Caldera, el argentino fue detenido por la policía política y expulsado del país. En aquel entonces fue acusado de asesorar a Hugo Chávez Frías. Paradójicamente, el mismo Chávez era el que sentía cuatro años después que su ex asesor le era incómodo. En muy poco tiempo, Ceresole pisaba de nuevo el aeropuerto de Maiquetía y era obligado a cruzar la frontera. Aunque el escenario había cambiado drásticamente, el motivo fue el mismo en ambos casos: injerencia en la política interna. Una vez a favor de Chávez, otra vez en su contra.

Norberto Ceresole contaba otra versión de lo ocurrido. Sostenía que en el medio de su segunda expulsión se encontraba el tema judío: «el judaísmo me ataca y me destruye»,[1] afirmó. Sin duda alguna, no se trata de un personaje sencillo. En su historial destaca el estar ligado a la fracción de la «izquierda libertaria» del grupo Praxis en Argentina, en los años sesenta. Se sabe que poco después fue asesor del presidente peruano Juan Velasco Alvarado (1968-1975). En 1976 huyó a un exilio europeo. A su regreso, según informes de prensa, se vinculó con grupos de la derecha militar, como los «carapintadas». También vivió y trabajó en la Unión Soviética. Se le ha relacionado tanto con las dictaduras militares de su país como con distintos gobiernos árabes. Sus opiniones en más de una ocasión generaban conflictos. Por ejemplo: «Las madres de la Plaza de Mayo son la vanguardia de la acción del Estado de Israel, de la inteligencia de Israel, en América Latina».[2]

Ceresole y Chávez se conocieron en Buenos Aires en el invierno de 1994. Los presentó una periodista argentina que trabajaba en la ciudad como corresponsal de un periódico mexicano. La empatía fue inmediata. Luego volvieron a encontrarse en Colombia y, a finales de 1994, en Venezuela. Hicieron juntos alguna gira por el interior del país, viajando en una camioneta destartalada. «Y vi actuar a Chávez, y vi actuar al pueblo con Chávez, la enorme adhesión popular que tenía. Estamos hablando de un Chávez sin un centavo. De un Chávez con lo puesto y sin equipo. Sin nada.»[3] De esos tiempos, se le atribuye a Norberto Ceresole haber sembrado en el ex golpista una teoría que, sustentándose en la unión del ejército y del pueblo en un movimiento cívico-militar, justifica la necesaria concentración del poder en un solo jerarca. Después del triunfo electoral, expresó esa misma tesis de esta manera: «La orden que emite el pueblo de Venezuela el 6 de diciembre de 1998 es clara y terminante. Una persona física, y no una idea abstracta o un "partido" genérico, fue "delegada" —por ese pueblo— para ejercer un poder. [...] Hay entonces una orden social mayoritaria que transforma a un antiguo líder militar en un caudillo nacional».[4]

Mucho se habló, durante aquel 1999, de la existencia de dos chavismos enfrentados: uno democrático, representado por la figura de José Vicente Rangel, y otro militarista, cuyo vocero principal habría sido Norberto Ceresole. Acusado, sin embargo, de neofascista, antisemita y loco, el sociólogo argentino terminó alejado del país. Murió en Buenos Aires en el año 2003. Aun así, en lo que aparenta ser su derrota, resulta bastante factible confirmar que algunas de sus propuestas calaron muy bien dentro del proceso venezolano y dentro del desarrollo personal de Hugo Chávez. En la fórmula del sociólogo argentino, publicada formalmente en Madrid en el 2000, se establece que el caudillo garantiza el poder a través de un partido cívico-militar, que funge como intermediario entre la voluntad del líder y la masa. El modelo lleva el nombre de «posdemocracia» y destaca, entre sus valores, el mantenimiento de un poder concentrado, unificado y centralizado.

La historia venezolana representa un caldo de cultivo muy propicio para este paradigma: 67 % de los gobiernos venezolanos, entre 1830 y 1999, fueron liderizados o estuvieron dirigidos por personas ligadas al mundo militar, caudillista o pretoriano.[5] También el caso particular de Hugo Chávez ofrece un territorio ideal para todo este andamiaje que legitima el caudillismo personalista y la hegemonía militar como única esperanza, como la gran solución política. Dos meses después de haberse juramentado como presidente, en una disertación sobre la «fusión cívico-militar», afirmó: «Creo que ésa es una de las vertientes fundamentales o de las líneas fundamentales del desarrollo nacional, del desarrollo de un proyecto nacional en todos los órdenes».[6]

Chávez jamás ha renunciado a la simbología castrense. Al juramentarse como nuevo presidente, obtuvo también, como lo establece la Constitución y de manera instantánea, el cargo de comandante en jefe de la Fuerza Armada Nacional. Probablemente para un ciudadano proveniente de la vida civil, este hecho no tendría la misma significación que tuvo para Hugo Chávez. La democracia lo devolvió al ejército. Fue como un atajo para un meteórico ascenso dentro de su carrera militar.

Cuando llega al poder, esta circunstancia se hizo evidente: desde la implementación de planes sociales administrados y gerenciados por los distintos cuerpos de la Fuerza Armada, hasta el uso del uniforme en algunas de sus actuaciones o alocuciones oficiales. También desde las constantes referencias a la historia y a la vida castrense, hasta la activación de la formación premilitar obligatoria en la educación secundaria del país. Basta con asomarse a la conformación de su equipo de gobierno para tener una idea de un nuevo protagonismo en las funciones públicas en el país:

«A comienzos de 2002 el vicepresidente era militar, igual que el responsable de los planes agrícolas en el Sur del Lago. Estaban en manos de militares el Ministerio de Infraestructura, la Oficina Central de Presupuesto, la Corporación Venezolana de Guayana, el Instituto Agrícola Nacional, el Fondo de Desarrollo Urbano, Pdvsa [Petróleos de Venezuela], Citgo [refinería y red de 14 mil gasolineras en Estados Unidos], las aduanas del Seniat, el Banco del Pueblo, el Banco Industrial de Venezuela, el Fondo Único Social. El poder económico. También controlaban las comunicaciones y los medios de comunicación del Estado: el Metro de Caracas, el aeropuerto de Maiquetía, Avensa y el Setra, Conatel [Comisión Nacional de Telecomunicaciones], Venpres [agencia estatal de noticias], Venezolana de Televisión y el Ministerio de la Secretaría. Dirigían la seguridad del país: la División de Inteligencia Militar, la Disip [Dirección de Servicios de Inteligencia y Prevención], la Dirección de Extranjería y el Viceministerio de Seguridad Ciudadana del Ministerio de Relaciones Interiores. Eran gobernadores en los estados Táchira, Mérida, Trujillo, Cojedes, Lara, Vargas y Bolívar. Por supuesto, ocupaban en el Ministerio de Relaciones Exteriores los cargos de ministro, vice-ministro, varios directores generales y numerosos embajadores, los de Perú, Bolivia, Ecuador, Brasil, El Salvador, España, Malasia… Militares son también varios diputados, el secretario general de organización del MVR [partido oficialista], el presidente de Inager [Instituto Nacional de Geriatría], el Ince [Instituto Nacional de Capacitación y Educación] y la dirección general del Instituto Nacional de Deportes.»[7]

El proceso de militarización de los espacios tradicionalmente civiles se ha profundizado. Según el diario *El Universal,* más de cien uniformados, en su mayoría activos, ocupan cargos directivos y de confianza dentro de las empresas del Estado, en servicios e institutos autónomos y nacio-nales, fondos gubernamentales, fundaciones y comisiones especiales. Y para las elecciones regionales de octubre de 2004, catorce de los 22 can-didatos propuestos por el oficialismo y designados a dedo por Chávez provenían del mundo militar.

La vida social venezolana ha vuelto a entrar en un contacto mucho más directo con el ámbito castrense. Hasta en el lenguaje se cuelan ele-mentos que vienen de los cuarteles. En sus campañas Chávez organiza a sus seguidores en «patrullas» que deben levantarse «al toque de la diana» para ir a las urnas a librar «la batalla» y «derrotar al enemigo». En una cadena nacional, el 28 de noviembre de 2002, le advierte al país: «cuan-do hablo de revolución armada no estoy hablando de metáforas; armada es que tiene fusiles, tanques, aviones y miles de hombres listos para de-fenderla». No se trata de simples sutilezas. Para el año 2001, Venezuela contaba con más generales y almirantes que México y Argentina en conjunto. Para el año 2004, violando lo que establece la Constitución Nacional, ya 120 civiles han sido juzgados por Tribunales Militares.[8] Visto a la distancia, más de un analista lee en esta historia el guión in-veterado de Norberto Ceresole, el proyecto de una Fuerza Armada transformada en partido político, en gerencia pública, en protagonista de la sociedad.

★★★

En más de una oportunidad, quienes se dirigen a Chávez, públicamente, lo llaman «mi comandante» o «mi comandante en jefe». A partir de este saludo, a principios de su gobierno, corrió un chiste lamentable, que consistía en resaltar las sílabas MICO-mandante, para asociar al presidente con el término «mono» que —dentro de un nivel de racismo y clasismo de la sociedad venezolana— semantiza a la gente pobre como personas chabacanas, vulgares, más cercanas a la selva que a la civilización.

Lo que aparentemente es un chiste que expresa las diversas formas de exclusión de cualquier sociedad, tiene en la Venezuela de finales del siglo XX una importancia relevante. Un sector de la sociedad ha acusado con insistencia a Hugo Chávez de promover la lucha de clases y el odio entre los venezolanos, de azuzar el resentimiento social, de haber dividido al país. Ante esto, los afectos al gobierno, sostienen que la nación vivía un espejismo de armonía; que Chávez no inventó las diferencias, que simplemente las puso en evidencia. Posiblemente, como suele ocurrir en más de un caso, ambas partes tengan algo de razón.

La imagen que los venezolanos tenían de sí mismos siempre integró un gran componente cultural de igualitarismo, de diversidad policlasista que —gracias a las sucesivas bonanzas petroleras— tejían unas relaciones sociales fluidas y sin fricciones. Esta imagen, no obstante, escamotea otra realidad: la enorme y creciente pobreza, el resentimiento de aquellos que se sienten excluidos de la gran fiesta nacional, de la riqueza natural del país. En vísperas del referéndum revocatorio, en una rueda de prensa el 13 de agosto de 2004, el vicepresidente José Vicente Rangel volvió a insistir: «Lo que divide a los venezolanos es la pobreza. Fue la pobreza lo que consagró la polarización del país». Es cierto. Pero también es cierto que la temperatura verbal de Chávez se convirtió rápidamente en un detonante altamente combustible. Su ferocidad discursiva, sin duda, fue muy efectiva en la batalla electoral. No sólo el país estaba preparado para él, también él ya estaba preparado para el país. «Cuando Chávez entró en escena con fuerza [dice Teodoro Petkoff], y empezó a hablar con fuerza, la gente no vaciló un solo momento. Era el vengador perfecto, hecho a la medida del desencanto y de la frustración de los venezolanos.»[9]

Pero, a la hora de gobernar, esa característica pasó a ser un centro de producción de conflictos determinante. Chávez acusa, descalifica, insulta con excesiva facilidad. Chávez decreta la ley de «el que no está conmigo está contra mí». Así lo recuerda Luis Miquilena, para ese entonces su mentor personal y ministro del Interior: «Cuando él empieza a pelear con la gente, yo le decía: "pero bueno, chico, es que tú has confundido la confrontación lógica y natural de las elecciones con el ejercicio del poder que son dos cosas distintas"». Se trata de una estrategia, y de una forma de ser, que para más de un analista también pertenece al ámbito militar: el método de la confrontación. Raúl Salazar, ex general que fue su primer ministro de Defensa, sostiene que «Chávez tiene el problema de todo militar: que se la da de político pero no aprende a negociar sino a mandar».

Más allá de las acciones concretas, lo que en verdad comienza a ser un factor irritante es esta temperatura del discurso que se ejerce desde el poder. Los estudios de la investigadora Iria Puyosa destacan: «Desde el punto de vista de la pragmática discursiva el aspecto más interesante del discurso chavista es la construcción del enunciador. Hugo Chávez Frías siempre habla por un nosotros». Se trata de un nosotros, el pueblo, cuya contraparte, un segundo eje pragmático, «es identificado como la podredumbre, la plaga», un adversario político que debe ser «extirpado».[10] Todo esto ya estaba presente antes, incluso podría afirmarse que fue un elemento importante para el éxito de Chávez como candidato. En una de sus últimas concentraciones, antes de ganar la presidencia en 1998, le dice a la muchedumbre: «el 6 de diciembre [día de las elecciones], nosotros, ustedes y yo, vamos a envolver a los adecos [socialdemócratas] en una bola gigantesta de… [hace una pausa y acota] no lo puedo decir porque es una grosería». Tampoco hace falta. La multitud, en un coro eufórico contesta: «¡De mieeeerda!». Así lo recuerda, espantada, Herma Marksman, «para mí fue demasiado fuerte». No era así el Hugo que ella conocía. Y no es la única en sorprenderse. Esta imagen agresiva, pugnaz, incluso vulgar, resulta —para aquellos que lo conocen de otros tiempos— un tanto desconcertante. Hay quienes piensan que sólo se trata de una estrategia comunicacional. Otros que creen que la popularidad y el poder ya lo estaban transformando. Y quienes sospechan que puede tratarse de ambas cosas a la vez.

Alcides Rondón, su compañero desde que estaban en la Academia Militar, aporta un dato sobre esta faceta de Chávez: «Él se emociona ante una masa. Creo que eso debe emocionar a cualquiera, que una masa le responda de esa manera. Hay reacciones que son directamente producto de eso. Pero cuando estamos hablando de verdad de política, de un cambio de discurso y un pase a una ofensiva abierta e inclusive agresiva, yo estoy convencido de que es producto de una reflexión y de un propósito. Tiene un propósito, no es un arranque». Esto, sin duda, contrasta con la idea que suele dar el mismo Chávez, con la naturalidad con la que rompe los protocolos, desbarata las agendas solemnes del poder, no lee discursos sino que improvisa sus palabras, parece decir lo que piensa tal y como lo piensa, sin prudencias pero también sin miedos… Ésa es la imagen que él mismo produce y distribuye, propala por todo el planeta. Es la imagen que refuerza cuando le anuncia al país un nuevo plan de acción que se le ocurrió a las dos de la madrugada. Se trataría, sin embargo, de una espontaneidad fabricada. El vicepresidente José Vicente Rangel también refrenda que «a Chávez se le juzga como impulsivo, pero es extremadamente reflexivo. Todo lo que hace es producto de una planificación». Esto apoya la teoría de quienes sostienen que la furia verbal del mandatario es casi una disciplina, un plan bien diseñado, una estrategia militar basada en la provocación, en el enfrentamiento permanente.

Con la Iglesia estableció muy pronto una relación tensa, crispada. Ya en 1999 aseguraba: «Si Cristo estuviera aquí, entre nosotros, ahorita, no tengan duda que Cristo iría a votar en la Constituyente, iría a votar por la revolución». Y en ese mismo año, unos meses después, confrontó a unos obispos que no aprobaban fielmente los caminos de la revolución: «Habrá que hacerles un exorcismo para que el diablo que se les metió, se les salga de debajo de la sotana». Es un clima que se reproduce con diversos sectores sociales. Demasiado pronto Chávez abre demasiados frentes de confrontación. Su colaboradora Maripili Hernández, quien fue vicecanciller para América del Norte, pondera el asunto desde otra perspectiva: «¿De qué sirve un presidente si no puede pararse y decir lo que le parece injusto? Eso no me molesta. No te digo que no ha habido momentos en que he pensado que tal cosa no es lo más político o diplomático, pero por otro lado me encanta que el presidente de mi país tenga la valentía para decir esas cosas».

Esta postura controversial ha generado la paradójica percepción de que Chávez está al frente del gobierno aunque se comporta y habla como si estuviera al frente de la oposición. Luis Miquilena estaba muy cerca del mandatario en esos momentos. Además de ministro del Interior, seguía siendo su padre político. Recuerda que cuando el mandatario comenzó a tener choques con empresarios, Iglesia, medios de comunicación y otros sectores del país, le dijo: «en el ejercicio del poder no se puede llevar ese estilo de manejar las relaciones sociales» y al respecto, señala: «él creyó que la pugnacidad y la confrontación que seguimos en la campaña electoral se podía ejercer desde el poder, cuando el poder reclama un hombre de entendimiento y que pueda manejar el Estado a nivel de árbitro de la nación».

En muy poco tiempo, los venezolanos comienzan a vivir en una efervescencia indescriptible. La política se ha afectivizado y se ha colado en todos los espacios de la vida social. Quien visita el país casi puede sentir que se encuentra en la inminencia de una guerra civil. No se trata de un problema ideológico o de un cambio drástico y concreto de los programas políticos. En eso también se emparenta con la tesis que sostenía Ceresole. El único debate está centrado en una sola persona, en la adhesión o el rechazo fervoroso al líder. Chávez sólo parece ser un afecto que se contagia, en contra o a favor. No hay más. El discurso desde el poder se ejerce de manera que no queden más opciones. Gente cercana al presidente también reconoce esta difícil situación. «Yo a veces quisiera que no fuera tan directo, quisiera que no fuera tan duro. Ésta es mi apreciación y es por mi estilo. Es por mi forma de ser. Yo sufro mucho con sus discursos», afirma Alcides Rondón.

Frente a este punto, por supuesto, los análisis están igualmente enfrentados. La oposición ubica el origen de esta situación en la violencia verbal de Chávez, en su estilo agresivo, en su manera de descalificar a la disidencia y exigir fidelidad absoluta a su proyecto. Del otro lado, argumentan que se trata de una actitud meramente defensiva, que Chávez no arremete, sino que reacciona. El mismo Rondón trata de sustentar esa posición con la siguiente anécdota: «Estábamos hace unos años en Santa Cruz de la Sierra, Bolivia. Cuando fuimos a tomar el avión había tormenta y nos regresamos al hotel. Yo me fui a mi habitación y enseguida me avisaron que el presidente quería verme [...] Entré a la suite y lo conseguí sentado, viendo televisión. Me dijo: siéntate aquí, al lado mío. Estaban pasando una entrevista que había tenido él ese día. La vimos completa. Y entonces, oí al hombre, no al presidente, que me dijo: "ése es el verdadero Chávez, eso es lo que yo quiero en el país, una persona que hable de paz, que hable de amor, de la integración; que no sea violento. Ayúdame a eso". Yo viví esa experiencia. Y eso es lo que él quisiera ser, pero no lo dejan, le dan muy duro».

La idea de que Chávez es una víctima ha sido distribuida, con éxito, a la hora de explicar o justificar las deficiencias de su gobierno o los excesos de su liderazgo. Chávez se presenta como víctima de la oposición, del pasado, de los centros de poder, víctima incluso de los males de su propio gobierno... Dentro de esta perspectiva, la virulencia de su discurso se expone como una reacción ante el desmedido ataque de sus adversarios. El mandatario sería combativo en defensa propia. Su agresividad sería una forma de protección. El periodista norteamericano Jon Lee Anderson, quien realizó un perfil del líder venezolano en 2001, si bien señala que ciertos rasgos de la personalidad de Chávez han propiciado la división del país, también critica a cierta dirigencia, política y empresarial, que se opone al presidente: «No están haciendo ninguna cosa que yo esperaría de gente con su educación y sus recursos. O sacan el dinero del país o conspiran todo el tiempo, diciéndole a los periodistas que los militares están "inquietos", sembrando tensiones por todas partes. Desprecian y temen a Chávez, le dicen "mono", y el nivel de discusión política es bajísimo, patético».[11]

Pero más allá del enfrentamiento entre la élite político-económica tradicional y el gobierno, la polarización en torno a Chávez no ha dividido el país de manera homogénea. No hay una línea exacta que separe a ricos de pobres o a blancos de negros, como muchos pudieran pensar dado el maniqueísmo con el que ha llegado a ser tratado el asunto. Por el contrario, puede suceder, y sucede con frecuencia, que la división se produzca dentro de una misma familia. No es raro que los propios colaboradores del gobierno tengan problemas con sus familiares y amigos por sus preferencias políticas, algo que antes resultaba difícil de imaginar. En una misma familia puede haber chavistas y antichavistas, así como puede haberlos dentro de un mismo vecindario con características socioeconómicas similares. Se trata de un fenómeno muy peculiar que aún no ha sido lo suficientemente estudiado e incluso apreciado por observadores extranjeros.

Hay testimonios que señalan que, aun en sus espacios más cercanos, Chávez se comporta de manera conflictiva, optando por la confrontación, llegando hasta la descalificación grosera de aquellos que trabajan junto a él. Ángela Zago cuenta: «Es una persona de reacciones violentas. Yo lo vi insultar a Aristóbulo Istúriz [actual ministro de Educación] comenzando el gobierno. Fue por algo que hizo Aristóbulo y él lo insultó delante de todos nosotros. Le dijo de todo». También Luis Miquilena recuerda esa faceta, señalando que hubo un cambio grande cuando Chávez llegó al poder. Según él, se convirtió en un «hombre despótico con sus subalternos [...] un autócrata, autoritario, brutal con sus colaboradores. El trato que él da a sus ministros es vejatorio. Lo que le ha hecho a Diosdado Cabello, por ejemplo, yo no se lo hubiera aceptado ni a mi padre».

Lo que sí es evidente es que Chávez no rehúye los choques. Más bien, parece buscarlos, promoverlos. Suelen las revoluciones acudir con frecuencia a ese método: provocar conflictos para purgar instituciones. Según se sabe, antes de abril de 2002, el gobierno estaba enterado de que había una conspiración militar en marcha. El golpe de Estado sirvió para depurar a las Fuerzas Armadas. De igual manera, la huelga petrolera de diciembre de 2002 y enero de 2003 fue usada por el poder para «limpiar» a la empresa Petróleos de Venezuela. Con el despido de 19 mil trabajadores, el gobierno por fin tomó el control de la más codiciada pieza estatal. El mismo Chávez ha reconocido que él propició esa crisis, aunque es difícil pensar que fue así. Lo convertiría en cómplice de lo que él ha denunciado como un gran crimen. Quizá sólo se trata de una reinvención más heroica de lo ocurrido. Desde la victoria, la historia suele contarse de otra manera.

Donde unos ven firmeza y seriedad, otros denuncian autoritarismo; donde unos destacan liderazgo, otros sólo señalan espíritu mesiánico, un populismo desenfrenado. Donde unos encuentran responsabilidad, otros sólo hallan personalismo egocéntrico… Nadie, sin embargo, ni unos ni otros, puede dejar de observar y reconocer el carisma que tiene Hugo Chávez. Esa magia que ha establecido con los pobres de Venezuela. Para ellos, la posibilidad de que exista un Chávez público y otro privado es una hipótesis impensable. Para ellos, Chávez es un sentimiento profundo, incuestionable; una emoción que ya se ha vuelto una fe.

★★★

La raíz original del poder de Chávez reside en el vínculo afectivo y religioso que establece con los sectores populares del país. Es lo que el teórico Peter Wiles, refiriéndose al populismo en América Latina, ha denominado «contacto místico con las masas».[12] Chávez siempre está cerca. Es un símbolo que no ha sido devorado por los protocolos del poder. Siempre rompe la supuesta solemnidad de los actos. Es capaz de acabar con la pompa oficial con tal de ir a abrazar a una viejita que le grita o cargar a un niño. Por donde pasa hay gente humilde con un pequeño papel en la mano, una petición de auxilio, que él o sus escoltas toman y guardan. Chávez toca a la gente. Se detiene. Pregunta nombres, datos de vida. Siempre parece sinceramente interesado en el otro. Chávez habla desde ellos. Se propone como uno más, como cualquiera. Incluso después de seis años en la presidencia, con un sobrepeso de más de quince kilos, vistiendo ropa de marca y usando relojes Cartier, el vínculo se mantiene con bastante fervor.

En ocasiones, se muestra como una víctima de sus propios lujos, como aquella vez que ordenó que no le compraran más trajes. Y, en honor a la verdad, parece tentarlo más la vanidad que el goce de los bienes materiales. Algunos de sus adversarios reconocen en él escasa ambición por la posesiones combinada con una auténtica sensibilidad social. Pero ahí, nuevamente, parecen confundir al Chávez personal con el Chávez público. Con frecuencia recuerda que no tiene nada. Casi franciscano añade que no desea nada, que no necesita nada. Ya en plan de bolero: le basta con el amor del pueblo. Aunque haga uso de enormes recursos para promocionarse y mantenerse en el poder, y ofrezca dádivas como si las estuviera sacando de su propio bolsillo.

Se trata de un discurso muy empático, que conmueve, que genera confiabilidad y fidelidad. Pulsa los sentimientos escondidos, los miedos, los resentimientos; acude a las diferencias, a las experiencias de rechazo, a la injusticia, y construye desde ahí una voz, un plural del cual, sin embargo, él es el protagonista. No *nos* quieren. La oligarquía *nos* desprecia. Siempre se han burlado de *nosotros*. Les *damos* asco. Gran parte de su retórica parece desarrollarse con énfasis parecidos a los de los predicadores de las llamadas iglesias electrónicas. Habla con sencillez, poniendo siempre ejemplos; se explica por medio de anécdotas, maneja a la perfección los códigos populares. También, en el territorio del habla, sabotea la supuesta solemnidad oficial, desdeña las formas. Se muestra espontáneo. Popularmente espontáneo. «Él [dice Maripili Hernández] cree profundamente en el ideal que predica. Lo vive, lo sufre, lo trabaja todos los días. A diferencia de lo que mucha gente cree y dice, que es un charlatán, honestamente no lo creo. Él cree a pie juntillas lo que dice y creo que se va a morir para hacer todos los esfuerzos que estén a su alcance para lograr lo que dice.»

Nedo Paniz muestra una versión muy distinta, al relatar una anécdota de cuando Hugo Chávez no era presidente y los dos viajaron juntos a Colombia. Estaban invitados a un acto en la Quinta de Bolívar, de Bogotá, en el que Chávez pronunciaría un discurso y Paniz le sugirió llevarle un presente a la presidenta de la Sociedad Bolivariana. «Entonces Chávez tomó un puño de tierra de un patio, cerca del hotel, y lo metió en una cajita. Una vez allá se lanzó un discurso inflamante. Y en un momento sacó la cajita y dijo que esa tierra la había traído especialmente desde el Campo de Carabobo [donde Bolívar dirigió la batalla que liberó definitivamente a Venezuela del dominio español]. Era una farsa pero la gente estaba emocionada. Mucha gente lloró.»

Pero si algo ha logrado transmitir el presidente es que le importan los demás, que él sí se preocupa realmente por los pobres. En palabras de José Vicente Rangel: «Es un hombre de lenguaje sencillo. Ésa es la conexión con la calle. Chávez salió del estereotipo del político. No es populachero, no banaliza el lenguaje, ha logrado rescatar el lenguaje popular y colocarlo en el centro del discurso presidencial. Es uno más del pueblo». De manera constante recuerda su historia, su origen humilde y rural. No sabe inglés y, públicamente, se burla de su propia y precaria pronunciación. Se autoproclama como un hombre feo, popular, sin propiedades, sin educación para las altas galas, sin otra ambición que el cariño sencillo, que el servicio a los más necesitados. Su *slogan* durante todo el año 2004 fue más allá de la representación para pasar al terreno de la definición directa: «Chávez es el pueblo». Desde esta perspectiva, su existencia, su conquista y su disfrute del poder es ya para muchos un triunfo, una victoria.

La académica Patricia Márquez señala que «muchas personas que durante años se han sentido excluidas ahora se conciben como integrantes de un proyecto de cambio, que creen abarca por lo menos una transformación de las reglas del orden social y político».[13] Y Chávez es, simbólica y afectivamente, la garantía de ese cambio, la encarnación de la esperanza para salir de la miseria, aunque la pobreza haya aumentado 10.8 % durante los primeros cinco años de su gobierno, según las cifras oficiales.[14] Su figura funciona como sagrado intermediario entre los millones de dólares del Estado petrolero y los sueños de la mayoría de la población secuestrada por la miseria.

Sin embargo, hasta 2003 las expectativas populares no parecen obtener respuestas concretas. La mayoría de los cambios representan conquistas políticas pero los programas de ayuda social no resultan eficientes. Todo lo contrario: empiezan a parecerse demasiado a las prácticas de los gobiernos anteriores, asfixiados por el clientelismo, la burocracia y las denuncias de corrupción. Todo ese panorama cambió ese año cuando comenzaron a entrar en funcionamiento las llamadas Misiones: un conjunto de planes de asistencia social, de ayuda a los pobres, que todavía permanecen en medio de una gran polémica.

El primero de esos planes se llama Barrio Adentro y está destinado a atender los problemas de salud en las grandes barriadas populares de las diferentes ciudades del país. Los protagonistas de este plan son médicos voluntarios cubanos que se mudan a vivir a esos sectores y, desde ahí mismo, en pequeños ambulatorios, se ocupan de los problemas clínicos que puedan surgir. La propuesta ofrecía dos grandes ventajas: enfrentar *in situ* algunas emergencias, pudiendo ofrecer una solución médica más eficaz y, a la vez, descongestionar y aliviar el servicio —por lo general bastante deficiente— de los grandes hospitales públicos. Además, obviamente, otorgaba a las comunidades una mayor sensación de seguridad, de tranquilidad frente a cualquier urgencia clínica. Como contraparte, el hecho de que los médicos fueran cubanos reforzó el miedo de cierto sector social ante lo que consideraba una avanzada del proyecto "castro-comunista" de Hugo Chávez. No ayudó el hecho de que el gobierno ignorara cualquier trámite legal con la Federación Médica de Venezuela y permitiera el ejercicio profesional de los galenos, sin control de ese gremio, sin ninguna supervisión académica.

A este plan le siguieron, de manera escalonada, una serie de programas educativos: la Misión Robinson, un plan de alfabetización bautizado con el seudónimo usado por Simón Rodríguez, maestro de Simón Bolívar. Luego se crearon la Misión Sucre y la Misión Ribas, tomando los apellidos de dos próceres de la guerra de independencia, dedicadas a atender a aquellas personas que no habían podido estudiar, o que se habían visto obligadas a abandonar sus estudios de primaria y secundaria. La siguiente, Misión Vuelvan Caras, que tomó su nombre de una expresión de batalla del héroe llanero de la independencia José Antonio Páez, es un proyecto para combatir el desempleo y promover la autogestión. Otra de las misiones tiene que ver con la comercialización de alimentos y consiste en el establecimiento de una red de mercados populares, llamados Mercal. La Misión Miranda es más específica: otorga beneficios a todas las personas que pasaron o formaron parte de la Fuerza Armada Nacional.

Cuando ya no había más operativos sociales que ofrecer, Chávez acuñó un término grandilocuente para englobarlos a todos. «Queremos acabar la pobreza y hay que darle poder a los pobres. Estamos en el nacimiento del nuevo poder. Es un poder que deja atrás el concepto de la oligarquía y de la plutocracia. Sólo así habrá vida»,[15] señaló al anunciar, con tono de pastor protestante, que el 24 de diciembre de 2003 lanzaría la Misión Cristo, que contendría a todas las misiones y cuya finalidad sería acabar con la pobreza para el año 2021.

La crítica general a todo este proyecto se centra en tres aspectos fundamentales: es populista, discrecional y no cuenta con ningún control social. Luis Pedro España, sociólogo que durante años se ha dedicado a la investigación del tema y que en la actualidad coordina el Proyecto Pobreza de la Universidad Católica Andrés Bello, sostiene que las misiones, como los otros planes sociales del gobierno, parecen diseñados más como instrumentos de permanencia en el poder que como eficaces programas para combatir la pobreza en el país. Todos se sustentan en el pago de becas-salarios a los participantes, funcionan dentro de un sistema de filiación partidista, de fidelidad al gobierno, y no tienen ningún tipo de auditoría en ninguno de sus niveles de ejecución. Por eso, según algunos especialistas, los resultados oficiales no gozan de demasiada credibilidad. No hay manera de saber cuántas personas participan en las misiones, cuántos recursos se invierten en ella, qué resultados se obtienen. La única fuente posible de información es el mismo gobierno. A esto, también hay que agregarle los análisis que apuntan que se ha creado un Estado paralelo al Estado que ya existe. En vez de solucionar los graves problemas de la educación o la salud públicas, se han creado nuevas estructuras, generando otra administración y otro presupuesto, de manera desigual y descontrolada, provocando que tarde o temprano sea inviable el funcionamiento de ambas instancias. Al parecer, la mayor eficacia de estos programas ha sido electoral.

El inicio de las Misiones coincide con una tendencia a la baja en la popularidad de Hugo Chávez. El propio presidente lo admitió en una ocasión: «Hay una encuestadora internacional recomendada por un amigo que vino a mitad de 2003, pasó como dos meses aquí y fueron a Palacio y me dieron la noticia bomba: presidente, si el referéndum fuera ahorita, usted lo perdería [...]. Fue entonces cuando empezamos a trabajar con las misiones y empecé a pedirle apoyo a Fidel. Me dijo: "si algo sé yo es de eso". Y empezamos a inventar las misiones», revela durante un taller con sus colaboradores realizado en noviembre de 2004.

El repunte fue inmediato. Pocos meses después, un estudio de la firma Alfredo Keller y Asociados ubicaba la aceptación popular del presidente en 46 %, destacando el efecto esperanzador de los operativos: aunque sólo 15 % manifestaba haberse visto beneficiado por ellos, 85 % mantenía la ilusión de que, en algún momento, le tocaría algo de esa nueva «repartición de recursos» que promueve el gobierno. Aquí, nuevamente —y aun salvando la eficacia de *rating* de este programa— aparece una línea que dialoga con las propuestas de Norberto Ceresole. «La clase media y la clase alta odian el populismo porque eso implica repartir. Pero los que venimos de la clase baja decimos ¡viva el populismo! Eso nos dignifica (...) Cada dólar que le demos al pueblo es un dólar que no le daremos al Fondo Monetario Internacional. Por lo tanto, viva el populismo. No hay otra forma de revolución en América Latina que ésa.»[16]

Lo cierto es que, para muchos, el triunfo de Chávez en el referéndum revocatorio de 2004 está irremediablemente ligado a la distribución de dinero e ilusión a través de las misiones. Después de una intensa campaña en la que, según denuncias de la oposición, el presidente se habría valido de los recursos del Estado e incurrido en ventajismo electoral con la aquiescencia de un Consejo Nacional Electoral mayoritariamente favorable, 5.6 millones de venezolanos[17] (59.06 % de los votantes) decidieron el 15 de agosto que Hugo Chávez se mantuviera en el poder.

La controvertida victoria, sin embargo, todavía carga con las denuncias de fraude enarboladas por las oposición tanto nacional como internacionalmente. Si bien es cierto que entonces el Consejo Nacional Electoral tiene una mayoría de miembros afectos al gobierno (tres de cinco en la directiva), que en el proceso mismo de activación del recurso constitucional dicho Consejo pareció dedicarse a entorpecer más que a facilitar las acciones de los ciudadanos que pedían el Revocatorio; también es verdad que la oposición no ha mostrado ni una sola prueba contundente del supuesto fraude electrónico. En una actitud cuestionable, algunos miembros de la oposición acusaron a César Gaviria y a Jimmy Carter, observadores y garantes de la jornada electoral, de haber pactado con el gobierno y de ser cómplices del desfalco.

★★★

Algunos estudios[18] deslindan la noción de caudillo de la del dirigente populista. La primera se desenvuelve en un ámbito rural y centra su poder en el ejercicio de las relaciones personales directas, mientras la segunda participa de la dinámica de las grandes ciudades y su poder se instrumentaliza a través de los partidos. Hugo Chávez se encuentra en la mitad de este esquema. Cabalga sobre las clasificaciones, representa un tipo de liderazgo que, tanto para los que lo legitiman como para quienes lo cuestionan, resulta difícil de definir.

En una entrevista concedida en 2001 a la revista *Foreign Affairs,* Hugo Chávez le responde a la periodista mexicana Rossana Fuentes Berain: «Jamás he manejado el tema del caudillismo […] No me siento caudillo ni soy un caudillo […] yo jamás he dicho que los caudillos sean necesarios para incorporar a los pueblos a un proceso».[19] No era cierto. El presidente sí había tocado el asunto, explayándose incluso. La periodista se había referido a declaraciones del propio Chávez, publicadas tres años antes, en 1998. En ellas, Chávez sostiene:

«Aquí decirle caudillo a alguien es echarlo a la basura de la historia, como un estigma. Y cuidado si hay o hubo caudillos necesarios para el proceso de incorporación de un pueblo a una lucha determinada en algún tiempo […] En ese sentido, el papel de los caudillos, en ciertas épocas históricas, es el de movilizador de masas, representante de una masa con la cual se identifica, y a la cual esa masa reconoce sin que haya un procedimiento formal, legal, de legitimación […] Creo que aquí hay dos extremos: uno, el personalista, que significa concentración del poder y elevación a nivel de Dios del caudillo. Y otro extremo que es la negación del papel que algún individuo pueda cumplir. Yo creo que se trata de vencer la barrera de esos hombres que la situación coloca en posición de líderes, que surgen en un momento determinado y que los pueblos aceptan y elevan a condición de salvadores. Si toman conciencia real, se abstraen de su misma persona y ven el proceso desde lejos, mirándose ellos mismos y lo interpretan, ahí es donde yo creo que pudiera reinterpretarse el caudillismo, para que pudiera seguir estando en juego. Si esa persona entiende aquello, y dedica su vida, su esfuerzo a colectivizar a través de su poder "mítico" a líderes, proyectos, ideas; si eso ocurre así, abstrayéndome de todos los procesos, justificaría la presencia de un caudillo. [...] Éste es un tema que no podemos evadir, que ha sido un signo común en nuestra historia, y quién garantiza que no siga siéndolo.»[20]

Probablemente, en esta declaración, se encuentre condensada la manera en que Chávez puede justificar su propia actuación en el ejercicio del poder en Venezuela. El académico Alfredo Ramos Jiménez considera que su caso calza en lo que se denomina el neopopulismo que «reúne elementos de dominación y manipulación de las clases populares combinándolos con experiencias participativas que incluyen un alto contenido identificador. En tales circunstancias, el jefe siempre será único, insustituible si no imprescindible. Su poder no se delega ni en situaciones excepcionales y su carisma representa una amenaza para la democracia».[21]

En medio de la discusión para adjudicarle una etiqueta, el politólogo Carlos Romero define la experiencia actual venezolana como un «populismo militar que vivimos tardíamente. Tuvimos gobiernos moderados democráticos de centro y la dictadura de Marcos Pérez Jiménez, que fue desarrollista, no populista. Nos faltaba la experiencia populista militar y nos llegó por la vía electoral».[22]

El filósofo Alberto Arvelo Ramos afirma que «Chávez es un caudillo militar del siglo XIX. Y no un caudillo cualquiera: un caudillo reaccionario del siglo XIX». Y vuelve a traer a colación al viejo asesor argentino: «Ceresole lo convenció de que él era el segundo Simón Bolívar, lo embebió de esa megalomanía de hombre universal e histórico [...] Chávez no cree en la democracia plural, donde las fuerzas sociales y políticas se balancean y controlan unas con otras. Es una dictadura completamente de una sola persona». Arvelo se refiere, entre otras cosas, a la visible ausencia de equilibrio. En Venezuela, los poderes aparecen fusionados al Ejecutivo. El Parlamento, dominado por el oficialismo, no se ha apartado un ápice de las líneas de Miraflores; tampoco se atreven a hacerlo las instituciones destinadas a controlar a la presidencia. La Contraloría y la Fiscalía —que fueron decisivas, por ejemplo, en la destitución de Carlos Andrés Pérez— están en manos de acólitos de Chávez; de hecho, el fiscal general de la República, fue su primer vicepresidente. Más aún, se preveía que —gracias a una reforma legal de 2004— el Tribunal Supremo de Justicia estaría pronto dominado por magistrados oficialistas. En ese marco, el mandatario luce blindado. Ninguna querella en su contra —alrededor de una docena reposan en la Fiscalía— puede amenazarlo. Hugo Chávez es el presidente venezolano con mayor acumulación de poder desde 1958 y lo ejerce de manera personalista.

Para cualquier análisis, ese elemento parece ser imprescindible. La impronta personal, particular, del líder resulta más que definitiva. En una manifestación en su Barinas natal, en la campaña para las elecciones regionales de octubre de 2004, declaró a los cuatro vientos: «para ser chavista hay que ser como yo». En los afiches de promoción, todos los candidatos oficialistas en liza, aparecían siendo ungidos por el jefe de Estado. Chávez recorrió el país alzándole el brazo a los candidatos, apuntalando sus mítines y garantizándoles una audiencia que, por sí solos, difícilmente habrían logrado.

Dentro de la tradición caudillesca y populista latinoamericana, el chavismo quizás aporte algún elemento inédito. En todo caso, también resulta inédita la Venezuela petrolera de comienzos del siglo XXI en el mapa del mundo globalizado. Mientras el gobierno anterior debió mantenerse con un precio tope de dieciséis dólares por barril, la revolución bolivariana ha navegado en un mercado que ha puesto el precio del crudo por encima de los 40 dólares por barril. Probablemente, en un país como Honduras o Perú, Hugo Chávez políticamente no hubiera durado dos *rounds*. La realidad económica, la «plata dulce», término con el que se conoció a etapas similares en el sur del continente, ofrece un lujo que permite —para algunos analistas— esta «revolución bolivariana». Es una situación que refuerza todos los elementos que concentran en Hugo Chávez el poder —simbólico y real— de ser el protagonista del proceso, el jefe del Estado y la estrella de la historia.

«Ese hombre cambió o no cambió; tal vez, era el verdadero, que yo no conocí», dice, con un dejo de melancolía, Luis Miquilena. Y recuerda los tiempos en que, en su pequeño apartamento de Altamira, amanecía hablando con Chávez, soñando cómo iban a cambiar el país. «Hay una regla que dice: dale un pedazo de poder a un hombre y así sabrás quién es. Yo supe quiénes eran muchos de los amigos míos al verlos en el poder. El poder se los tragó, se los llevó. Las mieles del poder, que son tan halagadoras que el que no está suficientemente preparado espiritualmente para eso, sucumbe ante ellas. Como sucumbieron tantos. Y como sucumbió él. Porque, ese hombre humilde con quien yo tuve relación, que vivía conmigo, que nos sentábamos a comernos una arepa aquí… en fin, ese hombre humilde se transformó… aunque, quizá, no se transformó porque el poder hizo ver al verdadero. El ser humano es tan complejo que uno no puede definir quién es cada quien. Es decir, el hombre humilde que yo compré, sacó un autócrata, autoritario, absolutamente distinto.»

Quienes lo acompañan no comparten, obviamente, esta visión. Pedro Carreño lo conoce desde que Chávez fue su maestro en la Fuerza Armada. También estuvo con él en los inicios políticos, cuando a duras penas y con mucho esfuerzo recorrían el país. Él no siente que el poder lo haya afectado. «Es el mismo Chávez soñador y luchador incansable, de sensibilidad social y sed de justicia social. Lo conmueve la pobreza, un niño sin escuela y con padre desempleado. No veo ningún cambio.»

Otros piensan que el problema no es personal, que no se trata de Hugo Chávez sino de la gente que lo rodea. Yoel Acosta, compañero del golpe del 4 de febrero, sostiene que «el presidente está como secuestrado, no toma la decisión de buscar gente comprometida, porque pareciera que ese cogollo, ese entorno que lo tiene secuestrado, no le permite ver más allá de lo que quieren que él vea». Suena, sin embargo, poco probable que una personalidad como la del presidente esté sometida tan fácilmente a un círculo de asesores. Por el contrario, se sabe que no acostumbra delegar, que le gusta participar en todo. Es normal que llame a algún funcionario en horas de la madrugada para preguntarle sobre asuntos de trabajo. Su injerencia es tal que, incluso, ha llegado a designar él mismo, de manera directa, a los viceministros de varias de las carteras de su gabinete. La imagen que se tiene es que nada se mueve en el gobierno sin que lo decida el jefe de Estado.

El general Alberto Müller Rojas, quien fue su jefe de campaña en 1998, observó una característica de personalidad que, quizá, podría explicar la percepción ambivalente que se tiene de Hugo Chávez. «La gente tiene que por lo menos fingirle absoluta sumisión, lo que demuestra una completa falta de confianza en sí mismo. Para mí es uno de sus rasgos más negativos: él no tiene confianza en sí mismo, porque el que tiene confianza en sí mismo, tiene confianza en los demás y en la capacidad que tiene de hacer que los demás acepten el liderazgo y sigan la línea que uno propone. Entonces es un individuo bastante voluble en ese particular. Él pasa de una posición a otra muy fácilmente. Es un individuo que tiene una tendencia a la ciclotimia, es decir, vive estados de ánimo oscilantes entre momentos de extrema euforia y momentos de decaimiento.»

Como suele ocurrir, se ha tejido más de un misterio y más de una leyenda a partir de la supuesta personalidad cambiante de Hugo Chávez. Se ha dicho que padece depresiones inmensas, ataques de pánico. Que sufre de bajas de litio. Que está medicado y sigue un estricto control clínico. Nada de esto está confirmado. Lo único que se tiene son testimonios cercanos, la idea psicológica de que una inmensa vanidad produce también enormes fragilidades e inseguridades en la personalidad. Edmundo Chirinos, quien fue su psiquiatra, dice que Chávez «intenta que lo amen y, si no lo aman, empieza a tener reservas. Él necesita ser admirado, ésa es la parte de su narcisismo; necesita ser reconocido, tiene una necesidad de reconocimiento. En eso no es humilde, es soberbio. Él necesita ser escuchado y atendido, admirado, idolatrado incluso». Es lo mismo que recuerda Ángela Zago: «Él busca que lo quieran a juro. Él no quiere a nadie pero él quiere que todo el mundo lo quiera. Eso sí es importante para él. Y como él, a la vez, no tiene capacidad para mantener sus cariños, me imagino que es de esas personas que no ha entendido por qué la gente dejó de quererlo o no entiende cuando la gente se retira».

Son muchos los amigos y aliados que Chávez ha ido dejando en el camino. Se cuentan por decenas. Empezando por sus compañeros de armas, por los otros líderes importantes de la intentona militar de 1992. Muchas de las figuras emblemáticas que estaban junto a él en los primeros años de gobierno también se han ido separando, se han alejado, pasándose al bando de la oposición en algunos casos o simplemente desapareciendo de la escena política, en otros. Chávez no parece resentir estas separaciones. En medio de todo este proceso, suele estar presente el cariz personalista del líder. Luis Miquilena, quien aunque se distancia y confronta a Chávez no acepta ahondar en la vida privada de su ex amigo, a la hora de señalarle algún defecto personal es directo: «Él es un hombre que no se resiste a los adulantes, y ésa es una debilidad terrible. Es un hombre inmensamente vanidoso». Edmundo Chirinos, por su parte, todavía se siente cercano a Chávez. Sin embargo, también puntualiza: «Quizá mi única crítica es que su vocación de poder es tan apasionada. Con eso de sentirse vencedor, más la adulación y todo el entorno, entonces él es capaz de sacrificarlo todo por el poder, incluso su propia vida». Pero esto podría encajar perfectamente en cualquier cosmogonía revolucionaria: el héroe capaz de cualquier sacrificio a cuenta de los pobres, a cuenta de la revolución. Ése es el espacio difuso donde las nobles causas y el ejercicio del poder parecen ser la misma cosa. Francisco Arias Cárdenas piensa que ése es un elemento que motoriza toda la dinámica de Hugo Chávez. «Creo que él vive en medio de una paranoia para conservar el poder. La conservación del poder es su propio infierno y lo lleva a una lucha permanente.»

La imagen del hombre muy poderoso que termina siendo rehén de su propio poder, tarde o temprano acorrala a todo dirigente populista o a todo caudillo. Ya es parte, incluso, de la tradición literaria del continente. Casi un lugar común: la soledad del poder. «Se ha convertido en un hombre triste, en un hombre solo», confiesa Alcides Rondón. «Para Chávez debe ser muy difícil […]. Un hombre que le gusta mucho ir a los juegos de béisbol, hoy no lo puede hacer. Un hombre que le gusta el bonche [diversión] sano con sus amigos, hoy no lo puede hacer porque no tiene tiempo para eso. Definitivamente, como todo poderoso, es solitario. La corte de los reyes no siempre es la mejor compañía. Eso es un axioma del poder.»

★★★

Se trata de una soledad compensada con creces por el poder y el vértigo de la omnipotencia. Hugo Chávez no sólo siente que puede gobernar y permanecer en la cúspide hasta el año 2013, como le permitiría la Constitución que se diseñó bajo sus propias directrices en 1999. Cree que puede proyectarse aun más allá y seguir fundiendo su vida con la historia del país. En la madrugada del 16 de agosto de 2004, después de que el Consejo Nacional Electoral proclamó su triunfo en el referéndum revocatorio, Hugo Chávez apareció junto a sus tres hijos mayores en lo que llama «el balcón del pueblo» en Miraflores. En esa ocasión más de un familiar y de un miembro de su gabinente llevaban camisetas rojas con la inscripción 2021 en negro. Se trata de la fecha que suele mencionar Chávez para su «retiro». Es más que un juego de palabras, o de números. Sabe que es imposible que, de manera democrática, se mantenga en el poder hasta ese año. Pero con frecuencia, el presidente reafirma sus propósitos: «No me iré hasta el año 2021. Así que vayan acostumbrándose».[23]

Desde muy temprano, en su gobierno, Chávez comenzó a fustigar de esta manera la idea de alternancia en la sociedad venezolana. La misma noción de que «por fin la revolución se ha hecho gobierno» comenzó a introducir un nuevo sentido social, la percepción de que no se estaba ante una administración más sino ante un ejercicio distinto, con otras pretensiones. De hecho, a finales de 2004, un diputado oficialista ya asomó la posibilidad de reformar la Constitución para permitir la reelección sin límites de Hugo Chávez. Teniendo mayoría en la Asamblea y controlando todos los poderes públicos, el partido oficial podría lograr eso. Dice el historiador Elías Pino Iturrieta: «Ese 2021 es la negación de la alternabilidad republicana, la negación de la democracia, la negación de la civilidad y el irrespeto al pueblo [...] Es la negación de toda la cohabitación cívica que hemos tenido nosotros desde el año 1945, o por lo menos sin duda desde el año 1958. La alternancia y la convivencia dejan de tener la cronología que tuvieron. El reloj republicano, el almanaque, se trastoca por completo cuando se resuelve entregarle el destino de una sociedad a una sola persona hasta el año 2021».

Hay testimonios que indican que el proyecto no es una novedad, que no se trata de un cambio de mentalidad y de estrategia a partir del disfrute concupiscente del poder. Nedo Paniz asegura recordar nítidamente la frase que Hugo Chávez le dijo hace años: «Si yo llego a Miraflores, nadie nos va a quitar el poder». Su compañero de armas, Francisco Arias Cárdenas tiene una anécdota menos determinante pero que también asoma una intención: en el acto de cierre de la campaña electoral de 1998, en Caracas, en medio del fragor de una gran concentración en la Avenida Bolívar, algunas voces en la multitud corean también su nombre «¡Pancho! ¡Pancho!», gritan. Chávez lo hace subir hasta la tribuna, lo invita a ponerse a su lado. Los dos observan emocionados la muchedumbre. Recuerda Arias Cárdenas: «Yo le dije: cónchale, Hugo, tremendo compromiso. ¡Qué cambio! De estar los dos metidos debajo de un cují [árbol] en Paraguaipoa, esperando a los tenientes que no llegaban, a este gentío que a uno se le encoge el corazón, con esta gente llena de esperanza. ¡Qué responsabilidad tan grande!». Entonces, Chávez se le acercó al oído y le respondió: «Pancho, diez años yo, diez años tú, y después vemos cómo continuamos hasta consolidar todo este proceso».

Parte del hechizo que la palabra *revolución* produce en América Latina también tiene que ver con la idea de la perdurabilidad en el poder. El ejemplo de Fidel Castro está demasiado cerca. En este punto también vuelve a resurgir la combinación del populismo, o neopopulismo, con el ingrediente militar, parte de una saga fundamental dentro de la historia de Venezuela, de una mitología donde se piensa que los hombres de acción son quienes construyen la historia. «La última representación de ese mito [sostiene Pino Iturrieta] es Chávez y los cascos y las botas militares que lo rodean. Chávez es una fortaleza militar en movimiento que tiene mucha atracción para la sociedad venezolana que no es república, aquella que no depende todavía de la ciudadanía cívica sino de la llegada de un mesías. Y si ese mesías tiene un uniforme militar y un tanque de guerra, entonces esa parte de la sociedad se siente más segura.» En el fondo, parece abrirse un antiguo y complejo debate que muchos creían superado: la difícil convivencia de la cultura civil y republicana en pugna con la cultura militar y caudillista que ha escrito gran parte de la historia del país. De ese enfrentamiento, también, nace un personaje como Hugo Chávez Frías.

El escritor Ibsen Martínez ha insistido en señalar que la oposición se ha equivocado cada vez que trata de ponderar, juzgar y reaccionar frente al chavismo pretendiendo que se encuentra ante un gobierno de viejo cuño, dictatorial y fascista. Cita al estadounidense Mark Lilla: «Hay muy pocas democracias efectivas en el mundo y, junto a ellas, una variedad de regímenes mixtos, de tiranías ciertamente difíciles de entender desde el punto de mira del antitotalitarismo académico al uso, y que son, sobre todo, muy difíciles de tratar políticamente [...] Desde Zimbabwe a Libia, de Argelia a Irak, de las Repúblicas del Asia Central a Birmania, de Pakistán a Venezuela, encontramos regímenes que no son totalitarios ni democráticos, países en los que las perspectivas de construir democracias duraderas en el futuro próximo son limitadas».[24]

Hugo Chávez ha creado ese país donde todo es legal pero inadmisible. El país donde el presidente puede vociferar en una manifestación pública, en el año 2004, que la oposición jamás volverá al poder. «Ni por las malas ni por las buenas.» Pero también hay un sector de ese país que, tal vez, esperaba a alguien así desde hace tiempo. Ambos parecen dispuestos a creer que Bolívar ha resucitado, que la historia es un ejercicio de salvación, que Hugo Chávez es un enviado que viene a completar la obra que dejó inconclusa el Padre de la Patria. No es casual que el presidente elija el año 2021 para su supuesto retiro. No lo es, sobre todo, para un hombre con su afán de hacer coincidir los hechos significativos de su vida con fechas históricas. Ése es el año que marcará el bicentenario de la Batalla de Carabobo, el máximo evento dentro de la guerra de independencia contra el sometimiento español. En su propia versión de la historia venezolana, tal vez se observa a sí mismo de esa manera, dentro de una misma saga que se inicia con el Libertador y culmina dos siglos después, con él, con ese niño que —según recuerda— soñaba volar como Bolívar y no como Superman.

¿Quién es, en definitiva, Hugo Chávez? ¿Por dónde va la historia de aquel niño, criado por su abuela en una casa de palma con suelo de tierra? ¿Es un verdadero revolucionario o un neopopulista pragmático? ¿Hasta dónde llega su sensibilidad social y hasta dónde alcanza su propia vanidad? ¿Es un demócrata que intenta construir un país sin exclusiones o un caudillo autoritario que ha secuestrado el Estado y las instituciones? ¿Acaso puede ser esas dos cosas al mismo tiempo? ¿Quién es este hombre que agita un crucifijo mientras cita al Che Guevara y a Mao Tsé-tung? ¿Cuándo es él, realmente? ¿Cuál de tantos? ¿Cuál de todos los Chávez que existen es el más auténtico? No es fácil saberlo. Lo que sí parece evidente es que hay algo común a todos. Un deseo. Un ansia que lo mueve, que no lo deja dormir. Es una obsesión que, como toda obsesión, se delata sola. No se puede esconder. Sea el Chávez que sea, obsesivamente, siempre está deseando el poder. Más poder.

Epílogo

En agosto del año 2004 se decidió terminar la escritura de esta biografía. La victoria de Hugo Chávez en el referéndum revocatorio parecía una oportunidad excepcional para cerrar un libro que ya corría el riesgo de seguir acompañando un proceso que aún hoy no ha terminado. Dos años y medio después, a propósito de esta edición, parece necesario ofrecer aunque sea un mínimo registro general de lo que ha ocurrido desde aquella fecha hasta comienzos de 2007.

En este tiempo, Hugo Chávez ha consolidado su poder dentro de Venezuela y se ha construido a sí mismo como el gran enemigo de George W. Bush, desarrollando una amplia agenda internacional. También, ha ensayado una definición ideológica. Ha convocado al mundo a una guerra en contra del capitalismo y del neoliberalismo, promocionando vehementemente un nuevo «socialismo del siglo XXI». En el plano más personal, su propio futuro se extiende: promueve una reforma constitucional que permita la reelección presidencial indefinida en Venezuela y, además, anuncia que su «retiro político» ya no será en el 2021 sino en el año 2030.

Hugo Chávez es otro: cada vez está más cerca del mito. Su figura se reproduce en afiches, en fotografías que adornan las oficinas públicas, en pequeños bustos o estatuas en algunos altares populares; incluso hasta en un muñeco con baterías que destacó entre los regalos de Navidad del año 2005. Ahora, también, es un Chávez continental, con un rumbo y unas maniobras políticas que no parecen tener fronteras. En marzo de 2007, como contrapunto a una gira del presidente Bush, Chávez viajó a Buenos Aires para, entre otras actividades más ligadas a la diplomacia, encabezar un acto en contra de la visita del mandatario norteamericano. Pocos años le han bastado para aparecer como el heredero natural de Fidel Castro en la lucha contra el imperio.

Pero cuanto más presente aparece en la vida pública, más lejana y reservada parece estar su intimidad. Su vida privada es un misterio, ya casi un secreto de Estado. Se sabe que en un patio superior del Palacio de Miraflores hay un jardín donde tiene una hamaca y también un escritorio; un espacio personal donde se refugia a leer, a recibir a personas cercanas, a jugar con su nieto. Su vida sentimental siempre está al borde del rumor. Se dice que mantiene una relación con la famosa actriz de telenovelas Ruddy Rodríguez, pero ambos lo han negado. Algunos aseguran que su romance con Raquel Bernal no ha terminado. Pero todo queda en el terreno de la especulación. A su alrededor, parecen multiplicarse los anillos de seguridad.

Para los periodistas locales que no trabajan en medios de comunicación oficialistas es imposible conseguir una entrevista con el mandatario. Para la mayoría de los corresponsales extranjeros, es casi un milagro. En público, sigue siendo un hombre peculiar: carismático e impredecible. Igual insulta al presidente de México como termina una manifestación calzándose un sombrero de charro y cantando, acompañado de un mariachi, la ranchera «Sigo siendo el rey»... No obstante, algo sí parece haber variado de manera contundente. Ya está en otra liga. Tiene otros desafíos. Se reconoce en otros destinos. «Nuestra tarea [dice el 15 de agosto del año 2005] es salvar al mundo, al planeta Tierra. Nuestra tarea es mucho más grande que la asumida por Bolívar, mucho más comprometida.»[1]

★★★

El triunfo en el referéndum revocatorio fue asumido como un gran espaldarazo al proyecto bolivariano, como un punto de quiebre que abre la posibilidad de profundizar el proceso. Bajo la consigna «la revolución dentro de la revolución», los días 12 y 13 de noviembre de 2004, en un fuerte militar de Caracas, Chávez se reúne con toda la dirigencia oficialista: desde el gabinete hasta los representantes de los entes públicos, pasando por los altos mandos de las Fuerzas Armadas. Toda la élite oficial participa, organizada en mesas de trabajo a puertas cerradas, en este taller para el diseño de un «Nuevo Mapa Estratégico». Este plan, conocido coloquialmente como «Salto Adelante», se alimenta de una exigencia planteada por el mismo presidente: apurar y radicalizar el proceso que está viviendo Venezuela.

No se trata de una agenda oculta. En la página digital del Ministerio de Comunicación e Información se puede hallar abundante material sobre este taller. Se trata de una serie de propuestas que pretenden adelantar la construcción de otro modelo de sociedad, con un diferente modo de producción económica que trascienda el capitalismo y establezca otras relaciones políticas y sociales. Se apunta a un sistema regido por otra legalidad y con otra institucionalidad; que tenga mayor control sobre las comunicaciones, desarrolle un nuevo tipo de educación y de cultura, y que fomente la unión cívico-militar. «Tenemos un nuevo mapa por delante [afirma Chávez, un mes después] las acciones que articulemos podremos recogerlas en un verbo: Acelerar.»[2]

Acelerar, sí. Es una acción «ofensiva», como la califica el propio Chávez. En el marco legal, comienza a implementarse la Ley de Tierras, aprobada en el año 2001, dando paso a la expropiación de diversas haciendas. Finalmente también entran en vigencia la controversial Ley de Responsabilidad Social, que controla y regula a los medios y la polémica reforma del Código Penal,[3] que sanciona severamente la difamación. Pero tal vez la reforma de mayor trascendencia sea la operación de reingeniería política diseñada por Chávez para manejar el Tribunal Supremo de Justicia, con la ampliación de 20 a 32 magistrados, conformando así una corte complaciente.

Una de las primeras decisiones de este Tribunal es revisar la sentencia que, bajo el argumento del «vacío de poder», absolvió a los militares implicados en la fugaz salida de Hugo Chávez de la presidencia durante el golpe de Estado de abril de 2002. Con ello, se atiende un reclamo del comandante y se echa por tierra el principio jurídico universal sobre la imposibilidad de volver a juzgar la cosa juzgada.

En la misma línea de control de la institucionalidad, el gobierno logra un poder todavía más hegemónico dentro del Consejo Nacional Electoral. Chávez no sólo cuenta con una innegable popularidad y con un adversario político desarticulado y sin proyecto de país, también es cada vez más evidente su ventajismo ante las autoridades comiciales. Un par de meses después del referéndum revocatorio, el mandatario promueve abiertamente a sus candidatos para las elecciones regionales, sin el menor reparo del Consejo Nacional Electoral. El 31 de octubre de

2004, el mapa de Venezuela se teñirá de rojo. El presidente venezolano sigue ganando elecciones y arrinconando a la oposición. De 22 gobernaciones en juego, el chavismo se impone en 20. Casi la mitad de los nuevos gobernadores oficialistas, designados todos a dedo por el propio Chávez, son militares. De 335 alcaldías, el oficialismo gana 231.

Dentro de las fuerzas que sostienen al gobierno —el gubernamental MVR, Podemos, PPT y pequeñas agrupaciones de izquierda— es el jefe de Estado quien lo decide todo cuando se trata de elecciones. Los aspirantes que participarán en los comicios del 7 de agosto de 2005 para elegir concejales y miembros de juntas parroquiales deben contar con su bendición. Una vez más, el oficialismo copa la mayoría de los cargos. Sin embargo, el presidente no se muestra completamente satisfecho debido a los altos índices de abstención (69 %). Una semana después, en su programa dominical, admite las fallas en el trabajo del liderazgo político para promover la participación popular. «Está un poco descuidado», dice, «comenzando por mí». Pide entonces «calentar la calle» para aumentar la votación de cara a las elecciones parlamentarias del 4 de diciembre de 2005.

Pero corren los meses y la calle no se calienta. La renovación del Parlamento es vista con bastante apatía por los venezolanos. Como si ya no importara quiénes ocupen los asientos de la Asamblea Nacional. No hay ambiente de campaña, ni grandes ni pequeñas marchas. Entre la dirigencia opositora, que desconfía de un Consejo Nacional Electoral fiel a la revolución y que está consciente de la desmovilización de la gente que se opone al gobierno, va cobrando fuerza la idea de no participar.

Además, las proyecciones —basadas en anteriores contiendas— y los sondeos de intención de voto son para ellos desoladoras: se pronostica que no obtendrían más de 30 diputados de un total de 167.

Un hecho casi fortuito brinda sustento a la demanda de un árbitro electoral imparcial y da pie al liderazgo opositor para el abandono de la contienda. Durante una auditoría de las máquinas que se usarán en los centros de elección, realizada en presencia de observadores de la OEA, se detecta que el secreto del voto es vulnerable y que se puede establecer cómo sufragó cada elector.

Los partidos de oposición amenazan con retirarse si no se eliminan los equipos que captan las huellas digitales de los votantes. El entonces presidente del Consejo Nacional Electoral, Jorge Rodríguez, se niega.

La OEA advierte al Ejecutivo que no validará el proceso si insisten en llevarlo adelante con las máquinas cuestionadas. José Vicente Rangel, entonces al frente de la vicepresidencia, le ordena a Rodríguez que ceda y se anuncia la suspensión de las captahuellas. Aun así, en una respuesta políticamente poco comprensible, los candidatos opositores deciden abandonar las elecciones parlamentarias. La medida sorprende al país apenas una semana antes de la contienda.

La crisis política que se desata descoloca momentáneamente al gobierno. Un Hugo Chávez contrariado atribuye la maniobra política a «otro plan desestabilizador del gobierno de Estados Unidos». Rangel asegura «detrás de todo esto está la embajada americana», y concluye airado: «¡que se vayan al carajo!». Los candidatos oficialistas se quedan sin rivales. El 4 de diciembre de 2005 van solos a una aburrida elección con resultados más que previsibles: el Parlamento que legislará los próximos cinco años será chavista hasta la médula.[4]

El «triunfo» se ve empañado por un altísimo porcentaje de abstención: 74 %. El presidente atribuye la baja participación de sus propios simpatizantes a fallas internas: «falta de debate, triunfalismo, campañas electoralistas basadas en baile, bonche y templete; y el partidismo, que siempre hace daño».

Por esos días se le ve malhumorado dentro y fuera del país. Y llega a exponer en medio de una cumbre de Mercosur, realizada el 9 de diciembre en Uruguay, su desazón por los informes de los observadores de la OEA y la Unión Europea sobre las elecciones parlamentarias. Ambas delegaciones han coincidido en señalar que amplios sectores de la sociedad venezolana no tenían confianza en el proceso ni en la administración electoral, que muchos temían que se vulnerara el secreto del voto y que la información de sus preferencias políticas pudiera ser usada con el propósito de intimidar.

Chávez denuncia entonces «un sorprendente acuerdo entre ambas delegaciones, y con un sorprendente parecido a las declaraciones que desde Washington están saliendo casi todos los días sobre Venezuela [...] después yo me he puesto a investigar quiénes son los componentes de esas delegaciones, y casi todos son gente de la derecha mundial, de la extrema derecha, diría. ¡Ah! Estoy seguro de que es un expediente contra Venezuela, se nos ha sembrado una mina, se ha dejado un campo minado, sembrado, buscando la desestabilización de Venezuela. Así lo denuncio y estoy seguro de dónde viene esa conspiración una vez más […] si no todos, buena parte de estos delegados europeos y de la OEA, se prestaron a esa jugada, lamentablemente».[5]

Una semana después de los comicios, Hugo Chávez todavía truena. «Por el No (en el referéndum revocatorio presidencial de 2004) votamos casi 6 millones de personas; ahora no llegamos ni a 3 millones. ¿Dónde está esa gente? ¿Qué pasó? Pues gobernadores, alcaldes, a la gente de los partidos (oficialistas), les aviso: ¡no acepto excusas de nadie! En un año tendremos que meterle 10 millones de votos por el buche a la oposición.»[6]

★★★

La llamada «lista de Tascón» es para muchos una metáfora de lo que se ha vivido en este tiempo y, probablemente, de lo que vendrá. En el año 2003, el diputado oficialista Luis Tascón publica en su página *web* todos los nombres de los ciudadanos que —siguiendo una posibilidad establecida en la Constitución— habían activado con sus firmas el referéndum para evaluar la permanencia de Chávez en el poder. La oposición denuncia entonces la maniobra, invocando la complicidad de miembros parcializados del Consejo Nacional Electoral. Tascón y el oficialismo se defienden señalando que la oposición ha incorporado, de manera fraudulenta, firmas de simpatizantes del gobierno. Publicar la lista era, según el parlamentario, una forma de desenmascarar esa trampa. En cualquier caso, se ha vulnerado la confidencialidad del acto y se abre el camino para violar más adelante el derecho al secreto del voto.

Después del referéndum, la lista de Tascón comienza a convertirse en un instrumento político. Abundan denuncias de empleados públicos despedidos, así como de actos de discriminación en la repartición de beneficios otorgados por el Estado a través de cualquier programa de asistencia popular. El motivo siempre es el mismo: haber firmado. El político izquierdista Teodoro Petkoff, a través de las páginas de su vespertino *Tal Cual,* inicia una campaña con testimonios concretos de las víctimas de lo que considera la aplicación del «macarthismo» a la venezolana.[7] Poco después, se revela la existencia de otra lista, denominada Maisanta, que presenta información detallada de cómo votaron los venezolanos en la consulta popular.

Abundan los testimonios de gente segregada de cualquier posible relación con los beneficios del Estado: desde la obtención de empleo en la administración pública hasta la aprobación de un crédito para una vivienda popular o la posibilidad de contratar con el gobierno. La oposición habla de un *apartheid bolivariano*. Las denuncias se siguen difundiendo en la prensa y la temperatura llega a un punto en el que el presidente considera necesario intervenir. Desde su programa dominical, Chávez ordena «archivar y enterrar la lista de Tascón», señalando que la «famosa lista seguramente cumplió un papel importante en un momento determinado, pero eso pasó».[8]

Para un sector de la sociedad no resulta fácil despejar al fantasma que convoca la experiencia de un Estado capaz de cobrarle al ciudadano sus opciones políticas. Este tipo de experiencias, ligadas a los avances de control de todas las instituciones, a una beligerancia cada vez más electrizante contra Estados Unidos, a una definición ideológica —al menos nominalmente— cada vez más precisa, a un reforzamiento de la industria militar y a una pretensión de militarizar la vida civil avivan uno de los mayores temores que se asocia a Hugo Chávez: la cubanización de Venezuela.

En enero de 2005, en el Foro Social Mundial de Porto Alegre, el líder venezolano afirma durante una concentración que «el camino es el socialismo». Unos meses después, en una entrevista, confiesa: «en una época llegué a pensar en la Tercera Vía. Andaba en problemas para interpretar el mundo. Estaba confundido, hacía lecturas equivocadas, tenía unos asesores que me confundían todavía más. Llegué a proponer un foro en Venezuela sobre la Tercera Vía de Tony Blair. Hablé y escribí mucho sobre un "capitalismo humano". Hoy estoy convencido de que es imposible».[9]

La declaración, para algunos, es un simple formalismo. La confirmación de algo que se venía anunciando desde hace mucho: ¿qué podía esperarse de un líder que sostiene que Cuba es un «mar de felicidad», que se declara fidelista e invoca al Che Guevara? Para otros, en cambio, significa una definición precisa, en el plano ideológico, que hasta ese momento no tenía el proceso bolivariano. Pero cuando a Chávez se le pide darle contenido a ese «nuevo» socialismo, tampoco las respuestas lucen demasiado exactas: «En realidad se trata de eso: de la solidaridad con el hermano. Luchar contra los demonios que sembró el capitalismo: individualismo, egoísmo, odio, privilegios. Creo que por ahí habría que comenzar. Es un trabajo de todos los días, una tarea cultural y educativa de largo aliento».[10]

En principio, sólo parece una enunciación ética, una declaración de buenos principios. Pero el mismo Chávez asume que van pensando sobre la marcha, que la teoría nace de la praxis, que el socialismo del siglo XXI está por inventarse y, por lo visto, también por pronunciarse. «Yo soy socialista de la nueva era, del siglo XXI y estamos planteándole al mundo revisar la tesis del socialismo cristiano», sostiene el domingo 20 de marzo de 2005 en su programa *Aló, Presidente*. El tiempo y las palabras se nutren, dialogan. A mediados de año, en el Congreso de la Juventud en Caracas, el presidente asegura: «después del referéndum estamos en una etapa de transición apuntando al poscapitalismo, que pudiera ser llamado presocialismo».[11]

Más de un asesor pide prudencia, señalando que esa definición tal vez afecte la popularidad del presidente. La palabra socialismo puede ser una aguja incómoda para la cultura popular venezolana, para una población que, en su mayoría, es profundamente aspiracional, desea superarse y adquirir otra calidad de vida. Cada vez que el discurso de Chávez ronda el tono franciscano, apela a las bondades de la pobreza compartida y cuestiona la comodidad y el lujo, ocurre un desencuentro. Probablemente, en este punto, el petróleo ya no sea una ventaja. Los venezolanos se saben ricos, y entienden el chavismo como un sistema, más fluido y democrático, para la distribución de la renta petrolera. No parecen querer ir más allá. Cuando el comandante propone como modelo a Cuba, el desencuentro continúa.

El 21 de agosto de 2005, desde La Habana, el líder de la revolución bolivariana afirma que «Cuba no es dictadura, es democracia revolucionaria». De acuerdo con un sondeo de Hinterlaces, 91 % de los venezolanos valora la igualdad de oportunidades, pero «la gente [dice Óscar Shemel, director de la firma] está en desacuerdo con la uniformidad social. Rechaza la extrema riqueza y la extrema pobreza e identifica el sistema político ideal como una mezcla de capitalismo y socialismo: una combinación de inversión privada que genere empleo y una sociedad donde impere la justicia. De esto se deriva que también una importante parte de la población no esté de acuerdo con que en el país haya un paso de la propiedad privada a la colectiva».[12]

Después, la misma encuestadora ofrece resultados de otro sondeo que investiga la preferencia entre dos destinos supuestamente opuestos: la democracia o el «socialismo del siglo XXI». Aunque hay quien critica el sesgo de una falsa dicotomía, igual los resultados son un indicador: el 79 % de la población piensa que sólo en democracia se pueden resolver los problemas del país.

Sin duda que entre la abundante renta petrolera, con la que el pueblo venezolano tiene una relación no resuelta desde hace muchos años, y el tono religioso que a veces empapa el discurso de Hugo Chávez, hay más de una fragilidad, un traspiés: aquel que triunfa porque ofrece redistribuir la enorme riqueza que les pertenece a todos, es el mismo que ahora propone que quien tenga algún excedente producto de su trabajo lo regale a los demás, lo done a la beneficencia. Éste es el mensaje de Chávez al país: «ser rico es malo».

***

Ya no parece estar demasiado claro cuántos venezolanos viven en situación de pobreza. El tema también ha entrado en la polémica. Al cierre de 2004, existe en el país 53.1 % de hogares en situación de pobreza, según datos oficiales del Instituto Nacional de Estadísticas. Ello implica que la pobreza ha crecido durante los primeros seis años del actual gobierno 10.72 % pese al notable incremento de la renta petrolera.[13]

Poco después de divulgada la medición, Hugo Chávez cuestiona al Instituto Nacional de Estadística: «no tengo dudas de que los instrumentos que están usando para medir la realidad no son los adecuados, están midiendo nuestra realidad como si éste fuese un país neoliberal, un país capitalista, donde no estuviese ocurriendo una revolución».[14]

Ciertamente, a finales de la década de los ochenta, muchos gobiernos plantearon que el indicador de ingreso, como medición de la pobreza, era limitado. La ONU entonces desarrolló otra medición que derivó en el indicador de Necesidades Básicas Insatisfechas (NBI) o en el Índice de Desarrollo Humano (IDH). Amparado en estos instrumentos, el Instituto de Estadística decide —después de que Chávez expresara su malestar— desarrollar nuevos parámetros que incorporan el acceso a las Misiones y a otros programas sociales del Estado, así como también la evaluación del «grado de satisfacción» de las personas. Con el cambio de medición sugerido por el mandatario, en junio de 2005 las cifras oficiales arrojan que la pobreza en Venezuela habría descendido sorprendentemente 8.5 % en sólo seis meses.

En otros terrenos, el presidente venezolano tiene logros menos cuestionados y reconocidos sin reservas por la oposición moderada, como la Misión Barrio Adentro, de atención médica primaria, y la campaña de alfabetización que lo lleva —con el aval de la UNESCO— a declarar a Venezuela «territorio libre de analfabetismo» en octubre de 2005.[15]

★★★

A pesar de que las críticas internas no cesan, ya nadie lo duda: al culminar 2006, Hugo Chávez es considerado el líder más influyente de América Latina. Convertido en hombre noticia y rostro de portada, parece mentira que hace apenas diez años fuera tan sólo un flaco ex golpista, perdedor y desempleado, al que la prensa venezolana prestaba tan poca atención. A ocho años de haber conquistado el poder, aquel niño que jugaba béisbol en Barinas es finalmente lo que siempre quiso ser: una celebridad internacional.

Cuando Fidel Castro enfermó a mediados de 2006 y anunció su retiro momentáneo del poder hubo quienes comenzaron a especular sobre el rol que el líder venezolano podría jugar en Cuba. Muchos de sus seguidores han llegado a sostener incluso que Chávez será el sucesor político del revolucionario cubano en América Latina.

Un par de semanas después, el 13 de agosto de 2006, los rumores de la muerte de Castro se despejaron con un viaje del presidente venezolano a La Habana. «Ésta es la mejor de todas las visitas que he hecho en mi vida, ni siquiera cuando visitaba a mi primera novia», bromeó Chávez, luego de sostener una plática con Castro el día de su 80 cumpleaños, que fue transmitida en parte por Cubavisión.

Chávez se muestra orgulloso de su amistad con el político más famoso del siglo XX latinoamericano y suele dar partes optimistas sobre su salud. Aunque los observadores estiman que nunca será igual la empatía con Raúl Castro, descartan que la muerte de Fidel pueda llegar a alterar las estrechas relaciones entre Venezuela y La Habana.

Controversial y magnético para la prensa, Chávez ya se ha asegurado —más allá del aura de Fidel Castro— su propia proyección en el continente. Tras una sostenida campaña de promoción —en la que el gobierno venezolano ha invertido millones de dólares en comunicaciones y miles de millas en viajes alrededor del mundo— el presidente venezolano tiene una tribuna garantizada donde quiera que vaya y simpatizantes prestos a aplaudirlo y dejarse cautivar por su carisma. Polémico y solidario con las causas de los más pobres, ya sean bolivianos del Potosí o gringos del Bronx, hace mucho que Hugo Chávez dejó de ser visto como una curiosidad tropical.

El mandatario sabe explotar como nadie el desencanto de quienes se sienten, de una u otra manera, excluidos y se nutre constantemente de la controversia. Buena parte de su fama y del espacio que le dedica la prensa extranjera se debe a su postura antiimperialista y a su feroz antagonismo con quien se supone el hombre más poderoso del planeta. Chávez jamás sale de viaje sin llevar en mente alguna frase explosiva contra el presidente George W. Bush, a quien últimamente le ha dado por llamar Mister Danger (Señor Peligro).[16]

Al venezolano le gusta medirse constantemente con el texano, a quien cada vez que tiene oportunidad califica de asesino y genocida. Bush es para Chávez una herramienta y una obsesión. El comandante acusa a la oposición de seguir dócilmente los libretos de la CIA y ha llegado al extremo de atribuir los desastres naturales y el cambio climático al mandatario estadounidense por no haber firmado el protocolo de Kyoto.

Pero no todo es retórica. A mediados de 2005, el gobierno decide aumentar las regalías que pagan las transnacionales petroleras que operan en Venezuela, de 1 % a 16 % (el incremento llegó a 30 % en 2006). Los analistas locales consideran justa la medida ya que cuando se fijó la regalía en 1 % el precio del crudo era de doce dólares por barril, mientras que para enero de 2006, ronda los sesenta dólares. Con las enormes ganancias que genera el negocio petrolero, las compañías afectadas no han puesto ningún reparo.

Chávez ha cuestionado a la administración norteamericana desde el mismo corazón del imperio. En septiembre de 2005, aprovechando su visita a Nueva York para participar en la Asamblea de las Naciones Unidas, el venezolano —acompañado del reverendo Jesse Jackson y del diputado demócrata José Serrano— se reúne con vecinos del Bronx y les anuncia que invertirá parte de las ganancias petroleras de Venezuela en programas de salud y ambientales.[17]

El presidente hace su recorrido por el barrio neoyorkino al ritmo de la música latina de una banda local. Va repartiendo abrazos. Evoca al

Che Guevara —«el presente es de lucha, el futuro nos pertenece»— y se detiene un momento para bailar y tocar las congas. Ha de sentirse pleno y magnánimo. «Vamos a salvar al mundo, no para nosotros que tenemos 51 años, sino para ti», le asegura el venezolano a una joven humilde, que —dice— le recuerda a sus hijas.

Poco después, el mandatario inicia a través de la empresa Citgo,[18] propiedad de Venezuela, un programa humanitario para proveer 25 millones de galones de combustible para calefacción a los pobres del noreste de Estados Unidos. La medida apunta a beneficiar a unas 100 mil familias y —en opinión de algunos analistas— también va dirigida a abochornar a Bush en su propio patio. La idea partió de un grupo de senadores demócratas que enviaron cartas a las principales distribuidoras de combustible solicitándoles que vendieran *fuel oil* de calefacción con descuento a las comunidades más necesitadas. Citgo fue la única que acogió la iniciativa.

En 2005 la Casa Blanca —a menudo desconcertada sobre cómo manejar el fenómeno Chávez— decide tomar algunas acciones: el presidente Bush declara al mandatario «una amenaza para la estabilidad de la región», «descertifica» a Venezuela en la lucha contra el narcotráfico,[19] y bloquea la venta de aviones brasileños y españoles —que requieren de componentes estadounidenses para su fabricación— a la Fuerza Armada venezolana. Aunque los picos de tensión entre ambas naciones son frecuentes, los gobernantes se han cuidado de no llegar a una ruptura. Cuando la cuerda parece a punto de reventar ambas partes aflojan. Dos episodios sucedidos en 2005 lo ilustran: Chávez amenazó con romper las relaciones si las autoridades judiciales estadounidenses no aprobaban la extradición del anticastrista Luis Posada Carriles, pero la solicitud venezolana fue rechazada sin que nada sucediera. A mediados de año, el presidente venezolano ordenó suspender el convenio con la DEA tras señalar que algunos de sus agentes estaban implicados en «infiltraciones de inteligencia que amenazan la seguridad y defensa del país», pero ya en enero de 2006 han hecho las paces y llegan a un nuevo acuerdo bilateral.

Un mes después las relaciones se crisparon cuando el gobierno venezolano expulsó al agregado naval de la embajada estadounidense en Caracas, John Correa, tras acusarlo de espionaje. En respuesta, Estados Unidos le pidió a la secretaria general de la embajada venezolana en

Washington, Jenny Figueredo, que abandonara el país. Pero tal vez la actuación antiimperialista más recordada de Chávez no sea ésa sino la que tuvo lugar en la tribuna de la Asamblea General de las Naciones Unidas en septiembre de 2006. «Ayer el diablo vino aquí. En este lugar huele a azufre», aseguró entonces el presidente venezolano refiriéndose a la presencia de Bush, a quien luego en Harlem calificaría de «alcohólico» y «acomplejado».

El estruendo de sus palabras causó gran malestar en Estados Unidos pero no perturbó los negocios. De acuerdo con un estimado divulgado un mes después por la embajada estadounidense en Caracas, la balanza comercial entre Venezuela y Estados Unidos llegará en 2006 a más de 50 mil millones de dólares, lo que representa un crecimiento de 25 % con respecto al año anterior y la mayor cifra en los últimos años.

El gran volumen de negociaciones se centra en las exportaciones de petróleo y derivados al mercado estadounidense. «Por supuesto que las palabras tienen consecuencia y no se puede ignorar la retórica o las palabras, pero aceptamos que tenemos diferencias ideológicas o filosóficas. Esas diferencias no van a desaparecer, pero tenemos muchas coincidencias y una de ellas es la económica»,[20] dijo entonces el embajador William Brownfield. A comienzos del año siguiente, Chávez vuelve a reiterar la antigua amenaza de dejar de venderle petróleo a Estados Unidos y, en un programa con la periodista Barbara Walters, grabado en marzo de 2007, señala que si algo llegara a ocurrirle —refiriéndose evidentemente a un atentado—, «el presidente de Estados Unidos debería ser considerado responsable».

La dinámica de las relaciones entre Chávez y Bush irradia al resto del continente. El líder venezolano ha tenido fuertes roces con aquellos gobernantes a quienes considera aliados de Washington (los mexicanos Vicente Fox y Felipe Calderón, los peruanos Alejandro Toledo y Alan García, el colombiano Álvaro Uribe, el costarricense Óscar Arias) y cultiva alianzas con los gobiernos de izquierda, que proliferan en América Latina, llegando a ser visto como una suerte de tutor del boliviano Evo Morales y el ecuatoriano Rafael Correa. Aunque pudo haber resultado algo incómodo para algunos mandatarios al principio, Chávez ha ido conquistando cada vez más terreno y hoy pocos se resisten a las generosas ofertas de su «petrodiplomacia».

★★★

La efervescencia que caracterizó los primeros años de la administración Chávez ha cedido un poco. La temperatura cotidiana del país es, durante 2006, menos áspera. Hay quien piensa que, además de que el gobierno ha copado todos los espacios, nuevamente la bonanza petrolera ha tocado todas las esquinas. Los restaurantes y los centros comerciales de Caracas están llenos, Venezuela ha vuelto a ser uno de los primeros países importadores de whisky escocés del mundo, las ventas de automóviles de lujo se han disparado en el último año. Hay ambiente de plata dulce, resucita un poco el espíritu de aquella «Venezuela Saudita» que gobernó Carlos Andrés Pérez en la década de los setenta.

La danza de dinero también sigue el dictado de la revolución, se mantiene bajo el discurso de la confrontación. El gobierno ha comprado 100 mil fusiles a Rusia para la defensa contra una invasión de Estados Unidos, que considera probable. En 2005, se gastan más de 2 mil millones de dólares en la adquisición de equipos militares. Chávez se ha designado jefe militar directo de una reserva, que aspira a contar con 2 millones de hombres, y manifiesta sus deseos de convertir las organizaciones sociales que están en sintonía con la revolución en Unidades de Defensa. La idea de que el país sigue el guión de la experiencia cubana se refuerza en algunos, aunque las voces oficiales se empeñen en desmentirlos y más de un analista establezca las notables diferencias históricas y geopolíticas de los dos procesos.

El presidente venezolano ha resuelto extender la fecha en que le gustaría retirarse. A mediados de agosto de 2005, en medio de un acto oficial en el Panteón Nacional, hace un anuncio que deleita a sus seguidores y crispa a quienes consideran saludable la alternancia en el poder: «Sí, yo había dicho que me retiraba el 2021. ¡Pero no!, he corregido la fecha, hay que seguir hasta el 2030».[21]

Para eso cuenta con que el nuevo Parlamento, integrado en su totalidad por diputados fieles al «proceso», reforme la Constitución que el propio chavismo diseñó en 1999, y permita la reelección inmediata sin ningún límite de periodos. Para que no queden dudas, el presidente del Legislativo, Nicolás Maduro, un ex trabajador del Metro de Caracas que luego será designado canciller, afirma: «el aporte de esta nueva Asamblea será que se consolide la revolución, legislar para que Chávez mande no hasta 2021 sino hasta 2030». Lo dice el 6 de diciembre del año 2005. La revolución necesita todavía un cuarto de siglo para cumplir sus sueños. Ése parece ser, por ahora, su nuevo destino.

Un año después el sueño chavista brilla, intacto, la noche lluviosa del 3 de diciembre de 2006. «La victoria bolivariana es inobjetable, incuestionable y contundente», asegura el presidente venezolano, desde el Palacio de Miraflores, minutos después de ser reelegido con 62.84 % de los votos. La oposición, que había planteado una propuesta de centro izquierda, no tarda en admitir su derrota en un gesto significativo que confirma la validez de las elecciones. «Reconocemos que hoy nos vencieron», señala el candidato opositor Manuel Rosales, quien obtuvo 36.90 % de los sufragios.

Rodeado de sus hijos y sus colaboradores más cercanos, Hugo Chávez anuncia la llegada de «una nueva era», que «tendrá como línea estratégica fundamental la profundización, ampliación y expansión de la revolución bolivariana [...] más de 60 por ciento de los venezolanos votó no por Chávez sino por un proyecto que tiene nombre: el socialismo bolivariano». En medio de los vítores de miles de seguidores empapados por la lluvia, el presidente pide: «¡Que nadie le tenga miedo al socialismo!».

Hay quien sostiene que, durante todo 2006, el debate interno en el chavismo se centraba en un dilema: acelerar o consolidar el llamado «proceso revolucionario». Existen múltiples especulaciones sobre las posibles razones que habrían llevado a Chávez, durante el mes de diciembre de 2006, a plantearse una síntesis personal de ese debate: consolidar acelerando. Más de un oficialista resultó sorprendido, a principios del año 2007, con los anuncios realizados por el presidente venezolano. Pidió al Parlamento poderes especiales para legislar en los próximos dieciocho meses sobre áreas fundamentales como la energía, la economía, la administración pública, la seguridad ciudadana e incluso la organización territorial del país. La Asamblea, por unanimidad, aprobó estos poderes, señalando además que se trataba de un paso fundamental para la construcción del «socialismo del siglo XXI».

En la misma línea, también a principios de 2007, Chávez anunció la nacionalización de todas las empresas que habían sido privatizadas en el pasado, comenzando por la Electricidad de Caracas y por la CANTV, la primera empresa de telefonía del país. Esto se plantea como el prólogo de una gran reforma general de la Constitución de 1999, que llevaría al país al socialismo. Se habla de eliminar los monopolios, de rescatar la «función social» de la propiedad privada y de crear un «hombre nuevo», más dispuesto a la solidaridad que a la ganancia personal. Todo tiene un inevitable sabor a cierto tipo de izquierda que, al parecer, ya había sido superada por la propia historia. En cuanto al manejo político, el guión también parece ser el mismo: Hugo Chávez le pide a todos sus colaboradores y seguidores renunciar a sus militancias personales para adherirse a una nueva estructura, para inscribirse en lo que deberá ser un Partido Único.

El presidente venezolano invoca el socialismo como patrimonio moral, como referencia religiosa. Culpa al capitalismo de todos los males existentes, incluso del manido «machismo» latinoamericano. Ahora la condición que define al proceso bolivariano es la búsqueda de un nuevo paraíso socialista. Sin embargo, todavía el término es ambiguo y nadie en Venezuela parece tener claro de qué tipo de socialismo se trata. De acuerdo con una entrevista divulgada la última semana de diciembre de 2006 por la firma Datanálisis, 51.6 % de los consultados prefiere el socialismo pero tiene en mente un modelo moderado y 80 % rechaza el ejemplo cubano. El gobierno confía en que este nuevo modelo se defina en el transcurso del año 2007, con la idea de convocar a un nuevo referéndum a finales de año para que, entonces, el país entero apruebe o desapruebe la propuesta del socialismo a la bolivariana.

Por lo pronto, a comienzos de este mismo año, Chávez menciona los «cinco motores» que deben impulsar el nuevo proceso: los poderes especiales para el presidente; la reforma constitucional, la creación y activación de Consejos Comunales, capaces de crear un Estado desde las bases; la puesta en marcha de un nuevo proyecto educativo que promueva los valores socialistas; y el diseño de un nuevo ordenamiento territorial, más acorde con el espíritu del socialismo. Sobre esos cinco ejes debe levantarse un nuevo país. El proyecto, no podía ser de otra manera, se llama Simón Bolívar.

Esta ruta, sin embargo, no luce demasiado expedita. Incluso dentro del mismo chavismo, comienzan a aparecer disidencias. Tampoco la cultura cotidiana de los venezolanos, regada con petróleo y llena de ambiciones, parece ser el mejor abono para un proyecto de urdimbre cubana. Mientras tanto, Hugo Chávez mantiene el rumbo de su revolución en puntos suspensivos. Lo único cierto para los venezolanos es que el país seguirá palpitando al ritmo de su voz. En realidad nadie sabe hasta cuándo. Por lo pronto, la mayoría ha decidido que siga en el poder hasta 2013. De acuerdo con las reglas de la Constitución de 1999, éste sería su segundo y último mandato. Pero ése es uno de los primeros cambios que está previsto en la nueva reforma constitucional: la posibilidad de la reelección indefinida es ya una certeza, la certeza más clara, quizá que tiene el socialismo del siglo XXI: mantenerse en el poder.

Apéndice I: *Índices sociales*

	1999	2000	2001	2002	2003	2004	2005
Pobreza (% hogares)							
Cifras oficiales (INE)	42.38	40.98	39.25	45.02	54	53.1	37.9
Cifras no oficiales (UCAB)[1]	49.9	49.5	48.2	41.5	60.2	59.6	57.9
Población (mm habitantes)	23.867	24.310	24.765	25.219	25.673	26.286	27 030 656★
Desempleo (%)	14.9	13.9	13.25	15.85	18.05	13.9	11.4
Esperanza de vida (años)	72.94	73.34	73.53	73.72	72.98	73.18	73.18
Tasa de mortalidad infantil	18.52	18.18	17.84	17.5	17.16	17.1	15.85
Tasa de alfabetismo	90.9	90	93.6	93.6	93.6	95	95
Índice de Desarrollo Humano (PNUD)	0.74	0.75	0.77	0.69	0.76	0.79	0.72
Ranking **de corrupción** (TI)	78/99	72/90	70/91	86/102	104/133	120/146	138/159

Fuentes: Instituto Nacional de Estadística (Venezuela); Banco Central de Venezuela; Universidad Católica "Andrés Bello"; Programa de Naciones Unidas para el Desarrollo; Transparencia Internacional. Abreviaciones: m: miles; mm: millones.

[1] Proyecto Pobreza–Universidad Católica "Andrés Bello".

★ Estimado.

Apéndice 2. Índices económicos

	1999	2000	2001	2002	2003	2004	2005
Deuda externa (mm $)	22 701	21 986	22 986	22 594	22 530	24 834	31 063
Deuda interna (mm $)	5 469	10 001	13 808	11 245	14 571	13 568	15 545
Reservas internacionales (mm $)	15 164	15 883	12 296	12 003	21 366	21 100	30 368
Producto Interno Bruto (variación anual en %)	− 6	3.7	3.4	− 8.9	− 7.6	17.3	9.3
Ingreso *per capita* (m $)	3 282	3 477	3 734	2 335	3 338	4 020	4 810
Tasa de cambio (Bs per $)	648.25	699.75	763	1 401.25	1 600	1 920	2 150
Inflación (%)	20	13.4	12.3	31.2	27.1	23	14.4

Fuentes: Instituto Nacional de Estadística (Venezuela); Banco Central de Venezuela; Banco Mundial.

Abreviaciones: m: miles; mm: millones.

Bibliografía

Arvelo Ramos, A., *El dilema del chavismo, una incógnita en el poder,* José Agustín Catalá Editor, Caracas, 1998.

Avendaño, J., *El militarismo en Venezuela,* Ediciones Centauro, Caracas, 1982.

Beroes, A., *La corrupción en tiempos de Chávez,* edición electrónica, http://es.geocities.com/malversacion/index.htm

Blanco Muñoz, A., *Habla el comandante,* 2a. ed., Fundación Cátedra Pío Tamayo, Universidad Central de Venezuela, Caracas, 1998.

————, *Habla Jesús Urdaneta Hernández, el comandante irreductible,* Fundación Cátedra Pío Tamayo, Universidad Central de Venezuela, Caracas, 2003.

————, *Habla Herma Marksman, Chávez me utilizó,* Fundación Cátedra Pío Tamayo, Universidad Central de Venezuela, Caracas, 2004.

Boersner, D., *Relaciones internacionales de América Latina,* Editorial Nueva Sociedad, Caracas, 2004.

Bolívar, A. y C. Kohn (comps.), *El discurso político venezolano,* Comisión de Estudios de Postgrado y Fondo Editorial Tropikos, Universidad Central de Venezuela, Caracas, 1999.

Bolívar, S., *Para nosotros la patria es América,* Fundación Biblioteca Ayacucho, Caracas, 1991.

Britto García, L., *La máscara del poder, I. Del gendarme necesario al demócrata necesario,* Alfadil Ediciones, Caracas, 1988.

Caballero, M., *La gestación de Hugo Chávez,* Los libros de la catarata, Madrid, 2000.

————, *Revolución, reacción y falsificación,* Alfadil Ediciones, Caracas, 2002.

Cabrujas, J. I. *et al.*, «Heterodoxia y Estado, 5 respuestas», en *Estado y Reforma, Revista de Ideas,* ed. de la Comisión Presidencial para la Reforma del Estado, COPRE, Caracas, 1987.

Carmona, P., *Mi testimonio ante la historia,* Editorial Actum, Caracas, 2004.

Carrera Damas, G., *El culto a Bolívar,* 5a. ed., Alfadil Ediciones, Caracas, 2003.

Castro Leiva, L., *De la patria boba a la teología bolivariana,* Monte Ávila Editores, Caracas, 1987.

Chávez Frías, H., *Un brazalete tricolor,* Vadell Hermanos Editores, Valencia, 1992.

Daniels, E., *Militares y democracia,* José Agustín Catalá Editor, Caracas, 1992.

De la Nuez, S., *Marisabel, la historia te absolverá,* Editorial Exceso, Caracas, 2002.

Díaz Rangel, E. *et al., Chávez y los medios de comunicación social,* Alfadil Ediciones, Caracas, 2002.

Durán, A., *Venezuela en llamas,* Grupo Editorial Random House Mondadori, Caracas, 2004.

Francia, N., *Hablan las víctimas,* ed. del autor, Caracas, 2002.

———, *Qué piensa Chávez, aproximación a su discurso político,* Ediciones del autor, Caracas, 2003.

Garrido, A., *Guerrilla y conspiración militar en Venezuela,* Fondo Editorial Nacional José Agustín Catalá, Caracas, 1999.

——— *Mi amigo Chávez. Conversaciones con Norberto Ceresole,* ed. del autor, Caracas, 2001.

——— *El otro Chávez. Testimonio de Herma Marksman,* ed. del autor, Mérida, 2002.

——— *Testimonios de la Revolución Bolivariana,* ed. del autor, Mérida, 2002.

Gott, R., *In the Shadow of the Liberator,* Verso, Londres, 2000.

Harnecker, M., *Un hombre, un pueblo,* s. ed., Caracas, 2002.

———, *Venezuela, militares junto al pueblo,* El Viejo Topo, Madrid, 2003.

Hernández, C.R., *Agonía de la democracia. A dónde va Venezuela con la «revolución bolivariana»,* Editorial Panapo, Caracas, 2001.

Irwin, D. *et al., Militares y sociedad en Venezuela,* Universidad Católica «Andrés Bello», Caracas, 2003.

Izarra, W., *En busca de la revolución,* ed. del autor, Caracas, 2001.

Jiménez, I., *Los golpes de Estado desde Castro hasta Caldera,* Centralca, Caracas, 1996.

La Fuente, S. y A. Meza, *El acertijo de abril,* Grupo Editorial Random House Mondadori, Caracas, 2004.

López Martínez, R., *Un seguimiento a los viajes internacionales de Hugo Chávez Frías,* ed. del autor, Caracas, 2000.

López Maya, M. (coord.), *Protesta y cultura en Venezuela: los marcos de la acción colectiva en 1999,* FLACSO, Buenos Aires, 2002.

Márquez, P. y R. Piñango (eds.), *En esta Venezuela,* Ediciones IESA, Caracas, 2003.

Masó, F., *Los amantes del tango,* Grupo Editorial Random House Mondadori, Caracas, 2004.

Mazzei, P., *Sabaneta de Barinas,* Nemesio Martínez, Caracas, 1992.

Medina, P., *Rebeliones,* ed. del autor, Caracas, 1999.

Müller Rojas, A., *Época de revolución en Venezuela,* Solar ediciones, Caracas, 2001.

Petkoff, T., *La Venezuela de Chávez, una segunda opinión. Un libro hablado con Ibsen Martínez y Elías Pino Iturrieta,* Grijalbo-Mondadori, Caracas, 2000.

Pineda Castellanos, L., *El diablo paga con traición a quien le sirve con lealtad, anécdotas de mi vida como amigo de Hugo Chávez Frías,* Producciones Farol, C. A., Mérida, 2003.

Pino Iturrieta, E., *El divino Bolívar, ensayo sobre una religión republicana,* Los libros de la catarata, Madrid, 2003.

Ramírez Rojas, K., *Historia documental del 4 de febrero,* s. ed., Caracas, 1998.

Ramos Jiménez, A. *et al., La transición venezolana,* Centro de Investigación de Política Comparada, Universidad de Los Andes, Mérida, 2002.

Rangel, D. A., *¿Quién paga los muertos del 11 de abril?,* Mérida editores, Mérida, 2002.

Romero, A. *et al., Chávez, la sociedad civil y el estamento militar,* Alfadil Ediciones, Caracas, 2002.

Romero, A., *Decadencia y crisis de la democracia. ¿A dónde va la democracia venezolana?,* Panapo, Caracas, 1999.

s. a., *Golpes militares en Venezuela 1945-1992,* Agustín Catalá Editor, Caracas, 1998.

Tapia, J. L., *Maisanta, el último hombre a caballo,* 6a. ed., José Agustín Catalá Editor, Caracas, 2000.

Ugalde, L. *et al., Detrás de la pobreza,* Asociación Civil para la Promoción de Estudios Sociales, Universidad Católica «Andrés Bello», Caracas, 2004.

Uslar Pietri, A., *Golpe y Estado en Venezuela,* Grupo editorial Norma, Bogotá, 1992.

Wilpert, G., *Coup against Chavez in Venezuela,* Fundación por un mundo multipolar y Fundación Venezolana para la Justicia Global, Caracas, 2003.

Zago, A., *La rebelión de los ángeles,* Warp Ediciones S. A., Caracas, 1998.

Zapata, J., *Plomo más plomo es guerra,* Proceso a Chávez, Alfadil Ediciones, Caracas, 2000.

DIARIOS

El Globo (Venezuela)

El Nacional (Venezuela)

El Universal (Venezuela)

Últimas Noticias (Venezuela)

Notitarde (Venezuela)

La Razón (Venezuela)

La Prensa (Barinas, Venezuela)

La Jornada (México)

El Universal (México)

La Tercera (Chile)

La Nación (Argentina)

Clarín (Argentina)

El Tiempo (Colombia)

El Espectador (Colombia)

Gramma (Cuba)

The New York Times (EE. UU.)

The Washington Post (EE. UU.)

The Miami Herald (EE. UU.)

Liberazione (Italia)

REVISTAS

Semanario *Quinto Día* (Venezuela)
Revista *Primicia* (Venezuela)
Discurso y Sociedad (Venezuela)
Revista *Comunicación* (Venezuela)
Exceso (Venezuela)
Estampas (Venezuela)
Foreign Affaire (EE. UU.)
The New Yorker (EE. UU.)
Gatopardo (Colombia)
Semana (Colombia)
Cambio (México)
Qué pasa (Chile)
Caretas (Perú)

REFERENCIAS ELECTRÓNICAS

Consejo Nacional Electoral de Venezuela, http://www.cne.gov.ve
Venezuela Analítica, www.analitica.com
Ministerio de Comunicación e Información, www.minci.gov.ve
Venpres, www.venpres.gov.ve
Rebelión, www.rebelion.org
Banco Central de Venezuela, www.bcv.org.ve
Programa Educación-Acción en Derechos Humanos, Provea, www.derechos.org.ve
Diccionario de Historia de Venezuela de la Fundación Polar, www.fpolar.org.ve
Instituto Nacional de Estadística, www.ine.gov.ve
Agencia de Información de Energía del Departamento de Energía de Estados Unidos, www.eia.doe.gov
CNN, www.cnnenespanol.com
Latin Reporters, www.latinreporters.com

Índice onomástico

Notas

PRÓLOGO

[1] Comandante histórico del golpe del 4F. Después rompió con Chávez.

[2] Comandante histórico del 4F. Rompió con Chávez, lo enfrentó electoralmente en 2000 y ahora se reconcilia con él.

[3] Comandante histórico del 4F. Hoy comandante del Ejército.

[4] Guarnición militar de Caracas. La más importante del país, sede del Ministerio de la Defensa.

[5] Jefe del Comando Unificado de la FAN (Cufan), para la época y hasta ese día leal a Chávez.

PARTE UNO

1. LLEGÓ LA REVOLUCIÓN

[1] Chávez, H., Diario personal. (Inédito.)

[2] Giardinelli, M., «Yo garantizo hasta el abuso en la libertad de expresión», en *El Nacional*, 10 de octubre de 1999.

[3] Chávez, H., *op cit*.

[4] Lacurcia, L., «Entrevista con la madre del presidente», Revista *Primicia*, 18 de mayo de 1999.

[5] Elizalde, R. y L. Báez, «Chávez nuestro». Entrevista a Hugo Chávez editada en un folleto por el gobierno venezolano, 2004.

[6] Frontline/World. Venezuela–*A Nation On Edge*. (http://www.pbs.org/frontlineworld/stories/venezuela/chirinos.html)

[7] Tras el derrocamiento de la dictadura del general Marcos Pérez Jiménez se sucedieron en el gobierno venezolano los presidentes Rómulo Betancourt (AD, 1959-1964); Raúl Leoni (AD, 1964-1969); Rafael Caldera (Copei, 1969-1974); Carlos Andrés Pérez (AD, 1974-1979); Luis Herrera Campins (Copei, 1979-1984); Jaime Lusinchi (AD, 1984-1989); Carlos Andrés Pérez (AD, 1989-1993); Ramón J. Velásquez (independiente, transición, 1993-1994); Rafael Caldera (movimiento Convergencia, 1994-1999).

[8] «Editorial», en *El Nacional*, Caracas, 7 de diciembre de 1998.

[9] Ugalde, L. *et al.*, *Detrás de la Pobreza,* Asociación Civil para la Promoción de Estudios Sociales y la Universidad Católica Andrés «Bello», Caracas, 2004.

[10] «La boina imagen de Chávez», en *Revista Producto,* núm. 184, Caracas, febrero de 1999.

[11] *El Nacional*, 8 de junio de 1998.

[12] Petkoff renunció a toda militancia en el MAS cuando el partido decidió plegarse a la candidatura de Hugo Chávez.

[13] *El Nacional*, 24 de julio de 1998.

[14] Izarra, W., *En busca de la revolución*, ed. del autor, Caracas, 2001, p. 134.

2. ¿COMUNISTA YO?

[1] Blanco Muñoz, A., *Habla el comandante*, 2a. ed., Fundación Cátedra Pío Tamayo, Universidad Central de Venezuela, 1998, p. 392.

[2] Ibídem, p. 83.

[3] Un clásico de la literatura infantil iberoamericana escrito por el poeta y Premio Nobel de Literatura 1956 Juan Ramón Jiménez (1881-1958).

[4] Elizalde, R. y L. Báez, *op. cit.*

[5] Libro de la periodista chilena Marta Harnecker.

[6] Harnecker, M., *Un hombre, un pueblo,* s. ed., Caracas, 2002, p. 24.

[7] Elizalde, R. y L. Báez, *op. cit.*

[8] Documental transmitido por Venezolana de Televisión, 13 de agosto de 2004.

[9] Blanco Muñoz, A., *op. cit.*, p. 562.

[10] Harnecker, M., *op. cit.*, pp. 15-16.

[11] Instituto de Investigaciones Económicas y Sociales de la Universidad de Los Andes.

[12] Blanco Muñoz, A., *op. cit.,* p. 40.

3. MI PRIMER CONFLICTO EXISTENCIAL

[1] Elizalde, R. y L. Báez, *op. cit.*

[2] Ibídem.

[3] Documental de Venezolana de Televisión, transmitido el 13 de agosto de 2004.

[4] Cartas inéditas.

[5] Documental de Venezolana de Televisión, transmitido el 13 de agosto de 2004.

[6] Elizalde, R. y L. Báez, *op. cit.*

[7] Véase Blanco Muñoz, A. y M. Harnecker, *op. cit.*

[8] Aunque abandona el poder en 1978, Torrijos controla los resortes políticos en Panamá hasta su muerte en un accidente aéreo en 1981.

[9] Blanco Muñoz, A., *op. cit.*, p. 44.

[10] Harnecker, M., *op. cit.*, p. 20.

[11] Ibídem, p. 21.

[12] Piñango, R., «Muerte de la armonía», en *En esta Venezuela, realidades y nuevos caminos*, Ediciones IESA, 2003, p. 17.

[13] Se trata de un breve diario inédito, que va desde el 21 de octubre hasta el 18 de noviembre de 1977.

[14] Blanco Muñoz, A., *op. cit.*, p. 55.

[15] Ibídem, p. 56.

[16] García Márquez, G., «El enigma de los dos Chávez», en revista *Cambio*, Colombia, febrero de 1999, http://www.redvoltaire.net/article84.html

[17] Blanco Muñoz, A., *op. cit.*, p. 57.

[18] Ibídem, p. 57.

[19] Harnecker, M., *op. cit.*, p. 24.

4. El hombre que conspiraba

[1] El MAS o Movimiento al Socialismo fue fundado en 1971 por disidentes del PCV, entre ellos Teodoro Petkoff. Respaldado por intelectuales y profesionales progresistas, además de universitarios, llega a convertirse en la tercera opción electoral del país, en 1983 y 1988, aunque con porcentajes inferiores a 10 % de la votación.

[2] Garrido, A., *Guerrilla y conspiración militar en Venezuela*, Fondo Editorial Nacional, Caracas, 1999, p. 53.

[3] Izarra, W., *op. cit.*, p. 50.

[4] La acción tuvo lugar en la localidad de Machurucuto, en la costa oriental del país, el 8 de mayo de 1967.

[5] El Partido Comunista Venezolano (PCV), fundado en 1931 y proscrito hasta 1969; y el Movimiento de Izquierda Revolucionaria (MIR), fundado en 1960 como una escisión marxista-leninista del gubernamental partido Acción Democrática, proscrito en 1962 y legalizado en 1969.

[6] El gobierno de Betancourt denunció el caso ante la OEA, invocando el Tratado Interamericano de Asistencia Recíproca (TIAR). Una comisión investigadora enviada por la organización concluyó que las armas provenían de Cuba, por lo que se convocó una reunión de cancilleres en julio de 1964, en la que se decidió —por catorce votos a favor, cuatro en contra y una abstención— el rompimiento de relaciones diplomáticas, consulares y económicas con La Habana, que ya había sido excluida del sistema interamericano en 1962.

[7] Porteñazo, Carupanazo.

[8] Elizalde, R. y L. Báez, *op. cit.*

[9] Blanco Muñoz, A., *op. cit.*, p. 45.

[10] Carúpano, el 4 de mayo de 1962, y Puerto Cabello, el 2 de junio de 1962.

[11] Garrido, A., *Testimonios de la revolución bolivariana*, ed. del autor, Mérida, 2002, p. 15.

[12] Izarra, W., *op. cit.*, p. 67.

[13] Garrido, A., *op. cit.*, p. 56.

[14] El oficial David López Rivas, hermano de Samuel López, cuadro del PRV.

[15] Garrido, A., *op. cit.*, p. 123.

[16] El Presidente probablemente confude al MIR con el PRV.

[17] Elizalde, R. y L. Báez, *op. cit.*

[18] Garrido, A., *op. cit.*, p. 11.

[19] Ibídem, p. 12.

[20] Ibídem, p. 126.

[21] Jiménez, I., *Los golpes de Estado desde Castro hasta Caldera*, Centralca, Caracas, 1996.

[22] Harnecker, M., *Venezuela, militares junto al pueblo*, El Viejo Topo, España, 2003, p. 194.

[23] Garrido, A., *El otro Chávez*, testimonio de Herma Marksman, edición del autor, Mérida, Venezuela, 2002, pp. 107-108.

[24] Croes, C., «El ejército bolivariano lo fundamos en el año del viernes negro», en *Quinto Día*, 2 de febrero de 1999, p. 4.

[25] Blanco Muñoz, A., *op. cit.*, p. 126.

[26] Garrido, A., *op. cit.*, p. 17.

[27] Blanco Muñoz, A., *op. cit.*, p. 184.

[28] Ibídem, p. 464.

[29] Ibídem, p. 184.

[30] Socorro, M., «Hugo Chávez», en *Venezuela Analítica* (www.analitica.com).

[31] Blanco Muñoz, A., *op. cit.*, pp. 158 y 466.

[32] Ibídem, p. 416.

[33] Jiménez, I., *op. cit.*, p. 134.

[34] Blanco Muñoz, A., *op. cit.*, p. 131.

[35] Garrido, A., *Guerrilla y...*, p. 105.

[36] Blanco Muñoz, A., *op. cit.*, pp. 133-134.

[37] Encuesta Gaither, en *El Nacional*, 26 de enero de 1992.

[38] Blanco Muñoz, A., *op. cit.*, p. 135.

[39] Ibídem, p. 276.

5. GOLPE DE SUERTE

[1] De acuerdo con el reporte elaborado por el entonces Inspector de las Fuerzas Armadas, vicealmirante Elías Daniels, Hugo Chávez salió de Maracay con dos oficiales superiores, trece subalternos, tres suboficiales, tres efectivos de tropa profesional y 440 alistados. Para mayores detalles, véase Daniels, E., *Militares y Democracia,* pp. 188-189.

[2] Harnecker, M., *op. cit.*, p. 32.

[3] Blanco Muñoz, A., *op. cit.*, p. 479.

[4] La operación rebelde es comandada por el entonces capitán Miguel Rodríguez Torres, actual director de la policía científica (CIPCJ).

[5] Blanco Muñoz, A., *op. cit.*, p. 473.

[6] General Eutimio Fuguet Borregales.

[7] Blanco Muñoz, A., *op. cit.*, p. 143.

[8] Se trata del capitán Ronald Blanco La Cruz, gobernador del estado Táchira, y Antonio Rojas Suárez gobernador del estado Bolívar, que ha desertado de las filas del oficialismo.

[9] Blanco Muñoz, A., *op. cit.*, p. 489.

[10] De acuerdo con el testimonio de Chávez y otros comandantes, se trata del capitán René Gimón Álvarez.

[11] Daniels, E., *Militares y democracia*, José Agustín Catalá Editor, Caracas, 1992, pp. 179-180.

[12] Blanco Muñoz, A., *op. cit.*, pp. 147-148.

[13] Ibídem, p. 148.

[14] Ibídem, p. 491.

[15] Díaz Rangel, E., «Chávez cuenta la historia de la rebelión militar», en *Últimas Noticias*, 4 de febrero de 2002.

[16] Ibídem.

[17] Daniels, E., *op. cit.*, p. 194.

[18] Blanco Muñoz, A., *op. cit.*, p. 473.

[19] Jiménez, I., *op. cit.*, p. 133.

[20] El registro del vicealmirante Elías Daniels, inspector de las FA para el momento habla de 2 668 efectivos comprometidos.

[21] Blanco Muñoz, A., *op. cit.*, p. 476.

[22] Ibídem, p. 261.

[23] De acuerdo con el registro de la periodista Ángela Zago en su libro *La rebelión de los ángeles,* en la acción murieron veinte personas: un capitán, dos subtenientes, dos cabos, nueve soldados, cuatro policías, un sargento y un civil. Según el general I. D. Jiménez, entonces jefe del Estado Mayor Conjunto, las víctimas llegaron a 27. Un detallado registro del diario *El Nacional* (4 de febrero de 2007) ubica la cifra en 35 decesos: veinte militares, ocho civiles y siete policías.

[24] Blanco Muñoz, A., *op. cit.*, p. 550.

[25] Ibídem, p. 226.

6. Un oficial modelo

[1] «La noche de las boinas rojas», en revista *Zeta,* 6 de febrero de 1992, núm. 885, pp. 56-62.

[2] Pronunciado el 21 de junio de 1991 en el Ministerio de la Defensa.

[3] Martorelli, J., «Entrevista con Hugo Chávez», en *El Globo,* 29 de febrero de 1992.

[4] *Golpes Militares en Venezuela,* Agustín Catalá Editor, Caracas, 1998, p. 132.

[5] Ibídem, p. 124.

[6] Arvelo Ramos, A., *El dilema del chavismo, una incógnita en el poder,* José Agustín Catalá Editor, Caracas, 1998, p. 56.

[7] *Golpes Militares…,* p. 148.

[8] Arvelo Ramos, A., *op. cit.,* p. 71.

[9] Delgado, Y., «Chávez admitió existencia de los decretos del 4F», en *El Nacional,* 18 de septiembre de 1998.

[10] Ramírez, K., *Historia documental del 4 de febrero,* s. ed., Caracas, 1998.

[11] Arvelo Ramos, A., *op. cit.,* p. 56.

[12] Blanco Muñoz, A., *op. cit.,* pp. 149-150.

[13] A esta última le dijo: «Incluso yo recuerdo que me traje un camión lleno de armas de Maracay a Caracas y nunca llegó nadie a buscarlas. Habíamos acordado armar a esos grupos de combate popular […] No hubo tal movilización popular, nada. Nos quedamos entonces solos en la rebelión, sin pueblo, como en el vacío, como pez sin el agua», en *op. cit.,* p. 32.

[14] Blanco Muñoz, A., *op. cit.,* pp. 153-154.

[15] Garrido, A., *op. cit.,* pp. 23-24.

[16] Ibídem.

[17] Reproducido por el diario *El Globo,* el 8 de mayo de 1992.

[18] Meza, A., «Cuestionario Proust a Hugo Chávez», en revista *Estampas, El Universal,* 9 de agosto de 1998.

7. Bolívar y yo

[1] Bilbao, L., «Chávez por Chávez», Partido de los Trabajadores de Brasil, http://www.pdt.org.br/internacional/hugochavez_4.htm

[2] Sánchez, L., «Ya comienzan a oírse las cacerolas», en *El Nacional*, 2 de marzo de 1992.

[3] «Hugo Chávez Frías: en vez de Superman mi héroe era Bolívar», en revista *Qué pasa*, Chile, 16 de agosto de 1999.

[4] Castro Leiva, L., *De la patria boba a la teología bolivariana*. Monte Ávila Editores, Caracas, 1987.

[5] Carrera Damas, G., *El culto a Bolívar*, 5a. ed., Alfadil Ediciones, Caracas, 2003, p. 375.

[6] Pino Iturrieta, E., *El divino Bolívar, ensayo sobre una religión republicana*, Los libros de la catarata, Madrid, 2003, p. 28.

[7] Hernández, D., «Populismo, neoliberalismo y bolivarianismo en el discurso político venezolano», en *Discurso y Sociedad*, vol. 4, núm. 3, Gedisa Barcelona, septiembre de 2003.

[8] Blanco Muñoz, A., *op. cit.*, p. 320.

[9] Jiménez, I., *op. cit.*, p. 238.

[10] Como jefes de la insurrección aparecen los contralmirantes Hernán Gruber Ódreman y Luis Enrique Cabrera, el general de la Fuerza Aérea Francisco Visconti, el coronel del Ejército Higinio Castro y el mayor de la Guardia Nacional, Carlos Salima.

[11] Blanco Muñoz, A., *op. cit.*, p. 331.

[12] Izarra, W., *op. cit.*, p. 97.

[13] Blanco Muñoz, A., *op. cit.*, p. 355.

[14] Pino Iturrieta, E., *op. cit.*, pp. 187-196.

[15] Francia, N., *Qué piensa Chávez*, ed. del autor, Caracas, 2003, p. 31.

[16] Chávez, H., *Un brazalete tricolor*, Vadell Hermanos Editores, Valencia, Venezuela, 1992.

[17] Blanco Muñoz, A., *op. cit.*, p. 59.

[18] Tapia. J. L., *Maisanta, el último hombre a caballo*, 6a. ed., José Agustín Catalá/El centauro, Caracas, 2000, p. 22.

[19] La admiración y el agradecimiento de Hugo Chávez por Tapia llevó al médico-escritor a vincularse al gobierno en 1999, cuando participó como constituyente en la redacción de la nueva carta magna. El presidente lo menciona con frecuencia, cada vez que hace alusión a Maisanta, y su nombre es vinculado al chavismo, cosa que actualmente le irrita. Se niega a conceder entrevistas en las que se toquen temas políticos.

[20] Entrevista a José León Tapia, en *El Globo*, 19 de febrero de 1992.

[21] Wanloxten, G., «Maisanta regresó con tanques», en *El Globo*, 21 de febrero de 1992.

[22] Sánchez, L., *op. cit.*

[23] Caballero, M., *Revolución. Reacción y falsificación*, Alfadil Ediciones, Caracas, 2002, p. 24.

[24] Pino Iturrieta, E., *op. cit.*, p. 182.

[25] Bilbao, L., «Chávez por Chávez», Partido de los Trabajadores de Brasil, http://www.pdt.org.br/internacional/hugochavez_4.htm

8. EL FLACO DEL LIQUI-LIQUI

[1] Según la encuesta realizada por la firma Datanálisis en diciembre de 1996, Irene Sáez contaba con el 49.2 % de popularidad. Chávez llegaba a 7.3 por ciento.

[2] El liqui-liqui es un traje que se usa en Venezuela y en Colombia, donde también se le conoce como liquilique.

[3] Blanco Muñoz, A., *op. cit.*, p. 512.

[4] Después de los intentos de golpe de 1992, las presiones políticas contra Pérez continuaron y se propuso su remoción del cargo. En marzo de 1993, el Fiscal General de la República introdujo una denuncia en su contra por malversación de fondos públicos. Se refería al envío de una ayuda de 17 millones de dólares a la entonces presidenta nicaragüense Violeta Barrios de Chamorro, provenientes de la partida secreta de la presidencia. El 20 de mayo la Corte Suprema de Justicia dictaminó que había méritos para enjuiciarlo y el Congreso resolvió sustituirlo para que el juicio continuase. Pérez fue removido de la presidencia y sometido a prisión domiciliaria en espera de la sentencia. Finalmente, el 30 de mayo de 1993 la Corte lo condenó a dos años y cuatro meses de arresto, que cumplió en su casa.

[5] En la sesión parlamentaria destinada a condenar la rebelión, el entonces senador Caldera señala: «Es difícil pedirle al pueblo que se inmole por la libertad y la democracia, cuando piensa que la libertad y la democracia no son capaces de darle de comer e impedir el alza exorbitante de la subsistencia, cuando no ha sido capaz de ponerle un coto definitivo al terrible morbo de la corrupción, que a los ojos de todo el mundo están consumiendo todos los días la institucionalidad venezolana».

[6] Harnecker, M., *op. cit.*, p. 41.

[7] Ibídem, p. 67.

[8] Encuesta Opinión Nacional de Datos.

[9] Harnecker, M., *op. cit.*, p. 44.

[10] *El Nacional*, 4 de febrero de 1996.

[11] *El Nacional*, 27 de marzo de 1996.

[12] Izarra, W., *op. cit.*, p. 95.

[13] Ibídem, p. 98.

[14] La Dirección Nacional quedó conformada por Hugo Chávez, director general; Luis Alfonso Dávila, director ejecutivo; Nayib Ayaach, director de ideología; Miguel Madriz Bustamante, director de organización; Nicolás Maduro, director de administración; Freddy Bernal, director de movilización; y William Izarra, director político. Bernal, Maduro y Ayaach se oponen a la vía electoral. Para mayores detalles, véase Izarra, W., *op. cit.*, pp. 101-104.

[15] Harnecker, M., *op. cit.*, p. 46.

[16] Izarra, W., *op. cit.*, p. 97.

[17] Blanco Muñoz, A., *op. cit.*, pp. 512-513.

PARTE DOS

9. ESTADO DE GRACIA

[1] Proyecto Pobreza. Universidad Católica Andrés Bello. Según las cifras oficiales el índice se ubicaba en 42.3 por ciento.

[2] Harnecker, M., *op. cit.*, p. 54.

[3] La propuesta del presidente Chávez recibe 87.75 % de los votos de 37.65 % del total del electorado. La abstención superó 60 %. El padrón electoral era de 11 millones 22 mil 31 venezolanos y concurrieron a votar 4 millones 129 mil 547, según datos del Consejo Nacional Electoral.

[4] Otros tres escaños habían sido adjudicados previamente a representantes indígenas.

[5] Debido al sistema utilizado —plurinominal con lista única abierta— se planteó una situación desventajosa para la oposición. Con 66 % de los sufragios, el oficialismo se hizo con 95 % de los escaños (122)

mientras que la oposición, con 34 % de los votos, sólo logró 5 % de los escaños (6). De haberse aplicado el principio de representación proporcional de las minorías, la oposición habría obtenido 44 escaños. La abstención se ubicó en 53.8 %, según cifras del Consejo Nacional Electoral.

[6] Decarli, M. y A., La Rotta, «Chávez instó a venezolanos a acudir masivamente a votar», en *El Universal*, 15 de diciembre de 1999.

[7] Davies, V., «Después de las 7:00 pm., la orden era: todo lo que se mueva, se muere», en *El Nacional*, 14 de enero de 2000.

[8] La Rotta, A., «Chávez aseguró que no hará campaña por la presidencia», en *El Universal*, 3 de febrero de 2000.

[9] La abstención también bate récord al ubicarse en 43 por ciento.

[10] Harnecker, M., *op. cit.*, p. 57.

[11] «Chávez: ¿le quitamos el subsidio a los colegios privados?», en *El Nacional*, 8 de febrero de 2001.

[12] Ibídem.

[13] *Aló, Presidente*, domingo 17 de junio de 2001.

[14] La iniciativa va en contra de dos artículos de la Constitución de 1999. El primero, 67, establece «no se permitirá el financiamiento de las asociaciones con fines políticos, con fondos provenientes del Estado»; el segundo, núm. 145, estipula: «los funcionarios públicos están al servicio del Estado y no de parcialidad alguna».

[15] Dieterich, H., entrevista con Hugo Chávez, en *Venezuela Analítica* (www.analitica.com), 5 de diciembre de 2001.

[16] Ibídem.

[17] El sector agropecuario cuestionó también que la adjudicación a los campesinos fuera limitada: éstos podrán usarlas y transferirlas a sus sucesores, pero las parcelas no podrán «ser objeto de enajenación alguna». Sus propiedades únicamente pueden ser «objeto de garantía crediticia bajo la modalidad de prenda sobre la cosecha», lo que frenaría el financiamiento; 14 % de la población venezolana es rural.

[18] Dieterich, H., entrevista con Hugo Chávez.

[19] Hernández, T., «No es un adiós sino un hasta luego», en *El Universal*, 26 de enero de 2002.

10. La vuelta al mundo en Airbus

[1] «Chávez advierte a Bush sobre nuevos Vietnam», en *El Universal*, 6 de noviembre de 2004.

[2] El lector debe tomar como referencia el 31 de agosto de 2004, fecha en que se concluyó el manuscrito.

[3] Morán, A., «Le tengo el ojo puesto a La Casona», en *El Universal*, 10 de febrero de 1999.

[4] Ibídem.

[5] Delgado, Y., «Gran fondo social», en *El Nacional*, 10 de febrero de 1999.

[6] Araujo, E., *«Los gastos del oficio»*, en *Gatopardo*, 20 de junio de 2003.

[7] Ibídem.

[8] Jiménez, A., «Presupuesto de la presidencia aumentó a Bs. 115,7 millardos», en *El Nacional*, 11 de mayo de 2004.

[9] Abdelaziz Bouteflika, presidente de Argelia; Abdurrahman Wahid, presidente de Indonesia; Sayed Mahamad Khatami, presidente de Irán; Olasegun Obasanjo, presidente de Nigeria; el Jeque Hamad ben-Khalifa ben-Hamed al-Tani, Emir de Qatar; Hammad ben-Mohamed al Sharqui, miembro del Consejo Supremo de los Emiratos Árabes Unidos; Abdullah ben Abdullaziz al Saúd, príncipe heredero de Arabia Saudita; Tami Ramadá, vicepresidente de Irak: Moustafá Al Kharrubi, miembro del Consejo Revolucionario de Libia; y Saud Nasser al Sabah, ministro de Petróleo de Kuwait; además de Rilwani Luckman, secretario general de la OPEP.

[10] Cifras del Banco Central de Venezuela.

[11] Para febrero de 1999, la nómina total de Pdvsa era de 50 mil trabajadores (32 mil de nómina personal diaria, 16 mil de nómina mayor y 2 mil de nómina ejecutiva), según datos publicados por *El Nacional*, el 19 de marzo de 2004.

[12] Transmisión por Globovisión, 7 de abril de 2002.

11. Los enredos de abril

[1] Bonasso, M., «Anatomía íntima de un golpe contada por Chávez», en *Página 12*, Argentina, 12 de junio 2003.

[2] Ibídem.

[3] Ibídem.

[4] Harnecker, M., *Venezuela, militares junto al pueblo*, Editorial El Viejo Topo, España, 2003, p. 208.

[5] La Fuente, S. y A. Meza, *El acertijo de abril*, Random House Mondadori, Caracas, 2004, p. 80.

[6] Marcano, C., «En Venezuela hubo un "Pinochetazo *light*", en *Milenio Semanal*, México, 27 de mayo de 2002.

[7] La Fuente, S. y A. Meza, *op. cit.*, p. 23.

[8] Entrevista de televisión. Canal 1 de Colombia. Periodista María Cristina Uribe, 18 de mayo de 2002.

[9] Fragmento de conversación de Chávez durante su cautiverio en Turiamo, en Venezuela Analítica. www.analitica.com/biblioteca/hchavez/cautiverio.asp

[10] Bonasso, M., *op. cit.*

[11] Harnecker, M., *op. cit.*, pp. 117 y ss.

[12] *El Nacional*, 15 de abril de 2002. Rueda de prensa.

[13] Bonasso, M., *op. cit.*

[14] Ríos, A., «Lo más importante de mi discurso es la acción» (entrevista al general Baduel), en *El Universal*, 5 de mayo de 2002.

[15] Carmona, P., *Mi testimonio ante la historia*, Editorial Actum, Caracas, 2004, p. 124.

[16] Marcano, C., *op. cit.*

[17] *Últimas Noticias*, domingo 11 de abril de 2004.

[18] Harnecker, M., *op. cit.*, p. 230.

[19] Bonasso, M., *op. cit.*

[20] Carmona, P., *op. cit.,* p. 103.

[21] Bonasso, M., *op. cit.*

[22] www.analitica.com/biblioteca/hchavez/cautiverio.asp

[23] «4 días de historia», en *El Nacional*, 11 de abril de 2004.

[24] La Fuente, S. y A. Meza, *op. cit.*, p. 175.

[25] Francia, N., *Puente Llaguno, hablan las víctimas*, ed. del autor, Venezuela, 2002, p. 7.

12. UN *SHOWMAN* EN MIRAFLORES

[1] Hugo Chávez Frías: *En vez de Superman…*

[2] Elizalde, R. y L. Báez, *op. cit.*

[3] Diario inédito.

[4] Zago, A., *La rebelión de los Ángeles*, Warp Ediciones S. A., Caracas, 1998.

[5] Izarra, W., *En busca de la revolución*, p. 104.

[6] «Chávez, el *publisher*», en revista *Producto*, Grupo Editorial Producto, Caracas, junio, 1999.

[7] Harnecker, M., *op. cit.*, p. 186.

[8] Ibídem, p. 189.

[9] Ibídem, p. 57.

[10] Poleo, R., «Los medios de comunicación como factor de poder en el proceso venezolano», en *Chávez y los medios,* Alfadil Ediciones, Caracas, 2002, p. 42.

[11] Villegas, V., «Medios *vs.* Chávez: la lucha continúa», en *Chávez y los medios,* Alfadil Ediciones, Caracas, 2002, p. 50.

[12] Con esto se refiere a «coño de madre», un insulto muy local que califica a la mala intención, a la mala voluntad.

[13] Marcano, C., «Venezuela: ¿esquizofrenia mediática?», en *Milenio Semanal*, 14 de julio de 2002.

[11] Villegas, V., *op. cit.*, p. 53.

[12] «Chávez, el *publisher*…».

13. EL PENDEJO DE BUSH Y EL HERMANO FIDEL

[1] Martorelli, J., «Un golpe de suerte salvó a CAP», en *El Globo*, 29 de febrero de 1992.

[2] Ibídem.

[3] Editorial, *The New York Times*, 3 de noviembre de 2000.

[4] Otto Reich fue embajador en Venezuela entre 1986 y 1989. En enero de 2002 el presidente Bush lo nombra secretario adjunto de Estado para Asuntos del Hemisferio Occidental, pero el Senado nunca aprueba su designación. Diez meses después, la Casa Blanca lo designa enviado especial para Iniciativas en América Latina, cargo que no necesita aprobación parlamentaria. En mayo de 2004, renunció por «razones personales, financieras». En esa ocasión dijo que se iba frustrado por no haber podido hallar una solución a los casos Cuba y Venezuela. Del caso venezolano dijo: «Todavía no existe una dictadura en Venezuela, pero hay que tener mucho cuidado».

[5] Roger Noriega fue miembro del Comité de Asuntos Exteriores del Senado de EE. UU., embajador ante la Organización de Estados Americanos (2001-2003). En 2003 fue designado secretario adjunto de Estado para Asuntos del Hemisferio Occidental, confirmado en julio de 2003 por el Senado.

[6] *El Nacional*, 23 de abril de 2001.

[7] En el año 2003, Venezuela exportó 2.25 millones de barriles diarios, de los cuales 1.63 millones de barriles diarios fueron para Estados Unidos, es decir, 72.44 %, de acuerdo con datos de la Agencia de Información de Energía del Departamento de Energía de Estados Unidos.

[8] Transmisión conjunta de radio y televisión, 29 de octubre de 2001.

[9] *El Nacional*, 3 de noviembre de 2001.

[10] *El Nacional*, 6 de febrero de 2002.

[11] *El Nacional*, 18 de abril de 2002.

[12] *El Nacional*, 20 de abril de 2002.

[13] En la controversia Estados Unidos-Venezuela participan Colin Powell, secretario de Estado; Condoleezza Rice, asesora de Seguridad Nacional; Ari Fleischer, portavoz de la Casa Blanca; Richard Boucher y Philip Reeker, portavoces del Departamento de Estado; Otto Reich, enviado especial para América Latina; Roger Noriega, secretario adjunto de Estado para el Hemisferio Occidental; George Tenet, jefe de la CIA; John Maisto, actual embajador estadounidense ante la OEA; y Charles Shapiro, embajador en Caracas hasta agosto de 2004, entre otros.

[14] Discurso del 29 de febrero de 2004.

[15] Ochoa, O., «Influencias alquiladas», en *El Universal*, 9 de mayo de 2004.

[16] Ibídem.

[17] López Martínez, R., *Un seguimiento a los viajes internacionales de Hugo Chávez Frías*, ed. del autor, Venezuela, 2000, pp. 211-215.

[18] *El Nacional*, 19 de noviembre de 1999.

[19] *El Nacional*, 8 de mayo de 1999.

[20] 912 millones de dólares para el año 2000.

[21] *El Nacional*, primero de diciembre de 1999.

[22] *El Nacional*, 27 de octubre de 2000.

[23] *El Nacional*, 29 de octubre de 2000.

[24] Programa número 49, 30 de octubre de 2000.

25 El Acuerdo Integral de Cooperación, basado en el Pacto Energético de Caracas suscrito en 2000 con 10 países de Centroamérica y el Caribe, contempla la venta a Cuba de 53 mil barriles diarios de petróleo en condiciones preferenciales: 80 % a precios del mercado y 20 % pagadero a 15 años, con 2 años de gracia, una tasa de interés de 2 % y un precio de entre 15 y 30 dólares el barril. En el caso cubano, se incluyó el trueque de bienes y/o servicios como mecanismo de pago a Venezuela.

26 *El Nacional*, 18 de enero de 2001.

27 Instituto Nacional de Estadística (INE), índice de desempleo para el segundo semestre de 2003.

28 Chiappe, G., «Los balseros del aire», en *El Universal*, 9 de noviembre de 2003.

14. Pleitos en el vecindario

1 Garrido, A., *op. cit.*, p. 104.

2 Harnecker, M., *op. cit.*, p. 179.

3 Blanco Muñoz., A., *op. cit.*, p. 438.

4 Harnecker, M., *op. cit.*, p. 180.

5 Blanco Muñoz, A., *op. cit.*, p. 437.

6 *El Nacional*, 11 de septiembre de 2002.

7 *El Nacional*, 29 de julio de 2003.

8 *Aló, Presidente*, 2 de noviembre de 2003.

9 *El Nacional*, 20 de febrero de 2004.

10 Anderson, J., «The Revolutionary», en *The New Yorker*, 10 de septiembre de 2001.

11 El primero se realizó del 9 al 17 de abril de 2003 y el segundo del 11 al 16 de abril de 2004.

12 Gott, R., *In the Shadow of the Liberator. Hugo Chavez and the Transformation of Venezuela*, Verso, Londres, 2000.

13 «Líder piquetero, viajó a Caracas con gastos pagados por Chávez», en *El Nacional*, agencia de noticias DPA, 29 de julio de 2004.

15. EL PATITO FEO

[1] Pineda Castellanos, L., *El diablo paga con traición a quien le sirve con lealtad, anécdotas de mi vida como amigo de Hugo Chávez Frías*, Producciones Farol, C. A., Mérida, 2003, p. 118.

[2] Blanco Muñoz, A., *Habla Herma Marksman. Chávez me utilizó*, Fundación Cátedra Pío Tamayo, UCV, Caracas, 2004, p. 174.

[3] Pineda Castellanos, L., *op. cit.*, p. 123.

[4] Ibídem, p. 119.

[5] Meza, A., «Hugo Chávez a golpe de batazos, disparos y piropos», en revista *Estampas* de *El Universal*, 9 de agosto de 1998.

[6] Ibídem.

[7] Nahmens, F., «Marisabel de Chávez a régimen», revista *Exceso*, núm. 139, marzo de 2001.

[8] De la Nuez, S., *Marisabel, la historia te absolverá*, editorial Exceso, Caracas, 2002, p. 51.

[9] Ibídem, p. 86.

[10] Pineda Castellanos, *op. cit.*, p. 129.

[11] De la Nuez, S., *op. cit.*, p. 69.

[12] Casas, C., «La Asamblea Nacional está desperdiciando el tiempo», en *El Nacional*, 2 de enero de 2001.

[13] Hernández, C., «Después del golpe, el divorcio», en *El Universal*, 2 de junio de 2002.

[14] Ibídem.

[15] Ibídem.

[16] Davies, V. y E. Delgado, «Marisabel no aceptó que Hugo Chávez estuviera casado con su pueblo», en *El Nacional*, 3 de junio de 2002.

16. LA CHAVERA

[1] Ocando, C., «Los Chávez, la familia real de Barinas», en *El Nuevo Herald*, 12 de agosto de 2004.

[2] Beroes, A., *La corrupción en los tiempos de Chávez*, edición electrónica, http://es.geocities.com/malversacion/cap09_05.htm

[3] Meza, A., «Los Chávez son acosados por el comandante Cazorla», en *El Nacional*, 28 de noviembre de 1999.

[4] Ibídem.

[5] Elizalde, R. y L. Báez, *op. cit.*

[6] Medina, D., «Mi hijo no se parece a Fidel Castro», en *La Prensa*, Barinas, 24 de marzo de 2000.

17. HACIA EL AÑO 2021

[1] Garrido, A., *Mi amigo Chávez. Conversaciones con Norberto Ceresole*, ed. del autor, Caracas, 2001, p. 74.

[2] Ibídem, p. 57.

[3] Ibídem, p. 44.

[4] Ceresole, N., *Caudillo, ejército, pueblo*, Ediciones Al-Andalus, Madrid, 2000, p. 27.

[5] Butto, L. A., «El nuevo profesionalismo militar de Seguridad Interna y Desarrollo Nacional», en *Militares y sociedad en Venezuela,* Universidad Católica Andrés Bello, Caracas, 2001, p. 129.

[6] Francia, N., *Qué piensa Chávez*, ed. del autor, Caracas, 2003, p. 97.

[7] Masó, F., *Los amantes del tango*, Grupo Editorial Random House Mondadori, Caracas, 2004, p. 46.

[8] De acuerdo con el registro que maneja el Programa de Educación-Acción en Derechos Humanos, Provea.

[9] Petkoff, T., *Una segunda opinión. La Venezuela de Chávez*. Libro hablado con Ibsen Martínez y Elías Pino Iturrieta, Grijalbo Mondadori, Caracas, 2000, p. 77.

[10] Puyosa, I., «Análisis del discurso político de Hugo Chávez Frías. Gesta de un mesías», en revista *Comunicación*, núm. 104, Centro Gumilla, Caracas 1998.

[11] Wornat, O., «De Chávez y algo más», en revista *Poder*, 5 de octubre de 2001.

[12] Britto García, L., *La máscara del poder. I- Del gendarme necesario al demócrata necesario*, Alfadil/Trópico, Caracas, 1988, p. 200.

[13] Márquez, P., «Vacas flacas y odios gordos: la polarización en Venezuela», en *En esta Venezuela. Realidades y nuevos caminos*, Ediciones IESA, Caracas, 2003, p. 40.

[14] De acuerdo con el Instituto Nacional de Estadística (INE) la pobreza pasó de 42.3 % en 1999 a 53.1% en 2004. Según el Proyecto Pobre-

za de la Universidad Católica Andrés Bello, la pobreza pasó de 49.9 % en 1999 a 59.6 % en 2004. Véase el apéndice para registro de índices socioeconómicos.

[15] «Presidente Chávez anunció Misión Cristo para acabar con la pobreza», Venpres, agencia oficial de noticias del Estado, 6 de diciembre de 2003.

[16] Garrido, A., *op. cit.,* p. 73.

[17] De un total de 14 037 900 electores, 5 619 954 votaron a favor del Presidente, 3 872 951 en contra y el resto (32 por ciento) se abstuvo.

[18] Britto García, L. *op. cit.,* p. 13.

[19] Fuentes Berain, R., «Globalización: la enfermedad del nuevo milenio», en *Foreign Affairs* en español. V. I, núm. 3, otoño-invierno, México, 2001, p. 26.

[20] Blanco Muñoz, A., *op. cit.*, pp. 171-173.

[21] Ramos Jiménez, A., «Los límites del liderazgo plesbicitario», en *La transición venezolana*, Centro de Investigaciones de Política Comparada, Caracas, 2002, p. 26.

[22] Soto, G., «La izquierda gana terreno en Latinoamérica», en *El Nacional*, 7 de noviembre de 2004.

[23] Durán, A., *Venezuela en llamas*, Grupo Editorial Random House Mondadori, Caracas, 2004, p. 275.

[24] Martínez, I., «Tiranías nuevas, ideas clásicas», en *El Nacional*, Caracas, 14 de junio de 2004.

EPÍLOGO

[1] *El Universal*, 16 de agosto de 2005.

[2] www.aporrea.org, 22 de diciembre de 2004.

[3] Diciembre de 2004 y marzo de 2005, respectivamente.

[4] De un total de 14 469 027 electores, votaron 3 659 216 mientras que 10 809 810 dejaron de sufragar. La unicameral Asamblea Nacional queda conformada por 114 diputados del partido MVR de Chávez. El resto de los escaños se reparte entre fuerzas oficialistas.

[5] Discurso del presidente durante la clausura de la XXIX Cumbre de Mercosur en Montevideo, 9 de diciembre de 2005.

[6] Programa *Aló, Presidente*, 11 de diciembre de 2005.

[7] *Tal Cual*, 2 de mayo de 2005.

[8] Durante la celebración del V Gabinete Móvil en Puerto Ordaz, el 15 de abril de 2005.

[9] Cabieses, M., «¿Hacia dónde va usted, presidente Chávez?», en *Periódico Punto Final*, Chile, 2005.

[10] Ibídem.

[11] *El Nacional*, 15 de agosto de 2005.

[12] Unión Radio, 27 de septiembre de 2005.

[13] De 42.38 % en 1999 a 53.1 % en 2004.

[14] *Aló, Presidente*, 3 de abril de 2005.

[15] En el informe de la UNESCO 2005, Venezuela se ubica como el quinto país más alfabetizado de América Latina, detrás de Uruguay, Argentina, Cuba y Chile.

[16] Una alusión a uno de los personajes de la novela *Doña Bárbara*, del fallecido escritor y ex presidente venezolano Rómulo Gallegos.

[17] Chávez y Serrano negociaron un trato para el suministro de 8 millones de galones de combustible a propiedades de tres corporaciones del Bronx, sin fines de lucro, dedicadas a la vivienda: la Mount Hope Housing Co., la Fordham Bedford Housing Corp. y VIP Community Services.

[18] Con unas 14 mil gasolineras en territorio estadounidense, Citgo —subsidiaria de Petróleos de Venezuela— posee más de 6 % de la capacidad de refinación de combustible de Estados Unidos.

[19] Se aplica, no obstante, el instrumento de excepción para «mantener programas estadounidenses que asisten a las instituciones democráticas en Venezuela».

[20] *El Nacional*, 11 de enero de 2006.

[21] Sesión especial con motivo de la conmemoración del bicentenario del Juramento del Libertador Simón Bolívar en el Monte Sacro. Panteón Nacional, 15 de agosto de 2005.

Hugo Chávez sin uniforme
de Alberto Barrera y Cristina Marcano
se terminó de imprimir en junio de 2007
en Litográfica Ingramex S.A. de C.V.,
Centeno 162, Col. Granjas Esmeralda
Delegación Iztapalapa, México, D.F.